U0111573

借勢

武術之秘

沈誠 著／繪

自序

　　寫這本書，是為了把我知道的東西說出來。

　　從事職業搏擊工作十多年，我參與了多個國內、國際格鬥賽事品牌的打造，也與人一起合作創立過自己的搏擊賽事品牌。要想開拓搏擊市場，必須讓大眾瞭解搏擊，因此，這些年來我一直在為雜誌撰寫搏擊專欄，也跟人合作出版過泰拳教學書，介紹搏擊知識，但直到寫這本書之前，我從未公開寫過武術類科普文章，這倒不是刻意隱藏，而是不知如何下筆。武術傳承隱秘，充滿暗語和禁忌，涉及大量不為外人瞭解的知識和技巧，需要千百萬次訓練才能觸發感受，若不能習藝上身，便如霧裡看花，下筆也無法精準表達。

　　近幾年，職業搏擊一度變得與傳統武術水火不容。職業搏擊有著一套複雜而精細的規則框架，並不代表某種技術流派，邁克·泰森的拳擊風格至今無人複製，佛洛伊德·梅威瑟的技術也獨此一家。與之相反，從戰場到綠林，武術的規則只有一條—生存。戰場殘酷，江湖險惡，其中的危險比擂臺複雜得多。搏擊與武術屬不同「物種」，比起爭論孰高孰低，揭開武術神秘的面紗更有實際意義。

　　1954 年，白鶴拳武者陳克夫與太極拳武者吳公儀在澳門打擂，成為金庸創作武俠小說的契機。本書的誕生，也源自一次比武。2007 年，上海重現傳統武術的閉門比武，勝負禁止外傳。這種跟職業搏擊完全相悖的做法，讓我知道江湖仍在、規矩猶存，也讓我認識了元門。一年後，我幸運地

接觸到了元拳（「望山篇」中源拳的原型）武者王潮（馬勝利老師弟子），又過了四年，我才下決心跟隨他練習。這四年，是我站在職業搏擊角度對元拳觀察和思考的時期。

瑰麗奇偉的武俠世界大多是人們憑想像構建出來的，但在武俠小說火起來後，真實的武術和江湖卻依舊如海面下的冰山。「畫鬼容易，畫犬馬難」，還原真實的過程是艱難的。因為難能，所以可貴。這次我嘗試畫出「犬馬」，寫一篇「硬核科普」武俠小說，不談 「氣」「丹田」「內力」，而是用一套現代語言闡述古老技藝，如同拆開鐘錶的表蓋，讓大家看看錶盤背後的齒輪是如何咬合運作的。

本書分為兩個部分，第一部分用小說的形式呈現我所瞭解的武術與江湖，名為「望山篇」，取一山更比一山高之意，代表男主角求道比武、不斷成長的過程。

小說以1930年前後的上海為背景。這個時期是九一八事變前中華大地最後的平靜期。租界奢靡繁華、歌舞昇平，天空卻密佈戰爭的陰雲。不同的思想、不同的勢力在這裡碰撞。上海青幫、日本黑龍會、國術館、斧頭幫、山東響馬、紅槍會、洪門、關東幫、大韓民國流亡義士，這些真實的幫派和組織，在歷史的十字路口留下一個個令人難忘的剪影。

當世界一意孤行地前進時，總有人用自己的方式堅守信念。武術是生與死的碰撞。在那個充滿矛盾的時代，武者們如浮浪中的螞蟻，守護著不同的立場，以自己的力量與技藝，在時代洪流中沉浮。這種與命運抗爭、「一生懸命」的生死張力，就是我想展現的武俠美學。

武術貴為國術，道藝一體。小說也想借琴、棋、書、畫以及道家經典以武入文：

古琴譜的「求合」思維，暗蘊武術內外三合之理；

打擂鬥智鬥勇，招招算計，猶如棋者對弈；

《筆陣圖》對筆法的闡述，道出武術勁力的原理；

國畫從摹形到求意，與內家拳理如出一轍；

《道德經》的「守中用中」和「返先天」是中國武術哲學的精髓；

張三豐丹道名篇《無根樹》暗藏內家拳「定位活根」不傳之秘；

……

中華文化的「求整」「對稱」「轉化」「互動」，不僅隱含在太極圖案裡，也反映在東方藝術的方方面面。

理解了武術文化，就可以從自衛強身的「一人敵」，進階為世事洞明的「萬人敵」，完成從「（武）夫」到「（武）士」的轉變。武術從來就不是一招一式，只有在思維上實現躍升，才能真正展現出武之力量。

本書第二部分名為「窺月篇」。李小龍曾說，將手指指向月亮，若只看到手指，便看不到月亮的光華。「望山篇」是指向月亮的手指，月光便是背後的拳理。第二部分由十二課系統闡述拳術背後的科學原理，故而稱為「窺月篇」。

武術是弱者在反抗中誕生的技術，要以小打大，不能求之於「力」，必須求之於「勢」。失重加速的「最速曲線」、筋膜張拉整體結構以及其在運動中的功效——古人並不瞭解這些科學道理，但在實踐中總結出了方法論。隨著現代科學對運動認知的深入，人們越來越重視運動中對重力的轉化和對人體結構的利用，這種系統思維與古人所說的「天人合一」理念不謀而合。武術遵循物理規律，人體結構千百

年來沒有改變，因此武術也不該有現代和傳統之分，優劣只取決於對規律理解的深淺。

「望山篇」中的源拳技巧以及門規均來自現實中的元拳。元拳相傳是基於道家思想產生的稷下武學，古稱「先天元拳」，是為王權訓練武士而創，所以又稱「武士武藝」。

清初，元拳傳到至善禪師梁鎮山處，梁鎮山根據此拳「綿綿不斷，隨緣起式，互動互為，相反相成」的特點改稱其為「綿拳」（2014年，綿拳被列入第四批國家級非物質文化遺產代表性項目名錄）。山東保鏢孟廣裕習得此拳後，經介紹到青幫大亨李國芝（李瑞九）家教拳，因為這層關係，元拳在上海青幫內隱秘流傳。當今所傳元拳，乃「巧手」卜兆榮得於青幫武師，傳於馬勝利，授意恢復「元拳」古稱。

以上傳承皆為口述，細節不可考，只做記錄，不做真偽之辨。老師曾說：「一個嚴肅的武者就像科學家，只關注客觀的東西，而不去做主觀的臆斷。」

元拳只有拳理，沒有招式，對於拳勁的開發，每個練習者都有所不同，招法風格差異巨大，因此有「龍生九子，各有所好」之說。元門歷代嚴守傳人「兩個半」的規矩，不為大眾所瞭解。感謝元拳傳承者馬勝利老師打破武林規矩，對我無私指教，令元拳本貌現世。

武術穿越了歷史，承載了民族苦難和先輩智慧。寫下此書，是希望更多的人能透過武術相遇相交，共同探討文化和技擊技術的傳承，在武術中理解中國的藝術和文化。

沈誠

目錄

目錄

望山篇

第一章
閉門比武・蟬鳴

民國十九年（1930年）夏，天色淡青，小雨初歇，樹梢帶著水珠在風中搖曳。

濕漉漉的石板路好似被打磨過的銅鏡，水映天色。弄堂（小巷）口，兩個身穿黑色香雲紗衫的男人倚牆而立。行人一看便知，這是「白相人」（流氓）。

亂世之中，避禍是人的本能。沒人敢觸幫會的霉頭，紛紛繞道而走。附近的小流氓認出這是青幫「小八股黨」的人，也慌忙退避三舍。

青幫封路，是替杜先生辦事。

弄堂中，有戶庭院宅門緊閉。庭院中央站著一名男子。

只見他廣頷方臉，目光炯炯，衣襟半敞，露出胸口一道隱隱發白的刀疤。此人正是「小八股黨」四大金剛之首、杜月笙身邊的得力幹將——顧嘉棠。

在他左手邊，站著兩位中國武師。

心意六合拳名家朱科祿身穿對襟黑綢衣，粗眉圓眼，朝天鼻，法令紋深長，一臉高傲。一名穿著竹月色短衫的年輕男子站在朱科祿身後，神情自若。

在顧嘉棠的右側，三個日本人呈「品」字陣站立。

領頭者名叫內田佑，一身淺灰西裝，姿態挺拔，長著日本人中少見的高鼻梁，鼻尖形似鷹鉤，給原本帥氣的臉平添了幾分陰鷙。

一高一矮兩個男人，穿著木屐站在他身後。矮個兒男子身著白色柔道服，繫著黑腰帶，高個兒男子穿無袖黑道服，赤臂袒肩，兩人都殺氣騰騰。

顧嘉棠曾練過幾年功夫，膽大勇武，既是江湖上有頭臉的人物，也算半個武林中人，是主持本次中日比武的不二人選。

顧嘉棠清清嗓子，語調凝重：「今天中日閉門比武，無論勝負，出了這扇門，結果都不許對他人提起，這是杜先生的意思。」

他聲如洪鐘，不怒自威，說到「杜先生」三個字時，特意加重了語氣。

言畢，他目光一掃，拱手施禮，指關節粗大有繭，顯然是練家子。

按民國武林規矩，閉門比武，出門不言勝負。

武人重臉面，閉門比武能保住輸家面子，避免產生進一步的恩怨糾葛。如今中日關係緊張，政府怕引起不必要的麻煩，對比武極為慎重。閉門，就更具政治考慮。

朱科祿下巴一繃，朝顧嘉棠拱手還禮，對著內田佑則輕蔑地「哧」了一聲。他曾參加過中央國術館國考（全國國術考試），名列最優等，自視甚高，壓根兒沒把對面的東洋武士放在眼裡。

內田神色從容，徐徐道：「明白。這是中日武術界的友好切磋，結果絕不外傳。」

接著他又用日語交代身後的兩個男子。兩人立正，同聲應答，一舉一動明顯帶著軍人做派。

顧嘉棠看在眼裡，微微皺眉。

朱科祿性子急，催促道：「中國人講究先禮後兵，現在招呼打完，禮已經到了。咱拳頭底下見真章，誰先上？」

內田使了個眼色，矮個兒男子上前一步。只見他寬肩闊背，敦實矮壯，豎眉吊眼，目光中透著一股凶戾。

內田介紹道：「這位是駐上海大井陸戰隊的田中元氣。今天，以日本武士身分與諸位切磋。」

聽說對手果然是駐軍，顧嘉棠心生不快，沒好氣地說：「這是比武，不是打仗。按中國的江湖規矩，比武要先報門派。」

內田早有準備，對答如流：「田中君在部隊練過劍道。軍部劍道以柳生流、鞍馬流、寶山流、直心影流、立身流、一刀流、鏡新明智流等十門技法各採一式編製而成。此外，他還練過一年講道館柔道。」

田中元氣如同惡犬般狠狠盯住朱科祿，在他接受的軍事訓練中，臨陣氣勢是第一位的。

朱科祿見他重心前傾、肌肉緊張，便知他功夫斤兩，語帶譏諷：「話說在前頭，拳腳無眼，等會兒要是把這小子揍壞了，可別怪我沒提醒。」

這話說得硬氣，但內田絲毫不怒，如同一顆石子砸到冰面上，沒濺出一點水花。

「田中君早有覺悟，望不吝賜教。」

太陽鑽出雲層，水汽蒸騰。院內有樹，蟬鳴聲起。

顧嘉棠揚揚眉：「兩位，上前露一手吧。」

朱科祿與田中元氣邁步到院子中間，相距四步之遙，在蟬鳴聲中對峙。

田中斂聲屏息，手指微張，雙掌抬至胸前，亦攻亦守。

朱科祿雙手下垂，不擺拳架，以自然體對敵，分明看不起對手。

田中陡然大吼一聲，猛地前衝，抬手抓向朱科祿衣襟。柔道中，這一招被稱為「搶把位」，抓住對手的衣領便占據了主動！

幾乎同一時間，朱科祿肩頭一抖，一招「撣手」直撩對方面門。

田中見勢舉手便擋，不料，對方出手竟是虛招。

朱科祿起手虛晃，吸引了田中的注意力，起腿勾足，以「刮地風」如鋼銼般猛銼對手脛骨下段七寸。這一套指上打下的戰法令田中猝不及防，結結實實挨了一腳，脛骨像被鐵齒鋸過，頓時疼痛鑽心。

在他吃痛分神的剎那，朱科祿趁機腳踩中門奪位，雙肩夾臂撲落，一式「鷹捉」打破田中雙手的防禦，緊接著藉著上步的衝勢，收頷低頭，施展心意拳「一頭碎碑」，前額如鐵錘般狠狠撞上田中的鼻梁骨。

只聽「砰」的一聲，田中腦袋猛然向後一甩，整個人直挺挺倒下。

朱科祿一招得手，卻沒有冒進追擊，而是如退潮之水，躍步撤出圈外，以「霸王觀陣」盯住對手。

田中仰面躺倒，鼻梁歪斜，鮮血從口鼻流出，已然不省人事。突如其來的撞擊聲令樹上的蟬鳴聲戛然而止，世界一下安靜下來。

啪、啪、啪。

清脆的掌聲打破了寧靜。朱科祿轉頭看去，鼓掌者竟是內田佑。

「國術館高手，果然名不虛傳。」

剛才朱科祿引、踢、撲、撞、退、觀六個動作一氣呵成，周身顧打合一，盡顯心意拳身法的獨到，內田看得仔細，情不自禁鼓起掌來。

內田身後的高個兒男子見狀，臉上蒙了層黑霧，顯然對內田這種長他人志氣的舉動十分不快。

在朱科祿聽來，內田的稱讚如同譏諷。一招都接不住的土雞瓦狗，根本不配跟自己比武。

他本想壓壓日本人的氣焰，沒想到內田還是一副得意姿態，心中惱怒，緊了緊黑色的「腰裡硬」，從牙縫裡擠出話來：「這場不過癮！想再討教討教！」

內田謙虛地擺擺手，低頭笑答：「不必，是朱師傅贏了。」

顧嘉棠也覺得剛才的比武多少有些兒戲，開口幫腔：「那個大塊頭還沒露兩手呢，難得大家興致這麼高，不如客隨主便吧。」

高個兒男子早就急不可待，見內田點頭，脫下木屐，赤腳上前。

「這位是大井陸戰隊少尉黑石一雄，流派是金硬流唐手。」內田佑介紹說。

黑石一雄眼中閃爍著刀劍般銳利的光澤，鼻下留著「人丹胡」，赤裸的雙臂肌肉虯結，指關節佈滿銅皮般的老繭，令人膽寒。

他走到距離朱科祿五步遠時，擺出拳架，右手護下頜，左手微前伸，左右腿前後站立，重心三七分，架式工整。

朱科祿身後的年輕男子見黑石的起手架式，不由眉頭輕

蹙。

　　看對方前虛後實，起手毫無破綻，朱科祿收起不屑，沉肩墜肘，調息凝視，認真應戰。他知道，眼前人絕不是泛泛之輩。

　　庭院中，雙方未動，氣勢已生。

　　觀察片刻，朱科祿見黑石似乎沒有主動出擊之意，旋即心念一動，發動搶攻。

　　他身形一晃，重心向前傾，如同被砍倒的大樹般向前倒，同時左腿邁出，在腳掌即將撐地的一瞬間，腳底彷彿在空氣中打滑一般，一下抽回到身後猛蹬地。整個動作，看起來像一個即將跌倒的人貼地時忽獲衝力，如離弦之箭，激射而出。

　　這種利用「失重」加速的步法，乃心意拳秘傳的「極速步」。

　　內田佑見此奇技，眸光一閃。

　　比武講究節奏，「極速步」突然下墜、換步變速，打亂了節奏。黑石避讓不及，立刻抬起雙臂，護住正面要害。朱科祿的肘尖原本瞄準了對方心口，這一下重重打在其防禦臂上，發出一聲悶響。

　　黑石被巨大的衝力震得連退三步。

　　穩住身形後，不待朱科祿繼續發難，黑石立刻反守為攻，提膝前踢，小腿如折刀彈出，帶著勁風劃出一道彎月般的弧線，大腳趾直戳朱科祿眼珠子。

　　面對如此狠毒的招式，朱科祿不敢硬擋，運步後撤，避其鋒芒。

　　一寸長一寸強，黑石身材高大，拳腿殺傷半徑長，一腳

踢空後，左右直拳快如連珠，不斷擊向朱科祿面門。

朱科祿眼前拳影重重，抬臂以「虎抱頭」防禦。沒想到對方的拳頭硬得出奇，如同鐵錘一般，勁力突破朱科祿皮肉，直滲透到他骨髓裡，疼得他倒吸一口涼氣，暗暗叫苦。

黑石一雄的雙拳可不一般。

金硬流唐手門派中有種名為「磨石」的功法。初學者以雙掌拍打石塊，此後漸增難度，用拳面擊打石塊，待能斷石碎磚，才算大功告成。黑石苦練十年，拳頭硬度不輸頑石，朱科祿自然難以抵擋。

眼看著朱科祿越打越狼狽，顧嘉棠的心吊到了嗓子眼兒。剛才一場大勝，令他低估了日本人，沒想到這個黑石少尉如此凶悍。

在黑石連續重拳猛擊下，朱科祿連連後退，一不留神，踩到一處凹陷地。黑石見對方身子一歪，目生凶光，看準機會揮拳砸過去。

朱科祿情急之下本能地縮頸低頭、彎腰矮身，就地一個「黑驢打滾」避讓。

黑石的拳頭隔了層紙般擦著他的頭皮掠過。

朱科祿滾了兩圈才起身，重新以弓步對敵，雖然有驚無險避過一劫，但後背沾滿灰泥，失了之前的威風。

黑石看著他的樣子，嘴角輕翹，冷冷一笑。似乎無意乘人之危，黑石止步不前，身姿沉穩，如一尊石佛。

兩人在沉默中對峙，安靜得彷彿能聽到對方的呼吸聲。

晴空白雲下，一隻野斑鳩振翅飛過，扇起翼風，羽毛在太陽下泛著藍光。

「朱師傅已打過一輪，體力有損。不如，下個回合我代

他打？」一個清朗的聲音打破令人難熬的寂靜。循聲望去，說話者正是方才站在朱科祿身後的年輕人。

內田轉頭打量起他。

此人二十多歲，身材中等，眉峰棱角分明，眸中蘊含著琥珀色的光芒，鼻梁高挺，發達的咬肌令下巴線條清晰，體格健碩，卻毫無笨重之感。

不等內田答應，顧嘉棠搶話道：「哎呀！剛才疏忽了，一打二不公平，該換人！內田先生應該沒意見吧？」

顧嘉棠嘴上幫著腔，心中卻暗自打鼓。這位津門武者是手下阿四推薦來的，顧嘉棠嫌他是無名之輩，原本只想雇他站個場，但眼看朱科祿再打下去將要落敗，現在只能死馬當活馬醫。

內田淡然一笑，反問道：「江湖規矩，比武先報門派。你是何人，屬哪個門派？」

「在下于升，雖有薄藝隨身，但關於門派嘛，恕不能提。」

內田一怔：「不能提？」

「我乃戴罪之身，不願辱及師門，還望諸位見諒。」

顧嘉棠見狀，趕緊幫腔：「對對對，中國武林有這個說法，戴罪之人，可以不報門派。」

內田意味深長地瞥了顧嘉棠一眼，又看向黑石一雄。

黑石一臉自信，堅定地點了點頭。

內田側身展臂：「那就請吧。」

于升拱手抱拳：「且慢，我有個不情之請。」

顧嘉棠摸了摸下巴上的鬍茬：「你說。」

「這場比武，不可有人圍觀。」

顧嘉棠面色一變，當即愣住。

內田板起臉問：「既然是比武，總該有公證吧？」

「武術是殺人保命技，不是表演。打到一方躺下，何需公證？」于升語氣平淡，字句中卻殺機十足。

內田黑漆漆的瞳仁盯著于升，像要將他徹底看穿一般。他曾聽說中國武術有「拳打人不知」的秘招，當眾展現怕被人尋得破解之法。

在見過黑石一雄的身手後，還敢提出打生死局，此人肯定有絕技在身。這次比武，內田的目的就是瞭解中國武術的秘技，若不能親見絕招，豈不可惜？他雙手抱胸，眉頭微蹙，陷入思索。

顧嘉棠本想幫于升說話，但這要求確實不合常理，一時也找不到合適的藉口。

于升眼皮微抬，淡然一笑：「我看內田先生以長袖遮擋左臂，想必身上文身乃私密，不願示人。同樣的道理，武術也不該當眾賣弄。」

內田身上文有歌川國芳的武者繪——怒目武士揮劍斬殺紅藍雙色巨蛇。象徵勇氣的圖案佈滿背部、半胛，隱於領口、袖口之下。為遮擋文身，內田平日不穿短衫，怎料于升目光如電，看到了他抬手時露出的彩紋。

在日本，文身屬「極道美學」，公然炫耀被認為是對美的褻瀆。「隱」是日本美學，類似中國書畫的留白餘韻。螢火蟲之光白天欣賞不到，只在黑夜最美，文身也因隱藏而更顯珍貴。

于升用文身做比喻，內田心領神會，點點頭：「好，就照于升君的意思，我很有興趣知道，你這個不能提的門派有

多厲害。」

朱科祿保住顏面，長舒一口氣，撣了撣身上塵土，主動上前介紹：「院西有個雜物間，正好可用來比武。」

顧嘉棠怕日本人反悔，趕緊順水推舟：「那就請兩位移步吧，我們在外面等。」

烈日下，翠葉泛著白光，層層疊疊，地上光影斑駁。

田中元氣在樹下醒來，鼻梁和後腦生疼，一群飛蟲在他耳側忽高忽低縈繞，發出嗡嗡聲響。

四周蟬鳴，片刻不息。在京都，蟬鳴被稱為「鎮魂歌」，傳說有驅鬼辟邪、安心凝氣之功。

于升出場圖

在蟬鳴聲中，田中恢復了神智，看到眾人圍站在西邊小屋前。

「他們在等我醒來嗎？」他心中湧出羞愧。身為效忠天皇的軍人，田中以「祈戰死」之心試探中國武術的奧秘，但沒能碰到對方衣角就被打暈，實在是奇恥大辱。

「今日有辱皇軍名譽，應當切腹謝罪。」想到這裡，田中咬牙站起。

他剛要邁步，突然聽到「砰」的一聲響，就像自己被擊倒時傳入耳膜的聲音。

他晃了下腦袋，想甩開惱人的幻聽，卻發現四周的蟬鳴聲又一次消失了——這響聲並非幻覺。

小屋的門打開，于升走了出來。內田佑面上表情一僵。

于升氣息平穩，沒有一絲傷痕，彷彿只是進屋小歇片刻。

顧嘉棠喜形於色。

內田對于升獲勝的結果並不意外。剛才的撞擊聲是從靠近房頂的位置傳來的，以黑石一雄的格鬥技是無法做到將人擊至那個位置的。但雙方入屋不久，屋內沒有傳出激烈對抗之聲。面對黑石這樣的格鬥高手，于升竟贏得如此輕鬆，莫非他用了什麼詭計？

想到這裡，內田入屋一探究竟。

小屋裡光影昏黃，掃帚收在角落，竹篾筐掛在牆上，四周無可巧借的兵器。

黑石一雄如同蝦米般蜷縮在牆角。

內田上前查看，見他搗著胸口暈厥過去，後腦和背部沾有灰土。

由此推斷，黑石是被正面擊中胸腹部，向斜上方飛出，頭背撞在房頂和牆壁的夾角，再摔落在地。

什麼樣的功夫才能打出這般效果？

內田不禁後悔不觀戰的承諾，此刻他腦海中浮現了一句中國古話：「梅花之影，妙於梅花。」

古人月夜觀梅花之影，發現其疏密變化萬千，別有一番滋味，比枝頭的梅花給人以更多想像。

中國武術在封閉小屋內打出不可思議的效果，這種「不可見」也勾起內田的好奇心。

小屋外，面對顧嘉棠的誇讚，于升的臉上毫無勝利的得意，只是仰頭看向天空。

雨後天色澄清，宛如一塊溫潤的秘色瓷掛在頭頂，曠遠寥廓。

第二章

黑龍會・二足獸

民國十九年（1930年），擁有治外法權的上海租界有如沙漠綠洲，吸引各國冒險家紛至沓來。

幫派、軍閥、政要、大亨……各種勢力在此盤根錯節。

十里洋場的歌舞廳內，留聲機的黃銅喇叭放出靡靡之音，一派歌舞昇平。

幫派橫行的街角，刀斧閃光，子彈呼嘯，各方勢力爭鬥不休。

日本國內大肆宣揚軍國主義，覬覦華夏。

中國無所察覺，積貧積弱，軍閥混戰，禍亂繼起，兵戈不息，遂成一團亂象。

內憂外患之際，各界能人發揮一己之長，建立救亡組織，左翼作家聯盟、美術家聯盟等組織紛紛在上海成立。

武林不甘其後，國民政府於南京建立中央國術館，意欲「強種救國，禦侮圖存」。武人地位得到空前提升，上海亦成為武術家雲集之所，精武體育會、致柔拳社等三十多家武術會館在滬並立，此時堪稱中華武林的黃金歲月。

抗日戰爭爆發前，五光十色的上海灘上，一股暗流正在湧動。

于升擊敗黑石一雄，不過是其中的小小漩渦。

當日，朱科祿被黑石一雄逼得頗為狼狽，于升半路殺出，輕而易舉打敗對手，反令他這位國術館高手臉上無光。

比武後，朱科祿黑著臉，態度頗為冷淡。

顧嘉棠跟隨杜月笙多年，對朱科祿的心思瞭如指掌，趕緊吹捧一番：「今日大勝，于師傅出了力，但要說頭功嘛，全靠朱師傅拿下了開門紅！」

朱科祿受了恭維，忙擺手道：「顧老大這話，我承受不起。頭功當然是于師傅的。」

于升無意爭功：「朱師傅過謙了，今日之戰全靠朱師傅以一敵二，耗盡日本人的力氣，我才能撿了個大便宜。」

朱科祿滿臉堆笑：「哪裡哪裡，于師傅出手不凡，真是後生可畏，後生可畏啊！」

顧嘉棠見氣氛緩和，使了個眼色，手下將兩疊孔雀綠十元紙幣齊嶄嶄擺在桌上，每疊二十張——散發著油墨香味的中國墾業銀行發行的新鈔。

在上海，兩百元夠一戶人家開銷一年有餘。

「兩位師傅受累，這是杜先生吩咐我備的茶水錢。」

「哎喲，杜先生太客氣，這怎麼好意思呢？」朱科祿假意推辭。

顧嘉棠假裝生氣，虎著臉道：「朱師傅要是不收，說出去，只怕壞了杜先生的名聲啊！」

朱科祿含笑收下禮金：「恭敬不如從命。」

顧嘉棠見于升沒拿錢，當他也是假客氣，打算硬塞給他。孰料于升身子一迎，掌心按在顧嘉棠手腕上，力量說大不大，但手中的錢怎麼都遞不出去。

「顧大哥，禮重了。」

顧嘉棠心如明鏡，不再強推，咧嘴一笑，順勢把錢揣進自己兜裡。

傭人端上熱茶，朱科祿招呼兩位：「來來，家裡沒備什麼好茶，權當潤潤喉嚨。」

眾人落座喝茶，皆大歡喜。

弄堂口停著兩輛黃包車，等待了許久。一名車伕用毛巾擦拭脖子上黏膩的細汗，抬眼見顧嘉棠帶著于升出來，趕忙撣了撣油布座，上前迎接。另一名車伕慌張地繫上外衫釦子，擋住背心上的破洞。在上海混飯吃，誰都得看青幫的臉色。

顧嘉棠上車坐定，招呼道：「于老弟，老哥帶你嘗嘗本地特色。走，去狀元樓。」

兩位車伕腳下生風，步子疾，拉得穩，不多時就來到湖北路一間飯店門前。

飯店上下兩層，食客絡繹不絕。一塊碩大的金字牌匾高掛在門上方，赫然寫著「狀元樓」三個大字。相傳，乾隆年間有位考生赴京趕考，路過寧波的一家酒樓，點了道冰糖甲魚，店家為討個口彩，取名「獨占鰲頭」。後來書生果真金榜題名，榮歸時為酒樓題寫了「狀元樓」字號。上海開埠後，寧波商幫來滬發展，狀元樓也就開到了上海。

進了大堂，掌櫃見到顧嘉棠，脅肩諂笑迎上前招呼。

「顧爺！貴客啊！裡面請，包廂坐！」掌櫃嘴上玲瓏，腳底俐落，將兩人帶上二樓包間。

包間門前掛「福祿廳」木牌，裡面清一色虎皮黃桌椅，正牆上貼著福、祿、壽三位神仙的畫像。紅桌布上擺著瓷碗碟、紫檀木筷，再加一瓶陳年女兒紅，配茴香豆、炒花生。

不多時，菜餚一一上桌。

雪菜大黃魚——黃魚肉嫩刺少，雪菜清鮮。苔菜小方

烤——五花肉酥糯，滷汁濃稠。小籠包——皮薄汁多，肥而不膩。冰糖甲魚——甲魚綿糯潤口，有「獨占鰲頭」之寓意，這道菜是顧嘉棠特意為于升而點，誰是今日比武的第一功臣，不言而喻。

顧嘉棠拿筷子指著兩籠熱氣騰騰的小籠包：「于老弟，嘗嘗這個，狀元樓的小籠饅頭，兩個字——講究！一兩麵粉就做十個，一個也多不得。每個十四個褶，別的地方吃不到的呀。」

于升夾起一個小籠包，小籠包外皮晶瑩嫩薄，顫巍巍地冒著熱氣。

顧嘉棠將小籠包放入醋碟，拿筷子戳破，小籠包汁水溢出，淌滿一碟。

「阿拉跟你講，小籠饅頭要好吃，最最要緊的就是湯汁。湯汁有大講究，要熬皮凍，用豬皮以外再加隻老雞，滋味才對頭，一口下去，鮮得眉毛都要掉下來，打耳光都不捨得鬆口。」

吸了一口小籠包湯汁，顧嘉棠舔舔嘴唇：「現在的上海灘，也跟小籠饅頭一樣，洋癟三、買辦、大官，統統往十里洋場擠呀擠的，熬得富貴流油，阿貓阿狗都想來嘗鮮。那幫東洋鬼子，一看就沒安好心。」

提起內田，于升眸泛冷光：「顧大哥，那個內田是高手，我看他醉翁之意不在酒，不可大意。」

顧嘉棠眉毛一挑：「高手？囂張是蠻囂張，但高手嘛，高在哪裡？」

「從容不迫。」

「這麼一說，的確有古怪。阿拉啥陣仗也都見過，可是

誰家比武，輸了還一直笑嘻嘻？」

「他或許不是要比武，是要偷師。」

顧嘉棠嘴角一抽，放下筷子：「怎麼講？」

「田中最多算軍中擅打莽漢，憑他的功夫，對國術館高手來說，純粹是挨打的靶子。內田讓他出來打，大概是為了觀察武技。輸了不怒反喜，是因為見識了心意拳招法。」

舊時學武有拜師、偷師之分。拜師是正式入門，一招一式從頭學起。偷師則是透過觀訪比武，偷學對方不傳之秘，名不正言不順。武術技法繁複，訣竅不在外形，管中窺豹，難見全貌，所以，偷師需要極高的悟性。

「哦哦，怪不得他認輸認得老爽快，可惜，姓朱的拎不清，還要打。」顧嘉棠忽然像想起什麼，朝于升舉起酒杯，「多虧老弟出手，沒讓杜先生丟面子。」

仰脖飲畢，顧嘉棠又夾起一塊甲魚肉放入于升碗中：「話說回來，老弟進屋比武，是因為看穿了日本人偷師的把戲？」

「這是其一。再者，黑石身材高大，拉開距離打，對他有利。擂台對戰，講究你進我退、你退我進，比的是移動和反應，拳遠腿長者占優。中國武術本是戰場殺招，如同兩匹戰馬迎面衝撞，一個照面便分出高下。在小屋打，是逼他進入我的節奏。」

顧嘉棠如夢初醒，一拍大腿：「高明！」

兵者，詭道也。比武，比的不只是體能與技巧。

顧嘉棠是老江湖，見于升膽大心細，身手了得，生出拉攏之心，但他沒看到于升的比武過程，不清楚他到底有何本事，於是前傾身子繼續問：「老弟究竟用了什麼頂頂厲害的

神功，把那東洋鬼子打到了屋樑上？回頭杜先生要是問起來，老哥該怎麼說呢？」

出乎顧嘉棠的意料，于升十分豪爽，放下酒杯站起，重演打飛黑石一雄的招法。

「顧大哥，請看。」

只見他身體往前一鑽，下沉擰裹蓄力，顧嘉棠彷彿看到于升撞入黑石一雄幻影懷中，整個人像壓緊的彈簧，猛地腳下一碾，周身瞬間發力，螺旋挺拔，掌根由下至上猛擊。這一招如長鯨噴浪，勢猛力脆。全身陡然一震，「嘭」的一聲，彷彿空氣都被震碎了。

顧嘉棠彷彿看到了黑石一雄飛出的虛影，不禁叫好：「漂亮！這一招，可有什麼說法？」

「這是貼身打法，一縮一炸，縮為霸王卸甲，炸是伏龍登天。」

顧嘉棠見于升不把自己當外人，話也多了起來：「平日打架都用拳頭，拳頭硬嘛，可是老弟偏偏用掌，這有什麼說頭？」

「黑石的雙臂像是經過了特殊的訓練，用指關節很難打穿他的防禦。所以我用了『虎趾掌』。狼的爪子是平的，虎的爪子是捲的，『虎趾掌』捲起手指，以掌根發力。手腕比指關節粗壯，不易受傷。」

顧嘉棠聽了嘖嘖稱奇：「怪不得！說起老虎，阿拉以前常聽爺叔說，身上功夫，要練『蝦退虎抖毛』。可惜不曉得什麼意思，練起來終究不得門路。」

武林拳諺類似黑話切口，若無門內人提點，不過是茶餘飯後的談資。

于升拊掌一笑：「所謂『蝦退』，是身法彈變，蝦遇驚時一縮一彈，躥出老遠，屬於軀幹縱力。『虎抖毛』是橫向搖旋，虎若渡水，上岸會抖身甩水，脊柱如擰毛巾般旋轉，屬於橫力。猛虎撲食，是軀幹發力，爪子只是最後一按。比起獸類，人的四肢過於靈活，喧賓奪主，軀幹發力就弱。練武，就是要練出猛獸般的機能。」

顧嘉棠面露疑惑之色：「聽別人談武術，都說練了神功，刀槍不入，怎麼到老弟你這兒，卻變成獸了？」

「武術是人為，並非神創。人，力不如牛，猛不及虎。武術就是要將人變成『二足獸』，以強勝弱，才是天道。神神鬼鬼的，不過走江湖的騙術罷了。」

顧嘉棠目光霍地一跳：「呵，這說法倒新鮮。」

「人的機心太重，善用工具。若是徒手，別說牛虎，殺鼠捕兔都難。練出獸意，不僅能找回本能之力，精神也會變強。青蛙遇蛇便失了抵抗心，屠夫身上帶著生人勿近之氣。武術道法自然，走獸飛鳥蘊含天意，用對了，就能顯鬼神之功。」

顧嘉棠對這等拳理聞所未聞，不由感嘆：「果然，一行有一行的門道。行走江湖，一靠狠，二靠硬。狠起來，敢用刀扎自己大腿；硬起來，挨了刀還叫聲好。夠狠夠硬，誰都不敢惹。但遇到高手，這一套就不行了，碰到來比武的東洋人，還得靠老弟你給他們點兒顏色瞧瞧。」

于升眼底露出一絲隱憂：「顧大哥，這個內田是什麼來頭？」

顧嘉棠往椅背上一靠，嗑著牙花子：「他呀，可不好惹，說是三井洋行股東，其實是黑龍會頭頭內田良平的養

子，算是黑龍會少當家。」

于升聽到「黑龍會」三字，甚是吃驚。黑龍會脫胎於日本黑幫組織——玄洋社，以「實現軍人敕語，振作尚武風氣」為綱領，長期覬覦中國黑龍江流域。該會同中國幫派多有往來，在東北扶持「馬幫八虎」，培養親日勢力。

「黑龍會不是在東三省嗎？怎麼來上海搞事呢？」

「天曉得他們在搞什麼花頭經。前些日子，東洋浪人跟中國武師私鬥，搞得烏煙瘴氣。如今中日關係緊張，上面怕擦槍走火，就讓杜先生管一管。杜先生是場面上的人，講臉面，既然東洋人要打，那就關起門來，徹底打服他嘛。阿拉到國術館找了朱科祿，又聽阿四說你本事大，便找老弟助拳，可真是找對人了。」顧嘉棠說著端起酒杯。

「不敢當。」于升舉杯敬酒。

顧嘉棠喝完，放下酒杯，鄭重道：「老哥看你是個人才，杜先生出了名的愛才，老弟要是願意替杜先生辦事，保準能在上海灘吃香喝辣。」

于升表情有些不自然，目光低垂，閉口無言。

顧嘉棠看于升不說話，心生不快：「給你錢，你不要。給你機會，你也不應。你曉得上海多少人做夢都想替杜先生賣命？」

「顧大哥有心提攜，于某感激不盡，可是我所在門派有三條規矩。」

「什麼規矩？」

「一不許開場子授徒，二不許當眾表演，三不許看家護院。」

「笑話！這也不許，那也不許，功夫不就白練了嗎？」

顧嘉棠一拍桌子，眼神忽而變得警惕起來，「既然你啥也不要，為何參與這次比武？」

于升面如平湖：「我聽四哥說，這次中日比武，許多武師怕輸給日本人壞了名聲，避而不戰。我今日來，不為錢財，只是不想讓日本人笑話中國武林沒人。」

顧嘉棠冷笑搖頭：「一看老弟就是剛來上海，拎不清狀況。你能打，老哥承認的，不過如今上海灘講的是牌頭、派頭、噱頭，勿是拳頭。一身功夫白白浪費，啥辰光能出頭？這大上海看起來黃金遍地，實際上，每條馬路都有『黑天子』管著。要站穩腳跟，還是要拜老頭子。」

他一指牆上的神仙貼畫，「在上海，神仙管不了的事，我們青幫都能管！」

「青幫的名聲，我早有耳聞，但說入幫，實在不方便。」

顧嘉棠見于升態度堅決，語調放軟了些：「阿拉曉得武行規矩大，不逼你。你今天算給青幫搭了把手，有什麼麻煩，可以來十六鋪找老哥。」

「謝謝顧大哥。」

「老弟，跟你打個賭。」

「打賭？」

「賭你今後一定會來找老哥。」

「顧大哥想賭什麼？」

「賭酒。」顧嘉棠豎起三根手指。

「好，就賭酒三杯。」

顧嘉棠一笑：「是三碗。」

第三章
隱於市・三顧茅廬

在上海，租界地區被稱為「上只角」，閘北、普陀等地被叫作「下只角」。

于升盤纏不多，住在閘北一家破舊的小旅館裡。沒過幾天，他就體會到了顧嘉棠所言。外地人在上海尋生計屬實不易，各行各業都被幫派掌控：碼頭搬運被「碼頭霸」壟斷，販糧生意是「糧霸」說了算，甚至拉糞車也要「糞霸」許可。

于升眼看坐吃山空，心下煩躁，便出門閒逛散心。

距離旅館不遠處有一片貧民窟，成片「滾地龍」雜亂鋪陳。

「滾地龍」用毛竹搭架，上蓋蘆席，捆著茅草，鋪上破爛棉絮，就算是一戶人家。裡面住著各地逃難而來的災民、苦力。

于升看著他們，沉默無言。有錢男子漢，沒錢漢子難，他雖有濟世的心思，可如今也陷入困局。

武術不是謀生之術，亂世中，自己又有何謀生之法呢？

好在，有人幫他解了這盤困棋。

中日比武後的第三日，同鄉阿四給于升介紹了一份水果行的差事。水果行位於城南花衣街一條舊弄堂。花衣街因靠近棉花交易市場而得名。棉布是上海主要的手工業產品，有「松江之布，衣被天下」的說法。

　　水果行的老闆五十來歲，頭戴瓜皮帽，臉上滿是褶子，面如枯橘，眼角笑紋很深，狹長的小眼閃出光亮，顯得狡黠。

　　阿四一擺手，算是打招呼：「許老闆！給你說的幫工來啦！」

　　老頭兒不自然地笑著：「嗲個老闆不老闆，叫阿拉老許好啦。」

　　阿四打趣道：「叫老許哪有面子？」

　　老許偷眼看向于升：「活到老是福氣，喊一聲老啊，聽著愜意。」

　　「許老，打擾。」于升將「老」字調換了個位置，顯出尊重。

　　水果行活不多，老許本不願養閒人，但這是青幫介紹來的人，他可不敢推辭，又聽說工錢算在青幫賬上，便一口答應。今日看于升有禮有節、反應機敏，老許很是滿意，安排于升住到二樓空著的亭子間，看店也好有個照應。

　　工作和住處有了著落，于升心頭石頭落地，對阿四拱手：「謝謝四哥照顧。」

　　「見外了，當年要不是你師兄仗義出手，我舅父的酒樓都被人端了。咱混江湖，講究的是有恩必報，」說著，他低頭從懷裡掏出一封信，交到于升手中，「前兩天我回了趟天津，馬師傅托我帶一封信給你。」

　　于升剛到上海不幾日，師父跟著就來信了，看來是急事。與阿四告別後，他揣著信，踩著陳年的木樓梯，嘎吱嘎吱，來到亭子間。

　　亭子間只有四平方米，僅容得下一桌一床。房間朝北，

終日不見陽光，陰暗潮濕，窗下就是灶披間，油煙味嗆人。臨街的那扇窗戶破了一塊，用泛黃的《上海畫報》糊住，報紙上印著陸小曼的側臉頭像。

于升坐在床沿，拆開信，見到了熟悉的字跡：

于升：

　　聽聞玉面閻羅受託為鄭家復仇，他乃武學天才，萬不可與之正面硬碰。

　　避之！切記！

師　馬道貴

于升放下信，抬頭看向低矮泛黃的天花板，半晌無語。

「玉面閻羅」這個名號，他早有耳聞。坊間傳言，一旦被這人盯上，便如同上了閻羅王的生死簿，是半個死人。

于升劃亮一根火柴，把信燒了，望著火光和裊裊青煙自言自語：「又沒打過，怎知高低？」

他開窗散煙，見外面房舍層層疊疊，屋頂上灰瓦連片，灰暗色調塗抹著弄堂歲月，彷彿水墨畫片。

于升來滬之後，每日都覺得新鮮，深感上海與天津處處不同。在天津，不用抬頭就能看到湛藍的天空；而在上海，窄巷間僅留一道狹長天色。木頭電杆上的黑色電線橫七豎八，更將天空剪裁成碎塊，令人頗有井底蛙之感。

上海街窄屋仄，只因人多地貴。

咸豐三年（1853年），上海小刀會起義，周邊富戶鄉紳紛紛逃進租界，使得地價飛漲。租界按倫敦工業區工人住宅結構造了八百棟房子，從此，上海人過上了弄堂生活。

　　清帝退位之後，中國戰亂不止，租界更成了避風港。隨著外來戶增多，上海人發揮「螺螄殼裡做道場」的精神，搭閣樓、做隔斷，將屋內每一寸空間都利用到極致。狹窄的裡弄中，從高低窗口拉出蛛網般的細繩，掛上灰黃各色內衣外衫，彷彿各國旗幟，宣告自家主權。

　　在寸土寸金的上海能有個亭子間住下，已經算得上幸運。

　　水果行沒什麼重活，于升手腳勤快，許老闆也樂得清閒，平日除了給籠中黃鸝添食換水，就是煮茶熬粥。

　　可是這份安穩沒能維持幾天。

　　老城廂弄堂雜亂陰濕，洋人向來不願自己的鞋底沾到這片破敗的土地，這日卻有位身穿武士服的日本人進來，引得弄堂住戶紛紛探頭來看。

　　日本人徑直走到水果攤前站定，朝于升鞠了九十度的一躬，雙手呈上一封信，用生硬的中文說：「于先生，我家少主給您的信。」

　　于升沒接信，打量來人：「你家少主是哪位？」

　　日本人面帶自豪：「內田佑先生。」

　　于升背起手，淡淡地說：「我跟他只有一面之緣，沒有私交，這信沒法收。」

　　「可是，于先生……」

　　于升抬手打斷他的話：「如果買水果，我繼續做你的生意，沒別的事，就請回吧。」

　　日本人臉漲得通紅，一咬牙，雙膝跪地，磕頭懇求：「請務必收下！拜託了！」

　　弄堂裡的老老少少哪見過這場面，有人面面相覷，有人

交頭接耳。老許原本在裡屋歇息，聽外面吵鬧，掀簾子出來，見一個日本人跪在店門前，嚇得險些坐倒。

于升上前想扶起日本人，對方卻打定主意賴著不起。

于升面如冷霜：「這是幹什麼？」

日本人眼皮一翻，硬著脖子：「不收信，我就不起。」

「起來再說。」于升雙手抄住對方腋下，往前一迎一送。

日本人只覺重心像被巨浪掀動，不受控制地站起身。

于升不等他站穩，右掌在他的左肋銼刀般一銼，以摩擦力帶動其重心。

日本人身子失衡，傾斜中不由自主退了一步。在他本能地調整重心之際，于升又順著勁蹭他右肋，他身不由己再退一步。若于升向前推，對方還能靠蠻力硬頂，但于升以切線方向擦蹭，用勁冷脆，一左一右像盤石磨般「搓動」其重心。日本人只覺彷彿陷入漩渦，站立不穩，步步後退。

于升將他一路「送」到門外，眼看對方要摔倒，才一把拉住他的袖子。

日本人立穩身子，整個人失了魂一般，滿頭冷汗，驚得說不出話來。

于升轉身回到水果行。面對老許緊張兮兮的打聽，于升只說認錯人了。

翌日中午，又有三個日本人來到花衣街。領隊的正是內田佑，身後跟著兩個佩刀的日本憲兵。

內田來到水果攤前，抬手輕叩西瓜。兩個憲兵仰著下巴，面帶獰色。

樹老葉稀，人老頭低，老許躲在裡屋不敢出來。于升盯

著內田，絲毫不慌：「內田先生，來買瓜嗎？」

內田沒答話，朝憲兵使了個眼色。

一名憲兵拔出曹長刀，刀身雪亮，在陽光下寒光凜凜。只見他揚起刀，撐腰猛砍。

對面臨窗的女孩嚇得「啊」了一聲，摀住眼睛。

于升兀立不動。他看得清楚，這一刀不是朝人砍的。

「咔嚓」一下，西瓜綠皮開裂，紅汁噴濺而出。憲兵捧起半塊瓜，啃了一口，嘟囔了一句，猛摜到地上，把瓜摔了個稀爛，接著一抹嘴，抬刀想再砍，手腕卻忽地被人扣住。

「瓜不是這麼挑的。」于升手上加了一份力，疼得憲兵齜牙咧嘴。

另一名憲兵見狀想拔刀，被內田揚手制止。

于升這才鬆開手。

內田皮笑肉不笑：「軍人性子急，嫌敲敲打打太過麻煩，不如切開看個清楚。這瓜，我買了。」

于升聽出他話裡有話，剛想開口，在裡屋偷聽的老許趕緊鑽出來，求饒般擺手：「不要錢！不要錢！哪敢收長官錢？這瓜孝敬給長官。」

內田瞥了他一眼，意味深長地看向于升：「既不收錢，我就請你喝杯咖啡，權當道歉，于升君該不會拒絕吧？」

「這麼說，我是內田先生的客人？」

內田佑一頓首：「當然。」

「那就等一下。」于升拿掃帚打掃起地上的碎瓜來。

掃帚從憲兵腳面掃過，憲兵剛要發作，就被內田用眼神制止。

虹口施高塔路的咖啡店裡，電唱機中傳出舒緩的巴洛克

音樂，女招待身穿綠白相間的裙式制服，往來於客座之間。牆上掛著一個德國榮漢斯掛鐘，指針指向一點四十五分。

于升與內田佑在臨窗沙發相對而坐。

兩名日本憲兵守在鑲嵌著水紋玻璃的吧檯旁，手中端著綠色水晶杯，目光須臾不離于升。

內田蹺起二郎腿，似笑非笑：「于升君，要見你可不容易。」

「內田先生興師動眾找我，有什麼事嗎？」

「我還以為中國人談事不喜歡直來直去。」

「拐著彎說話是給人留情面，你我不熟，不妨開門見山。」

內田看著窗外的小販：「中國有句話，大隱隱於市，今天我算見識了，國術高手居然在賣瓜。」說罷，他以手指關節輕叩檯面，「這個時代，人才不該浪費，來黑龍會做武術教官吧，包你賺得多。」

于升偏過頭，冷冷道：「這事，我沒法答應。」

「為什麼？」

「師娘不許。」

內田不禁一怔：「師娘？你沒問，怎知她不許？」

「無法問，她早已故去。」

「若死了，更沒道理攔你了。」

于升抬起眼皮，目光中露出一絲殺氣：「她是被炸死的，日本人的砲彈。」

內田臉色一沉：「看來，于升君對日本人很有成見。」

于升也不客氣：「日本人在中國打仗殺人，難道還是朋友？」

內田面頰肌肉微微顫抖。女招待托著鍍銀托盤走過來，將兩杯咖啡擺到桌上，香氣濃郁。

內田放入糖塊，輕輕攪拌，調整情緒道：「中日一衣帶水，打打和和幾百年，死傷在所難免。現在時局不同，歐洲列強侵入東亞，日本打敗俄國，為亞洲人爭光。中日應該親善，英法俄才是我們共同的敵人。」

于升把杯子輕輕往旁邊一推：「中日親善？我有件事想不通。」

內田眯起眼睛：「什麼事？」

「上海的租界，難道日本人沒插手？」

內田勃然色變，額頭隱隱顯出青筋。兩名憲兵不約而同摸向腰間的曹長刀。

不過內田很快壓抑住自己的怒氣，抿了口咖啡：「于升君，我今日請你喝咖啡，是為了交朋友。一回生，兩回熟，多個朋友總比多個敵人好。」

這話似乎帶著一股寒意，令四周的空氣都下降了幾度。

于升不置可否，碰也不碰咖啡杯。

內田手指交叉，語帶霸氣：「劉玄德曾三顧茅廬，我就當于升君在考驗我的誠意。不過，別忘了，下次就是第三次了。」

「內田先生若無他事，我就先告辭了。」于升不等他回答，起身就要走。

「于升君不要想著躲起來。弄堂住戶眾多，總有人知道你去了哪裡。」內田的目光令于升身體緊繃，彷彿被狩獵的鷹隼盯住。

于升未答話，在咖啡氤氳的香氣中出了咖啡廳。他知

道，內田佑動了殺心，若置之不理，或許有人會因為自己而遭殃。面對赤裸裸的威脅，于升腦海中冒出三個字——十六鋪。

顧嘉棠見于升過來找他，大喜過望，擺下酒菜。

「老弟放心，小事一椿，花衣街也有我們的人。有杜先生罩著，借日本人十個膽子，他們也不敢怎麼樣。」

「大哥的照顧，于某銘記在心。替杜先生做事，我有個條件。」

顧嘉棠以為他要開價，小臂撐在桌上，爽朗地說：「儘管講！」

「我只管替青幫比武，看家護院、江湖紛爭一律不過問。」

顧嘉棠一聽這話，豪氣消了三分：「于老弟，這事老哥也做不了主，得帶你去見杜先生，一切聽先生定奪。」

「也好。」

「在見杜先生前，別忘了一件事。」

于升一愣。

顧嘉棠眨眨眼：「願賭服輸，你得先幹了三碗酒。」

第四章
杜月笙・筆陣圖

　　華格臬路180號，一棟中西合璧的獨棟洋樓。

　　顧嘉棠忽然在門口停住腳步，轉過頭看向于升，一臉嚴肅：「等下見到杜先生，別亂說話。」

　　于升看顧嘉棠神情緊張，猜測杜月笙不好打交道：「我懂的。」

　　顧嘉棠這才點點頭，帶他一起邁進杜公館。

　　在上海灘，提起杜月笙的名字無人不知。

　　上海灘出大亨。「亨」者，通也。「大亨」就是在上海橫行無阻之人。青幫三大亨——杜月笙、黃金榮、張嘯林，秉性有異，稱呼也各有不同。

　　黃金榮貪財，從巡捕做到公董局顧問，在法租界一手遮天，人稱「黃老闆」。

　　張嘯林善打，和軍閥關係較深，性格粗野好鬥，喜歡別人叫他「張大帥」。

　　至於杜月笙，則是出了名的會做人，禮賢下士，廣結名流，人們尊稱其為「杜先生」。

　　杜月笙是水果行小癟三出身，跟了黃金榮後，組建「小八股黨」，在搶煙土生意中立下大功，之後成立三鑫公司，靠鴉片生意發家，揮金如土，籠絡人心。如今，他實際已是三大亨中地位最高的一位，杜公館也成了上海地下世界的權力中心。

杜月笙雖是黑道中人，卻樂於結交黨政要人，因款待下台總統黎元洪而獲贈對聯「春申門下三千客，小杜城南五尺天」。辛亥革命後，皇權瓦解，軍閥合縱連橫，頗有春秋戰國之意，「當代春申君」之名很快響徹全國，杜公館成為權貴聚集之處，從名律師秦聯奎到國學大家章太炎，往來名流，不可勝數。

杜月笙發達後，拜章太炎為師，習練筆墨，洗淨一身匪氣，平日裡喝茶、聽書、唱戲，與商界鉅子、政壇要人談笑風生，便如泥鰍一朝越過龍門，其他江湖人只能望其背影而嘆。

進入杜公館大廳，一塊「餘慶堂」的大匾高掛。「餘慶」出自「積善之家，必有餘慶；積不善之家，必有餘殃」。杜月笙做事「刀切豆腐兩面光」的風格，從這塊牌匾中也能窺得一二。

大廳中另一件寶物，是黃金榮親贈的楠木雕花大樑。楠木溫潤耐腐，象徵著千金不換的兄弟情誼。當年，黃金榮因美人露蘭春得罪浙江省督軍盧永祥的公子盧筱嘉，被綁受辱，杜月笙隻身赴會談判將其救回，黃金榮感激涕零，撕毀杜月笙的拜師帖，兩人從此兄弟相稱。

顧嘉棠帶著于升大步穿過大堂，來到書房。

書房內墨香撲鼻，牆上掛著一幅《蘭竹圖》，一位身穿白色長衫的男人站在書桌前磨墨。

男子長臉，顴凸鼻直，耳闊口大，一雙眼睛細長堅定，領口扣得一絲不苟。所謂「面廣鼻長，伎倆非常」，有這等面相之人多為剛毅霸道、魄力十足之輩，而衣著嚴謹，則體現出此人心思縝密。

此人正是杜月笙。

在過去，上海白相人發達後講究穿戴「三件套」：一是黑綢短打衫，捲起袖子，露出文身；二是金懷錶，掛在胸前閃閃發亮；三是大金戒指，戴得越多，表示實力越強。

杜月笙卻反其道而行之，一身長衫，三伏天不解領扣，以長袖擋住手腕上的藍靛鐵錨文身。

顧嘉棠在書房門上輕叩三下：「杜先生。」

杜月笙抬頭看見于升，眯眼一笑：「聽聞于師傅是高人，今日得見，果然氣宇非凡。」

「杜先生過獎。」于升抱拳行禮。

杜月笙磨墨動作不疾不徐，一絲不亂：「古人磨墨，是借事磨心。聽說習武也一樣，先要練數年樁功來磨性子，不知真假。」

平日杜月笙說事愛以書法為題切入，顯得風雅。

「杜先生所言不錯，古人云『花架子，醜功夫』，要練功夫，樁法是根基，需勤練不輟。」

杜月笙鋪紙提筆：「我不練武，但一向尊重武人。聽聞于師傅打贏日本人，為中國人爭了臉面，所以想見你一見，聽些武林事。」

「杜先生對書法頗有心得，巧的是，武術也跟書法相通。筆毫雖軟，卻力透紙背，如錐劃沙，屬以柔用剛。其中還有典故。」

杜月笙來了興致：「哦？說來聽聽。」

「書法名家張旭曾遇舞劍的公孫大娘，見她劍法『來如雷霆收震怒，罷如江海凝清光』，從中悟得筆法要義，創下了獨特的狂草書體。」

「劍法竟能化為書法，祖宗的東西果然精妙。」杜月笙興之所至，落墨寫下「三端之妙」四字。

「三端」指的是文人的筆端、武者的劍端和辯士的舌端。章太炎給杜月笙講過《筆陣圖》，開篇為「夫三端之妙，莫先乎用筆」，今日聽于升說起武書同源，一下想起此文。

于升見了，索性以此為題：「《筆陣圖》談的是筆力，中鋒力量足，字體就飽滿。武術也講周身用力飽滿，東、南、西、北，再加天、地，力貫六合，才是上乘功夫。書法和武術，一個力落紙面，一個勁在空間。」

杜月笙如遇知音，好奇地問：「既是同源互通，那武術也能從書法中悟到東西？」

「這是自然，孫過庭總結的練字三層境界同樣適用於武術。『初學分佈，但求平正』，書法講究字體結構，武術也求勁力佈局。『既知平正，務追險絕』，談的是從靜態轉為動勢，如虎躍龍騰。『既能險絕，復歸平正』，結構功夫練好了，動起來也要勁力不散，動中有整。」

杜月笙連連點頭，原本他只當于升是鄉下田舍郎，沒想到他談文論武，頭頭是道。

顧嘉棠見杜月笙一臉欣賞，自覺面上也有光，喜上眉梢。

于升繼續說：「《筆陣圖》是千古奇書，不僅談書法，還蘊含武術奧義。」

「哦？還請于師傅好好說說，我也長長見識。來來來，我們換個地方。」

說罷，杜月笙放下筆，走出書房。

　　三人來到會客廳落座，傭人擺上梅花糕，端來茶水。碗碟中的糕點精緻如同擺件。青花瓷茶杯明靜素雅，描著八仙使用的法器，這種紋案，名為「暗八仙」。

　　杜月笙在紅木福慶紋的太師椅上端坐，捧起茶杯，用嘴吹了吹，抿了一口，笑眯眯看向于升。

　　「于師傅，請用茶。」

　　書房相見，不過是問兩句話。客廳飲茶，說明杜月笙當于升是客人，行起待客之道。

　　顧嘉棠端起杯，向于升介紹：「這可是七年的老白茶，白茶有『一年茶，三年藥，七年寶』的說法，老弟今日有口福。」

　　于升見茶色如琥珀，細品有棗香，滋味醇厚，點頭讚歎：「好茶。」

　　杜月笙不疾不徐：「我們邊喝邊聊，《筆陣圖》究竟有什麼奧妙？」

　　「中國文字，不僅傳遞訊息，筆畫中還包含意境。《筆陣圖》云『橫如千里陣雲』。陣雲有寥廓之意，在武術中，『橫』不是手臂伸展，而是開胸拉肩。人縮手縮腳，必然無力，只有舒展才能發揮勁力，所以外行人打架，會本能拉開架子，掄王八拳。」

　　顧嘉棠街頭經驗豐富，高聲附和：「有道理！」

　　「『豎如萬歲枯藤』，取堅韌之意，上通下達，勁力貫通。書法講橫豎，筆正了，不管兔毛狼毫，都有筆鋒；武術求結構貫穿，一根竹竿橫著掃沒力，直著戳，對方就受不了。打拳講舒脊展背，結構有張力，勁的傳遞才能高效無阻，身形不亂，勁力不斷。」

杜月笙放下茶杯，聽得認真。

「武術求的勁，跟挑扁擔的力大有不同，要求冷、脆、炸。挑舉重物，是先站穩再出力，有力而無勢，武術則如猛虎撲人，求的是『勢』。本門武術講究『用勢不用力』『打勢不打招』。《筆陣圖》中說『點如高峰墜石，磕磕然實如崩也』，高峰墜石，便是以重力造勢。」

杜月笙想起章太炎教他的書法要義和口訣，微微點頭。

「『撇如陸斷犀象，捺如崩浪雷奔，折如百鈞弩發』，這屬彈力之勢。筆鋒有彈力，字才能『伏如虎臥，起如龍跳』。武術要求身備五張弓，就是借筋膜的彈力蓄勢。重力和彈力互動生勢，如太極陰陽轉化，出手便『用勢不用力』。」

于升這一番言論，點出武術力與勢的關係，杜月笙聽了，更想一睹于升的武術真容。

「好，好！張旭碰見公孫大娘是造化，杜某人今日有緣遇到于師傅，也想開開眼界。」

杜月笙言辭客氣，但其果決狠辣已浸入骨髓，舉手投足帶著無形的威壓，令人難以拒絕。

于升早有準備，他有心隱瞞武技，借用一招其他門派的招法。

「獻醜了。」

他來到客廳中央，演示一招「龍折身」。

只見他猛然跨步，出拳如驚雷，出拳周身一顫，力貫拳峰，隨即擰身回轉，順勢做了個頂肘，這一轉，勢如怒濤回浪。

武術身法要義是「緊中活」，于升一來一往，結構緊

湊，從平正到險絕，風馳電掣，如烈馬撕韁，頗有筆法轉折之韻。

西方繪畫建立在色彩光影上，中國先賢則認為「五色令人目盲」，相信只用黑白兩色便能構築出東方美學，其所仰仗的，就是對勁力的抽象概括。

杜月笙見此場景，拊掌擊節：「拳術竟能打出書法之妙韻，靈光！」

于升收了拳勢：「書法與武術都求結構對稱，有了對稱，才有整體。從篆書的古樸到草書的豪放，書法以風格求轉化，武術則在勢與力上求轉化。」

杜月笙開懷大悅：「聽君一席言，勝讀十年書！來來，喝茶喝茶。」

于升觀杜月笙端杯時手穩心沉，霸氣內斂，暗嘆其果真是亂世梟雄。

杜月笙品一口七年白茶，低垂眼問：「我聽說，于師傅的門派不許以武術謀生？」

「是的。」

「這可奇怪，練武不能謀生，練它做什麼？」

「豈止是武術，琴棋書畫，全都不是謀生之術。一旦用藝謀生，必有損求道之心，變得功利市儈，技藝也就虛實難辨。」

「也罷，于師傅今天這番對書法的見解令我開了眼界，今後于師傅就以書法先生之名從青幫領份月錢，這總不算壞門派規矩吧？」

于升面帶猶豫：「這……怎麼好意思？」

杜月笙微微一笑，緩言道：「聽說你打日本人不為錢

財，這份氣節，杜某佩服，有心交個朋友。于師傅可別駁了杜某的面子。」

顧嘉棠趕緊勸說：「杜先生一番好意，又沒壞你門派的規矩，于老弟好福氣啊。」

于升不再堅持，頷首同意。

杜月笙用手指拂了拂長衫：「剛才說到日本人，你對內田這人如何看？」

于升聽到內田的名字，心頭一沉：「此人深藏不露。」

杜月笙點頭：「他非軍人，但與軍方聯繫緊密，表面身分是商業大亨，實際上卻是黑龍會骨幹。年紀輕輕，就能在幾層身分中遊刃有餘，相當不簡單。」

「如此身分，為何要搞比武？」

「非常之人，行為難用常理推斷。我只曉得他盯上你了。他知道你是我府上的客人，便託人跟我傳話，表達了對于師傅的仰慕，還說雖無緣共事，但仍希望再向你討教。」

杜月笙一邊說，一邊觀察于升的反應：「我跟他講，中國人雖有以武會友的傳統，但終究以和為貴，不喜歡成天打打殺殺。內田堅持說心中有疑惑，想向于師傅請教，這，我就不太好拒絕了。」

若只是比武，事情就簡單了，于升目光灼灼：「他請教也好，請戰也罷，于某不迴避。」

「爽氣！那我跟他約在一週後，地點可以由于師傅來定。」爭取到場地主動權，是怕日本人設埋伏。

「既然是對方想請教，地方也聽他安排吧。」

于升清楚，動武為凶兆，對方又是日本黑白兩道通吃的狠角色，若在中國人的地盤出岔子，恐怕事情會不可收拾。

杜月笙眉頭一揚：「好！我剛在老家買了五十畝地，起造杜家祠堂。上海是我們的家業，日本人一點規矩也不講，既然要打，就別手軟。」

這番話打消了于升的顧慮，他抬眼迎上杜月笙的目光：「明白。」

杜月笙露出滿意的笑容。他閱人無數，眼前人帶著三分自信、七分堅定，必是成事之才。

顧嘉棠揮了揮手，一個高個子青年走上前。這人額頭寬闊，面帶諂笑，看起來精明活絡。

杜月笙介紹：「這小兄弟叫長腳，我讓他安排了住處給于師傅落腳，這段時間，他來照顧你起居。于師傅有什麼需要，儘管吩咐他去辦就是。」

比武在即，有人安排食宿自然方便，但其中也有監視的意思。

既然約好對戰，萬一于升臨陣脫逃，青幫可丟不起這臉面。江湖便是如此，暗裡左防右算，但表面話必須說得漂亮。

天色已晚，杜公館門前街燈亮起，暗黃光暈如蒲公英的纖細絨毛，淡淡滲入四周夜色。

顧嘉棠送于升上了黃包車，轉身回到書房。

杜月笙正對著搨本臨摹，碑文歷經千百年光陰，字跡依舊蒼勁。

聽到顧嘉棠進來，杜月笙頭也沒抬：「這個于升，挺有意思，是什麼來路？」

青幫用人，要知根知底，于升並未透露師門，其中定有隱情，顧嘉棠早已派人打聽。

「他原本是津門年輕一輩中的高手，多次代師比武，能打得很。兩個月前，比武下手失了輕重，鬧出了人命。對方背景也不簡單，吵著要報仇。他怕連累師門，就脫離了門派，逃來上海。」

　　「原來有命案在身，那就放心用吧。日本人越來越不安分，內田不是一般人，要是能給他點顏色，後面我們跟日本人打交道也能壓一頭。但如果打輸了……」杜月笙頓了頓，抬起頭看向顧嘉棠：「你曉得該怎麼做吧？」

　　「曉得的，曉得的。」顧嘉棠連連點頭。

　　「功夫再好又如何？一落江湖內，便是薄命人哪。」杜月笙腕底生風，提筆寫下「江湖」兩字，筆墨中隱含著宿命般的蒼涼。

　　夜色中，車伕拉著車邁開步子奔跑。

　　晚風吹拂著于升的臉。遠處是燈紅酒綠的滬上夜景，絢麗多彩，卻又如同海市蜃樓，帶著幾分不真實的迷幻。

第五章

空手無先手・五輪書

黑龍會。

一名寸頭男子跪坐在內田佑面前，體格壯碩，眼神堅定。

內田閉眼靜默三刻，睜眼答覆：「去道場等我。」

這裡是虹口的東洋街。

日本在上海無租界，日僑以領事館為中心，聚居虹口，在公共租界形成了「大租界裡的小租界」。

1905年3月，日本政府頒佈《居留民團法》。為保護日僑社區，日本居留民團「反客為主」，明搶硬奪，地盤越來越大，實際上控制了蘇州河以北至虹口公園、沿黃浦江北岸到楊樹浦一帶。這裡充斥著日本商店、神社，居民坐榻榻米、穿木屐、吃日式料理、掛太陽旗，東洋情調濃郁，被當地人稱為「東洋街」。東洋街以狄思威路為界，用竹籬笆與華界隔開，留有一扇小門，但不允許中國人進入。

黑龍會總部坐落在東洋街中心，內田佑長居於此。

這是一座日本傳統式宅邸，庭院矮石壘牆，松樹經過精心修剪，圓潤如綠雲。院旁是演武道場，白底黑架的移門、深色地板，與綠松灰石遙相輝映，帶著幽玄詩意。

道場牆上掛著「水月之本心」五個大字，字跡豪邁雄壯，觀者皆以為出自名家之手，但一看落款，卻是無名之輩。確實，題字者並非書法名家，而是一名僧侶。他平日坐

禪唸經，從不舞墨，但在圓寂前一晚突然提筆。旁人以為他要寫下佛法感悟，沒想落筆寫下的卻是日本大劍豪伊藤一刀齋的心法名言，筆力遒勁，帶著劍豪氣概。

這幅奇書掛在道場，印證著武道禪心。

道場內，內田與九鬼英二擺出格鬥式對峙。

九鬼正是剛才跪求比武的男人，他身高一米七八，體重七十六公斤，體格比內田大了一圈，一頭粗硬的板寸與他暴烈直率的性格相稱。此刻，他雙目圓睜，眼中映出內田的影子。

作為黑龍會中武鬥派的猛將，九鬼勇武善戰，被鄰近的中國人稱為「鬼見愁」。

內田來華後，制止黑龍會浪人鬧事，改為民間比武。九鬼對此不理解，在他看來，上海只有兩種中國人：一是害怕惹事的官員，二是害怕惹事的百姓。即便幫派火拚，也是人多欺負人少的懦夫打法，缺乏武士精神。同不具有武士精神的人比武，是對武士的侮辱。聽聞大日本駐軍兩戰皆敗，九鬼氣得以拳捶地，認為「大和魂被玷污」，對內田的領導力提出了質疑，這才有了本次「稽古」（實戰對練）。

九鬼不停運步，尋找對方的破綻。內田面色沉靜如水，氣息內斂。

九鬼仗著身材高大，率先出招，只見他送胯發力，以正蹬腿開路。這一腿看似簡單，實際內含變招：對方如果後撤，他就順勢跨步突進，以右直拳追擊；對方若往前硬頂，他會帶著體重往下踩，令對方難以抵擋。

內田身法靈動，既不頂也不撤，而是以弧線步避讓。

一腳穿過殘影，九鬼忽覺一股勁風從身側襲來，餘光瞥

見內田的手刀正砍向自己脖頸。他身子向後一仰，避過攻擊，隨即提起右膝，側踹踢向內田小腹。

擊打小腹在格鬥中屬於擊實。小腹是人體重心，不易躲閃。這一擊，九鬼瞅準了時機，用足了力氣，內田身子瞬間向後飛出，但九鬼面露驚疑：剛才那一腳的觸感不對！

內田在被踢中的瞬間向後跳躍，以「浮身」卸力，如同湍流中的樹葉，在撞上礁石的一剎那順著水流滑開。

九鬼力已使盡，動作一滯。內田落地後，足下一彈，墊步轉髖，雷霆般的上段回蹴直擊九鬼的面門，一股勁風衝著九鬼刮面而來。

九鬼忙舉臂抵擋，但依舊被踢得連退兩步。待他站穩，一抬眼，只見內田高躍而起，飛踢已到跟前。這一腳帶著體重和飛躍的衝力，正中九鬼胸膛。

這一擊如重槌擊鼓。伴隨著悶響，九鬼被踢得橫飛出去，就地滾了兩圈才躺平。

內田原地站定，不再追擊。孰強孰弱，已經分明。

九鬼劇烈咳嗽了好一會兒，才摀著胸口跟跟蹌蹌站起。

在領教了內田的強大之後，九鬼恢復了畢恭畢敬的態度。在他的心中，強者永遠是對的。

兩人出了道場，換了衣裳，到茶室端坐。

武士道是犧牲的藝術，茶道是生活的藝術。內田不僅對武士道痴狂，也迷戀茶道。

一板一眼的茶道對九鬼英二的耐心是極大的考驗。

內田見他坐不住，訓斥道：「以劍悟道，便是劍道，以茶悟道，就是茶道，劍茶一如。九鬼君，你的態度未免太輕慢了。」

九鬼不解道：「茶求靜，武求動，兩者怎會相通？」

內田端起茶杯，從容對答：「相傳茶聖千利休與浪人衝突，他雖未學武，但舉劍似舉壺，不動如山，威嚴如孔雀明王，身姿可媲美修行二十年的劍道高手，浪人只覺處處無空隙，棄劍甘拜下風。茶道與武道，修的都是這份不動心。」

九鬼聽得一臉敬仰：「受教了。不過，少主功夫這麼精湛，為何能容忍皇軍被中國人打倒卻不出手呢？」

「比武不該拘泥於一時勝負。唐手源自中國，現在國內去中國化思潮嚴重，呼籲將唐手改稱空手，雖然都讀作Karate，但刻意抹去中國痕跡，等於忘卻源流，如無根之木，為衰敗之兆。我比武不為分出高下，而是想看看中國武術還有什麼秘技值得學習。」

九鬼聽他直言日本武術衰敗，心中不悅：「中國有句話，『青出於藍而勝於藍』。唐手改名為空手，是因為技法成熟，不用再遵循那些老路。所謂秘技，全都是些故步自封的唬人名詞而已。」

內田搖了搖頭：「我在遼寧曾見過一位武師，演武時縮手縮腳，動作十分怪異。在看過唐手劈磚踢碑的表演後，他一臉不屑，說什麼『拳腿小功夫，中節才是真功夫』。」

九鬼疑惑道：「這是什麼意思？這個武師很厲害嗎？」

內田輕嘆：「可惜他不願比武，我無緣見到中節功夫到底是什麼。」

九鬼一臉鄙夷：「討嘴上便宜再容易不過。既然他不敢打，想來也沒什麼本事。」

「不，他的話並非沒有道理。中華武術，拳分南北。南方宗族常有摩擦，爭鬥帶有日常特徵，兵器輕便，手腳動作

剛猛舒展。北方則多征伐，戰場上長槍大戟，兵家脫槍為拳，由此演化的拳術少有跳躍奔放動作，更注重身體的發力。唐手傳承自南少林鶴拳，故我們對南拳比較熟悉，但對於北派拳法，我們還很陌生。上週比武遇挫，也佐證了這一點。」

中國武術宛若蒙著面紗的美人，于升在小屋內以秘技挫敗黑石一雄，便如美人回眸間掀起一角面紗，令內田心馳神往。

九鬼眉頭一擰：「我不明白。」

「不明白什麼？」

「武術有秘技又如何？大和民族實力遠在中國之上，仍處處以中國為師，未免可笑。」

內田厲聲怒喝：「身為武人，不該自傲！若只看到自己的長處便隨意下定論，就如以一尺之繩裁量天下，狂妄可笑。爭棋無名局，只有忘掉勝負，才能精進。別忘了，中國有著面積幾十倍於日本的廣袤大陸，在這片土地上，大大小小的戰爭已打了幾千年。探索中國武學，要懷著夜闖叢林之心，因為不知何時會躥出猛獸！」

「那麼，為何我見過的中國武人大多不堪一擊？」

「中國武術雖有寶藏，但拘泥於門派之見，缺乏交流，傳承保守，確實早有沒落之勢，不過，這也正是我們的機遇，與其坐視秘技失傳，不如由大和民族繼承，真正將其發揚。」

九鬼恍然大悟。

內田語氣緩和下來：「從招法來看，你師從船越義珍？」

「是！」

「流派訓誡是？」

九鬼坐直身子，正聲答：「始於禮，終於禮，空手無先手！」

內田莞爾一笑：「我也習練過空手，練的是本部朝基流派。只是本派不主張競技精神，打架最重要的是贏，而不是禮。」

九鬼聽到本部朝基的名字，肅然起敬：「可是那位擊敗俄國拳擊手的本部先生？」

內田點頭。

本部朝基是日本武道界的「叛逆分子」，傳說在街頭打架超過百場，保持全勝，被稱為街頭「活傳奇」。他倡導將詭詐融進格鬥，先下手為強，曾有從對手背後偷襲取勝的戰例。

本部朝基反對點到即止，一旦開打，插眼、踢襠、擊喉，無所不用其極，因此被武道界視為「邪道」。這種被稱為「黑稽古」的摒棄武道精神的暗黑打鬥影響了內田的武術觀，所以他極力反對形式化的演武，希望在真實環境中驗證武道。

中國武術從來不是競技運動，不提倡體育精神。太平盛世，政府崇文禁武，武者成為民間暗流，往往被叛黨所用；一旦時局動盪，俠客紛紛湧現，一番殺戮後，武術技法愈加狠辣。如此循環千年。而這樣的武技結晶，是內田一直苦尋的寶藏。

內田的聲音鏗鏘有力：「和平時代，武道是修練身心之技。但在亂世，武術就是殺人術，要用最大的惡意揣測對

手，率先攻擊對手的弱點。宮本武藏在《五輪書》中說，求勝的要義，第一是搶占先機，第二是以勢奪人，第三才是簡單直接的招法。」

九鬼聽到《五輪書》，面露崇敬：「受教！但為何剛才比武時，明明是我率先搶攻，反而處處被動呢？」

「你雖先出手，但虛實不分，露出破綻，所以主動權掌握在我的手中。」

「原來如此！」

「現在的中國也是破綻百出。中原大戰一發不可收拾，舉國一盤散沙，就好像一位病人，發燒到垂死之際，哪還有禦敵的餘力？大日本帝國開戰的最佳時機即將到來。黑龍會的首要職責是服務於聖戰，九鬼君，我們肩負的任務可不輕啊！」

九鬼面泛紅光：「皇軍大敗沙俄，在亞細亞已經無敵手。我來中國後，發現這裡官貪財、民刁滑，人人只為自己。中原大戰死傷無數，商人卻哄抬米價，發國難財，一群烏合之眾，何足為懼？和魂漢才已經過去，脫亞入歐才是大日本光榮之路。恕屬下直言，中國武術再強大，也不過是江湖伎倆，改變不了國弱民衰的現實。少主未免太把中國武人當回事了！」

內田喝了口茶，抿著薄唇，不發一言。

九鬼以為自己切中要害，更加激動：「三十年前的義和拳之亂早已證明，在現代軍隊面前，武人只是螳臂擋車而已。何必在他們身上浪費時間？」

內田眼中閃過一絲厲芒：「誠然，這場仗要打贏並不難，難的是如何統治如此遼闊的國土。軍部只貪圖速勝，不

想長遠。要統治一萬人，殺頭恐嚇就可以，可統治四萬萬人，靠暴力是不夠的。蒙滿都曾統治中國，最終卻被漢文明同化。日本繼承的是唐宋的高級文明，不會被輕易反噬，但我們還是要警惕。瞭解他們的民族精神和弱點，才能無往不勝。家父曾說，中國像個桃子，聞著香，一口咬下去又軟又甜，但咬到中間，不小心就會被硬核崩了牙。」

九鬼濃眉緊蹙：「要瞭解中國精神和文化，又為何要從武術入手？」

內田的口吻不容置疑：「因為武術是在反抗中誕生的技術。要瞭解反抗精神，從武術入手是最好的方式。」

九鬼聞言，心頭浮雲為之一掃：「啊！原來如此。」

「研究中國的文化才是統治的長久之計，軍部短視，只考慮打贏戰爭，所以要想讓他們合作，就需要些更實際的東西。」

內田拿出一本名冊。

九鬼雙手接過，翻看一頁，上面滿是中國人的姓名，每個名字後還有一個數字。

「這是？」

「這本名冊記錄著我在中國結交的武人。他們全收過我的好處，其中一些人已經被安排進入中國軍隊。這次中原大戰，很多內部情報就來源於他們。」

九鬼雙目一亮，細細翻看名冊。

內田繼續說道：「這次行動是跟軍部合作，名為『葉隱』。如今中國政府倡導國術，各路軍閥徒有勇武，江湖氣重，結交武人已成風氣。我研究武術文化，也拉攏中國武人。一旦他們收了我的好處，便成了我的棋子，我會想辦法

安排他們接近軍閥。日後，這些棋子自有用處。」

九鬼隱隱覺得不妥：「可是這些人會乖乖聽話？」

「武人既貪利，又要面子。他們收錢時顧不了太多，之後卻怕被人知道。一旦開戰，這本名冊就是最好的威脅。」

九鬼豁然開朗，怪不得少主跟中國武人打得火熱，原來思慮極深，都是謀略兵法。

此刻，他對內田發自內心地敬佩。

內田看九鬼已徹底服帖，話題一轉：「讓你調查的血月，有什麼進展？」

九鬼面露愧色，低頭道：「那夥人十分隱秘，只查到他們潛伏在法租界，其中可能有中國人參與。」

內田面色陰冷：「此事非同小可，不僅決定著黑龍會的未來，更關係到大日本帝國的開戰時機，消息必須準確！」

九鬼的腦袋更低了一分：「實在抱歉！調查多次受阻，對方似乎對我們的一舉一動十分清楚，我懷疑⋯⋯」

「懷疑什麼？」

「我懷疑有內鬼。」

內田眯起眼睛：「莫非軍部對血月行動有所察覺？若被他們捷足先登，黑龍會就失了一份大功！打電報，讓松尾兄弟速來上海。」

九鬼行禮：「是！」

內田交代完正事，見九鬼英二一副欲言又止的樣子，便問道：「還有什麼事？」

「在下有一事不明。」

「說吧。」

「黑石一雄的實力我很清楚，他絕不是弱者，沒想到竟

被一招打敗。我本以為是中國武師耍詐，今日聽少主教誨，才知自己淺薄。對手用的究竟是什麼秘技功法？」

「短臂猿身。」

內田從黑石一雄那裡瞭解到了打鬥過程，對于升的招法隱約感到熟悉，翻閱《五輪書》時才恍然大悟。

「短臂猿身」是《五輪書》中宮本武藏對進攻動作的要求，「短臂」是指手上動作要小，「猿身」是指要像猿猴般讓身體大幅度參與進攻動作。「短臂猿身」與于升「身重手輕，勢長力短」的打法不謀而合，正應了那一句「中節才是真功夫」。

九鬼驚嘆：「難道中國人也開始研究《五輪書》了？」

「不，是殊途同歸。」

「那個中國人叫什麼名字？」

「于升。」

九鬼眼角抽動了下：「真想領教下他的功夫。」

「很快我們會再見面，我還為他備了兩份大禮。」內田臉上浮現出一絲笑意。

一旁的九鬼英二若有所思，彷彿看到宮本武藏穿越了兩百餘年的歷史迷霧，來到了千里外的虹口，只為剎那間的劍光閃現。

第六章

十里洋場・斧頭幫

加入青幫後，于升從老城廂搬出，來到法租界，住進康壽里一幢老式石庫門。

這裡牆高門窄，獨門獨戶，內設天井，寬敞舒適，一改亭子間的狹隘侷促。長腳原本擔心天井內院不夠大，有礙練武，但于升早已心滿意足，拍著他的肩膀說道：「拳打臥牛之地，足夠了。」

上次閉門比武，長腳在弄堂口封路，雖然顧嘉棠閉口不提結果，但事後禮遇于升，用腳趾頭想也知道誰輸誰贏。杜先生對于升另眼相看，提供食宿，這不就是春申君門下養的俠士嗎？若與他結交，今後也能多個靠山，因此長腳端茶鋪被，格外熱絡。

青幫幫眾超過十萬，長腳能直接替杜月笙辦事，自然有他的厲害之處。

長腳今年二十八歲，出生於英法租界和華界交匯處的鄭家木橋，這片「三不管」地帶是出了名的匪窩，歷來有「鄭家木橋小癟三」的說法流傳。長腳立志要成為上海灘大流氓。他雖人高馬大，但從小耳濡目染，知道街頭狠人多，靠拳頭難出頭，搞不好哪天就會橫屍街頭，因此工於心計，善結交拉攏，施騙耍詐。

在上海，但凡在幫會地頭開店，都要跟幫派爺叔打招呼，奉上月錢，這叫作「包開銷」。曾有一位布商仗著妹夫

是巡捕，不願交錢，大多數流氓都知難而退，長腳卻放下一句狠話：「看好了，我定歸能叫他乖乖服軟。」就在大家覺得他不知天高地厚，會被拖進巡捕房「吃生活」（挨打）時，他居然收了錢回來。

長腳能收回錢，靠的不是拳頭硬，而是頭腦活。他喊來一幫街頭小癟三，在客流鼎盛時段來布店前搗亂，先是放鞭炮，嚇退路人，再用荷葉包住大便亂擲，一時間，整條街巷臭不可聞。搗亂過程不消一刻，一陣哄鬧後癟三們作鳥獸散，巡捕上哪兒抓人去？這一鬧雖不傷人，但留下骯髒凌亂的街道，腳伕都繞道而行。眼看街面生意大受影響，布店老闆只得乖乖交錢。

顧嘉棠看長腳腦子靈活，收了他做徒弟，從此長腳正式加入了青幫。

江湖上流傳一句話：「洪門一大片，青幫一條線。」

洪門橫向發展，旗下有三合會、三點會、三槍會、哥老會等，成員之間以兄弟相稱。

青幫則是嚴格的師徒相承制度，祖師定下二十四字：「清淨道德，文成佛法，能仁智慧，本來自性，圓明行理，大通悟學。」青幫門生一字一輩，亂了輩分要受「三刀六洞」之刑。

入青幫必須要有師承，江湖黑話稱「溜子」，沒有師承的外行人叫「空子」。按理說，「空子」想入幫會也找不到門路，但在青幫百年歷史中，還真有一位「空子」入了青幫。這人就是杜月笙的大哥──黃金榮。

黃金榮在法租界隻手遮天，自封「天」字輩。有人以為這是黃金榮要壓當時位高權重的「大」字輩一頭，所以在

「大」字上加了一橫。但事實並非如此。《千字文》開頭「天地玄黃」四個字，排在第一個字的就是「天」，故而有「天字第一號」之說。黃金榮不屬二十四輩，但這個「天」字告訴所有人，他就是青幫第一人。

長腳屬青幫最小的「學」字輩，輩分雖不高，但他八面玲瓏，在江湖上識得人頭。于升剛到上海灘，摸不清江湖底細，杜月笙讓長腳跟著他，是為了保證比武前不出什麼岔子。

「于大哥，看看屋裡廂還要添置什麼嗎？」儘管年紀比于升略長，但長腳一口一個大哥，叫得親熱。

「不必。這樣就好。」武者如同半個出家人，于升的心思都在功夫上，生活上儉樸慣了。

「于大哥勿要客氣呀，上海灘由青幫說了算，有啥難處，都是一句話的事體。」

于升心念一轉，詢問道：「長腳兄，我想同你打聽下，在上海灘有沒有聽過一個叫作猛張飛的人？」

長腳搜腸刮肚半天，面露難色：「這個名號，我倒是沒印象。這人算是哪一幫哪一派的？我讓弟兄們去打聽打聽，肯定能找出來。」

于升忽覺不妥，擺手道：「沒事，只是隨口一問，不麻煩了。那個，我早聽說十里洋場有名，明天想去逛逛。」

長腳一聽，頓時來了勁：「于大哥真會挑地方，十里洋場，厲害就厲害在一個『洋』字上，洋房、洋貨、洋樓，氣派得不得了。整個上海，最最有面子的人都在那裡尋開心。明朝，我帶大哥去好好白相相（玩一玩）。」

于升輕笑點頭。

上海有兩副面孔，內裡是弄堂的擁擠與嘈雜，外面是十里洋場的聲色犬馬。兩個世界中間像是隔了一層玻璃，窮人雖能看到櫥窗內的奢華，但無法觸摸。

住在亭子間時，于升就一直想推開擋在面前的殘窗，看看上海的另一副模樣，更何況，他要找的那個人也曾出現在十里洋場。

翌日，長腳帶于升坐上被稱為「鐺鐺車」的有軌電車，一同前往外灘。

外灘經公共租界的大馬路、法租界的法大馬路再到靜安寺區，總長約十里，故而得名「十里洋場」。中國人曾將外族稱為「夷」，鴉片戰爭後改為「洋」，從「鄙夷」到「崇洋」，一字之別，顯出變化。

于升坐火車南下時，曾見沿途大片燒燬的麥田，焦黑的土地上空烏鴉盤旋，如今在有軌電車上看到路旁建築氣勢雄偉，心中震撼。

長腳湊過來，神叨叨地說：「算命的講，外灘在風水裡叫『平洋尋龍』，兩水夾送中，必有真龍。黃浦江與淞江交匯，咱們腳下，就是上海的龍脈結穴。」

外灘無民宅，清一色巨石壘砌的巍峨大廈。

希臘神廟造型配鐘樓塔尖的海關大樓肅穆威嚴，兩側洋樓鱗次櫛比，列陣般矗立在黃浦江邊，綿延數里。

江風拂過歐戰紀念碑，銅製和平女神高展雙翼，熠熠生輝。一旁由法國傳教士建造的白色氣象塔高高豎立，十字架塔尖掛著彩旗，向往來商船傳達氣象訊息。

烈日下，掛著工牌的碼頭工人皮膚曬得黝黑，大量建材堆積在岸旁，映襯著粼粼波光。

黃浦江上，蒸汽輪船的黑色船底劃開白色浪花，鳴響汽笛，帶來全球各地新潮貨物和冒險家的野心。

黃浦江水波浩渺，百年如一，外灘日新月異，令人稱奇。

十一層的海關大樓，十三層的沙遜大廈，外灘大樓高度不斷刷新紀錄，令上海成為繼紐約、芝加哥後，世界第三個建有高層建築群的現代都市。

上海的發達源自它的海納百川，它既繼承了江南的傳統與儒雅，又引入了歐美的摩登與時尚。這裡有古亭飛簷的飄逸，也有巴洛克的奢靡，東土西風，形成了獨特的「海派文化」。

大馬路上，公子哥兒頭髮梳得一絲不苟，身穿白色法式西裝，內裡襯衫仔細熨過，不見褶皺，腳蹬白皮鞋，衣襟不沾屑，鞋尖不蒙塵。這樣的打扮華貴時尚，上海人不用「好看」來形容，而稱之為「洋氣」「有腔調」。

相比男子的西化，滬上女性更多一份東方美。摩登女郎撐著杭州布傘，穿一身薄綢短袖旗袍，露出白藕般的手臂，開叉處大腿若隱若現，腳踏高跟鞋，走起路來如風中花般搖曳，身上的巴黎香水隔老遠就能聞到。

民國服裝多素色。皇權瓦解後，平民意識覺醒，素色內斂灑脫，平和包容，為民眾所偏愛。上海人衣裝格外出挑，中西合璧，引領潮流。

八汽缸的黑色福特汽車內，碧目黃髮的外國人頭戴禮帽，叼著呂宋雪茄，一臉桀驁。或許這個異國商人還沒有習慣上海潮濕的氣候，但這座遠東最繁華的都市，連空氣中都瀰漫著財富的氣息，令全世界的投機者趨之若鶩。

亂世本凋敗，由權勢、財富、野心凝結而成的十里洋場則宛如沙漠中的綠洲，流光溢彩，讓人痴狂。

長腳趾著一幢墨綠金字塔尖頂的大樓：「瞧，這就是遠東第一樓——沙遜大廈。聽人說，整棟樓裡，客房間間豪華，戶戶式樣都不一樣，英國、德國、法國式樣，統統都有，住進去，就像住進王宮裡。虧蹺腳沙遜想得出來，這些洋癟三腦筋真是靈光。」

于升第一次看到七十七米高的大樓，站在沙遜大廈的黃銅旋轉門前，震驚於這幢花崗岩建築的奢靡，不禁感嘆：「同為中國土地，別的地方朝不保夕，到了洋人手裡怎就變戲法般神奇？」

長腳嘆了口氣，介紹道：「這些個洋癟三，當年也是提著兩個破皮箱來上海撈金，不知怎麼搞的，被黃浦江的風一吹，馬上就來賽（厲害）了，一個一個都成了上海大班。」

走在寬敞的馬路上，匯豐銀行門前的兩隻銅質大獅子吸引了于升的目光。銅獅蹲伏於地，張口露出獠牙，霸氣十足。

于升第一次見到這樣的獅子雕像。中國匠人做獸首，有「哭龍、儸虎、笑獅子」之說。龍要帶哭相，嘴微張，顯得威嚴；虎要凶猛奪魄；獅子要面帶喜氣。中國大戶人家門前常用石獅守門，大多造型內斂，如同哈巴狗般玩著繡球，哪曾見過如此逼真的銅獅？

長腳見于升駐足，忙上前拉他：「這兩隻銅獅子邪氣，碰不得。這叫獅子大開口，吸盡周圍的財氣。胡雪巖胡老闆夠厲害了吧，偏不信邪，跟洋人鬥，結果他的阜康錢莊都被這銅獅子吞了個精蕩光。」

「洋人的銀行這麼厲害？」

「話說回來，那也看跟誰比，杜先生去年開了中匯銀行，就是要讓他們拎拎清爽，上海到底是啥人說了算。」

一路走來，不少腳行、碼頭工、賭客見到長腳都喊一聲「阿哥」。街邊小販肩挑長扁擔，兩頭掛著消暑小食，見了長腳，更是殷勤獻上特色小吃。綠豆湯、白糖蓮心粥，各一大碗，長腳和于升捧著碗坐在路邊吃了起來。

長腳頗有面子，吸溜了一口粥，得意道：「在上海灘，人人認得杜先生，曉得青幫的厲害。杜先生跺一跺腳，整個上海灘都要抖三抖。」

青幫跟其他幫會迥然不同。當時，江湖上流傳一首打油詩：「山東的響馬安徽的賊，河南多出溜光錘，四川的袍哥罵烏龜，殺人放火在東北。」

無論是山東響馬、河南蹚將、關中刀客、東北鬍子，都是以流民為主的武力組織，唯獨青幫，弟子遍佈三教九流，下至販夫走卒，上到商賈權貴、租界巡捕，甚至軍閥政要「三不知將軍」張宗昌也是青幫「通」字輩門生，連蔣介石未發跡時都曾拜入黃金榮的門下。這十萬青幫門生組成的關係網絡如同看不見的巨手，將上海灘握在掌心。

如今，上海的幫會不是土匪流寇，而是一攤滲入泥土的水，遍及各個階層。黑到極致便不再是黑，「青」成了上海灘的底色。

一輛高大的紅色巴士從兩人身邊開過，捲起塵土，車身上「美麗牌香菸」的廣告字大如斗。

頭纏三尺紅巾的印度巡捕腰挎警棍、腳蹬皮靴在街面上巡邏。

于升見他皮膚黝黑，滿臉虬鬚，奇怪道：「這巡警怎麼長成這樣？」

長腳撇撇嘴：「這些紅頭阿三不過是一幫印度的亡國奴，跑到上海狐假虎威。英國人不相信中國人，找阿三來做看門狗。待遇比華捕高一倍，吆五喝六，起勁得不得了，裝根尾巴，恨不得搖起來。」

街角小販見了巡捕忙收拾東西躲避，若走得慢一點，紅頭阿三上去就是一腳，嘴裡嘰裡呱啦一頓亂罵。

于升見印度巡捕無禮跋扈，眉頭一皺。

長腳拉了下于升：「勿要管閒事，小販三天兩頭被踢，習慣了，就當吃外國火腿啦。」

紅頭阿三囂張跋扈，瞄到于升不服的眼神，揮著警棍罵罵咧咧走過來。于升毫無退避的意思，他最恨洋人在中國耀武揚威。

氣勢洶洶的紅頭阿三正當走著，突然被人薅住領子，猛地一拽，頓時身子一歪，一屁股坐倒。

阿三揉著屁股，轉頭看去，只見身後站著一人。此人年約三十，體格孔武有力，一頭捲髮，眼中精光四射，眉宇間縈繞一股殺伐之氣，下巴線條硬得像是磚石。

印度人剛想罵人，卻見一群面帶殺氣的大漢從捲髮男子身後圍了上來。他們統一黑布短打，個個捲起袖子，露出發達的前臂肌肉，後腰鼓起一塊，顯然都帶著傢伙。

被這一大群帶著凶器的人圍在當中，印度巡捕頓時收斂了囂張。捲髮男子朝印度巡捕瞪了一眼：「滾！」

紅頭阿三不敢招惹這些亡命徒，起身躲閃，如喪家之犬，盡顯欺軟怕硬的本性。

捲髮男子目送他跑遠之後，轉頭看向一旁的長腳。長腳擠出笑來：「宣大哥，謝謝幫忙。」

于升一拱手：「多謝。」

男子朝于升點了下頭，算是回禮。「早看不慣他們了，順手而已。我還有事，告辭！」說完他一揮手，帶著眾人大步走遠。

于升注視著他們遠去的背影，輕聲問長腳：「這人是誰？」

長腳收起笑，不願多提：「管他幹嗎？一群不要命的赤佬罷了。」

于升猜出長腳有顧慮，冷冷道：「帶頭那位走路勁沉足下，肩膀無起伏，這種步法多見於北派武術。他的做派完全不合武行規矩，更像打手。這二十人後腰都藏著短斧，步子急，殺氣重，應該是要去火拼。聽聞上海有斧頭幫，集體行動，做事高調，想必就是這幫人吧？」

聽于升一語道破，長腳訕笑解釋：「于大哥好眼力！我可不是存心想隱瞞，只是斧頭幫做事無法無天，眼中也沒江湖規矩，爺叔特地吩咐過，離他們遠點，惹上他們影響我們發財，實在勿格算（不划算）。」

「帶頭男子是什麼人？」

「他啊，叫宣智民，是王亞樵的左膀右臂。七年前淞滬警察廳廳長在浴室外被亂槍打死，聽說就是他打的頭陣。斧頭幫這些人出了名的不要命。總之，見到他們繞著點走，不會有錯。」

于升點點頭，寬慰長腳：「放心。我就是認認人，沒有生事的意思。」

說罷，他瞥了一眼宣智民遠去的方向，那個男人說話做事帶著一股豪邁之氣，跟師兄猛張飛頗有幾分相似。看到此人，他又掛念起師兄的下落。

　　長腳在一旁催促：「斧頭幫跟青幫井水不犯河水，看他們這副樣子，恐怕今天街面不太平。辰光不早，不如我們早些回去。」

　　「也好。」

　　長腳伸手喊來停在路旁的黃包車。回程途中，黃包車經過靜安寺路的夏令配克影戲院。

　　戲院外牆貼著美國派拉蒙電影公司的巨幅海報，上面印著金髮女郎，碧眼中滿是迷離、挑逗之意。一旁並排張貼著電影《荒江女俠》的宣傳海報，女演員徐琴芳一身武俠打扮，英氣勃發，海報頂部印著「武俠、愛情、冒險、機關、著名、巨片」的宣傳文字。

　　上海租界繁華，但各國僑民欣賞不來中國戲曲，看電影成為上層人的身分象徵。1908年中國第一家電影院——虹口大戲院開業，市民稱電影為「機器電光影戲」。次年，中國第一家電影公司——亞細亞影戲公司在上海成立，大片一部接一部上映，影壇群星璀璨，為上海贏得「東方荷李活」的美譽。相比鴛鴦蝴蝶派的情調，市井百姓更喜歡刺激。民國十七年上映的《火燒紅蓮寺》掀起一股武俠熱潮，從「劍仙」到「神功」，坊間傳得神乎其神。

　　長腳見到《荒江女俠》的海報，忍不住問：「于大哥，這世上真有劍仙嗎？」

　　「我不能說神功道法肯定不存在，只能說我沒見過。我理解的功夫，不過勢與力而已。」

「就說嘛，真有什麼神功，八國聯軍老早被義和拳打回老家了。」

「義和拳並非武人，他們只求神佛上身，但這世間鬼神莫測，哪靠得住？自古武人不外求，這七尺之軀便是武者的百萬雄兵。」

武人不屑利用他人，不依附幫會，崇尚單打獨鬥、堂堂正正對決，這種英雄主義與幫會哲學背道而馳。

幫會崛起，靠的是四個字——人多勢眾。幫會辦事，也靠四個字——威逼利誘。江湖爭鬥，能用陰招絕不力取，江湖人能屈能伸，好死不如賴活著，留得青山在，不怕沒柴燒。

武人與流氓混混最大的區別，就在於骨子裡的驕傲。

長腳看著于升堅毅的側臉，不禁暗想：「一個人得要多大本事才能生出這般自信？」

遠處海關大樓的鐘聲鳴響，雄厚悠揚。

黑色電線上的麻雀被驚起，轉瞬消失在視野中。

第七章
月影‧中國之武士道

夜已深，十里洋場的霓虹燈漸次熄滅。

夏日晚風帶著黃浦江的潮氣，拂掉白晝的喧囂。

車馬聲像水面的漣漪消散一般，逐漸復歸平靜，四周只留下蛙叫蟲鳴。一個個旗袍女郎也消失在黑暗中，如歸林的倦鳥。

四周安寧的氣息讓人忘卻千里外的炮火。不過大部分人對這寧靜的上海灘毫無印象，此刻他們正在酣睡。

于升每日凌晨三點半練拳，這是入門後養成的習慣。

凌晨練武，原因有三：一是政府長期禁武，練武須避人耳目；二是四下無人，可以防人偷學；三是萬物俱靜，心寧不擾。

涼風宜人，暑氣全消，于升吐納調息，氣息變得如潮汐般深緩。食物是地賜予人的能量，氣是天賜予人的能量。穩定深長的呼吸可以激發精力，是武人精氣神的源頭。

于升步入天井，腳踩細土，勁力入地三分，當即心神安寧、氣息充盈。他雙肩雙胯皆外撐，整個身體彷彿撐開的風箏，充滿張力。在這樣的結構下，體內無一處肌肉關節被壓迫，動量勢能疊加最為高效。

于升重心猛然一墜，腋下彷彿有彈簧，「接住」下墜勢能，如雞抖翎，肩頭一顫，打出右手單拳。

單拳雖名為「拳」，但其實打的是膀——以拳、肘、肩

三節為一個整體出擊。這一擊以失重啟動彈性勢能，出拳似放箭，打出彈、脆、沉、炸之勁。

西洋拳講究「力從地起」，主動蹬地發力，從下往上頂出力來，這是舉重思維。武術反其道而行之，從高處向下鬆墜「失重」，運用中節承接調動，借筋膜彈性把重力勢能「運」起來，出手如雄鷹撲兔，「用勢不用力」。

人的本力有限，要以小勝大，不能求之於力，必須求之於「勢」，因此要「借勢」。

天、地、人三才，借勢要向天地借。

人處在重力場內，地球彷彿兩隻巨手，一手始終拖拽四肢和身體，另一手托著腳底，形成靜態平衡。當人為打破平衡，藉由鬆墜失重，抽掉一股支撐力，便憑空多出股力量，再將這股向下的重力轉化為向前的拋擊力，就可突破本力的侷限。

武術中對重力的運用來自「天人合一」思維。

如果于升懂現代科學，他就會知道，自己正實踐著最速曲線的原理。在重力環境下，兩點間的運動並非直線最快。物體借重力加速度，由一條向下的弧線能比由直線路徑更快到達目標點。打擊力來自物體的質量與加速度，而下墜加速是增加打擊力的途徑之一。

于升每天至少要進行五千次功法訓練，已經堅持了十年。最初他完成訓練需要三個小時。如今他僅用一個半小時就可以完成，但依舊每天凌晨三點半練功，享受這段只屬於武術的時光，如同一頭月下孤狼。

李白留有「舉杯邀明月，對影成三人」的千古名句。「光與影」對應「形與神」。傳說關羽月下斬貂蟬，面對美

人不忍下手，青龍偃月刀掉落，正好斬在貂蟬的影子上，美人便香消玉殞。

影子代表靈魂。

于升在月下身影同動，身心一如，拳禪不二，心中感到踏實篤定，江湖瑣事統統如青煙散去。

武術博大精深，技近乎道，藝可通神。練武如修道，精力善用，妄念不生。浮世中，武術是錨，讓人不再隨波逐流。

月與星辰，無言恆靜；青山長河，不變古今。

天地間，于升身影渺小，以另一種方式融入永恆。

武術的一招一式皆是代代先人的智慧凝聚而成。一拳揮出只需眨眼的時間，但這一臂已經走過千年。

自秦始皇盡收天下之兵熔鑄成十二金人起，民間禁武就是歷代朝廷不謀而合的政策。「儒以文亂法，俠以武犯禁」，兩者都不利於統治。漢武帝罷黜百家，在文化上實現大一統。「武」曾是貴族特權，孔子提倡「禮、樂、射、御、書、數」六藝，佩劍而行。天下統一後，兵役制將戰爭與民眾緊緊聯繫在一起。「武」的主體轉移到民間。戰爭不斷，兵家在民間傳承不滅。

直到趙匡胤陳橋兵變，黃袍加身，為防止武將奪權，宋代重文輕武。軍隊交由宦官統領，軍人成為一種低賤的職業。

武人失去了榮譽感，折了銳氣。「武」從此下沉，沉澱到民間各個角落。

清軍入關，破揚州，屠城十日，史可法自盡。軍師洪英在五名弟子的保護下逃脫，創立「洪門」。明太祖朱元璋年

號「洪武」，「洪門」寓意反清復明。「洪門前五祖」逃到福建南少林，聯合天下豪傑，共圖反清大業。武術成為暗黨造反的工具，在反清運動中得到大力傳播。

斗轉星移，此消彼長。

大清締造盛世，洪門逐漸勢弱，民間武術活動重回低谷。

清帝退位後，議會政治和憲政設計隨宋教仁一同倒在血泊之中，袁世凱稱帝，張勳「辮子軍」復辟，北洋政府爭權亂戰，軍閥割據，戰雲密佈。

這是最混亂、最生機勃勃、最百無禁忌的時代。

亂世尚武勇，政府提倡以武術「強國強種」，成就了「國術」之名。中央國術館的成立讓武人終於找到了自己的位置，國術國考第一等被稱為「國士」，取「國士無雙」之意。這是千年來政府第一次提倡弘揚民間武術，也是中國武林的最後一個巔峰。

正是在這樣的時代中，于升與武術結下不解之緣。

光緒二十六年（1900年），庚子國難，八國聯軍攻下大沽口，天津淪陷，毀了于升祖上積下的家業。其父於其仁在戰亂時立得定，靠教書裱畫的本事撐起了家。

光緒三十一年（1905年），于升出生。這一年，實行了千年的科舉制被廢除，讀書人一步登天的道路就此斷絕。同年，日本戰勝俄國，這場戰爭打得中國東北千里蕭條、災民遍地，也為中日矛盾加劇埋下伏筆。

于升是家中第三子。其父受新思潮影響，不願將忠孝理念強加於孩子：「樹木結果是天地規律，我本無恩於你，你不需為我而活。自己活得率真，才不枉人生一場。」

于升心中的「率真」，就是當俠客。

殺伐亂世，黎民遭塗炭之苦，四海踏盡公卿骨。民眾將希望寄託在清官和俠客身上。清官為民做主，保一方平安；俠客懲奸除惡，救人於危難。

司馬遷盛讚俠士「其言必信，其行必果，已諾必誠，不愛其軀，赴士之厄困」。荊軻刺殺秦王自知有去無回，依舊慷慨赴死；墨子鐵肩擔道義，縱死猶聞俠骨香；譚嗣同「拔劍欲高歌」，一腔熱血為國人。俠之大者，為國為民。

于升還記得父親給自己解讀「俠」。

「俠，左邊是一個人，右邊是兩臂各挾一人，意思是靠自己的力量幫助旁人。俠不是一種職業，他們或是樵夫漁者，或是紅塵義士，只要有助人之心、忠義之骨，人人可成俠。」

為了讓于升瞭解俠義精神，父親給了他一本梁啟超撰寫的《中國之武士道》，並為于升講解中華武士的行事準則：

武士不苟且，重義輕生。

武士以國家名譽為重，如有損於國家名譽者，刻不能忍。武士遇有損國家權利者，以死爭之。

有益於國家利益，武士應當拋頭捐軀，無吝無畏。

當名譽被他人所侵損或輕蔑，當以命搏之。

若戰敗，寧死不為俘虜。

受人之恩者，以命報之。

朋友有急難相托者，搭上性命及一切以救之。

他人的急難，雖與我無關，未求援於我，出於大義理應相助，事成後不居其功。

與人共事，絕不出賣同伴，以命守秘。

師長如有損國家大計或名譽者，必將與之鬥爭，忠義不能兩全時，取其大義。

犯下罪後勇於承擔，不逃避刑罰，不連累他人。忠於職責，絕不畏死惜命，必要時以身殉之。

《中國之武士道》句句豪邁，慷慨激昂，于升逐字背誦，將之刻入骨血之中。

武俠不僅是刀劍英雄，也是山河萬里，家國千秋。胸中小不平，可以酒消之，世間大不平，非劍不能消。要行俠仗義，一身功夫必不可少。武與俠密不可分，故有「武俠」之說。于升因此對武術產生了濃厚的興趣。

自古燕趙多義士。大批晚清遺老、皇親國戚、下野軍閥選擇在天津歸隱。這些人要嘛家財萬貫，要嘛一生戎馬，仇家無數，大多請武師保鏢護院。因此，形意、八卦、太極、通背等各門派高手雲集天津。

逼退俄國力士的「津門大俠」霍元甲、開創中華武士會的李存義、孫氏太極拳創始人「活猴」孫祿堂、形意八卦拳名家張占魁等人都是津門武林的傳奇人物。

天津高手雖多，但平民子弟要拜入名師門下亦不容易。自古「窮文富武」，平常人家請不起武術老師，且亂世艱於求生，也沒那麼多精力練武。

于升雖有習武之念，苦於投師無路，直至十五歲那年，目睹一場械鬥，因緣際會下才開啟了習武之門。

第八章
猛張飛・傳燈

民國九年（1920年）春，天津衛街面出了一個奇人。

此人綽號「猛張飛」，有以一敵百之能，當街大戰仇三命，赤手空拳打退幾十個混混，保下張記酒樓。

這段傳奇日後在酒樓書場常被人提起，不僅說書先生口沫橫飛，連當日參與鬥毆的混混也在其中添油加醋，彷彿被猛張飛揍一頓是一種榮耀。

于升親見了這場街鬥，那年他剛滿十五歲。

那是個豔陽天，于升回家途中見街邊聚了很多百姓，百首攢動，亂如鼎沸，便好奇地擠進了人群，只見一群混混圍在張記酒樓前。

領頭的是個三角眼的黑瘦男子，提眉橫目，身穿青襖，腳蹬花鞋，帶著股混不吝的勁。他身後足有三十多人，個個凶神惡煞般手持凶器，長的是白蠟桿，短的是斧頭把，還有人兜裡塞滿了碎瓦亂石。

酒樓門前站著一名大漢，上身赤裸，下身穿黑布長褲。這人眼大有神，鬍子濃密，黝黑的肌肉泛著油亮，彷彿一塊大鐵疙瘩，脖子跟腦袋一般粗。虎頭燕頷，一看便是膂力過人的猛士。

圍觀的看客們交頭接耳，議論紛紛。

「好傢伙，仇三命排場不小啊，帶這麼多人來！誰惹著他了？」

「聽說是張記酒樓的掌櫃跟仇三命結了仇。仇三命什麼人吶，大混星子啊，身背三條人命，咱老百姓惹得起嗎？」

「嘿，這您就不知道了吧？掌櫃吃了豹子膽也不敢惹仇三命啊，是仇三命要奪酒樓，掌櫃誓死不從，兩邊約了今天在樓前決一死戰。」

「奪店是死過節兒，今天瞧架式要出人命啊！」

「誰說不是呢？仇三命是狠角色，他這幫兄弟也不是吃素的！您瞧他們這陣仗，白蠟桿、斧頭把和碎瓦石全帶著呢。」

「哦？這有什麼說法？」

「您又外行了不是？天津衛街面打架，規矩是不許用鐵器，講究結陣用兵法，列陣縱橫，以整攻散。黑旗隊先投碎石，挫敵銳氣；隨後長槍大桿衝鋒，衝散對方陣型；斧把隊再跟進，斧頭把一頭是方的，棱角打人疼。這三十位要是配合好了，一百個人都擋不住。」

「酒樓掌櫃怎麼想的？就找一個人來鎮場子，雙拳難敵四手，何況六十隻手，再威猛也掀不翻天吶！」

「可不是？估計待會兒要被揍得哭爹喊娘、跪地求饒了吧。」

于升聽出了個大概，默默攥緊了拳頭。明明是混混們仗勢欺人，可是大家都等著看大漢的笑話，這世道還有道理可講嗎？

大漢儘管被眾兇徒圍住，但面帶輕蔑之色，渾身有一股豪氣，如同頂天立地的大俠。

仇三命上下打量大漢，得意地對同伴說：「姓張的果然沒什麼本事，早早關了店門，留個小子在這兒給大爺磕頭認

錯。看我怎麼耍耍他。」

他徑直上前，抬起斧頭把指著大漢的鼻子：「給爺跪下。」

大漢眯著的雙眼猝然一瞪：「你算什麼東西，敢來這地方撒野？」

仇三命沒料到他有膽量叫板，努著眼問：「這店，你敢保？」

大漢冷笑一下，眼角煞氣彌現：「這店，你敢搶？」

周圍看客你一言我一語起鬨：

「別盤道啦！打啊！」

「上！給他點兒顏色瞧瞧！」

仇三命不含糊，冷不丁抬手就要拿斧頭把砸，可是大漢反應比他更快。

斧頭把剛朝天揚起，仇三命就覺得一股勁風撲面，大漢拳似流星錘，狠狠砸在他鼻梁上。

「嘭」一聲，宛如平地驚雷，仇三命腦袋忽地一歪，鼻血噴到空中，血如雨灑，身子一折，摔在地上。

由於輕敵，混混們圍得太近，早沒了陣型。大漢看準機會，一個箭步，如虎入羊群。

前排混混手中的白蠟桿不適合近戰，待耳畔驚起駭人拳風，混混們個個嚇得手忙腳亂。混混亂，大漢可不亂，他雙眼厲芒暴現，一拳一個，眨眼的工夫就掄趴了好幾個。

黑旗隊傻眼了，亂戰中只怕傷了自家人，一時不敢投石。

百姓見這場面，如同看戲一般，紛紛挑大拇指叫好！

仇三命咬牙爬起來，摀著被打斷的鼻子，聲音猛地拔高

一截：「都散開，別亂！」

待混混們匆忙後撤，大漢腳邊已經倒下了七八人。僥倖退出來的混混們心有餘悸，額頭冷汗直冒。

大漢朝手心吐了口唾沫，俯身撿起一根白蠟桿，搖身一抖，大桿如撥動的琴絃般震動，發出嗡嗡聲。

白蠟桿有彈性，武術中白蠟桿可用於「拔勁」。高手能從桿子抖動的幅度和時長看出抖桿人的功力。大漢這一手大桿子功夫，非比尋常。

街邊人群又爆發出一陣叫好聲。

混混不是武人，打架靠的是氣勢和陣法。大漢先聲奪人，衝入人群，破了陣法。這一手抖桿的本事又洩掉了他們的氣勢，混混敗象漸顯。

仇三命見大漢如此神勇，臉白得像麵糰一樣。

大漢手握白蠟桿，使的卻是長槍法。

槍之陰陽在於把。大漢前手輕握，虛靈如管，後手以大拇指、食指和中指握住桿尾，掌心抵住槍根，牢握如鎖，雙肩下沉，雙手較力，桿尖、鼻尖、足尖，三尖相照。

混混們見大漢起手毫無破綻，不敢貿然上前。

大漢氣息陡沉，虎吼一聲，大步衝向眾人。

長槍法講究「闊點為圓，縮圓為點」，圓是弧線，撞開對方的兵器；點則是突刺間隙，攻防一體。這套歷代戰場上闖營殺將磨煉出的技法，街邊混混豈能抵擋？

他手中的白蠟桿彷彿有靈性的長蛇，直奔向混混胸口，一下戳倒一個。現場步伐混亂，塵土飛揚，慘叫聲不斷，膽子小的混混當場嚇得哭爹喊娘，要多狼狽有多狼狽。

仇三命驚得頭皮發麻，等回過神來，黑旗隊的人早逃之

夭夭，拿白蠟桿和斧頭把的弟兄也都橫七豎八躺倒在地。他獨自一人站立中央，如同天橋下賣藝的小丑，承受著四周圍觀者看好戲的目光。

仇三命臉上發燙，緊張地嚥了口唾沫，舉起斧頭把，吼叫著不管不顧往前衝。大漢躲也不躲，直接一桿子抽在他膝蓋上。仇三命整個人橫著在空中轉了半圈，「撲通」一聲摔了個狗吃屎。

大漢看著蜷縮在地的仇三命，將白蠟桿朝他眼前一點，濃眉倒豎：「還繼續嗎？」

仇三命張了張嘴，話沒說出來，嗆出一口血。

大漢環視四周，大聲宣佈：「這事結了！」

這話不僅說給倒地的混混們聽，也說給圍觀的百姓聽，讓所有人做個見證。

說罷，大漢將白蠟桿往地上猛力一杵，白蠟桿濺起泥塵，入土三分，好似勝利旗幟。圍觀者大聲叫好。

于升沒想到這世間還有這般英雄，堪比水泊梁山替天行道的好漢！

這一戰後，仇三命徹底栽了，再也沒有出現在天津地面上。

張記酒樓躲過一劫，生意更加興隆。後來眾人得知，大漢姓張，名承義，綽號「猛張飛」。

目睹猛張飛護店的俠義之舉，于升當場便起了拜師之心。

當晚酒樓閉門為張承義慶功。于升在門口等到深夜，見張承義出門，便悄悄跟了上去。

張承義白天剛打退混混，正提防報復，發現有人跟蹤，

嘴角一揚，疾走幾步轉進小巷。

于升剛跟進去，就被躲在暗處的張承義發現。張承義見是一個半大小子，沒當回事，伸手去按他。

于升甚為機敏，聽到聲響立刻一閃。

張承義一把抓空，立即警惕起來。

于升忙擺手解釋：「前輩，聽我說……」話才吐出一半，張承義抬起一腳把他踹了個跟頭，隨即上前，像抓小雞一樣擒住于升。

「你這小鬼，鬼鬼祟祟幹什麼？」

于升覺得整個人像被鐵箍鎖住了一般，根本掙脫不開，疼得從牙縫中擠出話：「我想拜師。」

張承義一聽樂了：「這娃娃也是有趣，被逮住了，就撒謊說要拜師？」

見于升不像壞人，他便鬆了手。

于升立刻跪地磕頭：「師父在上，受徒兒一拜。」

張承義忙俯下身攙他：「先起來，把話說清楚。」

于升目光真摯：「徒兒雖無萬貫家財，但有一顆俠義之心，希望習得武藝，跟師父一樣鋤強扶弱。」

這話說得誠懇，張承義也不再懷疑，轉頭長嘆一口氣：「你小子是塊材料，只可惜我遵照師令，馬上要出發輔佐玉帥，不能收徒。」

張承義口中的玉帥是指吳佩孚。直皖戰爭後，吳佩孚升任直魯豫巡閱副使，正在招賢納士。

民國尚武，武人易獲重用。吳佩孚的親信曾在天津見識過張承義的功夫，驚稱其為「樊噲再世」，向吳佩孚薦才。張承義早聞吳佩孚身懷關雲長、岳武穆之氣節，經師門允

許，便應承下來，兩天後就要奔赴洛陽。

于升聽說張承義在天津還有個師父，又央求道：「我雖跟您無緣，但習武之心不改，望投入師門之下。」

張承義濃眉揚起，直爽大笑：「好小子，拜師不成，就打起做我師弟的主意。」

于升骨子裡有股子韌勁。張承義見他身手靈活、頭腦機敏，是練武的好材料，加上剛才誤踹他一腳，有心彌補，一口答應下來。

回家後，于升將拜師之事稟告父母。父親于其仁一向支持于升的選擇。當今科舉已廢，寧為百夫長，不做一書生。母親也覺得亂世之中，學點武藝能防身也好，便給了他兩塊大洋，作拜師之用。

翌日，張承義帶著于升前往天津郊外的一個農院。

張承義的師父名叫馬道貴，體格精瘦，頭髮花白，但一雙眼睛極明亮，氣宇軒昂。

「我門拳法乃天下人之拳法，天下有緣者皆可得之。」馬道貴的嗓音帶著沙啞，像是歷經世事磨難，頓了一頓，他又問道：「你為什麼練武？」

于升恭敬回答：「練武能行俠仗義，有武才有俠。」

馬道貴輕輕搖頭，笑道：「俠是一種心氣，跟武無關。文天祥雖是文臣，留取丹心照汗青，俠骨美名傳天下。」

于升疑惑：「若沒有武力，誰來保護弱者？」

「強和弱是相對的，生老病死，斗轉星移，強可能會轉弱，弱也可能會變強。只要有一顆變強之心，又何來弱者之說？」

這番話令于升頭腦發蒙：「徒兒不明，還請師父指

點。」

「人活一口氣，武就是一股精神氣，不死不滅。」馬道貴指著遠處在田埂上忙碌的人，「你看，這些人五十年後都會消失，就像從沒存在過。人吃地一生，地吃人一口。女媧用黃土造人，百年之後人回歸黃土。這一來一去，憑空多出來的東西，就是一生積累下來的技藝。人會死，武術不死，代代相傳。對待武術要如對待至尊，不可半點不虔誠。」

于升眼中光芒閃爍，張承義笑著拍拍他的肩膀：「今後我們就是師兄弟了，你跟師父好好練功。等再會之時，我可要試試你的本事！」

民國九年的秋天，在農田邊的小院裡，武術如古代江湖傳下的孤燈，點亮了于升的人生。

第九章

源拳・闖三關

長腳這兩天非常納悶。

顧嘉棠安排他照顧于升的起居食宿，為的是讓于升好好練武。然而一連三天，他都沒見于升打過一套拳。

于升只在凌晨練拳，長腳起得晚，自然無緣得見。

習武與煮肉相似，起初要猛火煮，之後要慢火熬。入門前三年猛練打基礎，之後要靠日積月累，不求一勞永逸，但求日拱一卒。

大戰當前，于升的淡定要歸功於在天津十年苦修，闖過三關，脫胎換骨，窺見千年武術的秘密。

十年前，于升拜馬道貴為師，搬進農院與師傅同住。

有村民在路上偶遇馬道貴，趨步上前搭話：「瘋魔馬，您老又收徒弟啦？」

馬道貴和藹點頭：「道不遠人，這孩子跟我有緣分。」

村民笑著拍拍于升的背，囑咐一句：「小子，爭口氣，好好練，別幾天就跑了。」

于升有些莫名其妙。瘋魔？眼前的師父慈眉善目，哪有瘋魔的樣子？他耐不住好奇，等村民走遠了，小心翼翼問道：「師父，被人叫瘋魔，您不生氣嗎？」

「武人本就有兩面，一面神佛，一面瘋魔。」馬道貴伸出手，攤開掌心，面含春風，下一秒猛一翻掌，化掌為拳。這個簡單的翻腕動作，他做起來卻彷彿狂風肅殺，凶惡之意

掛面相上，像是變了一個人，把于升嚇了一哆嗦。武術中，這被稱為「變臉」。

「練武要摹其形，悟其神。身體四梢隨拳意而動，拳中有瘋魔，才能摧枯拉朽。」

文人用字號，武人講綽號。字號彰顯學問，故要文雅；綽號用於立威，往往凶惡怪異。

于升後來從村民口中聽說了「瘋魔馬」綽號的來歷。

馬道貴是從奉天逃難來的外鄉人，平日不顯山不露水，沒人知道他會功夫。有一年冬天，為爭水源，村民與鄰村幾十人亂鬥，眼見就要鬧出人命，馬道貴赤手空拳衝入人群，一出手就摔暈了好幾個人，又徒手劈斷了兩條扁擔，鬼神之功威懾眾人，平息了一場民鬥。打架時他面如瘋魔，從此「瘋魔馬」的名聲響徹十里八村。

于升入門後才知道自己練的拳法名為源拳。

在煤油燈的映照下，馬道貴眼中熠熠閃光：「形意、八卦、太極，不同門派的形式雖不同，但萬法歸一，始於一源。不識其一，故而有萬。萬不離一，眾法歸源。從源中汲取營養，練出自己的功夫，便是源拳。」

于升頓感新鮮：「練出自己的功夫？每個人不一樣嗎？」

「拳術由人所創，人無完人，拳術也不該一成不變，每個人都要找到適合自己的拳術。本門由虛相禪師所創，佛法云：諸法無我，放下我執。源拳放下對招式的依賴，捨棄對門派師尊的迷信，與武林習俗相悖，百年來隱於世間。」

當晚于升做了個夢，夢見自己在江湖行俠仗義，一出手立刻就被人認了出來，因為他的功夫全天下獨一無二。

第二天凌晨，于升毫無睏意，早早起床。馬道貴傳授了個調形改勁的基本功，名為「搖膀」。

于升下盤為側弓馬步，雙膝彎曲，兩胯較勁，力達足底，身體前傾，以身帶手，將膀子向後甩起，雙肩掛耳，以臂畫圓。這個看似簡單的動作，要以身法鬆墜的重力啟動，甩出雙膀的重力感。雙肩放長擊遠，練習重力與彈力互動，內含「用勢不用力」的核心原則。

馬道貴要求于升每次練足三千下，早晚各一次。

于升練完功，天也亮了。他渾身出汗，神清氣爽，在院內掃起地來。忽然耳邊傳來一陣笑聲，抬頭看去，原是附近孩童扒著院牆偷看，竊竊私語：

「又來個傻子。」

「可惜幾天後就要被趕走了。」

見小孩們摀著嘴樂，于升覺得事情蹊蹺，之前遇到的村民也說過類似的話。為何大家都覺得自己很快要被趕走呢？他剛想問話，孩子們一哄而散。

一連七天，馬道貴沒教新東西，每天只看他練一會兒。

于升不敢多問，埋頭認真練習，漸漸感覺搖膀動作實在巧妙。他身姿前傾，藉助重心的上下變化，上身與下肢的馬步結構形變產生互動，雙臂搖旋的慣性也跟身體重心相反相成，如飛鳥斂翅俯衝，又似騎馬奔騰。他在幾千次的訓練中忘記了時間。

第八天一早，于升發現農院外圍了不少村民，皆一臉驚奇，指指點點。

「嘿，又留下一個。」

「看來瘋魔馬又有徒弟了。」

　　于升莫名其妙，事後才知道，自己不知不覺竟然闖過了源門第一關。

　　當年馬道貴露了本事，上門拜師者絡繹不絕，他也是來者不拒。但除了猛張飛張承義之外，所有人都在七天後被趕走了。

　　這些人發毒誓訓練時一次都沒偷懶，可是馬道貴不聽解釋，只說他們不合格。故而村民見于升第八天還在，都覺得驚奇。

　　馬道貴談起此事，苦笑搖搖頭：「被趕走的人不是偷懶，是不可教、教不會。」

　　于升一聽更迷糊了：「習武一週，天賦再佳也難有成效，若不曾偷懶，功課做足，如何判斷教不會呢？」

　　「練武不是做苦工，不是光吃苦就夠了。你現在談這些還早了點，三個月後再看。」

　　帶著解惑之心，于升埋頭訓練。搖膀動作看似簡單，但他越練，越發現功法深奧。

　　初練搖膀，軀幹主動發力，手臂甩出重力感，透過肩膀彈性調動重力勢能，練習身與手間的牽扯彈性。

　　第二階段練習「搖山」。源拳將身喻為山，以甩膀的慣性反過來牽動身體重心，把重力從身體裡「拔」出來。

　　第三階段加入肩膀和四肢關節的螺旋起伏，練習筋骨力以及對慣性、重力勢能的整體操控。

　　九十天過去，于升完成了五十多萬次的搖膀訓練，熟悉了身體結構、筋膜彈力和重力互動，化掉了拙力，動作輕快，起手帶勢。

　　馬道貴在一旁看完他的動作之後，含笑問道：「你現在

知道為什麼有些人不能教了嗎？」

于升思索片刻，目光流煥：「我想，練功不是為了完成次數，而是找到感受。如果只是簡單重複，越練越錯，只會離拳理越來越遠，這樣的人不能教。」

馬道貴點點頭。張承義果然沒看錯人，于升聰慧機敏，是塊練武的料。

「傻練不漲功，修道講『聞、思、修』，武術跟學佛一樣，是對觀念的糾正。我規定練三千次，目的不在於次數。三千次中，前一千次是為耗掉後天拙力，中間一千次是對照功法要求熟悉動作，最後一千次才是關鍵，或許裡面只有五十次做標準了，練功就是要找到這五十次，讓身體記住這種感覺。之後，正確的次數越來越多，直到三千次全部做對，徹底改變用力習慣，便是易經洗髓。那些練七天被我趕走的人，就是將錯誤重複三千次的人。」

「怪不得練了這功法，全身鬆快。」

「源拳用勢不用力。力量來自正確的理解，而非盲目繃緊肌肉。普通人掄胳膊打架，看起來威猛，實則力散動作僵，四處丟勁。擔水劈柴的力氣用到打架上，便是王八拳的路數。要以弱勝強，光靠力氣是做不到的。由勢而生，才是真力。」

于升過了第一個「對錯關」後，緊接著第二個考驗就來了。

傍晚，馬道貴帶著把自製的短弓和一支箭走到院中。

「武術發勁如開弓射箭。化掉拙力是第一步，最重要的是把力量打出去，還要打透。」馬道貴一指屋後的棗樹，「你站在院中，朝樹射箭，若箭頭入木三分，便是合格。」

于升接過短弓，甩了甩手腕，使出全力開弓，瞄準放箭。只聽「噗」的一聲，箭打中樹幹，但箭頭卻無法扎透樹皮，「啪嗒」掉落在地。

于升臉一紅，偷瞄了一眼馬道貴。馬道貴面無表情。

于升使足力氣，一連試了十來箭，依舊無果。

「明早如果過不了這關，說明你跟源拳無緣，就不用再浪費時間了。」

于升見師父一臉果決，想起被趕走的那些人，很擔心前功盡棄。他鉚足勁再試，可力量似乎總是缺了三分，就是無法打透樹皮。

轉頭一看，馬道貴早就不聲不響回屋去了。

第二日太陽剛剛升起，馬道貴推門走進院中。

朝陽下，于升額頭的細汗泛著微光，短弓擺在一旁，樹幹上插著一支箭。

見師父出來，于升趕緊行禮。

馬道貴拿過短弓，打量一眼，問道：「什麼時候發現的？」

「昨晚。沒敢打攪師父休息。」

這把短弓已經被修整過。

此前于升無法將箭射入樹幹，開始以為是臂力不夠，但最終發現，歸根結底是弓的結構有問題。于升調整了短弓，箭頭便立刻射穿了樹皮。

馬道貴的這個考驗自然有其深意。

「力往外出，是本能思維，直來直去的一順勁最簡單，然而一旦執著往外發力，就會陷入局部。勢從哪裡來？勢從正確的結構中來。箭要射得遠，不能光靠腕力，關鍵是弓要

好。武術的核心不在發力，在於精準控制，力量要用在穩定結構上，定型定位，形聚則力整。我們練拳就是在身上造出屬於自己的弓，聚形成勢。」

「力不往外，而往身內用，莫非這就是內勁？」

「勁本無內外，古人是由結構增勁，超越體能侷限。源拳是理法拳，不是招法拳。武術是生死之爭，只有自己悟到此理，才能真正改變心智，所以才有了『心智關』。」

通過「心智關」後，馬道貴開始系統教授于升武術結構的秘密。

練武先學防守，防守講究以形破力——由三角防禦結構改變對手的來勁方向。自然界中三角形結構最穩定，不僅支撐穩固，兩條斜線還能將正面阻力一分為二，如瀑下礁石，水流遇石而分。

進攻時同樣要假借結構以形生力——身如弓，拳腿如箭，臨戰一觸即發。

武術身法有「裹、踐、躦」三種。

「裹」是蓄勁。各關節螺旋撐裹，在體內創造更大加速空間，將筋膜彈性發揮到最大。子彈的威力不僅來源於火藥，也來自它經過槍管膛線時所產生的旋轉。

「踐」是上步。要求腳像踐死毒蟲般踩壓地面，增強地面摩擦力，以加速前衝，又稱「摩擦步」。

「躦」是出擊。將地面的反作用力充分傳遞到上肢，用身體開合將力量打出去，也叫「拔中節」。

練武難自學，不是難在招法，而是難在看不見的訓練步驟。馬道貴教于升身法時不是簡單演示，而是把一個動作拆分為數個步驟，每個步驟都有對應的練法，死摳每個環節動

作的精度。

武術是纖毫之爭，每步提升一分，整體效果就全然不同。

于升每次訓練都在探索身體結構的極限，在體內尋找那一絲加速和擰轉的空間。渾身關節如螺絲，每一個關節裡頭要擰緊，將筋骨彈性拉伸到極限，環環相扣，成為一個整體蓄力的大彈簧，讓每寸肌體都勁力充實、勻稱、飽滿，這樣打出來的力量才紮實。這個過程叫作「磨勁」。

馬道貴常以裁縫比喻：「好裁縫不多話，針腳細密，衣衫才結實。練武如修行，要耐住寂寞，日復一日在身上編織能量。」

練源拳要闖三關，除了「對錯關」和「心智關」之外，于升還有一個「坎」要過。

取真經必有磨難，練武免不了「歷劫」。改勁未成時會遇「魔障」，此時功力不長反退，武林中稱為「坎」。幫徒弟「過坎」方顯出師父本領。

練武一段時間後，于升的功夫無法更進一層。對一順勁的依賴在不知不覺中限制了他，使他無法徹底貫徹「相反相成」的原則。

習慣像是杯中水，在接受新東西時，必須清空杯中之水。為了幫于升擺脫對固有習慣的依賴，馬道貴採用「減法」，讓于升從日練千次改成一天練十次，多一次都不行，訓練機會變得異常金貴，借此打破其惰性，倒逼于升以心智理解動作。如果說武術訓練的第一步是改造身體和動作，那麼第二步就是改造思維和習慣。

此間為消除于升內心的焦躁，令其沉心靜氣，馬道貴拿

來《九九消寒圖》字帖讓于升臨摹。《九九消寒圖》有九個字，「亭前垂柳珍重待春風」，每字九筆。自寒冬數九的第一天寫起，每天寫一筆，寫完共需九九八十一天，代表九九結束，故得此名。

經此一關，于升勁力通達，對武術的理解更上一層樓。

馬道貴讚許道：「經一番魔亂，長一層福力。」至此，于升過了第三關，才算真正入了拳學之門。

練武不易，有心習武之人如過江之鯽，但真有成就的寥寥無幾。

習武需「漸功頓悟」。「漸功」如繩鋸木斷、水滴石穿；「頓悟」是由量變到質變，心念一悟，萬事通明。漸功耗時，頓悟需有靈性。可惜世間多的是自恃螢火之明之人，記下幾句話頭，便想走捷徑。

自古能大成者有兩種：第一種樸實至純，照著師父的話埋頭苦練。武術和宗教相通，有絕對的信任才能撐過最苛刻的訓練。第二種極其聰明，對師父的教誨心領神會，同樣不走彎路。

猛張飛張承義是第一種人，于升屬第二種人。

馬道貴得良才，心中毫無私念，傾囊相授。

「中國武術門派多以太極、八卦、心意六合等《易經》中的詞命名，而西洋拳擊、摔跤則以打法命名，你可知為何？」

于升從未想過這個問題：「徒兒不明。」

「西方求術，東方求道。《拳經》認為人是萬物之靈，能量與宇宙相合，無窮似天地，不竭如江河。頭為乾，腹為坤，臍為太極，雙腎為兩儀，四肢為四象，大小臂、大小腿

為八卦。六合之遠，萬物之理，莫不在一身中。古文中，『經』通『徑』，練拳如修道。」

「打鬥是實實在在的東西，怎麼會與玄妙的道法呼應？」

「練武術不僅要理解身體關係，還有空間關係、互動關係，此為『見自己、見天地、見眾生』。先賢看螳螂捕蟬，並非模仿動作，而是觀察理解萬物相生相剋的關係，得其神，明其意。」

這些玄之又玄的道理，于升一時難以理解：「這個意，看不見摸不著，究竟是何物？」

馬道貴呵呵一笑，他知于升從小讀書識畫，便以書畫入手解釋：「世人評畫分四等，模仿狀物是最低，得其神韻的最高品叫作『逸品』，武術中的象形是取其神韻。所謂『詩情畫意』，武術求的就是這個『意』。陸游說『功夫在詩外』，練拳也一樣。晴空看鳥飛，流水觀魚躍，識得宇宙活潑之機，才算武道修行。」

于升似懂非懂，只在心間播下了一顆細小的種子。

鍛千日之技，鍊萬日之術。上百萬次的功法訓練改變練習者用力模式的同時，也改造了其身體。源拳透過特定的撕扯動作訓練，將關節骨縫抻開，將筋膜扯緊增厚，這種「鬆緊合一」的練法在《易筋經》中被稱為「騰膜」。

兩年後，于升體格健壯，筋滿骨，血滿髓，氣滿身。筋滿骨縫，肋間生出「老牛筋」，肋骨如被筋膜緊緊包裹的整塊鋼板，此稱「板肋」。頸後斜方肌筋膜鼓起，這叫「藤頸」。「板肋藤頸」有厚密堅韌的質感，如同一層藤甲。

見于升身體改造已有小成，馬道貴便教他抗打術。

馬道貴演示時，讓于升全力擊打自己腹肋。于升開始只敢用五分力，見馬道貴紋絲不動，壯著膽子全力一擊，卻如擊鼓般受到反震之力。馬道貴神色自若，既沒有刻意繃緊肌肉，也無吐納屏息之舉。

于升一臉驚奇：「莫非這就是鐵布衫？」

馬道貴笑道：「問得好！古人的說法也有講究，你可知為何硬功被稱作金鐘罩、鐵布衫，而不是鐵骨金肉？」

「徒兒沒想過，不過無論金鐘罩還是鐵布衫，都在強調外皮表面的硬，這是巧合嗎？」

「非也，這是騰膜的功效。」

「騰膜？那是什麼？」

「源拳抗打，不靠縮緊肌肉，更非閉氣死扛。閉氣發力的拳法為『閉口拳』，有侷限性，我們練的是『開口拳』。」馬道貴拿起一塊碎布，將布團緊，手指戳入布團中。「縮緊的肌肉就如這個布團，只要力量足，就還能透進去，傷及內臟。」他將布展開，雙手拉住兩端猛扯，布被扯得「砰砰」直響，于升手指一戳就被繃緊的布彈回。

「筋膜拉伸令身體充滿張力，如鼓面反震對手，正如《易筋經》所說，全身膜皆騰起，外著於皮，內堅其肉，護其骨，壯其筋，則筋膜齊堅齊固。」

于升原本以為這是深奧的氣功，一聽又是筋膜練法，覺得有些失望：「都說武術高手要練氣，為何我入門到現在始終沒練過氣？」

馬道貴語調中帶著一絲無奈：「武術是踏踏實實的東西，所謂氣功，不過是一種對捷徑的痴迷。氣是筋脈活絡後產生的一種感覺現象，是果不是因，不用專門去練。就像不

能直接由意念控制心跳一樣，用執念聚氣易出偏差。心一執著，萬事不得自然，只會遠離道法。你安心練下去，自然就會明白。」

練拳講究拳感，拳感必須從實戰中來。于升有了抗打功夫，萬事俱備，等待的只是實戰的機會。

民國十二年（1923年），上海舉辦中華全國武術運動大會。武行欣欣向榮，武人交流心態較以往開放。此時軍閥拉攏武師，政府扶持武術。查拳大師王子平、形意拳及太極拳名家孫祿堂等武林高手擊敗日本、俄國武者，名揚四海，比武成為一股新風氣。

練武第三年，馬道貴安排于升比武。于升的第一次比武是在一間鏢局改建的武館內。

江湖人稱武行為「掛子行」，走鏢的鏢師叫作「拉掛子」。古時水陸交通不便，富戶遠行運貨都需要人保護，由此誕生了鏢局。自從通了火車，鏢局生意一落千丈，很多鏢師轉行替豪門大戶看家護院，江湖人稱「支掛子」。「支掛子」必須功夫過硬、名聲夠響，因此常有交流比武。

有人平日練拳氣定神閒，有十分功夫；真打起來被勝負心左右，三分力都使不出來。于升背負著師門榮耀，心中也十分忐忑。

夫戰，勇氣也。實戰磨煉技藝，也是練心性。

臨上場前，馬道貴看出了于升的心思，拍拍他肩膀：「比武必有輸贏，不敢面對勝負，何談進步？你看曹操，赤壁大敗，一笑再笑，這一點諸葛亮也比不上他。輸得起，才能贏。直面勝負是武人的第一課。」

于升的對手膀闊腰圓，筋肉鼓起，留著八字鬍，眼含煞

氣，一副不好惹的樣子。

　　說來也怪，儘管上場前心慌意亂，可是一見到對手，于升便忘卻了恐懼，只想在氣勢上勝對方一籌。

　　「三年來日日不斷之功，又怎會負我？」想到這裡，于升當即按師父所教的「三分殺意，七分進取心」調整心態，在拳場裡拉開架式。

　　八字鬍擺出一個單掌前撐的起手式，攻防一體。于升裹身蓄力，觀察對手的動向。

　　八字鬍仗著比武經驗豐富，主動出擊，一招「大聖劈掛」當頭砸下，招法潑辣。

　　于升見他出手大開大合，不但不往後撤，反向前迎，足下踐步一蹬。在那一瞬間，于升眼中沒有來勢洶洶的劈掌，只有對手肋下三寸的破綻空隙，彷彿那裡有個「颱風眼」，吸引著他全部的重量和勢能。

　　于升身法迅若飛矢，八字鬍衝勢不減，兩人均無避讓之意。

　　電光石火間，于升心無雜念，後發先至，中節開合發力，一拳「釘」入對手肋下。這一擊力透骨髓。一聲悶響，八字鬍雙腳離地，肋骨應聲折斷，摀著側肋摔在地上。

　　只一個照面，比武便分出勝負。

　　首戰告捷，馬道貴頗為滿意：「比武是技藝的較量，也是決心的比拚。你這一戰向死而生，屬險中求勝。」

　　獲勝後，于升想起與張承義的臨別之約，覺得距離師兄更近了一步。

　　拳腳之間，生死本一線之隔，克服恐懼，直面死亡，此乃武人之命運。

第十章
骨力・國術館

在上海的日子裡，于升時常夢到在天津比武時的情形。

一張張對手的臉如走馬燈般在眼前閃現，最終停在一張慘白的圓臉上。那是縈擾著于升的惡夢，也是他來上海的原因。

民國比武分文鬥和武鬥。文鬥由雙方定規矩，達成者勝。武鬥則簡單多了——打服為止。滑泥鰍難捉，江湖人心難琢磨。文鬥規矩多，也有很多江湖套路。于升功夫尚淺，經驗不如人，容易吃虧。

馬道貴怕他聰明反被聰明誤，過早接觸江湖詐術，偏了方向，所以直到練武七年後，才讓于升開始接觸文鬥。一來此時他打法成型，文鬥可以檢驗功力，查漏補缺；二來也積累些走江湖的經驗。

害人之心不可有，防人之術也得學。不管是文鬥還是武鬥，于升都是勝多負少，在天津漸漸有了名氣。

源拳立住招牌，名聲越來越響，各地慕名來學武的人多了起來。源門不許開場授徒，馬道貴便堅持免費教拳。拜師者不再侷限於周邊的村野鄉夫，生源好了，成材率就高，漸漸地，留在馬道貴身邊學拳的人也有了十來個，農院改成了武館，于升成了源門大師兄。

舊時門派中，大師兄由入門早晚來定，必須擔起代師比武的責任。掌門親自出手比鬥，勝了會被人說成以大欺小，

敗北就毀了門派招牌，因此一般由大師兄代師比武。無論勝負，尚存一絲顏面回轉的餘地。

武術本是修行，由動入靜為修，由靜入動為行。動靜之間，于升彷彿從塵世「扯脫」，進入另一個時間維度。此時革命浪潮風起雲湧，但無論世事如何動盪，于升只顧將習武、吃飯、睡覺、體用合一，進之以猛，持之以恆，一晃十年。

武術如同一顆種子，在于升體內生根發芽，深深長在血脈骨髓中。

轉眼到了民國十九年（1930年）4月，村裡來了位河南武師，名叫高聞山，途經酒館歇息小酌。當時天津設九國租界，是北方武術中心，各省能人都想在此揚名立萬。

河南是武術大省，嵩山少林禪武功夫名揚天下，太極拳、心意六合拳都有嫡系傳承。閒談之中，高聞山自稱在某軍擔任武術教官，此番要在天津衛比武揚名。

高聞山生得尖嘴猴腮，一雙眼睛微微外鼓，模樣怪異，說出如此大話，眾人都當他是在吹牛。于升剛好到酒館幫馬道貴買酒。有食客見了，就拿話激河南武師。

「這天津衛是嘛地界，是龍得趴著，是虎得臥著。別看這城郊小村，但也有能人，外地來的別逞大尾巴鷹。」這話一出口，便有人幫腔。

「沒有金剛鑽別攬瓷器活，天津衛可不是誰都能把名聲玩響的。別說津門大俠，就是在這兒碰到瘋魔馬試一試，估計也就是個二八八（水準差的貨色）。」

一張嘴就夾槍帶棒的人，天津人叫「衛嘴子」。武人受不得激將，衛嘴子你一句我一句，聽得高聞山火冒三丈。

「瞧不起人是吧！光嘴上逞威風算啥本事，瘋魔馬在哪兒？俺倒要看看他到底有多厲害！」

衛嘴子看熱鬧不嫌事大：「看見沒，打酒那位就是瘋魔馬的大弟子，你說話可得留點兒神。」

于升打了酒剛準備回去，不願鬧出事端，便打個圓場：「哪裡的話，都是武林同道，何必分高下。」

馬道貴平時再三教導于升不要在人前逞能，于升也無意惹事，可聽過剛才那番譏諷，這話在高聞山聽來便像帶著三分不屑。

高聞山一拍桌子：「文無第一，武無第二！俺還就不信這個邪了，今天必須分個高下！」

于升見對方不識好歹，話語也帶著絲怒意：「兄台，我們遠無怨近無仇，沒這個必要吧。」

「怎麼？不敢接招？」

于升聞言，胸中無名火躥起，暗下決心要給這個外鄉人一點教訓。

「兄台執意要打，我絕不推諉。這裡不方便動手，我們上外面去。」

「走！」

兩人一前一後走向酒館邊上的小樹林，食客紛紛引朋呼友圍觀。

豔陽高照，微雲點空，和煦春風吹拂嫩綠柳條，林間鳥鳴陣陣，草木沐浴在天光下，偶有土蜂飛舞其中。

高聞山無心欣賞春色，一抖身子，擺出拳姿。只見他彎腰縮脖，渾身筋骨絞緊，動作怪異，眼神陰鷙。于升看不出對方來路，只能謹慎應敵。

高聞山一動起手來，食客們臉色「唰」一下就變了。

只見他身法詭異，或伏低探足如鑣，或躍起撐臂如針，忽高忽低，忽左忽右，身走偏門，腳下邁著「八」字摩擦步，如猿縱蛇竄，從側面防禦薄弱處，「之」字形切進，穿針引線般直衝目標中線。

于升心頭一顫，莫非這是綠林三角步？他聽說綠林武技原為刺客所用，後演變成為江湖伏擊術，招式詭異，專打視線和心理盲區，令人防不勝防。

對方身法奇詭，難以預判角度，于升幾次以毫釐之差驚險避讓，心知這麼下去遲早會被擊中，索性以靜制動，故意露出左肋破綻。

高聞山恃才輕敵，見對手出現防守空檔兒，毫不猶豫，抬手就打。

于升守株待兔，眼中厲芒閃過，使一招「沉墜勁」，藉著身體的重力，前臂直磕上去。

只聽「啪」一聲響，伴隨著看客的驚呼聲，河南武師後退三步。

高聞山蹙著眉，左手緊抱右臂，額頭滲出細密冷汗。于升剛才使的一招，名為「拖泥帶水」。

西洋拳擊以拳面做「點」式打擊，中國武術由武器轉化而來，偏好劈、撩、鑣、劃等「長勁」打法。

于升用前臂當刀，鋸子斷木般「鋸」過目標，兩臂看起來是相撞，實則于升以一個「長面」砍一個「點」。

配合這種打法，于升運用了「骨力」，令前臂堅硬如鐵。

通常肌肉一面收縮，另一面就會拉伸，但內家拳講究

「屈中有伸、伸中有屈」，以求陰陽兩面用力均衡，形成整體受力結構。比如握拳時，手背和手心同時繃緊，指骨外撐，彷彿攫著塊看不見的石頭，結構穩固，被打者有錐戳之感。經驗豐富的流氓打架時往往會手攫硬物，令拳有外撐力，這就是對「骨力」的初級模仿。內家高手絞筋騰膜，渾身「骨成鋒棱」，拳腿硬如鐵棍銅棒。

于升以小臂呈現「骨力」，一招「拖泥帶水」斬斷高聞山的尺骨，將他揚名天津的夢想一併打碎。

在圍觀者的叫好聲中，高聞山的臉漲得通紅，頸部青筋暴起，目光如豺狼般陰毒。他不發一言轉身離去。儘管陽光和暖，但他的背影似乎帶著一團不祥的黑氣，于升隱隱不安。

在眾人的簇擁中，于升回到櫃檯前取酒壺，店家興奮不已，不肯收酒錢：「您這手功夫，那是蠍子拉屎——獨（毒）一份（糞）啊，真給咱們天津人長臉。」

于升爭一時之氣，平地生波，心有悔意，聽了這番話只能苦笑。

回去後，于升跟師父如實回報。馬道貴臉一下拉得老長，聲調提高了幾分：「怎能做出如此蠢事！連對方的來頭都沒摸清就跟人動手。閉門比武輸了只是輸了，當眾敗北就是栽了，壞了規矩是要結仇惹禍的！」

于升自知理虧，低頭聽師父訓斥。

馬道貴也知道于升是為了維護師門面子，教訓幾句後，放緩了語氣：「武人不受辱，但不可受挑撥，當眾比武是凶兆。一念之惡，邪神隨之，損人福壽，萬不可再犯。」

見于升面帶悔意，馬道貴交代道：「我明日啟程去南

京，家裡的事就交給你了。記住，安心帶師弟們練武，別再好勇鬥狠，胡生是非。」

兩天前，馬道貴收到來自國術館的英雄帖，請他前往南京，參加中央國術館的課程研討。

民族陷入強敵環伺的困境，必會弘揚尚武鬥志。孫中山喊出「欲使國強，非人人習武不可」的口號，為精武體育會題詞「尚武精神」，定下支持武術的基調。

西北軍五虎之首的張之江靠太極拳治好頑疾，一心推廣武術，以國民政府委員身分籌建了中央國術館。國術館由國民政府直接領導，國庫出資，如此一來，武術坐實「國術」之名。

中央國術館成立之初，第一個棘手問題就是師資和課程安排。張之江在馮玉祥將軍的支持下，以國民政府名義通電各省府主席，從各地選調高手，來自全國各地的五十七名高手彙集南京。

但中華武術包含大小門派逾百，特點各異，招法繁雜，何門何派能代表武術正宗？

國術館受西洋學科啟發，分設少林門和武當門。太極拳、八卦掌、形意拳等內家拳法列於武當門下，其他拳種如查拳、劈掛拳等皆併入少林門。

民國十七年（1928年），國術館舉行首屆國考。

國考分預試和正試，預試包括套路和功法演練，正試中徒手格鬥分為「拳腳門」和「摔跤門」，冷兵器格鬥分為「刀劍門」和「棍槍門」。

國考原想模仿科舉「三鼎甲」的「狀元、榜眼、探花」，賜予前三名「國士、俠士、武士」之名。但由於規則

存在爭議，三局兩勝的評定標準難以服眾，評獎時上演了一場「雨露均霑」的戲碼。首屆國考選出最優等十五名、優等三十七名、中等八十二名、預試九十九名。

自隋唐實行科舉以來，一千三百年內共出狀元不足六百個，平均兩年出一個。武術國考如此兌水之舉，大大削弱了自身的影響力。

為系統梳理武術技法，國術館廣發英雄帖，邀請各地名家參與課程研討。馬道貴在津門頗有名氣，此番受邀前去幫助「拳腳門」提高動作殺傷力，避免出現「碎拳亂腿，打中不倒」窘況。

火車抵達南京後，馬道貴在武林同道的接待下，乘黃包車來到南京西華門頭條巷六號。

夕陽斜照在中央國術館的木牌匾上，給人一種威嚴莊重之感。馬道貴望著眼前的兩層老式洋房，想到能以畢生所學為國術發展獻一份力，頗感幸運。雖家國多難，武人卻迎來了輝煌年代。

國術館內，從教員到學生都是武術家，行走坐臥透著一股陽剛之氣。

操場擺著大小不一的兩排石鎖，大的有一百二十斤，小的也有幾十斤。四位壯漢抓著四十斤重的石鎖相互拋來接去，花式繁雜，似乎在炫耀膂力。

馬道貴見了，眼前一亮：「好俊的花鎖功夫！」

在中國武術裡，石鎖是基本功力訓練工具。跟西方的啞鈴不同，石鎖是「借勢練力」，不靠肌肉收縮舉起，而是由拉牽扯拽，打熬筋骨。

石鎖分「力鎖」和「花鎖」，力鎖練力，花鎖練巧。這

些大漢練的是一百零八式花鎖，能將四十斤的石鎖舞得飛起來拋接，可見腰馬功夫了得。

與軍隊強調集體紀律不同，國術館的人多身懷絕技，舉手投足間暗中較勁，一有機會就顯露能耐。

馬道貴無意爭鋒，在研討會上也毫無私藏，其「用勢不用力」的拳理獲得了同行讚譽。但當他在演武廳觀看了教學課後，卻發現國術館教學方向有偏頗。

國術館效仿西方教學體系，將武技分出拳腳門、摔跤門，割裂了功法間的內在聯繫。中國武術講究「遠踢近打貼身摔」，打投一體、多變巧取。若拋開對原理的挖掘，只將不同招式分門羅列，用剪刀加糨糊的方式拼湊，收集技法雖多，卻如同陳列室中的一排排標本，失去了活力。

西方講「智」，中方崇「慧」。「智」是看到事物間的不同，「慧」是看到彼此間的聯繫。

西醫分門別類，設內科、外科等。中醫認為四肢百骸皆為一體，強調對人體內在聯繫的把握。

分門別類是在門派和招式間做乘法，過於繁雜，難以實踐。

形意拳當初只有鑽、裹、踐三拳，後人不解其妙，造出五行拳、十二形拳。八卦掌起先只有單雙換掌，後人創出六十四掌的套路。招數越簡潔越實用，越複雜越造作，強求形式，難免淪為外表花哨的紙老虎。

從唐詩、宋詞、元曲到明清小說，藝術普及從雅到俗，迎合大眾。武術的傳承也是如此。要尋真傳，必須往上「逆求」。

禪宗有「月印萬川」之說。千江水有千江月，一旦看清

當空明月，則萬川之月盡收心底。往下找，是水中撈月。往上尋，才可直指明月。

馬道貴聽說前輩孫祿堂進國術館之初，曾推崇「三拳合一」，想將形意拳、太極拳和八卦掌合為一家，只因「三派之姿勢雖不同，其理則一」。但這種想法沒得到上層的支持，張之江認為武術博大精深，要「萬法通備」。

《道德經》云：「為學日益，為道日損。」把武術當學問研究，當然是越複雜越細緻越好，但把武術當道藝來實踐，必須精簡直接。

理念上的分歧無法彌合，孫祿堂拂袖而去。國術館「一念求全，萬緒紛起」，教學「有智無慧」，矛盾因此滋生。武當門和少林門明爭暗鬥，一度搞到要比武爭權，險些鬧出笑話。

自古有人的地方就有江湖，馬道貴不願捲入武林是非，找了個藉口提前返回天津。

國術館之行一來一回正好二十天，等馬道貴回到天津，才知于升闖下了大禍。

第十一章
掛簾子・逆天改命

　　汽笛鳴響，火車穿過迷霧般流動的蒸汽，駛入站內，緩緩停住。馬道貴下了火車，見迎師的眾徒弟心事重重，而于升沒出現，心中疑竇四起。

　　回到武館，于升在廳堂下跪請罪，馬道貴起先一驚，但很快恢復了往日的沉穩。武人修行講究「降龍伏虎」，龍是慾望，虎為怒火。降龍是靜心氣，伏虎是退肝火，練武練的就是「從容」兩字。

　　馬道貴端坐太師椅，雙手攏袖問道：「你呀，闖了什麼禍？」

　　于升將事情原委細細道來。

　　在高聞山離去後不久，一位年約四十的矮壯武師找上門來，同行的還有一位瘦小老頭。眾師弟懾於他的威勢，不敢輕舉妄動。

　　此人名叫鄭金智，寬肩粗腰，濃眉如劍，虎目獅口，眸光森寒冷厲，眼角上翹帶煞，惡相天成。他手指短粗，如同半截胡蘿蔔，手掌紅裡透紫，像是練過鐵砂掌功夫。身旁的老者髮絲黑銀參半，枯瘦臉上落著黑褐斑點，弓著背，看站姿不像武人。

　　比武時帶上外行人，一般是生死決鬥，若不幸敗亡，好有人收屍。

　　于升拱手行禮：「這位朋友，堵門比武，總得有個說

法。」

「巧了！俺就是來要說法的！高聞山在這兒栽了，俺來討教討教，別以為河南武行沒人了。」

高聞山斷臂後，鄭金智頂替了他的軍隊教官一職，但丟掉的面子，總得有人找回來。

于升想到師父的告誡，不願再生事端：「實在不巧，我師父外出了，沒有師命，不便比武，請回吧。」

鄭金智上下打量于升，頓了頓問道：「這位，功夫掛過簾子嗎？」

這是武林切口。

民國武館收徒分學生與關門弟子。關門弟子在外練一套，回家練另一套，練功時即便家人也不能看，得掛起簾子遮擋，因此其功夫被稱為「掛簾子功夫」。

「承蒙師恩，在下源拳大弟子。」

「既然如此，代師比武也合規矩。」

「家師有命，不敢不遵。」

鄭金智冷眸一掃，怪笑道：「呵！之前打高聞山的時候，可沒聽說有這麼些規矩啊。」

于升被這話嗆得啞口無言。

武館養了條黑犬，見鄭金智賴著不走，在一旁齜牙叫起來，一聲緊似一聲。

鄭金智突然上門，雖咄咄逼人，但還算遵循武林禮數，見狗來攆人，勃然變色，突然蹲下，抬手朝狗頭上摸了一下。

「哪來的畜生，莫鬧！」

黑狗被摸了一下，居然即刻倒地，嗚咽幾聲，流淚而

亡。

　　眾師弟見護院的狗暴斃，義憤填膺，擼胳膊挽袖子，圍上去要討說法。

　　鄭金智後退半步，擋在老頭身前，環視四周，眼底閃過一絲凶光：「一起上？正好！省得俺麻煩！」

　　「都住手！」于升喝住眾人，上前一拱手，又一指院子：「兄台好功夫，我們進院切磋。」

　　于升方才看得仔細，鄭金智的動作看似是摸，其實手上做了個「顫」勁，敲了狗的後腦。狗頭原本堅硬，能以如此小幅度的發勁一招將狗擊斃，可見對手功夫已入「暗勁」層面。

　　內家拳有三種境界，分屬明勁、暗勁、化勁。于升以骨力斷敵之臂，尚屬明勁，鄭金智出手「棉中裹鐵」，乃是暗勁，更勝一籌。

　　既然功夫比不了，就只能比打法。

　　鄭金智進門後，打量四周。院東側擺著石磨和黑色大水缸，西邊是一片空地，無兵器陷阱。

　　老頭斂氣收聲，站到一旁，充當見證人，頭頂稀疏的髮絲如江邊蘆花在風中搖擺。

　　于升在西側牆邊站定，攥緊拳頭：「禮尚往來，獻醜了。」

　　說罷他驟然一拳擊出。土牆猛烈一震，伴隨一聲爆響，泥塊粉塵飛濺。只見于升的拳峰已經沒入牆面，牆頭掛的紅辣椒撲簌簌震落在地。

　　鄭金智單側嘴角揚了揚：「有點意思。」

　　他看得清楚，于升出拳時，臂膀寸寸著力，在拳峰打到

牆面的一瞬，拳面與肩胛骨互撐對爭，像棉線兩頭一扯，打出「整體勁」。單向力遇阻容易被頂回來，被稱為「一順勁」。

于升以拳峰為支點，在往前砸擊牆壁的同時，有一股力順著肘關節向後擠壓到肩胛骨，在身後找阻力，用身體的「面」支撐拳面的「點」，如同開槍時要頂住後坐力。

力的作用是相互的，對稱產生集中，只有對稱用力才能形成整體爆發。這在源拳中稱為「相反相成」。

于升收回拳頭，語調鏗鏘：「實不相瞞，高聞山正是在下打傷的，拳腿恩怨拳腿了，多說無益，請！」

鄭金智眼角抽動一下：「好小子！俺找的就是你！」

兩人擺出架式，不再多話。

于升知道對方功力了得，拉開距離弧線移動，緊緊盯著對手面部三角區，餘光時刻關注他的肩胯。看肩可以判斷對方出手時機，觀胯能瞭解對手勁力方向。

鄭金智處在「圓心」，不斷調整拳架的角度。他體沉臂短，移動較慢，習慣以逸待勞。

高手不搶先機，後發制人是自恃功力深厚。

于升側跨一步，猛然揮拳，一招「蛇出洞」擊向對手耳根，這拳雖然不慢，但走了弧線，等於給了對手反應時間。

鄭金智想也沒想，抬掌上迎，想一擊打斷對手手腕。孰料這是于升「以虛引實」之計。于升的拳只打出了一半，中途突然抽手，藉著回撤之力，順勢擰身似旋風，後擺腿撩起，一招「龍擺尾」掄向鄭金智後腦。

轉身腿法力度雖大，但動作幅度大、線路長，用法講究出其不意。

鄭金智只盯著對方的雙拳，對轉身腿始料未及，耳後結結實實被踢中。

從開始演示拳勁到承認傷人，都是于升有意為之，目的是令對方以為自己功夫無外乎「劈擊如斧，出拳如槍」，將防禦重點放在雙手之上。

鄭金智功夫高深，文鬥罕見敵手，但近年來少有武鬥，自負輕敵，果真中了陷阱。人的後腦脆弱，遭手掌輕拍都會眩暈，何況被腳跟砸上？

鄭金智眼前一黑，不由自主向前仆倒，但他體格遠超常人，向前跨步，竟然定住身形。他本性好勝，立住後，屈指為爪，本能地回手一抓。

于升本以為能一腳定乾坤，忽見對手竟有餘力回擊，生死一念間，掌根凝勁，一招「鷹展翅」對著敵人後腦全力橫劈下去。

這一斬如同鐵斧入骨，發出可怕聲響。

鄭金智的指尖停在空中，腳下一軟，重重仆倒。觀戰的老頭臉色煞白。

馬道貴聽到這裡，知道大事不好。後腦內的延髓是要害，受此一擊，此人凶多吉少。

當日三炷香後，鄭金智睜眼醒來，但手足無法動彈，老人找了個板車，將鄭金智接回。

鄭金智平日心高氣傲，突然成了廢人，受不了打擊，回去後吞鴉片自盡了。

他能結交軍閥當上教官，當然是出自武林大族。比武雖生死有命，少有告官，但不代表族人忍得下這口氣。果不其然，很快，其家族放出消息——「血仇必報」。

馬道貴聽完來龍去脈，沉思不語。河南是武術大省，關係複雜，這事確實麻煩，該找誰說和，又該如何賠償呢？

正當他思索之際，于升磕頭請罪：「我闖下禍事，連累同門，請師父將我逐出師門。」

眾師弟見狀都趕緊下跪，紛紛為大師兄求情。

馬道貴將于升扶起，拍拍他肩膀：「你先去歇息，為師自有安排。」

晚上，馬道貴將于升喊進房內。

「你說想脫離門派？」

「一人做事一人當。」

馬道貴抖抖衣袖：「你可知源拳乃禪師所創，諸法無我，哪有什麼門派？」

于升疑惑地眨了眨眼：「源拳不是門派？」

「源拳追尋的是理。老師也罷，對手也罷，都是為了成就自己的拳性，門派之見是畫地為牢。執著派別，拳就變成套，佛就變成教。求道路上，我們都是同行人。我不過比你先行幾步，指點一二。」

「沒有門派，源拳如何傳承？」

馬道貴徐徐吐出四個字：「緣起法生。」

見于升一臉茫然，馬道貴反問：「武術中有渾元勁，這勁存於何處？」

于升謹慎答曰：「勁不單獨存在某處，協調用力而生。」

馬道貴滿是皺紋的臉舒展了一下：「對，渾元勁是隨緣勁，用則隨機生象，用完歸於無形。勁不能獨存，門派也一樣。《金剛經》云『凡所有相，皆是虛妄』。門派不過是人

與人之間的善緣。源拳歷來傳人只有『兩個半』。」

「兩個半？」

「師父要給徒弟餵勁，多了教不過來。要練拳，對戰是根本，所以關門徒弟要兩個。另外半個多是子嗣，捎帶著練，很難成才，所以只算半個。你和張承義都是我的關門徒弟，可惜你們雖是萬里挑一的人才，但緣分未到，沒能一同練武。九為極陽之數，源拳自古九年出師，你早已滿師，也是時候出師了。」

一聽自己可以出師，于升驚喜得目光一跳，後退兩步雙膝跪地：「師父對我有再造之恩，無論身在何處，徒兒必謹記師父教誨，絕不辱及師門！」

馬道貴沉聲問道：「闖蕩江湖，武人有自己的原則。你可知道武人與匠人有什麼不同？」

于升答得爽快：「武人可行俠仗義。」

馬道貴搖搖頭：「當世軍閥幫派林立，僅憑一身武藝、一腔熱血，左右不了時局。時勢強於個人，所謂行俠仗義，不過是一廂情願。」

「還請師父指教。」

馬道貴深邃的瞳仁中閃出針芒般的微光：「自古工匠講究『順』。木匠擅長製木，瓷工精於燒土，摸清木性、懂得火候才能製出好器。但武人卻處處求『逆』。刑罰兵武，皆謂不祥，武人逆天改命才能顯出真正風骨。逆者，迎也！『返先天』是逆用力習慣，向死而生是逆本能。順為凡夫，逆修仙佛，逆世事，才能順本心，成為生命主宰！」

這番話字字珠璣，于升只覺得心中通明，膛內一陣氣血激盪。

「謝師父指教！」

師徒兩別，于升心有不捨，不免鼻子有些發酸，當即給師父「哐、哐、哐」磕了三個響頭。

馬道貴扶起于升，拉著他的手問道：「出去之後，有什麼打算？」

于升面帶堅決：「習武之人敢作敢當，我準備去趟河南，把恩怨做個了結。」

馬道貴搖搖頭：「不對。」

于升目光一顫：「不對？」

「我教的逆順之理，看來你還不明白。」

于升有些摸不著頭腦：「迎難而上，不該是武人本色嗎？」

馬道貴拍了拍他的肩膀：「所謂一意孤行，要獨行天地間不動搖，必須找到屬於自己的『一意』。現在是人家想要找你報仇，而非你去找人家報仇，你應該找到自己想要做的事，沒必要被別人拖著走。」

「自己想要做的事？」于升沒想過這個問題，一時不知如何回應。

「龍生九子，各有不同。拳性也是人性。張承義憨厚爽直，宜當前鋒。你勤思善問，更不該窩於鄉野，應該出去闖一闖。世界那麼大，不只有江湖恩怨。」

「師父的意思是，我應該出去闖蕩？」

「不錯，對武人來說，山河大地，都是道場。你現在對武術的理解只是從我這裡『借』的。古之鬚眉不能生在我之面目，古之肺腑不能安入我之腹腸。只有歷經江湖風浪，你才能找到自己的路。至於江湖恩怨，不必拘泥於一時。」

馬道貴這番話如木楔子般扎入于升心坎，隨著武技的進步，他對外面的世界早就有了按捺不住的好奇。

「若不去河南，又該往何處去呢？」

「源拳講究『勢』，時勢造英雄。你去上海吧。英雄地，風雲時，正適合闖蕩。」

上海作為遠東第一都市，吸引著各地的野心家和漂泊者。那裡不關心過去，無論是避禍罪犯還是下野政客，都像是被漂洗了一遍，重新在滬上開始。要躲避仇敵，建功立業，上海是首選之地。

「徒兒謹遵師父安排。」

馬道貴嘴唇翕動，思慮再三，又開口道：「其實，你師兄也在上海。」

于升聽聞猛張飛在上海，想到重逢之約，聲音有些顫抖：「師兄不是兩年前斷了消息嗎？」

「吳佩孚下野後，張承義曾給我寫過一封信，附了一筆錢，只說愧對師門，就沒了下落。此番我去國術館，聽人說曾在十里洋場見過他。雖然不知他在做什麼，但我覺得應該是一件大事。你去上海說不定能助他一臂之力。」

于升心中翻騰如鼎沸之水，激動地點點頭。

馬道貴再次叮囑：「記住，武人身分不可辱沒，武林規矩不可破。」

院外明月高懸。月亮周圍有一個模糊不清的大光圈，預示著近日將颳風。

千里外，一陣風吹過黃浦江，吹散了緩緩流動的江邊迷霧。

第十二章
玉面閻羅・紅槍會

上海北火車站內人潮如湧。

來自各地的旅客背著包袱，摩肩接踵，步履匆匆。在人群之中，一位身穿藏青布衣的年輕人很難被人忽視。他比常人高出不止一頭，黑亮的眼睛被長劉海半遮，白皙的皮膚令女人羨慕。儘管相貌英俊，但卻無人敢上前與他搭話，因為他面頰生棱，好似刀斧削出，臉色彷彿暴風雨前的天空，寧靜中醞釀著狂暴。

年輕人名叫陳天正，來自河南，江湖人稱「玉面閻羅」。

陳天正斜挎包袱，大步流星，走出火車站的圓拱門。正午的陽光為他的頭髮鍍了一層金黃，他眯起眼，手搭涼棚，眺望四周，右腕的竹珠手串透著暗棗紅色，散發出一股殺氣。

商鋪的布旗隨風獵獵作響，街頭黃包車往來穿梭。

火車站旁停了一排黃包車，臉上滿是褶子的黑臉腳伕目光飄忽不定，尋找著目標。

「儂去囊亥（你去哪）？閘北路老難走，阿鄉（外鄉人）轉到夜裡頭都尋不到門路。」

腳伕忽見一位帶小孩的婦女提著兩大箱子東西，便殷勤上前幫她把東西往黃包車上搬。剛將一箱子放上車，忽然衝上來個塌鼻子車伕，搶過另一皮箱，扔上自己的車，拉車就

跑。

婦女心急如焚，扯著嗓子喊道：「搶東西啊！救命啊！」

火車站龍蛇混雜，攬客的車伕多半有幫會撐腰，平日裡繞路訛錢，遇到行李多的還會相互配合搶財物。

婦女不敢去追，只怕黑臉車伕車上的箱子也不保。黑臉車伕假裝不知情，幫著她一起罵，心底嘲笑一句「憨頭」（傻瓜）。

當地人對此早已見怪不怪，在一旁指指點點看戲。

陳天正眼底掠過一絲殺氣，拔步飛躍，帶起一陣旋風，引得身邊人一片驚呼。

塌鼻子車伕鑽進狹窄弄堂，以為肥肉已入口，忽聽身後傳來腳步聲，回頭見一個高個兒年輕人疾奔如風，直追而來，心頭一哆嗦，腳下加了把力。

陳天正腿長步遠，如虎躍山澗，提脊帶步，三步並作兩步趕了上來。

車輪忽然一個急停，巨大的慣性令車伕仰面摔倒。他扭頭一看，原來車座已被人拽住。車伕顧不上疼痛，爬起來想拉車掙脫，可是車輪像被黏在了地上，紋絲不動。

「再跑，俺先拆了車，再拆你的骨！」陳天正說話帶著一股狠勁，彷彿獸類的咆哮。

這車是從「江北大亨」顧竹軒車行裡租的，車伕可惹不起蘇北幫，嚇得磕頭告饒。

「拉回去！」

塌鼻子車伕低眉臊眼地往回拉車，剛跑出三步，就聽陳天正拖長了音調：「哎，沒長眼哪？」

車伕趕忙轉身回來，陳天正大模大樣往車上一坐，拍了拍皮箱：「走。」

婦女原本哭得稀里嘩啦，口中「賊骨頭、殺豬玀」罵個不停，忽見車伕把車拉回來了，驚喜過望。行李失而復得，她對陳天正千恩萬謝。

陳天正聽不懂吳儂軟語，揮揮手讓她早些趕路去。

兩個耍詐的車伕見苦主走了，嘴上賠不是，腳底準備抹油。

陳天正冷著臉：「站住！讓你們走了嗎？」

「好漢饒命！」「高抬貴手！」兩人帶著哭腔求饒。

陳天正從包袱裡抽出畫像，在兩人眼前抖開：「你倆，見過這人沒有？」

畫中是一名男子頭像，旁邊寫著「殺人者于升」五個大字。

兩位車伕仔細端詳，又對視了下，異口同聲：「沒見過。」

陳天正臉色一沉：「看仔細，想清楚再說！」

塌鼻子車伕忙搖頭，臉上的肉都快甩飛出來：「真沒有！這火車站男男女女，老老少少，每天進出沒有一萬，幾千也是有的啦，哪能記得過來啊？」

兩人嚇得面如白紙，不像扯謊，陳天正便揮手趕走了他們。

看著車伕的背影，陳天正自言自語：「光天化日，歹人亂竄，上海果真不是什麼好地方，果然適合賊人躲藏。」

說罷，他狠狠一咬牙，面頰兩側肌肉繃起，原本帥氣的臉龐頓時變得猙獰。

亂世出妖孽，也出奇人。

民國初年，天下未定，兵禍不斷，黃河決口，河南無縣不災。中原大地乞丐成群，土匪橫行。流民起桿為匪，形成桿幫，首領叫作桿首。

亂世見血多，戾氣重，沒了生的希望，人性之惡就被激發出來。「孫大麻子」孫殿英就是桿首出身，從他把慈禧開棺暴屍的行為，就可以看出河南匪幫的凶殘妄為。土匪燒殺搶掠，無惡不作，河南全省一百零八縣，欲尋一村未被匪禍者而不可得。

陳天正十歲時，村莊遭桿幫洗劫，帶頭者是著名的武桿首──鐵羅漢。

鐵羅漢原本是「拉掛子」，鏢局沒落後落草當了土匪。陳天正父親為護家中母子，守住院口與數十匪人激鬥，身中八刀，拼著一口氣靠鍘刀殺退鐵羅漢，最終因為傷勢過重，不治離世。

次年冬天陳母患肺病去世，父母雙亡後，陳天正吃上了百家飯。孤兒在亂世中苟活都艱難，報仇更是痴人說夢，但命運還是給了他一個復仇的機會。

兩年後，陳天正在土地廟中遇到一個撿食的遊僧，舊時鄉民在土地廟中擺放供奉食物，一方面求土地神保佑，另一方面也給過路的流浪客供一口飯，免得他們窮極進村作歹。可惜時年不濟，土地廟中只有霉餅，遊僧餓極了，不管不顧，抓起餅就啃食起來。遊僧馬臉瘦長，低垂著眼皮，頭頂九個戒疤，僧衣襤褸。陳天正見他不像是壞人，便回家給他拿了點冷飯。

攀談中陳天正得知，和尚是一位武僧。

戰亂年代，寺廟也非世外桃源，山門飽受土匪滋擾。為此，少林寺成立了「少林寺保衛團」，演化為一支地方武裝力量。但不是所有的寺廟都有槍炮，大部分山寺都在土匪的衝擊下沒落，僧人流離失所，武僧便是其中之一。

武僧靠著武藝殺出山門，但覺得愧對佛祖，故下山之後隱姓埋名。

陳天正見他與自己一樣無依靠，便請他住到家中，時常將討要來的食物分些給他。武僧懂些醫術，靠著採藥看病，在村裡住了下來。

瞭解到陳天正的身世後，武僧為報「一飯之恩」，開始教他武功。武僧的功法是以武入禪的「禪武」功課，有易筋洗髓之效。

陳天正如獲至寶，勤學苦練。易筋洗髓功對生筋長骨中的少年效用最強，陳天正心無旁鶩，一心練功，三年內個子長高不少，筋骨也變得猶如鋼條般結實。

陳天正練功之餘，見武僧每日唸誦佛經，面色莊嚴，毫無流民的卑賤之感，不禁好奇。但當他向武僧求教佛法時，卻遭到了拒絕。

「你與佛有緣，但還沒到學佛的時候。」

「學佛還分時候？」

「修佛要戒貪、嗔、痴。要報仇，免不了嗔；不痴，練不好功。三個字，你缺兩個，自然沒法修佛。」

「練武就不能修佛法？」

「『金剛怒目，菩薩低眉』，練武和修佛，到頭來其實是一件事。只要你專心練武，總有一天會明白禪武合一的道理。」

武僧神態安詳，似乎一切是命中注定。陳天正似懂非懂，不過對他來說，修習佛法遠沒有練功重要。

三年後的秋天，村民聽到柏樹林中發出「咚、咚」怪聲，徹夜未停。

次日進山砍柴的村民見陳天正正以手臂磕砸巨大的柏樹，咚、咚聲便源於此。聲音響了一夜，便是他足足砸了一夜。村裡人都說這孩子中了邪，被山鬼附體了。

武僧聽聞此事後心生憂慮。陳天正是萬里挑一的武術奇才，如此廢寢忘食練功，心中仇恨必然極為深重，這樣的心魔，非鮮血不能清除。他誤養猛虎，教它磨利爪牙，只怕日後會有大禍。

武僧有些後悔，當年或許應該教他佛法，放下怨恨。不過，此時的陳天正早沒有了修佛之心，從面相就可以看出，他已墮入了阿修羅道。

當晚武僧做了一個夢。羅漢殿內的伏虎羅漢突然金漆脫落，化為肉身，齜牙瞠目，騎著瘋虎，大開殺戒，所到之處，小鬼四肢斷裂，腦漿飛濺。羅漢不分人鬼，屠戮百里生靈，竟然化身成閻王。閻王仰天長嘯，閃電劃開天際，照亮其面，卻是陳天正略顯稚嫩的面龐。

武僧驚醒，一頭冷汗，這個夢絕非祥兆。

清晨，陳天正發現武僧不告而別，他平日戴在手腕的一串「十八子」佛珠留在桌上。

「十八子」有十八顆珠子，象徵佛教「六根、六塵、六識」。竹子直而有節，四季青翠，傲雪凌霜，代表清高堅韌。武僧留下竹珠，是希望陳天正在復仇路上不被邪魔吞噬本性。

武僧的離去令陳天正習武之路中斷，也讓他走上了另一條磨煉武功的道路——殺匪。

十六歲那年，陳天正加入了紅槍會。

紅槍會屬於道門，以香堂為單位，旨在保衛身家，防禦盜賊，守望相助。會眾手持四尺長桿槍，桿頭繫紅纓，紅纓可擋血防滑，揮舞時有迷惑敵人視線的效果。紅纓槍易於操練，適合團戰。

陳天正使不慣長槍，而是跟他父親一樣，使一把割草的大鍘刀。陳天正皮膚白皙，身材修長，與黝黑笨重的鍘刀形成鮮明對比。鍘刀沉重，成人揮動都困難，何況一個半大小子？故而紅槍會中沒人指望他能在打仗時派上用場。

次年秋收，桿首「黃狼」帶著二十名手下趁夜色攻村奪糧。黃狼本是山中樵夫，使一把開山斧，砍斷了多把紅纓槍。紅槍會眾人平日操練不精，打順風仗時氣勢如虹，一遇猛將就紛紛潰逃，遭到黃狼追殺。

月光下，瘦高少年陳天正肩扛一把厚重鍘刀，迎風而立，咧嘴露出白牙，磐石般堵住村口。殺敗的紅槍會會眾從少年兩邊竄過，像是遇石而分的水流。

黃狼正沉浸在追殺敗兵的興奮中，見前方有一少年阻路，牙縫中擠出兩個字：「找死！」

眼看敵人越來越近，陳天正濃眉龍蛇般擰起，明亮眼眸中的殺意幾乎溢出來。在黃狼揮斧砍來的一瞬間，他舉著鍘刀迎了上去。

黃狼自恃膂力過人，沒想到眼前少年竟似有千鈞之力，被一下震得手腕發麻，腳步虛浮，臉色變得鐵青。他退後三步，猛吸一口氣，想再揮斧。

可是他剛抬頭，瞪大的眼睛中就浮現出一個高高躍起的身影，擋住了月光。

陳天正緊緊握住鍘刀，指關節攥得發白，用力一揮，一道白光幻化出一輪彎月。

黃狼來不及嘶嚎，腦袋就被斜劈成兩半，腦漿迸裂，潑墨般濺了半面土牆，紅紅白白濺了一大片。

原本喧嘩的山匪瞬間像被人扼住了喉嚨，四周陷入安靜。

陳天正咧著嘴笑起來，白淨的臉上點綴著駭人的紅斑，那是黃狼的血。

山匪本是烏合之眾，見狀爭先恐後奔逃。陳天正追上前去，如虎入羊群，從背後斬殺山匪，下刀之冷酷彷彿切割蔓草。夜幕下，慘叫聲不絕於耳，村口宛若血池地獄，「十八子」皆被染成紅色。

十九歲那年，陳天正查到鐵羅漢藏身處。此時山賊手中已有土槍，紅槍會堂主不願冒險。陳天正報仇心切，便找鐵匠打鑄鐵傘，趁著夜色一人入山。

堂主得知後愣了半晌，仰面長嘆，只當他將有去無回。

第二天清晨，山林邊霧氣瀰漫。

放哨的村民啃著冷燒餅，一抬眼就看到林間出現一個長滿瘤子的怪影，濃霧像白布，纏繞在怪物周圍，顯得格外可怖。

村民嚇得大呼援兵。待怪物走出迷霧，他們才看清了怪物的臉，是陳天正。他的俊臉沾滿血跡，像是塗滿紅油的臉譜。用來抵擋子彈的鐵傘不知所蹤，「肉瘤」是他背著的麻袋，鼓鼓囊囊，散發出陣陣腥味。

　　眾人被他駭人的樣貌嚇得不敢多言，不由自主讓出一條道。陳天正穿過村落，翻過土丘，來到父母墓碑前，將麻袋解開一抖，包括鐵羅漢在內的九顆人頭咕嚕嚕滾了一地。

　　陳天正仰天長笑。從此，「玉面閻羅斬羅漢」之說不脛而走。

　　因身懷絕技，疾惡如仇，陳天正被選為紅槍會內八堂的「刑堂西閣」，專懲治違規之人。機緣巧合之下，陳天正遇到了自己的另一位恩師——鄭金智。

　　當時陳天正追殺叛徒，路過一村，見孩童拿著竹竿打棗。他有心助人，喝退了幾個小子，上前以一招少林「玉帶功」環抱棗樹，搖動脊椎撐身晃起來。腰粗的棗樹彷彿被旋風捲動，枝葉亂響，棗子雨點般落下。孩童們一陣歡呼，拿著籃子七手八腳撿棗。

　　鄭金智就住在此地，見有外鄉人在本村人面前賣弄，好勝心起，忍不住也露了一手。他伸出手掌，輕按棗樹樹幹，不久便撤掌退開。正當眾人疑惑之際，忽見樹上的棗子彷彿活物般動起來，紛紛掉落。

　　這一手，正是「暗勁」。

　　陳天正想起遊僧師父曾說過，禪武功夫分三乘，過僵是下乘，過剛是中乘，只有剛柔相濟才是上乘。人的力量總有極限，只練剛猛，到一定程度之後就無法提升，必須練出剛柔相濟之功，才能更上一層樓。師父離去後，他一直追求剛猛，今日幸遇高手，他當即跪拜。

　　談話中，鄭金智得知陳天正就是紅槍會赫赫有名的「玉面閻羅」，還曾守護過表親的村子，也就不顧掛簾子規矩，將他請回家探討武技。

當晚酒過三巡，鄭金智將陳天正喊入臥室，點燈夜談。

他捏了捏陳天正的手臂：「你這肌肉，大得像蘋果。外家練法，是把蘋果不斷變大，堆成一大堆，看起來唬人，但都是裡腥（江湖黑話：假的）。今天，我給你看點尖的（江湖黑話：真東西）。」

說罷，鄭金智伸手撸起袖子，讓陳天正摸自己的手臂。鄭金智骨頭粗大，皮肉卻軟如嬰兒，沒有一個肌肉疙瘩，但一旦握拳，他前臂瞬間出現一道凹陷，如被斧頭劈了一道。

「這個叫筋槽。打人不能靠肌肉，要挑起筋來打。人靠筋膜包裹，筋是『君』，肌肉是『臣』。現在大家都講『內勁』，其實老一輩人只講『內筋』。勁有千千萬萬種，根本在筋，所以有『寧練筋長一寸，不練肉厚三分』的說法。要練筋，不能靠壓肩腿，必須周身起螺旋。」

說罷，鄭金智緩緩打出一拳，從手指開始捲緊，以此為漩渦中心，帶動身體擰轉螺旋，像有一根筋從手指到腰部擰毛巾般絞起來。

「看，這拳不是握緊的，是旋緊的，從身體裡擠出來，節節較勁。只有這樣倒逼出來的力，才是真正的整體力。全身筋絞出來的力量，局部肌肉怎麼比得了？」

「筋的力量為何會比肌肉大？」陳天正繃緊肌肉，沉思問道。

鄭金智拍拍他的肱二頭肌，又捏了下肱三頭肌：「肌肉有侷限性，一側肌肉收縮，相反一側肌肉就拉伸。所以，收縮永遠是局部的，你沒法同時收縮所有肌肉。但擰絞不同，擰絞只能是整體的。一根繩只有兩頭擰緊了，才能絞起來，只要一頭鬆了，繩就鬆了。」

陳天正眼中光芒閃爍，鄭金智的話語如同一把打開新大門的鑰匙，讓他窺見了未曾觸及的秘密。

鄭金智繼續講解：「內家講整體，這個整體，不是指肌肉，而是關係。咱們中國的學問，就是關係的學問。諸子百家爭來爭去，爭的就是關係。明確君臣關係，才能治國。練拳也得找到身體內的君臣關係，才能攻無不克。」

千般易學，一竅難通，這種核心秘訣的傳授，武林中稱為「點眸子」，有畫龍點睛之功。

文人有「一字師」，對陳天正這等天才來說，鄭金智就是「一招師」，武術秘傳心法金不換，師恩沒齒難忘。因此當他聽聞鄭金智遭難，便主動請纓替鄭家討回公道，一路追著于升到了上海。

陳天正望著眼前閘北嘈雜的街市景象，目光如同一頭林間餓虎，他口中呢喃：「于升，俺倒要看看，你小子還能躲到何時！」

第十三章
春風得意樓・碼頭官

1930年，歷史還沒開始展現出它的愁容，炸彈與硝煙尚未染指上海這塊土地。

這裡是觀念的「戰場」，現代與傳統在這裡角力，拜金主義、奢靡之風撕扯著傳統價值觀，空氣中瀰漫著一股癲狂之氣，無怪乎日本作家村松梢風稱它為「魔都」。

馬路兩邊是大紅大綠的廣告牌，漢字與洋文混雜，行人大步流星，神色匆匆。戴著大簷帽的郵遞員騎著自行車，險些撞到路邊的陳天正。

陳天正身材高挑，面白俊秀，走在街上，沒少被貴婦和少奶奶打量，但這一身布衣，卻又讓路人面露鄙夷之色。

上海人精明，先認衣衫後認人。明眼人透過一身「行頭」「皮子」，就能斷定一個人是大爺還是癟三。

不管騙子賴皮，只要披上一身「好皮」就成了人上人，要是穿一身舊衣上街，人人低看一眼，大公寓的門丁會攔著不許走正門，紅頭阿三也保不齊會拿出警棍訓斥一番。

陳天正倒是不在意別人的眼光，眼下對他來說最重要的，就是找到躲起來的仇敵。

萬人如海一身藏。在偌大的城市裡找一個人並非易事，但陳天正自有辦法。

上海有個江湖人的彙集之地——春風得意樓。

春風得意樓位於老城廂城隍廟旁，是一座青瓦飛簷的三

層茶樓。

一樓專供路人飲茶歇息。二樓是商販捐客談生意的場所，巡捕和包打聽在此交換江湖訊息。三樓設小劇場，演出不斷，評話大書《三國演義》《岳飛傳》，彈詞小書《西廂記》《三笑姻緣》輪番上演。場中小販兜售甘草梅、五香豆腐乾等零食，來客邊聽書邊吃食，無比愜意。

春風得意樓前有處廣場，只聽得銅鑼聲響，附近的閒客聚攏，觀看「活猻出把戲」。猴子隨著耍猴人的銅鑼聲輕重變化，戴著面具，爬上竹竿頂端，表演起「東方朔偷桃」的雜劇。

陳天正從觀猴的人群旁穿過，來到春風得意樓門前，掃了一眼紅漆柱的金字對聯：「上可坐下可坐坐足，你也閒我也閒閒來。」

他見一樓大堂都是遊人，便徑直上了二樓，看到有包打聽模樣的人閒坐，便知道找對了地方，挑了樓梯旁的一張空桌坐下，點壺茶水，把于升的畫像攤在桌上，上壓兩塊刻著袁大頭的銀元，意思是提供線索，就有兩塊銀元的酬勞。

樓梯口是進出必經之處，畫上面的「殺人者」三字怵目驚心，往來茶客都會瞄一眼。

陳天正心中盤算，上海是諸雄爭霸之地，于升身懷絕技，如囊中之錐，必會嶄露頭角。春風得意樓是江湖人聚集之地，在此必能得到線索。

很快，陳天正注意到了二樓窗旁一位特別的茶客。

這人約莫五十歲，戴副玳瑁架茶色水晶眼鏡，身穿棗紅綢馬褂，胸口掛一塊金鏈懷錶，左手持紙扇輕搖，上書「魚戲蓮葉間」。

一個上午，他在此會了兩批人，來者個個虎背熊腰，一身痞氣，但面對老者都收斂張揚，點頭賠笑。陳天正猜出，他八成是青幫的「碼頭官」。

青幫起於漕運，鼎盛期有一百二十八幫，七十二碼頭，如今分為江淮泗、興武泗、興武六、嘉白、嘉海衛及三杭六大幫派。

為統一發令，如臂使指，青幫在各地都設碼頭官。上海地處長江門戶，青幫勢力最大，碼頭官由幫內輩分高者擔當，常年在春風得意樓設座，協調幫內矛盾，招待外地弟兄。外來幫會想在青幫地盤做生意，都要先來「拜碼頭」。

陳天正能認出碼頭官，是因為他曾聽人說起過蓮花紙扇。

青幫子弟入幫時要唱「請祖詩」：歷代祖師下山來，紅氈鋪地步蓮台。普度弟子幫中進，萬朵蓮花遍地開。

青幫以江河為生，蓮花是江河的重要標誌。「魚戲蓮葉間」代表江湖匯聚之意。

碼頭官與巡捕隔桌，巡捕對他態度極為恭敬，可見青幫勢力之大。

察覺到陳天正望向自己，碼頭官伸手摘下眼鏡，朝著鏡片哈了哈氣，用衣角擦了擦，隨即又戴上，笑眯眯看了眼陳天正。

碼頭官在上樓時瞥了一眼畫像，雖然只是一瞬，但陳天正敏銳察覺到他有所反應。

剛剛碼頭官與兩個漢子一番低語後，又偷偷摸摸瞟向陳天正，像是在密謀著什麼。

一刻鐘過後，一位歪嘴車伕上到二樓，裝模作樣在畫旁

端詳一番，指著于升頭像，用濃重的上海口音說：「阿拉（我）認得伊（他）。帶儂（你）尋伊，能有兩塊大洋，是哦？」

車伕說完瞟了碼頭官一眼，陳天正不動聲色，順風抖帆接話道：「不錯，你知道他在哪兒？」

「阿拉車子送儂去，勿另外收銅鈿（錢），就兩塊。」

「那就走吧。」陳天正收起畫像，回頭望了一眼碼頭官，果然碼頭官也看向這邊。兩人眼神交會，都無閃避之意。

陳天正轉身下樓。不入虎穴焉得虎子，他倒想看看青幫流氓到底有多大本事。

出了門，歪嘴車伕拉起車狂奔，跑了約莫一刻鐘，轉頭拐進了條弄堂。

陳天正看得很清楚，弄堂前頭是一堵高牆，牆下堆著破掉的水缸和壞舊竹椅，眼前分明是條死路。

陳天正絲毫不慌，輕蔑冷笑：「怎麼，不認路？」

車伕不敢答話，扔下車轉身要跑。陳天正翻身一躍，伸手扣住車伕的肩膀，指尖如鷹爪般摳進他肉中。

車伕慘叫一聲：「阿哥，救命！」

陳天正一瞥弄堂口，見一高一矮兩個男子堵住去路，正是在春風得意樓跟碼頭官會過面的兩人。

陳天正一鬆手，車伕跌跌撞撞逃出巷子，躲到兩人身後。

雖知來者不善，但陳天正還是念出洪門拜碼頭詞，以探虛實：「龍頭龍尾正相連，四海英雄江湖見。敢問兄弟，哪條路來的？」

白臉胖漢斜著眼，冷哼一聲：「小赤佬，記清爽，爺爺就是青幫的白無常。」

陳天正又看向他身邊矮壯男子，見此人一臉橫肉，膚色黝黑，不由噗哧樂了：「那這位恐怕就是黑無常了吧。」

「呸！阿拉青幫黑旋風。」矮壯男子瞪眼爭辯道。

陳天正撓撓下巴：「青幫起名號還真不講究。」

白無常冷面冷眼道：「少廢話，小赤佬麼（沒）事體勿要在上海瞎逛，要誤打誤撞了哪路神仙，怕是死都不知道怎麼死的。」

陳天正曲指掏了掏耳朵：「神仙？只怕都是些小鬼吧。」

黑旋風厲聲喝道：「阿鄉拎清爽（搞清楚），早點回家喝鹹泡飯還能多活幾天。不然，當心被扔進黃浦江種荷花（把人套進麻袋紮好後沉江）！」

「哪這麼多話，到底打不打！」陳天正目光猝然一凝，大步向兩人走去，身上帶著一股烏雲壓頂的威勢。

兩個青幫打手幹架無數，本能地感覺到危險。

白無常凶相畢露，右手從後腰掏出一把匕首，匕首在陽光下豁然亮起晃眼的寒光。

匕首是青幫流氓的基本功，黑話叫「插子」。青幫打手練插子，有單插、雙插和飛插的練法，白無常是單插高手。

黑旋風皺眉怒視，手裡不知何時多了一把尖鐵鉤，這種古怪武器乃專為街頭群戰而製。

兩人一左一右，迎著陳天正走去，彼此步調一致，默契十足。

雙方拉長的影子投射到弄堂磚牆上，影子間距離越來

近。

拳諺有云：六尺為步，半步為武。

進入三尺距內後，黑旋風暴起，一聲虎吼，手中鐵鉤劃出倒「八」字弧線，「咻」一聲劃破空氣，直扎陳天正肋骨。

兵器由上往下劈好抵擋，從低往高撩最難防。

黑旋風重心低，鉤子起手角度刁鑽，他以為會一擊命中陳天正。沒承想，陳天正足尖一點，像被人猛推一把，向後一彈，鉤子貼著他衣襟劃過。

以毫釐之差躲過尖鉤後，陳天正如捏住從身前飛過的麻雀般，伸手擒住了對方手腕。黑旋風只覺得手腕像是被鐵鉗鉗住，面龐漲得通紅。

白無常刀勢一起，匕首直刺陳天正左胸，來勢迅疾如閃電。

陳天正只得鬆手，屈膝一展，向後退讓。

黑旋風身形疾掠，斜進跟上，再次揮鉤追擊。

白無常跟陳天正差不多高，臂展再加匕首長度，前刺距離遠，與黑旋風的鐵鉤近距離進攻互補，兩人一高一矮，一撩一刺，配合默契，凶狠異常。

然而萬萬沒想到陳天正身法靈似飛燕，三番五次的組合攻勢都被他閃開。

兩個打手身材不一，步距相差大，一兩招配合不難，三五招後就有了破綻。

白無常衝在前面，右手突刺時被陳天正拿住手腕，用力往前一拖。白無常頓時身體失衡。陳天正腳下一個勾挑，白無常一個倒栽蔥，整張臉狠狠撞到地上。

陳天正絆倒白無常後，不等他起身，便毫不猶豫地抬腳對著他後腦踩了下去。

隨著「嘭」一聲悶響，白無常不再動彈。

黑旋風見到如此狠辣的打法，心頭一緊。陳天正抓住這個空隙，回身一爪擊向他側肋。這招「神仙一把抓」，指如霹靂，指尖插入肋骨縫隙後帶著回摳和擰轉動作，五指猛地一扣，宛如掏心挖肺。

「啊呀呀！」黑旋風疼得閉眼慘叫。

陳天正收了手，黑旋風蜷縮在地，鐵鉤掉在一邊。車伕早已跑得不見蹤影。

陳天正蹲下身子，鷹視狼顧般盯住黑旋風問道：「衝錢來的，還是衝俺來的？」

他在春風得意樓露了財，不排除對方劫財的可能性。黑旋風看著牆邊的青苔不吭聲，額頭冷汗如豆。

「看來是衝俺來的，青幫幹嗎要對付俺？」

黑旋風抬起眼皮，吃力地說：「儂曉得在上海惹青幫的下場伐？」

陳天正沒有搭理他，隨手撿起掉落在腳邊的鐵鉤把玩起來。

鐵鉤呈褐色，用蟹殼青的細線纏繞握把，以防止鐵鉤因手汗滑脫，其尖鋒處有反光，鉤身還被人故意鋸出了一排倒刺。

陳天正忽然一手扣住黑旋風的腦袋，另一手持鉤將鉤尖對準了黑旋風的眼珠。

黑旋風嘴角抽動，背脊發寒，嚇得大氣都不敢喘。

「知道吹燈籠（江湖黑話：挖眼刑罰）嗎？上次俺給人

吹燈籠的時候，那人叫得像一隻閹豬，你想不想也嚐嚐滋味？」

眼看著鉤子越來越近，黑旋風雙股打戰，不敢再充好漢，急忙答：「是碼頭官的吩咐！」

「為啥盯上俺？」

「勿曉得，爺叔吩咐，要把儂趕出上海，免得壞了青幫的事體。」

陳天正剛到上海，跟青幫無冤無仇，這話坐實了于升跟青幫確有勾結。

陳天正啐了一口，暗罵于升卑鄙，竟然找青幫的賊人做靠山，一點兒沒有武人的氣概。

「于升那小子，躲在哪裡？」

「勿聽過這人，阿拉只是小巴辣子（底層小角色），青幫門生上萬，都跟不同爺叔，不一定認得。」

碼頭官知道幫內的大事小情，曉得杜月笙利用于升對付日本浪人之事，見陳天正來者不善，怕影響杜先生的計劃，打算主動出手擺平陳天正，沒想到不僅折損兩員猛將，還暴露了于升與青幫的關係。

青幫在上海勢力龐大，若換作別人，一聽青幫的名號恐怕立刻要打起退堂鼓，但陳天正不一樣。

江湖事，貴在快意恩仇。輕仇之人，必然寡恩。為恩師報仇，別說青幫，就算刀山火海他也要殺過去，如若不然，要這一身武藝又有何用？

陳天正放開黑旋風，兩手抓住鉤子一較勁，鉤子像柳條般被掰彎，扔進破水缸中。「撲通」一聲響，濺起污濁的水花。

「今天俺留下你這對招子（江湖黑話：眼睛），見到于升轉告他，玉面閻羅來找他索命了！」

說罷，陳天正起身大步走出弄堂口，消失在人潮中，彷彿一頭猛獸閒庭信步地鑽入林海。

黑旋風目送陳天正遠去。他原本以為自己有幫派做靠山，是人人害怕的魔頭，如今才知道武人的恐怖，相比之下，自己不過是紙糊的老虎。

他只覺胸腔內火辣辣地疼痛，解開衣襟，見肋部被陳天正手指抓中處皮肉赤紅，像是要向外滲血，嚇得頭皮發炸，眼前一黑，暈死過去。

第十四章

大世界・掌心雷

當晚，「玉面閻羅」尋仇的消息就傳到了長腳耳中。

除了照顧食宿之外，顧嘉棠暗中讓長腳盡力拉攏于升。顧嘉棠看上了于升的本事，想將這位武林高手收歸己用。

眼下杜月笙生意越做越大，小八股黨的「四大金剛」威風八面，都在擴張勢力。

打鐵出身的芮慶榮身邊多了幾個心狠手辣的徒弟，打下好幾塊地盤；「花旗阿炳」葉焯山不聲不響收了兩個槍法出眾的門生，上次喝酒的時候故意露了一手；就連一向只會溜鬚拍馬的高鑫寶都開始有意疏遠自己，不知道在打什麼小算盤。

「四大金剛」暗中較勁，顧嘉棠感覺自己老大的位置坐得不安穩，需要有幫手鎮場子。于升雖然不願涉足幫會紛爭，但顧嘉棠江湖打滾這麼多年，知道他只要體驗過聲色犬馬的滋味，就會愛上這座城市，遵循這裡的規矩，加入幫派是遲早的事。

「原則」兩字，在上海灘一文不值。

長腳受命後，多次攛掇于升去賭場、窯子找樂子，但于升反應冷淡。

今天，長腳受命前往大世界遊樂場辦事，于升卻意外地表現出了興趣。于升曾聽過「不到大世界，枉來大上海」的說法，想開開眼界。長腳雖有任務在身，但難得于升有興致

去玩樂，便大咧咧帶他同往。

兩人坐黃包車一路來到英法租界交界的愛多亞路。眼前四層樓房沿街而建，「大世界遊樂場」招牌燈箱炫彩奪目，中間是七層高塔大門樓，十二根圓柱氣勢雄偉，古羅馬鐘樓造型考究。

剛進門，于升就看到門口擺著一排鏡子，鏡中竟全都是長頭短腿的怪物。他沒見過哈哈鏡，瞳孔驟縮，警惕地後退一步。

長腳笑嘻嘻上前解釋：「大哥第一次來莫見怪，這是洋人發明的搞怪玩意，逗樂玩的。大世界裡，新奇玩意多著哪。」

大世界遊樂場的中央是大型露天劇場，主樓以環形天橋連接。天橋高低錯落，南北相貫，四通八達，遊客能拾階俯瞰廣場表演。

大世界造有屋頂花園、劇場書場、共和廳、美術界、動物園、鴛鴦池、金鯉池、大觀樓、四望台等景觀建築。除中式娛樂外，還引入了彈子房、升高椅、日本魔術團、西餐廳等洋項目。

大世界外洋內華，是海派建築的巔峰之作，在其衝擊之下，「新世界」「大千世界」「花花世界」等遊樂場紛紛關門停業。大世界一家獨大後，一樓很快就有了賣唱的妓女，二樓設立了方便嫖客的密室，賭場和煙館也如雨後春筍般冒頭，幫會在此深深紮根。

長腳和于升趕到大世界時，青幫「學」字輩三十五人、「悟」字輩八人已彙集在露天廣場周圍，另有四十九名聽命於「黑天子」黃金榮的商賈也在此等候，組成了近百人的陣

仗。

于升見這麼多人聚集，以為要鬧事打架，但未見眾人攜棍棒刀槍，不禁疑惑。

「長腳兄，這唱得哪一齣啊？」

長腳故作神秘：「在上海，除了刀槍，還有更厲害的打仗法，你看這個。」

說罷，他從兜裡掏出一張儲蓄卡。

「靠這個打仗？」

「大哥別小看這紙片，它可有本事逼人上吊跳樓。」

長腳等人今晚聚集於此，是要打一場金融戰——黃金榮想靠金融的力量強奪大世界。

上海花花世界，娛樂業大把黃金。黃金榮眼饞法租界內的大世界不是一天兩天了。大世界是黃金榮的同鄉黃楚九所創。原本黃楚九以為自己找了一個大靠山，沒承想竟是引狼入室。

當黃金榮撕破臉皮要吃下大世界時，他才回想起友人的告誡：「離幫派遠點，『三等白相人，獨吃自家人』。別看這些流氓衣著光鮮，實際上吃人都不吐骨頭的。」

黃楚九是商界翹楚，跟政界也有聯繫，青幫如果用綁架勒索那一套，只怕影響太壞，只得另闢蹊徑。

黃楚九為了做地產大亨，動用旗下日夜銀行資金，在浙江路蓋了二十多棟樓房。不料中原大戰爆發，房產生意一落千丈，銀行資金周轉緊張。

黃金榮如鯊魚聞到了血腥味，立刻派青幫子弟散佈「日夜銀行被提空，黃楚九逃到杭州躲債」的消息，策劃了一場「突襲」。

日夜銀行二十四小時不閉門，青幫眾人相約晚上一同提款。長腳呼朋引伴，召集了六名老闆，帶著五萬塊存摺，參與到百人團之中，只待晚上一聲號令，便去擠兌，打一場沒有硝煙的金融戰。

　　于升對這場金融戰沒有興趣，他來大世界主要是想碰碰運氣，探尋師兄的消息。約好三小時後跟長腳在中央廣場碰面，他就獨自一人閒逛去了。

　　于升剛走，長腳就從同門癩痢頭那兒聽到有人找于升尋仇的消息。

　　「聽說那玉面閻羅可不簡單，黑白兩兄弟都被打得混古七（暈過去），碼頭官這次可碰釘子啦。」

　　長腳聽聞這人是衝著于升來的，急得抓耳撓腮，交代幾句就跑去尋人，生怕萬一出了事，自己要吃不了兜著走。

　　大世界中人頭攢動，天橋之上遊客如流。樓面四角掛滿紅燈籠，分外妖嬈。

　　身穿紅綠旗袍的婦人揮著香綢手絹攬客，劇場內傳來高唱低吟。

　　于升走在人群中，被香菸味和脂粉氣包裹。暗忖，所謂「紅塵百戲」，便是如此吧。

　　于升被不遠處傳來的一陣京韻大鼓唱腔吸引，尋聲進入二樓小劇場。台上一位妙齡女子正在唱《單刀會》。

　　場內觀眾席一多半都坐了人，眾人皆沉醉在清亮唱腔中，其中還有外國人。

　　不久，又有一人走進劇場，儘管他刻意壓低了帽簷，但還是被于升一眼認了出來，此人正是斧頭幫的宣智民。

　　武人眼毒，兩人幾乎同一時間發現了對方。當日在外

灘，宣智民嚇退紅頭阿三，幫于升解了圍。但今天他見到于升，目光似有顫晃，壓了壓帽子，繞到中排一個空位坐下，盯上了前排某人。

于升順著宣智民的目光，看到了頭排的一位特殊觀眾。

那人四十來歲，身穿白西裝，國字臉，大背頭上打著髮蠟，頭髮梳得一絲不苟，蹺著二郎腿，身旁兩側各坐一個高大凶漢，警惕地巡視四周。

白衣男子是新上任的上海市招商局總辦——趙鐵橋。宣智民就是為刺殺此人而來。

斧頭幫與趙鐵橋的恩怨源起於中原大戰前夕。

趙鐵橋透過情報網得知斧頭幫幫主王亞樵欲聯合方振武、彭建國和石友三密謀兵變，立刻通知戴笠，破壞了他們的計劃，立下大功。

之後，趙鐵橋官升招商局總辦。他壞了王亞樵的大事，「暗殺大王」王亞樵自然要找他算賬。

趙鐵橋深知斧頭幫的厲害，平日行事謹慎，出行防衛森嚴，難得今天有興致來大世界消遣。對斧頭幫來說，這是千載難逢的動手機會。

得到消息後，宣智民立刻部署行動。按照計劃，他獨自一人接近趙鐵橋，兩個手下在大世界門口待命，另一人開車在街口接應。

待趙鐵橋與保鏢走出大門時，兩個手下扮作醉鬼攔路，吸引保鏢注意力，宣智民趁機從背後動手。一旦開槍，無論事成與否，接應車都在第一時間趕到，掩護撤離。

若是普通政客，只怕今晚難逃一劫，但趙鐵橋可不是尋常人。

他畢業於日本早稻田大學，曾參與過暗殺滿清大臣的行動，還做過北伐軍參謀，軍事經驗豐富。

在選保鏢時，趙鐵橋沒有選膂力過人的蠻夫，而是精挑細選了經過系統訓練、有軍隊背景的高手，還透過關係找來了一名英國保鏢。

隨行保鏢統一配備了俗稱「花口擼子」的勃朗寧M1910自動手槍，分為內外警戒。貼身護衛的兩人體格魁梧，一旦發生槍擊，可撲擋過來作為肉盾。在劇場入口處還有三名便衣保鏢，作為外圍暗哨。

內圍保鏢不過是應急，暗哨才是趙鐵橋的防衛重心所在。

暗哨領頭者是個金髮鷹鼻的英國人，一頭金髮梳成三七開的分頭。這人名叫史蒂芬，是趙鐵橋重金聘請的首席護衛，有豐富的保鏢經驗，而且懂些中文。

宣智民進門看到于升時，心中驟然一驚。他素聞趙鐵橋與杜月笙有私交，擔心青幫摻和進來。但也沒想到的是，在他的注意力被于升吸引時，史蒂芬已經盯上了他。

史蒂芬見宣智民壓低帽簷，神色警惕，不像是來找樂子的人，當即起了疑心，又看他有意無意瞄向趙鐵橋，就知道可能要出狀況。

史蒂芬輕咳三聲，這是「立即撤退」的暗號。

兩名保鏢聞聲一左一右站起，將趙鐵橋夾在中間，提前離席。

宣智民不知道自己已經暴露，見目標離席，未免引起注意，稍作停留便起身追了上去。

外圍便衣交換了下眼神，在史蒂芬的帶領下，悄咪咪跟

了出去。

　　于升在後排看得一清二楚，洋人設下了誘餌，準備前後夾擊。懸兵深入而無後援，宣智民犯下了兵法大忌。宣智民昔日在外灘出手幫他嚇退了印度阿三，于升絕不會眼睜睜看著他落入洋人圈套。

　　等史蒂芬等人盡數離開，于升抬起眼，目光炯炯。

　　眼看趙鐵橋走到大世界門口，宣智民加快步伐，摸出一把勃朗寧小手槍。這把M1906半自動手槍只比一個煙盒略大，可以藏在掌中，俗稱「掌心雷」，還有個別名——「對面笑」，因隱蔽性強，多用於江湖暗殺。

　　宣智民凝神屏息，打算走到十步以內，從背後開槍射擊。但他剛一抬手，史蒂芬立刻拔槍帶人衝了上來。

　　聽到身後急促的腳步聲，宣智民心知不妙，一回頭，見同時圍上來三個人，如遭冷水澆頭，趕緊將掌心雷往袖中一縮。

　　史蒂芬箭步上前，槍口抵住他側腰，用生硬的中文沉聲道：「不許動！」

　　宣智民呆立原地，不敢亂動。

　　保鏢一前一後將宣智民圍住。

　　史蒂芬用槍口頂了頂：「舉起手，慢慢轉身。」

　　宣智民鼻尖上沁出細汗，裝出一副被人打劫的樣子，依令照做。

　　「朋友，別激動，要錢是吧，好說好說。」宣智民趁機瞥了眼趙鐵橋，只見他已經在兩名保鏢的護衛下，頭也不回地走出大門。

　　因為是臨時行動，兩名假扮醉鬼的成員並未帶槍，眼睜

睜目送趙鐵橋撤離。他們見宣智民被圍住，苦於遠水救不了近火，只得靜觀其變。

史蒂芬一揚下巴，示意搜身。一名保鏢收起槍，在宣智民身上摸索起來。

宣智民繼續演戲，苦笑說：「幾位大哥認錯人了吧，放下槍說話嘛，當心走火。」

若掌心雷被發現就完了！宣智民心如擂鼓，額頭像水洗過般光亮。他暗自調整呼吸，打算在對手摸到袖子時直接動手。

還沒等他行動，突然，伴隨「咚」一聲悶響，身側舉槍的保鏢脖子一顫，隨即一頭栽倒。

史蒂芬當機立斷，調轉槍口就是一槍。

「砰！」

槍火迸發，光芒閃耀，照亮了于升的半邊臉。

槍聲在夜空中迴盪，火藥味瀰漫於空氣中。子彈打入大世界的高牆，磚石崩裂，碎屑飛濺。

就在史蒂芬扣動扳機的同一時刻，于升使出一招「雙龍出海」，左手撥開槍管，右拳直擊史蒂芬鼻梁。

銅製的彈殼掉落在地復又彈起。

緊接著，史蒂芬腦袋撞在路面上，鼻梁歪斜，雙眼失去焦點，顯然是在重擊下已經失神。

開槍與出拳同時發生，于升勝在「兩手打一手」。

現代競技中往往將力量集中在單側，一次只出一拳或一腿，以求最大程度發力，一擊打倒對手。而武術是保命技法，在求勝前先求生，由身法帶動兩手同時出擊，乍一看不如大開大合威猛，但勝在攻防一體，動作快上一拍，在生死

關頭便多一分勝機。

　　槍聲響起的同時，還沒等搜身保鏢反應過來，宣智民舉起的雙手即猛然下落，肘尖帶著體重砸向對方後腦。

　　突如其來的槍響引起了恐慌，附近遊客呼喊著四散奔逃，場面一時如同炸開的馬蜂窩。

　　宣智民抬眼與于升目光交匯，彼此產生了一種無言的默契。聽到警哨聲響起，宣智民一個眼神，于升立刻跟著他向門口衝去。

　　一輛栗色四門轎車發動了引擎，飛速向大世界大門開來。待宣智民和于升跑出門，車子正好開到他們面前，兩人縱身上車。

　　司機一踩油門，車子疾馳而去，消失在黑夜的帷幕中。

　　這一夜，日夜銀行遭遇嚴重擠兌，青幫一眾人等累計提現三十五萬。但黃楚九氣數未盡，咬牙籌款，渡過難關。

　　另一邊，長腳在大世界內苦尋于升不著，聽到槍聲，心知大事不妙。

　　果然，于升徹夜未歸。

第十五章
書寓‧劍膽琴心

上海灘，夜未央。

栗色汽車在街道飛馳，不時S形超車。高速行駛中，車燈甩成一條長線，像一條發光的長蛇在街頭飛速遊竄。

于升第一次坐小轎車，車廂空間狹窄，混合著皮革和汽油的味道，還沒來得及細細觀察，就被車子拐彎甩得一晃。汽車疾馳，顛簸得厲害，路邊一盞盞鑄鐵路燈似乎也跳躍起來。

宣智民上車後，稍定心神：「這位朋友，多謝相助，怎麼稱呼？」

于升拱手施禮：「在下于升，宣大哥不必客氣。」

宣智民注意到眼前這雙手不僅手腕粗過常人，手掌也極有「肉感」——虎口鼓起，掌背拳峰間肌肉微凸。不同於勞工的粗糙，手上沒有一個繭子。

手指乃身體梢節，武術訓練可令其氣血充盈，滋養出飽滿肌肉。宣智民一眼便知于升是武林中人，怪不得能在眨眼工夫制服拔槍保鏢。

剛才情形凶險，宣智民拉于升一同上車，是怕他被捕，供出不利消息。但此刻，宣智民有了新的顧慮。于升身懷絕技，像一把開刃利劍，若搞不清底細，只怕會惹出更多麻煩。

于升看宣智民臉色凝重，心領神會，解釋道：「當日在

外灘，宣大哥替我解圍。方才劇場巧遇，見你被洋人盯上，知是中了埋伏，這才助一臂之力。」

「多虧于兄機警。杜先生身邊果然臥虎藏龍。」宣智民認得長腳，以為于升也是杜月笙的人。

「宣大哥誤會了，我並非青幫門生，只是偶爾陪杜先生談談筆墨和武林軼事。」

于升說話點到為止，江湖上人人有秘密，言多必失。

宣智民點頭微笑，于升的分寸感令他緊繃的神經放鬆了一些。

此時，一直沒說話的司機開口道：「老大，捕鳥還是撈魚？」車上有外人，他用的是暗語。

拉網捕鳥意在一個「等」字，靜觀其變，指到藏身處躲起來。撈魚則要看準撒網，以攻代守，暗指回據點佈局下一步行動。

宣智民略一思索：「捕鳥。」

于升適應了車子的顛簸，看著窗外飛快倒退的法國梧桐，不知車子開向何方。司機用黑話詢問，說明不願透露行蹤，他也不方便細問。

宣智民抹了一把略帶倦容的臉：「今天我行事不周，多虧于兄出手相助。眼下情況危險，我帶于兄去一處地方，不僅安全，而且還能款待兄弟。」

司機一腳油門，車子開往四馬路。四馬路是上海有名的煙花地。

1861年，太平軍占領江南。南京、蘇州、揚州等上海周邊地區的妓女逃進租界，四馬路成為她們的落腳處。久安里、清和里、同慶里、日新里、尚仁里、會樂里等的深宅小

巷成了名妓花魁的聚集之地，十里之內粉黛萬家，花燈璨若星辰，被稱為「花國」。轟轟烈烈的「花國大總統」選美更是讓此地豔名傳遍四海。

妓女按等級分，最高等的叫作「書寓」。書寓也稱先生，承襲中國教坊司的「官妓」傳統，琴棋書畫，才藝俱佳，賣藝不賣身。先生的滬語讀音與英文的「Sing Song」類似，因此也被稱為「歌女」。

書寓不靠肉慾吸引人，而靠情調。

盛世富足，文人墨客追求精神享受，愛情成為最高級的遊戲，青樓書寓豔名遠颺。但亂世中，人微命賤，愛情太過奢侈，書寓漸漸失勢，「長三堂子」成了主流。

「長三堂子」明碼標價，陪酒看戲、喝茶談天、留宿均為三元，因此稱為「長三」。再往下就是「麼二堂子」「花煙間」「釘棚」「跳老蟲」「野雞」。

上海的色情行業極其發達，作為港口城市，還有專門服務洋人海員的「鹹水妹」（Handsome Maid）。大量逃難的白俄湧入上海灘，也給滬上帶來了白俄洋妓。有錢老闆要是有興致，甚至可以參與俄國人的「私人沙龍」，找白俄妓女開「洋葷」。

煙花柳巷不僅是魚水之歡的場所，也因極強的私密性成為革命者和通緝犯的藏身之地。

宣智民一行前往的便是會樂里。

車子開到會樂里路口，只見拱形牌坊下，弄堂橫縱分隔，複雜工整。二樓陽台伸出各色招牌燈箱，招攬恩客。圓形或梅花形的燈箱上亮起「美鳳」「媚蓮」等賣春女的名字，字體俗膩豔麗。色彩曖昧的燈箱下，賣春女倚門賣笑，

操著嗲聲嗲氣的吳儂軟語招呼客人。

下了車，宣智民壓低聲音跟司機耳語幾句，轉頭對于升說：「于兄，我們在此過夜，待明早探聽到巡捕房消息，再做下一步行動。」

與內田佑之約僅剩一天，今晚捲入刺殺行動，事情可大可小，暫避風頭是最理智的選擇。想到這裡，于升微微頷首，跟著宣智民下了車。

一路上，妓女熱情攬客，宣智民不為所動。于升目不斜視，身體略有些僵硬，他從未到過胭脂窟，那些拋來媚眼的女人令他十分不自在。

兩人在弄堂裡七彎八繞，來到一戶門前，門柱上掛牌「風林居」，隱隱透著白蘭花的清雅香味。

宣智民叩門，間隔一長三短，重複三次。等了約半分鐘，木門細細開了一條縫隙，確認來人之後，門才打開。

開門的是個女孩，一身雪白立領掐腰的短袖旗袍，雖無濃妝，但膚如凝脂，嘴角微翹，眼眸清澈似一泓秋水，耳側一縷黑髮輕盈垂到前胸，好似流蘇，給清秀的臉龐增添了幾分溫柔。

對視的一瞬，女孩明亮的雙眸令于升想起曾在野外偶遇的小鹿。

白花無須豔色，只因香味濃郁。在鬥豔的花國敢穿一身白衣，也是自信的體現。

在女孩面前，于升原本緊繃的神經莫名放鬆了些。

女孩與宣智民很有默契，不說話，鎖了門，轉身帶兩人徑直穿過天井中的桂花樹叢，上了二樓。

房間寬敞，佈置典雅，牆上掛著一幅字——「月到風

來」，字跡娟秀。

冰裂紋的窗櫺映著枝葉暗影。鵝蛋黃的椅子桌案擺列整齊，茶桌鋪著如意雲頭紋的綠茶巾，瓷瓶中插著梔子花。瓷瓶釉色蔚藍似海，梔子花瓣肥厚瑩白，猶如東海浮雲，暗香四溢。

落座後，宣智民介紹：「林姑娘，這位是我的朋友于先生。于先生今晚幫了大忙，要當成貴客好好款待。」

女孩向于升行了個禮，隨即為兩位沏茶，動作優雅。

宣智民道：「我們只住一晚，整理下房間，北向客房就好。」

林熙出場

　　宣智民的語氣帶著些許寵溺的味道，于升聽了，心中竟莫名湧出一股說不出的滋味。

　　林熙「欸」了一聲，轉身按吩咐去準備。出門時她回眸一望，于升再次與之四目相對，女孩臉一紅，低頭出了房間。

　　宣智民放鬆了神經，對于升笑著說：「這裡很安全，有吃有喝，不會委屈了于兄。」

　　「剛才那位姑娘是？」

　　「林熙姑娘是自己人。于兄放心。」

　　于升不方便細問，只得端詳起房間佈置來。他習武十年，生活粗簡，眼前清雅的裝飾，讓他感受到一種別樣的溫柔。

　　房內有筆墨餘香。牆上掛著的字像是女性筆跡，「月到風來」四字結構精巧雅緻，柔中含勁，轉折處多取弧勢，有圓潤珠璣之感，只是筆力稍有不足。

　　宣智民沒有于升的雅興，想起在大世界的險情，長嘆了口氣：「今晚行動功虧一簣，只怕以後更難下手，真是便宜了那狗賊！」

　　于升思緒被拉回，接話道：「這人不簡單，看行事風格，莫非是軍人？」

　　宣智民此刻與于升同舟共濟，索性隱去目標名字等關鍵訊息，告知于升原委，也好聽聽他的建議。

　　「對，此賊做過參謀，本也算一名將才，可惜沒骨頭，賣主求榮，投靠了蔣中正。」

　　「怪不得他懂些兵法虛實。」

　　「如今中原大戰，他負責籌措後勤物資，運的子彈、大

砲都是用來殺同胞的。俗話說，見蛇不打三分罪。我本想為民除害，可惜，打草驚蛇了。」

于升對軍閥亂戰十分痛恨，洋敵環伺，國人內鬥不止，親者痛、仇者快。趙鐵橋找洋人做保鏢，更讓于升厭惡。

「其實要除掉這人，也有辦法。」

宣智民目光一亮：「哦？什麼辦法？」

「他可是官？」

「是。」

「兵法云：進不可迎者，衝其虛也。面對防守嚴密的對手，最好的辦法不是正面強攻，而是從想不到的角度出擊。」

宣智民抿了抿嘴唇：「此話怎講？」

于升眸中幽幽閃光，像是思慮極深：「虛實不光是招式變化，最重要的是時機。敵人認為自己安全時才會放鬆警惕，當他卸下官員身分，心態上便是弱勢，對護衛便極為重視。白天執權時他心態強勢，防衛反而弱很多，此時動手才叫出其不意。」

「你是說，不該晚上偷襲，應該白天動手？」

「確切來說，當他剛剛換上官員身分時，才是警惕性最差的時候。」

宣智民仔細一想，便覺出此建議的精妙之處。招商局並不是軍事機關，防衛薄弱，敵明我暗。假若在趙鐵橋上班時動手，可以避開他的私人保鏢集團，大大降低行動難度。想到這裡，他心中有了主意，眉頭舒展，面露喜色。

「于兄高見！來來來，我以茶代酒敬你！」宣智民雙手舉杯，于升回禮。

　　于升端起描著青蓮的白茶杯，入口只覺得茶水溫潤，甘香濃郁，不由「嘖」了一聲，細看之下，杯底一層翠綠，茶葉中還夾雜著些細碎晶瑩之物。

　　「這是何茶？」

　　宣智民臉上帶著得意，笑道：「此茶一般人無緣喝到，乃林熙姑娘親手炮製，名叫清溪白石。」

　　「哥哥笑話了。」林熙銀鈴般聲音從門口傳來，她抱著一把古琴進房，柳腰輕搖，蘊含著少女特有的活力。

　　林熙將古琴放於書案上：「兩位對茶可還滿意？」

　　于升接話道：「從未喝過如此甘美的茶，不知用了什麼製法，竟可使它同時兼備龍井和荷花的香味？」

　　林熙上前為宣智民倒水添茶：「龍井清香，卻味薄。我將茶葉與荷花瓣放在一起，用紗布包好存放，三天後便有荷花香韻。再加入炒熟的核桃仁同煮，取少許冰糖，增加甘甜，便是清溪白石。」

　　于升沒想到一杯茶居然有如此講究，不由感嘆：「林姑娘真是有心了。」

　　「喝茶是一種心境。茶字拆開為『人在草木間』。人生一世，草木一秋，相遇皆是緣。泡茶要用心，才對得起這些草木。」林熙上前為于升續水斟茶，彎腰時漆黑長髮從脖頸處滑下，少女身上的清香與茶香混合在一起，令于升心跳加速。

　　宣智民在一旁說：「林姑娘的茶不僅有味，而且有心，怎麼喝也喝不夠。」

　　于升淺笑念頌：「一碗喉吻潤，二碗破孤悶。三碗搜枯腸，唯有文字五千卷。四碗發輕汗，平生不平事，盡向毛孔

散。五碗肌骨清，六碗通仙靈。七碗吃不得也。」

林熙聽出這是唐代盧全所作的《七碗茶歌》，開玩笑說：「幸虧于先生吃不得，我也沒準備那麼多。」

宣智民見于升全無武人的粗莽之氣，心中多了分好感：「于兄，風林居裡不僅能享口福，還能享耳福。琴棋書畫，琴乃四藝之首。如今政府提倡西樂，會古琴者寥寥，但林姑娘的古琴造詣可不淺。」

「哥哥又笑話我。小女子撫琴，為兩位飲茶助興。」

林熙來到琴桌前，桌上的古琴形體渾厚，名為「深山月」。

古琴呈波浪曲線對稱，全身朱漆，漆面斷紋間距均勻，名為「蛇腹斷」，屬琴中佳品。

樂有八音，絲、竹、金、石、匏、土、革、木，琴排第一，因內含高潔德性。

古時以「劍膽琴心」誇讚剛柔並濟的任俠。劍膽，威猛剛毅；琴心，恬淡脫俗。所謂強者，外有殺敵之能，內心本應溫柔。

雪白的指尖劃過琴絃，發出裂帛之聲，如空谷足音，沉靜曠遠，餘韻悠長。一曲《碧澗流泉》，鬆透圓潤，彈出萬壑松風，水光雲影，令人頓生「閉門即深山」之感。其後《高山流水》《平沙落雁》《漁樵問答》三曲，琴音時而舒緩低沉如呢喃，時而高亢似金石，如空山新雨。

琴音要好聽，需「良材、善工、妙指、正心」。

傳說鳳凰非梧桐不棲，伏羲將梧桐視作神靈之木，削桐為琴。琴面為天，琴底為地，琴頭寬六寸，象徵六合，琴尾寬四寸，代表四季。這把深山月的梧桐料來自深山溪邊，月

亮穿過樹梢映進溪水，石澗收月影，由此得名。此料質輕材疏，傳音絕佳，用鹿角霜調漆做灰胎，音色鬆透純淨。

林熙指法精巧，琴聲如滾珠金石，彈奏時誠心正意，如對神明，曲調清靈動人。

音符伴著月光流瀉而下，彷彿清冽的山泉滌蕩內心。賈寶玉曾說「人分清濁」，于升只覺眼前的白衣女孩身如琉璃，內外明澈。

一番品茶聽琴後，逃亡的緊張感早已退去。

宣智民擱下茶盞：「天色不早了，茶也喝了，琴也賞了，我和于兄也該歇息了。」

林熙頷首，起身帶著兩人來到一樓的一間客房內。

于升發現，風林居內部設計不簡單，看似普通的房間暗藏玄機。客房中有個隱秘通道，衣櫃被設計成活動入口，通向密室。密室內還有一個暗門，不知通向何處。

將兩人送到密室後，林熙行禮告退。密室通風差，卻無異味，兩張床鋪整齊，隱隱有股木棉沉香，主人顯然花了心思打理。

于升摸著床被感慨：「林姑娘果然蕙質蘭心。」

宣智民目光如炬，逗趣道：「于兄今日出手相救，又教兵法，不知該如何報答？」

于升忙擺手說：「哪裡哪裡，托宣大哥的福，今日品甘茶、聽琴音，已是造化。」

「自古美女配英雄，于兄，你可要把握機會嘍。」

「宣大哥，別尋我開心了。」

宣智民以為他忌諱林熙的書寓身分，說：「這裡雖是煙花地，但林熙是個好姑娘。亂世之中，風林居或許才是真正

乾淨的地方。」

看于升不明所以，宣智民將林熙的身世一五一十說出。

林熙是揚州人。揚州是兩淮鹽商的聚居之地，鹽商富貴，生活奢靡。溫飽思淫慾，為了享用美人，就出現了「養瘦馬」這門生意。

人販子將面貌姣好的女孩買回，教習歌舞，成人後賣給富人或送入青樓。因貧家少女瘦弱，相女如相馬，故稱「瘦馬」。林熙九歲被賣作瘦馬。

她從小受琴棋書畫訓練，天資聰穎，乖巧清秀。十七歲時，一個五十歲的富賈老爺相中了她，欲娶她為妾。婚宴上，來客見新娘漂亮，多贊老爺有豔福，逗得老爺心花怒放，結果飲酒過量，暴斃在喜宴上，紅事一下變成白事。

正妻怕林熙分家財，顧不上操辦喪事，大罵她是狐狸精，奪了老爺的魂魄，煽動家眷將她綁在樹上一頓毒打，之後賣到了妓院。

老鴇見她美目流盼，琴書俱佳，還是清倌人（處女），準備大賺一筆。林熙傷得不輕，養傷一個月後，老鴇等不及她完全恢復，就招呼權貴富商，按規矩拍賣其初夜。當地赫赫有名的「蟹腳李」對林熙垂涎三尺，出手闊綽，直接將林熙買下。

此時林熙傷勢未癒，行房還需等半個月。蟹腳李家有悍婦，不敢將她帶回，便把她留在窯子裡，只等良辰。

上海把狗仗人勢的混混叫「蟹腳」。蟹腳李跟日本人合夥做棉紗生意，壓迫勞工，被斧頭幫列入暗殺名單。負責這次鋤奸行動的正是宣智民。

那一日，宣智民事先帶人綁了老鴇，潛入林熙閨房。

林熙以為遇到一眾劫色惡匪，驚得花容失色。宣智民曾有個妹妹，與林熙差不多年紀，不幸死於肺炎。他見了林熙，心生親切，沒為難她，只是簡單說明來意，讓她按吩咐行事。

林熙聽命將蟹腳李引入房中，灌了幾杯酒。蟹腳李藉著醉意毛手毛腳。宣智民與同夥見時機已到，一起衝出將他按住，捏著鼻子灌醉，然後拋入河中淹死。蟹腳李就這麼稀里糊塗做了「落水鬼」。

事後宣智民打點證人，編造口供，製造蟹腳李酒後失足落河的假象。老鴇惹不起斧頭幫，見買主被滅口，便做了個順水人情，將林熙送給了斧頭幫。

宣智民籌集經費，在會樂里打造了一個秘密據點，讓林熙以書寓身分在此居住，協助掩護。

聽罷林熙身世，于升不禁暗暗心驚。

「宣大哥如此仗義，實在是林姑娘的幸運。」

宣智民略帶戲謔地拋出一句：「我在老家南京早已成婚，這也是為他人作嫁衣。」

于升臉上一熱，內心沒來由一陣喜悅。

在大世界槍口下的生死時刻，他心如古井水，波瀾不驚；但直視林熙雙眸時，他心中一陣莫名悸動。

宣智民看出于升心思，寬慰道：「遇到美人不心動，那是聖人，心動了，才叫凡人。人生在世，能碰到喜歡的人已經很難得，這是好事，開心還來不及，沒必要藏著掖著。」

于升聽罷，微微一笑，心生坦然。

閒話扯得差不多了，宣智民倒在床鋪上：「不早了，休息吧。」

風林居外，夜靜無雲，月涼如水。

樹影與屋脊線的邊緣像是墨線描過，轉折處如水墨勾畫出的銳角。

密室內，一燈如豆，宣智民和衣睡去，枕邊的掌心雷泛著寒光。

夜還長，于升卻無心入眠。他今晚第一次感受子彈擦耳而過的凶險，第一次體驗坐汽車逃避追捕的緊張，又在斧頭幫藏身之處遇到心動佳人，果真驗證了師父那句「英雄地，風雲時」。

半睡半醒之際，林熙的衣香鬢影又浮現在他腦海中。今夕何夕，見此良人。

第十六章
黑蛇・白鎯頭

　　翌日上午十點，于升回到康壽里，推門就見長腳雙眉擠成八字，正在天井焦急地踱步轉圈。

　　昨夜大世界傳出槍聲和警哨，長腳趕到時，只看到巡捕帶著傷者離開。過了約定碰面的時間，于升沒在中央廣場出現。長腳知道出事了。

　　眼看比武前夕出了差錯，擔心顧嘉棠追究，他只得硬著頭皮繼續找，直到凌晨兩點大世界遊樂場關門，才悻悻回康壽里。久等于升不回，長腳迷迷糊糊睡過去。

　　早上九點，一陣敲門聲將他驚醒，長腳以為于升回來了，心頭一喜，開門卻發現是顧嘉棠派來的瘌嘴小弟。小弟傳話，中午顧嘉棠請于升在望江樓吃飯。長腳慌了，嘴上嗯嗯啊啊答應著，心裡盤算著要如何跟老大解釋把人弄丟了。

　　正當他手足無措之際，于升回來了。

　　昨晚大世界雖然有人開槍，但好在未出人命。趙鐵橋猜出是王亞樵要對自己下手，如驚弓之鳥，放棄一切娛樂，專心當起縮頭烏龜。

　　法租界巡捕不想惹麻煩，短暫扣押了三名持槍保鏢，訛了點好處。從線人處獲得以上消息後，宣智民和于升一早告別林熙，離開了風林居。

　　于升推門進院，長腳抬頭一瞥，眉毛揚起，心中陰霾一掃而光，趕緊上前，重重一拍他的背：「哎喲，于大哥啊！

你可急死我嘍！」

「對不住，讓兄弟擔心了。昨晚我遇到熟友，恰逢槍響，現場混亂，我們便離開了。對方熱情留宿，我就沒回來。」

長腳見于升無傷無恙，懸著的心放下，隨即將有人來滬尋仇，碼頭官栽跟頭的事說了一遍。

于升沒想到玉面閻羅來得如此之快，想起師父的告誡，反而想試試他的功夫。

于升不徐不疾說道：「不必擔心。弱敵不可輕，勁敵不可畏。既然對方找上門來了，與其擔憂，不如跟他鬥一鬥。」

見于升胸有成竹，長腳心底也滋生出三分膽氣，被顧老大看中的人，不會有錯！

海關大樓的鐘聲在外灘上空飄盪，驚起江鷗展翅。

長腳陪著于升一同來到望江樓，顧嘉棠早已在包廂等候。

紅燒獅子頭、糟溜魚片、醉雞、海蜇頭，桌上擺著幾盤上海本幫菜，但只放了兩雙碗筷。

見于升進來，顧嘉棠起身相迎。

「于老弟，這陣子住得還習慣嗎？」

「托杜先生和顧大哥的福，長腳兄照顧周到，一切安好。」

長腳站在身後給兩位斟上黃酒，聽于升幫自己說話，眉開眼笑。按青幫規矩，長腳還不夠資格跟顧嘉棠同桌吃飯。

于升平日跟他同吃同住，看他站在一旁，心中彆扭，入口的酒似乎酸澀了一分。

「顧大哥，不如讓長腳兄也入座吧？多個人一起吃，熱鬧點。」

顧嘉棠瞄了長腳一眼，長腳訕笑著不敢答話。

顧嘉棠哈哈一笑，一指牆角的備椅：「來吧，搬張椅子過來陪我老弟吃酒。」

長腳受寵若驚，趕忙搬椅落座，向兩位逐一敬酒。

顧嘉棠飲畢，把酒杯往桌上一磕，壓低嗓子對于升說：「明天比武，老弟千萬小心。老哥信不過東洋人，讓人盯著東洋街，發現有兩個怪人進了內田的房子。」

于升一愣：「哦？什麼怪人？」

「一個是金毛捲髮的白人，塊頭大得像狗熊，八成是羅宋（俄國）癟三。另一個個子不高，皮膚烏黑，像個黑猴，古靈精怪的，不知道哪兒來的。」

長腳難得有機會上桌，有心討好，放下酒杯大罵：「東洋矮子果然陰險！顧老大，只要一句話，明天我多帶幾個兄弟去助拳！跟青幫比陣仗，他也不撒泡尿照照。不日他娘，就不知道誰是他老子！」

顧嘉棠一瞪眼，長腳知道說錯話，縮起脖子，心裡恨不得摑自己一個耳光。

于升神色自若：「不要緊，比武比的是功夫，不在人數。古人作戰，先審自己之強弱，不問敵之強弱。我倒想看看，這些東洋人、西洋人到底有多大本事。」

顧嘉棠見他底氣十足，笑意重回臉上：「有這句話我就放心了。來，吃好喝好，養精蓄銳，明天放開手腳，老哥陪你跟他們好好幹一架！」

東洋街，演武道場內。

姆當是第一次來到日式道場，他習慣赤足在泥地上奔跑打鬥，擔心把乾淨的地板弄髒，神色小心翼翼。姆當的這種侷促，讓九鬼英二覺得可笑，對這個瘦小的暹羅拳師格外看不上眼。

　　站在姆當身邊的基洛夫身材高大，膀闊腰圓，藍眼深陷，鼻高唇薄，一頭金色捲髮配上濃密的鬍子，看起來十分凶狠。斯拉夫人藍眼黃髮，與佛經中的羅剎相似，被中國百姓稱為「羅剎鬼」。

　　內田不僅對中國武術有興趣，也有心學習各國武技。這兩人是內田精心挑選出來的，準備讓他們明日跟于升比武。

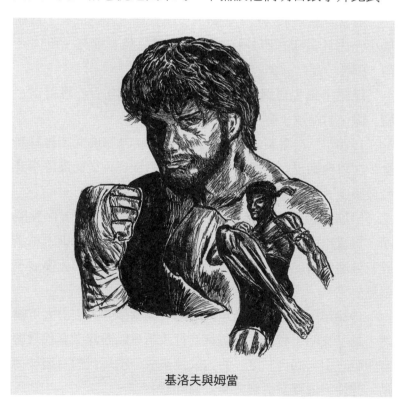

基洛夫與姆當

高手對決，才能顯出真本領。

比武之前，內田要檢驗兩人的實力，故讓他們在演武道場打練習賽。身穿白色道服的九鬼英二自告奮勇：「打一場就給一百，他們真值這個價？就讓我來試一試吧。」

內田點點頭，他挺喜歡九鬼身上這股衝勁。雖然有時性急暴躁，但九鬼從不怯戰畏死，有大和民族的武士風骨。

看出九鬼對姆當不屑，內田抬手一指，示意他與姆當切磋。在泰語中，姆當是黑蛇的意思。

姆當本名巴楞猜，因其狠辣的進攻手段，被對手稱為黑蛇。時間一長，大家便以姆當替代他本名。

姆當身高一米六七，體重六十二公斤，作為武者，實在矮小。由於長年在野外操練，姆當膚色黝黑髮亮，肌肉充盈，彈性十足。

暹羅拳誕生自暹羅古戰場，古稱「奔南」，善用拳、腿、膝、肘進攻，有「八臂拳」之稱。

1920年，泰皇蒙骨九昭（拉瑪六世）為野虎兵團籌募基金，在玫瑰園學府廣場舉行盛況空前的拳賽，從此暹羅拳賽發展興盛。

早期暹羅拳採用纏麻打鬥。麻繩可固定手腕，保護關節，質感粗糙。在一些特殊比武中，鬥士還會在麻繩上粘滿碎石玻璃，增加殺傷力，因此，在暹羅拳私鬥中，死傷並不罕見。

1928年，泰北拳王乃蓬一腳踢死高棉拳師，引發大眾嘩然。為了文明化發展，暹羅拳進行改革，以西洋拳套代替纏麻作戰，引入回合制度，將古武技變成一項現代體育競技運動。此後，暹羅拳賽傷亡率大幅降低。

但並非所有人都歡迎變化，老一輩拳師認為拳套限制了拳技發揮，五回合賽制拋棄了戰場精神，令武者變得軟弱，怒斥「暹羅拳已淪為貴族賞玩的遊戲」。

姆當就是最激烈的改革反對者。他曾在纏麻的比賽中連勝二十八場，擊倒了其中二十二人，成為曼谷赫赫有名的拳台英雄。但在戴西洋拳套的比賽中，他卻首試失利。

論實力，對方絕對不是姆當的對手。在五個回合中，對手始終不敢主動進攻，一邊小跑，一邊利用身高優勢打點，最後靠著毫無傷害性的比分獲勝。姆當接受不了這樣的失敗，不顧勸阻，憤然離開拳壇。

姆當靠著過硬的拳腳功夫，被清邁的茶商聘為保鏢，一同來到上海。他早就聽說東方巴黎遍地黃金，希望以拳藝掙得錢財，榮歸故里。

就在內田四處招攬武術高手時，一名賭場老闆推薦了姆當。姆當陪同茶商在賭場打牌時，曾出手擊飛鬧事的壯漢。在壯漢被打飛出去的一瞬間，沒人看清姆當的動作。今天內田也想看看，究竟暹羅拳有何鬼神之技。

姆當脫下無袖外衫，赤裸上身，下身穿黑布短褲，光腳站在地板上。他手臂肱二頭肌上方纏著紅色繩箍。這是暹羅拳手的護身物，名為「八戒」。八戒由高僧開光，有神佛加持之意。

九鬼見姆當肩頭三角肌棱角分明，八塊腹肌如鱷魚背甲，小腿肌肉鼓起飽滿似椰子，當即收起了輕蔑，臉色凝重，左手抬起護面，右手收於肋下，弓步微曲，擺出拳架嚴陣以待。

相比九鬼的緊張，姆當似笑非笑，表現得非常輕鬆，跳

舞般提膝踩著節奏，踏著三宮步慢慢靠近。

三宮步是暹羅拳的基本功法，身步同動，可攻可守。

九鬼仗著身高體壯，暴喝一聲，以聲助威，擰腰旋臂，一記正拳直奔姆當面門。拳頭還沒碰到姆當，九鬼忽覺有片黑色影子從下方激射而來。

只聽「砰」的一聲，九鬼腳下踉蹌，倒退兩步，姆當巋然不動。

九鬼低頭一看，胸前留下半截腳掌黑印。姆當毒蛇吐信般的前蹬後發先至，硬生生把九鬼給踢了回去。踢完後，他繼續步踏三宮，彷彿什麼都沒發生一樣。

內田點點頭，一臉欣賞：「毒蛇吐信，果真迅猛。」

九鬼被激怒，雙目圓睜，既然拳頭距離不夠，那就改以腿法還擊。他提膝轉髖，右腿如同鞭子般抽向姆當肋骨，這一腳勢頭凶猛，帶起勁風。

姆當左膝外擺，如同高舉盾牌上迎。雙腿相拚，九鬼的脛骨像是撞在一截石柱上，痛入骨髓，不由倒吸一口涼氣。

姆當左腿下落，一點地，好似彈簧借力再起，又一次蹬中九鬼胸口。這次他胯上使了個寸勁，九鬼身子往後彈飛，跌倒在地。

姆當無意追擊，繼續擺出三宮步中的「單吊馬」，不疾不徐，抬膝點地。

九鬼坐在地上揉了揉胸口，滿是煞氣的眸子惡狠狠盯住姆當，或許是心理作用，又或許是仰視的影響，姆當原本的小個子在他眼中似乎變得高大了幾分。

兩次吃了同一招，九鬼知道不能強攻，站起後主動拉開距離。

見對手不敢上前，姆當沒有遲疑，身子一晃，斜步向前一滑，轉腰扭髖，左腿揮刀般踢出，腿部肌肉瞬間稜角分明，像是從淤泥中拔出一般，胯部充分拉扯蓄勁，勢如滿弓。

九鬼只顧防守上半身，沒料到對手踢向下盤，被姆當的低掃腿結實砍中右大腿外側。

暹羅掃腿以脛骨砍擊，講究全身配合發力，靠著整體的勁道劈柴般「殺」入打擊點。

「啪」的一聲清脆炸響，幾乎劈開旁人的耳膜。

九鬼不禁「啊呀」一聲，膝彎一軟。

姆當見機，毫不猶豫以右手食指和中指直刺九鬼眼窩。

內田反應敏銳，察覺危險，立刻大喊：「到此為止！」

隨著一聲驚呼，姆當手腕微抬，改以掌根拍中九鬼鼻子，九鬼鼻血飛濺，摀著臉蜷縮倒地。

內田這才真正理解了「黑蛇」的可怕——不僅快，而且陰毒。

整場拳鬥只進行了五十二秒。姆當輕鬆獲勝，俏皮地吹了聲口哨，彷彿遊戲結束，意猶未盡。他一共只使了兩招半就解決了對手。

第一招叫「孟民撐船」。正蹬腿像孟族人用腳抵住岸把船撐開，屬控制型招法。暹羅拳有「孟民撐船打三年」之說，意思是精通正蹬後，僅靠這招便能制住練拳三年的新手。

第二招叫「揮刀斬馬」，低掃腿將渾身勁力聚於一點，如砍刀般犀利，足以踢傷四肢肌肉，甚至踢斷骨頭。

第三招是「金鵬探爪」，但因內田的喝止，未完全施展

出來，只算半招。

內田招了招手，侍女捧著一個厚厚的紙封遞給姆當。姆當雙手合十行禮，接過後不避人就拆開清點禮金。一百塊對他來說並非小數，在曼谷已足夠蓋上一棟磚瓦小樓。

九鬼受傷不輕，無法再戰。基洛夫無奈地搖了搖頭，他現在缺了一個對手。

作為哥薩克騎兵的後裔，基洛夫要靠飛濺的鮮血才能平息心中燃起的戰意。

哥薩克源自突厥語中的「自由人」。哥薩克騎兵驍勇善戰，曾擊敗過不可一世的拿破崙，卻在十月革命中輸掉故土，基洛夫跟隨白俄難民流亡至上海。

白俄的到來，令一陣東歐風吹進上海灘，帶來了刻著雙頭鷹的首飾珠寶、西伯利亞皮貨、芭蕾舞、羅宋湯、俄式大列巴、熱情的白人妓女以及哥薩克式暴力。

哥薩克人是天生的戰士，這份天賦在群雄爭霸的上海自然不會被浪費。公共租界聘請哥薩克人組建了威名赫赫的「俄國義勇隊」，保護租界安全。

各大外僑俱樂部和歌舞廳裡都能看到哥薩克保鏢的身影。上海雖沒有一望無際的遼闊草原讓哥薩克人策馬奔馳，但這裡幫派橫行，是暴力的天堂。基洛夫很快就愛上了這座東方城市。

基洛夫身高一米八五，九十五公斤的體格如同白熊。作為外僑俱樂部的保鏢，他來滬之後還未逢敵手，一雙碩大的拳頭摧枯拉朽，被人稱作「白鎯頭」。

內田上前一步，對著基洛夫微微一笑，用中文說道：「看來，只能我來做你的對手了。」

內田身高一米七二，體重六十八公斤，體格比俄國人小了不止一圈。

基洛夫來上海已五年，懂點中文，以為他在開玩笑，趕忙擺擺手。作為金主，要是把他打壞了，這錢找誰要？

內田看出他的心思：「放心，我也是武士。你若能將我打傷，費用照付，另有賞金！」

基洛夫聽了這話，只覺得這東洋猴子瘋了。但不管他怎麼瘋，只要給錢，基洛夫不會吝嗇揮拳。

基洛夫當即笑著脫掉衣服，露出寬厚的胸肌和旺盛的胸毛，再以白色布條纏住手腕，準備作戰。徒手擊打易扭傷手腕，白布纏腕可作保護。「白鏀頭」蓄勢待發。

內田穿著繁複寬大的「直垂」，下身是被稱為「袴」的裙褲。武士大多佩刀作戰，「直垂」不利於徒手格鬥，因此在交戰前，內田脫掉了上衣，露出了身上豔麗的「武士斬蛇」刺青。

他身上沒有一絲贅肉，胸背肌肉線條清晰，六塊腹肌分明，一看就是久經鍛鍊的武士之軀。

基洛夫見了他的體格點點頭，認可了內田作為對手的資格。

兩人保持五步距離，基洛夫雙臂高抬，如同豎起兩面窄牆，護住了頭部和胸肋。

內田側身而立，這種體式可以儘量縮小受攻擊的面積。

基洛夫臉上掛著滿不在乎的微笑，兩拳如同平舉的雙管火銃，跳著碎步，不斷調節重心，並不急著出手。對他來說，這只是場貓捉老鼠的遊戲，需要好好享受。

內田見對方無意出擊，便率先發起搶攻，側踹似投槍，

直踢向基洛夫膝蓋。哥薩克人反應極快，幾乎同一時刻朝內田打出前手刺拳。

別看基洛夫胳膊粗、拳如砂鍋，出手卻似水般流暢，速度驚人。內田雖踢中基洛夫支撐腿，但也被「白鄮頭」逼得身子後傾，踢擊無法深入。

基洛夫刺拳一擊落空，借重力墜肘，手臂略彎後收回，瞬間再次揮出。

控制是拳擊技術的核心。前手刺拳可以掌控距離，不斷擾亂對手節奏。基洛夫的拳頭力能透骨，即便出刺拳也令人難以抵擋。

內田不跟他硬拚，利用靈活的步伐，快速後撤。最好的防禦，就是比進攻者更敏捷的移動。

可是萬沒想到，以靈敏見長的內田始終無法甩開高大的對手。內田仔細一看，只見基洛夫的步子不是邁上來的，而是像滑冰一般，後腿發力將身體往前擠，重心一沉，前腳一滑就躥了上來。這種利用重心變化移動的步法，讓基洛夫巨大的身軀迅如脫兔。

內田瞬間改為側向移動，往基洛夫左拳外側閃，想鑽進對手的「火力盲區」。

基洛夫看出他的伎倆，抖抖肩膀，略微調整節奏，先以一記左刺拳虛晃，逼得內田閃避，看準內田的身法線路後，心念電閃，突然改打左擺拳，進行弧線攔擊。

內田閃避不及，曲臂抵擋，硬生生扛住重重一擊。儘管是打在臂膀上，但他仍被震得胸腔內氣血翻騰。

堵截對手後，基洛夫以肩膀為瞄準器，一直憋著勁的右拳揮出，拳峰螺旋內扣，如同火銃中噴射出的子彈，帶著旋

轉直轟內田腦門。

千鈞一髮之際，內田卻突然在基洛夫眼前憑空「消失」，綁著繃帶的「白鄉頭」穿透了殘相。

基洛夫的組合拳從未失手，一拳落空，不由心頭一顫。比武時，看不見對手是最可怕的。

這時，他側後方傳出內田陰沉的聲音：「到此為止。」

他回頭望去，正好迎上內田銳利的目光，彷彿鎖定獵物的老鷹。

基洛夫一愣，對方是如何閃過那一拳的？又是何時鑽到自己身後的？

內田無意分勝負，收了拳勢。透過剛才的交手，他對基洛夫的力量、速度、反應已經有了判斷，既然目的達成，就沒必要繼續鬥下去。

內田打了個響指，侍女低頭碎步上前，奉上一份禮金。

見了禮金，基洛夫露出笑意，不再糾結這場無結果的對戰，畢竟打架只是消遣，賺錢才是最重要的。

內田對兩人的實力非常滿意，說：「明天會有個中國人過來，打贏他的人，我會給兩倍的賞金。」

基洛夫興奮得直搓手，彷彿這筆橫財已是囊中物。

姆當黑色的瞳孔發亮，閃出森森寒意。

第十七章
鷓鴣斑・蚯蚓

康壽里弄堂口，嶄新的雪佛蘭汽車停在雕花鑄鐵柵欄前。車身黑漆鋥亮，反射著7月的陽光，車牌號為7777。上海灘上的明眼人一看就知道，這是杜月笙的愛車。

于升身穿青色短褂，在長腳的陪同下走出弄堂。

顧嘉棠等在車邊，準備接于升前往東洋街。跟日本人打交道，杜月笙時刻注意壓對方一頭，自始至終都由顧嘉棠出面，暗示內田佑「還不夠資格與杜先生談事」。

于升上次坐車是夜間逃亡，緊張而顛簸，這次有了另一番體驗。法租界馬路蜿蜒，司機開得不緊不慢，彷彿街頭巡遊的霸王，享受著眾人敬仰的目光。行人見豪車駛過，趕忙閃到一旁。認出是杜月笙車子的人，還脫帽致敬。這一路，可謂威風八面。

看著繁華的街景，于升的思緒卻飄到了風林居，懷念起往會樂里疾馳的時光，琥珀色的眼眸中流露出溫情。

顧嘉棠看于升眼神中毫無銳氣，以為他心中憂慮，拍著胸脯說：「勿要擔心，到了東洋街，老哥與你同進退。」

于升淡淡一笑：「顧大哥有心，比武較藝，手底下見真章。」

顧嘉棠斜靠在車窗旁，氣勢洶洶：「老弟的功夫，自然沒得說。杜先生怕東洋人使詐，特地關照不可大意。老哥陪你一起，看誰敢胡來！」

于升嘴唇翕動，卻沒有言聲。論比武打鬥，他對身上的功夫有自信，但對日本人也不得不防，聽說津門第一的霍元甲就是死在日本人的卑劣手段之下。一旦進入日本人的地盤，必須小心行事。

車子駛入東洋街。

街兩旁出現各色日式建築，耳畔的上海話也都成了日語，看著懸掛在商鋪前的太陽旗，眾人彷彿瞬間離開上海，到了日本。

內田佑的宅邸周圍綠樹成蔭，兩名和服少女在門口迎客。

顧嘉棠和于升下車後，在她們的引領下步入前院。腳下的石子路鋪得十分平滑，拐彎處還特意加了層細沙。

院內置有枯山水。枯山水無山無水，偏做出山水意境。

白沙鋪地，犁出水紋形，意為湖海，上置大小不一的褐色岩石，以綠色苔蘚鑲邊，象徵山巒。此處景觀是模仿京都龍安寺內的「虎負子渡河」。

中國人喜歡在庭院中種上花卉綠植，觀魚養鳥，頗多生趣。日本人卻反其道而行，以侘寂枯高、素淡空漠為美。

和服少女穿著雪白的足袋，在前面碎步引路，素色衣擺內側隱約露出一小截鮮豔的襯裡。

于升和顧嘉棠並肩而行，跟隨她們穿過木廊，繞開孤立於樹叢中的灰石燈，來到茶室入口前的茶庭。

給客人們洗手的石頭蹲踞中盛滿清水，竹製水渠淌出細流，在水面滴出波紋，模仿叮咚的山泉聲。

少女通報之後，帶兩人矮身進入茶室。

茶室以薑黃色榻榻米鋪地，內設壁龕，牆上掛著一幅

「雲」字，落筆一氣呵成，收筆時注重大片留白餘韻。這字取自「雲靜日月正」的禪門偈語。

字前放置著一個烏黑梅瓶，瓶口有鮮明裂痕，一朵粉白睡蓮插在瓶中。日本花道輕圓融，喜殘缺，殘瓶配上一朵鮮花，展現物哀美學。瓶身有「正八」兩字。「正八」是佛教「正八部」的簡稱，又名「天龍八部」。這只曾在寺院使用的梅瓶給茶室增添了一份禪意。

內田跪坐在矮桌前，對面擺著蒲團坐墊，一旁的鐵壺傳出水沸之聲。

他看到于升和顧嘉棠進來，微微點頭，做了個請的手勢。于升上前盤腿坐下。

顧嘉棠有意來個下馬威，揚起下巴問：「日本人這麼窮啊？招待客人，一把椅子都沒有嗎？」

內田氣定神閒看他一眼：「這不是窮，是跟中國人學的。唐代以前，中國人都是席地而坐，椅子才是外來品，所以又叫胡床。」

顧嘉棠自知讀書少，臉上有些掛不住，不再多言。

侍女上前沏茶，動作端莊優雅。

于升飲了一口，覺得滋味寡淡，遠不如林熙的「清溪白石」，但斗笠型茶盞卻十分精美，黑底上有黃褐斑點，如羽毛花紋，又似油滴斑痕。

內田見于升對茶盞端詳仔細，神色得意：「這是中國宋代建窯燒製的，名為鷓鴣斑。招待貴客，不能怠慢。」

中國文化崇尚道法自然，製作器物也愛模仿象形，以奪天工之巧。

宋盞崇尚青黑底色。鷓鴣斑茶盞以烏泥窯燒製，仿製鷓

鴣羽毛斑點做裝飾，是宋代飲茶名器，有「點茶三昧須饒汝，鷓鴣斑中吸春露」的詩句流傳。

民國初年，清帝退位，原本只供天子把玩的寶物散落民間。亂世買黃金，盛世收古董。這年月古董不被國人重視，日本人崇尚唐宋文化，在蒐集上毫不吝嗇。

于升見國寶落在異族手中，心中不悅，話裡夾槍帶棒：「凡是中國的好東西，內田先生似乎都很有興趣。」

內田眯眼一笑，緩緩答：「招待中國貴客要用中國寶物。宋盞歷經千年，不僅是茶器，握在手裡，也是手捧十世光陰。日本茶道有一期一會的說法。我們今日有緣相會，這茶盞就是一個見證。」

這番話讓于升想起林熙所說「人活一世，草木一秋，相遇皆是緣」，果然中日茶道也是同源。

顧嘉棠雙手抱胸，眼皮一翻，話裡多了些許火藥味：「中國人的寶貝，日本人擺顯什麼？」

內田嘴角吊著一絲冷笑：「宋被遊牧民族所滅，唐宋茶道毀於一旦，長期動盪讓茶杯中的浪漫消失殆盡。日本保留了中國茶文化，發展成日本茶道。這鷓鴣斑若在中國富家，不過是一件用來炫耀的古董。茶具的價值只用金錢來衡量，才叫可悲。」

于升面若冰霜，回敬道：「所謂繼承，也得看學了皮毛還是得了根本。日本茶道雖自成一派，但要說是對中國茶文化的繼承發展，怕是太自大了吧？你再三提出比武，莫非是想繼承發展中國武術？」

內田抿了一口茶，語速不緊不慢：「當年大唐盛景，舉世無雙，日本遣唐使無畏葬身海底之險，遠渡中國學習。如

今西學盛行，日本明治維新，和魂洋才，打敗俄國，為亞洲爭光。審美、知識、科技、文化，這些都不分國界，只有交流才能學習進步。黑龍會曾幫助中國人成立同盟會，你看，就連中國的革命也不分國界，唯獨在武術上，要分國界嗎？」

顧嘉棠偏了下頭，冷哼了一聲：「繞了半天圈子，還是想偷學武術！」

這個「偷」字出口，內田握著茶盞的手加了一分力，額頭隱現青筋：「在一件日常茶具上，宋人就展現出驚人的技藝，實在令人佩服。中華武術歷時千年演化，必有精妙。日本集百家之長，一心變強。中國現在沒了皇帝，民眾就不知道該跪拜誰了。軍閥亂戰，天怒人怨，反觀租界內卻是歌舞昇平，租界平靜，就是因為英法夠強。只有真正的強者才能帶來天下的安寧。」

于升胸中湧出怒氣，怒目攢眉：「中國不需要日本人帶來安寧！」

內田用指頭拂了拂茶盞：「漢族也曾說不需要滿族帶來安寧，接著還不是歌頌康乾盛世。歷史從來不說需要不需要，應該不應該。不是正義必勝，而是勝者才是正義，強者統一天下是大勢所趨！」

日本覬覦中華土地是司馬昭之心路人皆知，內田毫無遮掩，說得直白。顧嘉棠江湖人的暴脾氣發作，臉紅脖子粗，一拍桌子吼道：「東洋瘪三！再說一遍試試？」

陡然提高的音量驚動門外，隔門猝然拉開。近身守衛江戶川直樹手插懷中，以拔槍的姿勢等待內田的命令。

這個突如其來的變數令顧嘉棠愣在當場。

江戶川直樹個頭矮小，有著一雙如同冷血動物般的眼睛，眉毛稀疏，一道刀疤從額頭斜向劃至右眼下方，將臉一分為二，見之令人心生厭惡。

他跟隨內田多年，在黑龍會中綽號「木守」。「木守」在日語中是指柿子樹上最後剩下的沒被摘走的柿子。日本茶道宗師千利休曾讓弟子們挑選中意的茶碗拿走，將最後無人選的碗留在身邊，取名「木守」。內田推崇千利休，便給江戶川起了「木守」的綽號，留在身邊。

九鬼英二對此人的評價是：「陰險歹毒之輩。」

江戶川與暴烈蠻勇的九鬼屬於兩類人。他相貌醜陋，自幼不被待見，平日沉默寡言，在鬥毆中被砍傷臉頰之後，變得更加冷僻，如同一個悶罐頭，內有暗火發酵，怨恨浸透了每一個毛孔，滋生出割頭戮頸的殘忍性格。

內田不顧反對讓江戶川充當貼身守衛時解釋說：「這人心有戾氣，刀鋒總有用得上的地方。」

跟幫派之人打交道，內田早有防備，令江戶川帶槍在門外待命，隨時提醒對方，誰才是這裡的主人。

顧嘉棠攥緊拳頭，手心都是冷汗。

四周的空氣似乎突然重了十倍，緊張的氣氛在清雅的茶室內瀰漫。

內田面色如常，冷冷說道：「這裡是東洋街，不是青幫的地盤。杜先生沒教你作為客人的基本禮貌嗎？」語畢他抬起手，手指輕搖，江戶川低頭受令，收槍退後，把門拉上。

顧嘉棠咬著後槽牙。在刀尖舔血多年，他自然懂得進退分寸，這時就算肚內有火，也只得忍耐。

于升沒被剛才驚險的一幕所影響，沉著臉繼續問：「日

本不過彈丸之地，何以認為能強於中國，統一天下？」

「日本是島國，為求發展，需要更大的生存空間。就像一條飢餓的蛇，眼前即便是大象，也照吞不誤，這是生存之道。」

于升目光冷峻，閃現一絲殺意。內田對此視而不見，毫不客氣接著說：「中國雖大，但地方勢力割據。甲午之戰，日本並非戰勝了中國，只不過打敗了李鴻章的淮軍而已。中國大量艦隊都未參戰，民眾也不願意為清廷而死。如今軍閥混戰，從直皖戰爭到中原大戰，內戰不止。地方各自為政，就像蚯蚓，即便切斷身子依舊毫無感覺，越切越小。蚯蚓和蛇，孰強孰弱？」

中華民族以龍為圖騰，內田卻以蚯蚓比喻，于升臉色難看至極，徹底失去了喝茶的興致：「今天你找我來，怕不是飲茶談國事的吧？」

「當日無緣見得于升君的功夫，十分遺憾。今日我想欣賞一下。」

「我也正想討教，看看自詡的強者有多厲害！」于升虎著臉，身上散發出炙熱的鬥氣。

內田看在眼中，嘴角微微上翹，比武前激怒于升是故意為之，這樣才能逼他使出全力。

「兩位請跟我來。」

內田起身帶領兩人前往演武道場，江戶川與兩位和服侍女緊隨其後。

顧嘉棠眼中有火，于升走路帶風，此刻他們心中都有股怒氣想要釋放。

接下來戰況的慘烈，所有人都始料未及。

第十八章
凌空勁・血鬥

　　在道場等候了半個小時，基洛夫有點坐不住了。他右手握著左拳，捏得指關節噼啪作響。

　　流亡上海後，基洛夫體內的戰鬥基因依舊活躍。來滬的白俄分不同階層，哥薩克騎兵跟海參崴前沙皇水兵分屬兩派，為了釋放戰鬥種族的天性，兩派各自派出人馬，組織拳擊賽，私下開盤口下注。

　　基洛夫在私鬥中未有敗績，隨著「白鎯頭」的名聲越來越響，漸漸難覓對手。當內田佑以重金尋求搏擊高手時，他看到的是一個撈金的機會。

　　基洛夫平日喜歡在舞廳裡聞著杜松子酒的味道，在各國美女崇拜的眼神中痛揍鬧事者，再把他們一個個扔到馬路上。道場內靜坐等待的這段時間，幾乎用掉了他下半輩子的耐心。

　　姆當跪坐一旁，黑亮的眼中隱含對基洛夫的敵意。

　　跟隨茶商來到上海的這段時間，姆當一身功夫無處施展。這裡是幫會的天下，少有單打獨鬥的機會，姆當連出手的機會都沒有，何談賺錢榮歸故里？

　　內田招攬他時做出承諾，若他打贏了，不僅有一筆賞金，還將被聘請為黑龍會的武術教官，領取月薪。

　　姆當聽了摩拳擦掌，戰意陡升。他自認為可輕鬆贏下中國人，但若教官只有一個名額，那麼這個俄國人才是真正的

對手。他斜眼打量起基洛夫，想著待會兒如何挫下這個大塊頭。

基洛夫發覺姆當投來帶有敵意的目光，有些莫名其妙。他可從沒把這個黑瘦小子放在眼裡。格鬥，力量是首位。豺狼的牙再鋒利，也奈何不了狗熊。

基洛夫心中認為，值得一戰的對手都是如巨獸般強壯的暴徒。除了當日與內田點到為止的切磋外，他還從沒有跟體重八十公斤以下的對手打過。

基洛夫記憶裡最難忘的戰鬥，是在家鄉彼得格勒酒吧的一場鬥毆。

對手是一名身高兩米、體重一百三十公斤的巨漢，那真是一場酣暢淋漓的大戰啊。想到這裡，基洛夫用舌尖舔了舔嘴唇，回憶起當日濺在臉上的鮮血的味道。

正當兩人各自心中盤算之時，內田領著于升走進道場。

昔日于升在密室贏下黑石一雄，內田無緣目睹戰況，這次吸取教訓，特意安排在演武道場比鬥。

顧嘉棠一看，果然如手下所言，有兩個異國武士在此等候，冷哼一聲，沒好氣地譏諷：「說了半天日本多厲害，動手就找人幫忙，要臉哦？和魂洋才，原來是找洋人助拳的意思啊。」

內田不為所動，大方介紹道：「這兩位，一位來自俄國，習練的是拳擊，另一位是暹羅拳術代表。雖非大和民族，但他們都是黑龍會國際搏擊教官的候選人，至於有沒有資格當上教官，就看于升君能不能贏他們了。」

姆當求戰心切，搶先起身。基洛夫也不願再等，站了起來。

于升看向基洛夫和姆當，兩人一高一矮，一白一黑。

高大白人肩寬膀粗，身如酒桶，拳頭緊握似鐵球，應該是拳頭上功夫了得。

膚色黝黑的小個子腹肌分明，小腿肌肉異常發達，想必是下盤功夫出眾。

顧嘉棠趕忙站到中間，攔住雙方，梗著脖子問內田：「一打二不合適吧。先說清楚，要怎麼打？」

內田惡作劇般一笑：「今日的切磋，于升君是考官，至於怎麼比，于升君說了算。」

顧嘉棠接不上話，只得看向于升，嘟嚷一句：「這東洋人嘴皮一動就把皮球踢回來，真夠滑頭。」

于升看了眼姆當，又將目光投向基洛夫。基洛夫咧了咧嘴，準備上前與于升幹架。

姆當趕緊伸手一攔，抬手指向于升，又指指自己，揚了揚下巴，意思是想打頭陣。他怕讓俄國人搶了頭功，丟掉賺錢的機會。

顧嘉棠未等眾人有所反應，搶著說：「既然暹羅武師主動請戰，不打真以為我們怕了他，就先揍他了！」他見暹羅人體格矮瘦，想先挑個軟柿子捏捏，內田展顏一笑：「好，那就先由姆當出戰。」

基洛夫無奈搖了搖頭，只得繼續坐下看戲。

于升和姆當走到道場中間，保持七步距離。內田與顧嘉棠各站道場一側，作為拳證。

于升身高一米七四，體重六十九公斤，體格比姆當大出不少。

內田轉臉看向于升：「于升君，什麼規則？」

于升斬釘截鐵：「老規矩，打到一方倒下為止。」

內田用眼神示意姆當，伸出拇指在脖子上橫劃了下。姆當心領神會，點點頭。

內田大聲宣佈：「比武，開始！」

要一打二，首戰萬不可受傷，這種心理壓力，比單場決鬥要大得多。現場的緊張氣氛令顧嘉棠能清楚地聽到自己的心跳聲。

于升雙眸凝神，讓力量充盈身體。

姆當雙拳纏麻，步踏三宮，右臂抬至眉梢護頭，左手前伸，翻掌向上，翹起食指勾了勾，讓于升攻過來。

于升見他左腿上下點地，知腿法多變化，便抬起雙臂防守，以摩擦步蹚水般緩步前移。摩擦步運足秘訣在一個「蹍」字，如踩毒蟲，借摩擦力發勁。

于升想仗著體格優勢發起強攻。

兩人漸漸縮短距離，彼此身上散發出看不見的鬥氣，以拳腳為半徑勾畫出「戰圈」，一旦入「圈」，戰鬥即刻打響。

相距三步時，姆當猝然踢出「孟民撐船」，這一腿如匕首直插于升腹部。于升下盤沉實，腹部始終繃著勁，硬扛住這一擊。

姆當感覺一腳蹬在了包裹著橡膠的岩石上。

觀戰的顧嘉棠心頭一驚，他方才完全沒看清姆當如何出腿。

拳諺云，「寧在一思進，不在一思停」。于升挨了一腿後，沒半點遲疑，腳下一蹍，上步加速突進。

姆當腳下彈性十足，迅速後撤，拉開距離第二腿再起。

于升足下一點，軀幹瞬間向後錯開三寸。

暹羅拳的正蹬腿主要靠胯部寸勁發力，于升向後一閃就卸了姆當的勁，趁著姆當來不及收腿，于升左手下落，扣住腿往外一撥。

姆當的重心被拉偏，身子轉了半圈，霎時露出後背，于升抬手一招「鷹展翅」，揮掌劈向他的後頸。

姆當聽到風聲，知道對方從後側攻來，但來不及回防，索性加速又轉了半圈，轉身反手鞭拳橫掃而出。

只聽「叭」的一聲，姆當以反手鞭拳彈開了劈掌，雙方各自被震得退開一步。

暹羅拳的招式大開大合，為避免進攻落空出現防守漏洞，特設「子母招」，招招相扣。剛才的反手鞭拳名為「天王擲輪」，是踢空後的「子招」。

這番交手下來，姆當原本身上的懶散之氣一掃而空，表情亢奮，雙目放出精光，彷彿回到暹羅賽場，黑蛇要露出毒牙了！

他嘴角微揚，露出森寒殘忍的笑容，向前斜跨一步，左掌突然推山般前撐，干擾于升視線。

在以掌遮面的瞬間，姆噹一聲叱吒，猛地擰腰甩胯，右腿如一道黑色弧光斬裂空氣，掃向于升脖頸，帶起的勁風如鋼刀刮面。

這一腳不是撩上來的，而是整個身體撞過來的！

雖被阻擋視線，于升的目光卻始終罩住對手肩胯，見姆當身子一擰，當即向前迎去。

死鬥之中「進則生、退則死」，後退反而有利於對手發力，生路只在主動「截」住對手。

于升左臂屈曲，筋肉繃緊，如一面三角盾，想硬扛下這一腿，然後伺機反擊。

但姆當的掃腿踢中于升左臂後卻未有絲毫停滯，一抽而過，如同刀刮魚鱗一般，力量不是直接侵入，而是刀削麵般斜著削過去，這種打法與「拖泥帶水」的摩擦勁打法異曲同工，難以正面硬堵。

姆當身似靈蛇，一腳之後迅速退到安全距離。

顧嘉棠看得雙眼發直，這黑矮子也太厲害了！于升居然一下都摸不到他！

挨打可不是于升的性格。

在摸清對手的進攻路數後，不等對手再出招，于升主動搶攻，左掌揮出，抬手一招「雲遮月」擋住姆當視線。

姆當以為于升要依樣畫葫蘆，便只提防著來腿，但他猜錯了。

只見于升伸手一晃，左手彷彿在虛空中「抓」住鐵環，一下子借力把身子拽上前去，勢如插翅猛虎，揮出右拳，猛擊對手面門。

這一擊帶著撲勢，速度超乎姆當預料，猝不及防間，他被狠狠砸中鼻梁。于升只感覺拳下一軟，姆當鼻骨凹陷，鮮血迸濺。

「好！」顧嘉棠激動地揮了下拳頭。

內田見于升瞬間以詭異身姿飛撲進身，瞳仁驟然一縮。

于升所使用的，是內家拳秘傳──「凌空勁」。

江湖傳言凌空勁是隔空打人的「幻技」，此乃訛傳。

凌空勁是一種透過意識協調肌肉的技術。于升以意識製造「虛空鐵環」，進行空間定位，以手拉身，由肌肉筋膜牽

扯令身與手互動，調動全身重力前撲。

此勁如將彈簧一端拋出，固定在一點上，整條彈簧藉著彈力拖拽，向定位點整體衝擊。這種以梢節定位拉動軀幹的動作屬於閉鏈運動，需要極強的身體控制能力，是「牽掛聚形，以勢生力」的祕技。

雖被重拳打斷鼻骨，但多年來暹羅拳賽的歷練讓姆當壓抑住本能，沒被傷痛影響，始終將注意力放在戰鬥之中。在于升撲進的一瞬間，姆當伸手如抱琴攬月，一把扣住于升的頸部，準備施展「箍頸膝撞」。

若是一般的摟抱，于升完全有能力掙脫，可是姆當在箍頸瞬間暗含一個拍擊後腦的隱祕動作，這也是暹羅拳中的小訣竅——連打帶摟。

于升後腦被掌面一拍，注意力在一瞬間分散，姆當趁機雙臂夾緊，前臂死死貼住于升下巴，借體重下壓，整個人掛在于升脖子上。

頭領全身之力，一旦脖頸被控制，就如陷入捕獸夾的困獸。姆當立刻抬膝撞擊于升側肋。

暹羅拳中的膝法不是直起直落，而是藉助箍頸的拖拽，身體一「盪」將膝甩出來，用的是全身合力。

于升胸肋筋膜強健，挨了膝撞只悶哼了一聲。姆當左右連打兩膝後，于升以「聽勁」摸清他起膝節奏，雙臂交叉擋住第三下。

姆當見膝法被識破，立刻變招，一鬆手，右肘上翻，在空中劃出曲線，借墜力下劈，肘尖擦刮過于升眉弓。

暹羅拳有「肘過如刀」之說，這一肘勝似剔骨尖刀，切開皮肉，甩出血珠。

　　姆當打比賽時養成了下意識的習慣，一招得手後本能放鬆，以節約體能，調整呼吸。

　　于升同樣沒被傷勢影響，凝神間發現對手破綻，當即上步，緊緊貼靠，左臂插入姆當的腋下，右手鉤脖，抱緊、貼緊、跟緊「三緊齊到」，使了招中國跤法中的「別子」，擰腰將暹羅人摔出。

　　姆當頓時腳下一空，如被旋風捲起，世界顛倒過來，天旋地轉間，腦袋重重磕砸在地板上，眼冒金星，耳畔嗡嗡作響。

　　恍惚間，他像是回到了曼谷的廟會拳場，臥佛旁的鄉親正以掌拍地，催促他趕緊站起。還未等他分辨幻相，于升提膝抬腳，足跟挾帶著騰騰殺氣，狠狠踩向他的臉。

　　「咚！」骨肉撞擊聲在道場內迴響，令人膽寒。

　　赤紅的鮮血潑墨般爆開，噴灑到空中。

　　姆當的下頜骨被當場踩裂，木地板被鮮血浸潤。

　　于升抬起頭來，左眉弓有一道醒目傷口，血順著棱角分明的臉龐滑落，淌到刀刻般的下頜，匯聚成血珠滴落。

　　道場內鴉雀無聲，只有血落在地板上的「滴答」之聲。

第十九章
野獸・輸贏

　　一場惡鬥，看得顧嘉棠頭皮發麻，汗毛倒豎。

　　黑皮小子已如此凶悍，鐵塔般的羅剎鬼豈不是要吃人？

　　內田信手一揚，以日語喝令，江戶川跑出去，不多時帶著三個人和一副擔架過來。一人簡單翻開姆當的眼皮檢查了下，隨即囑咐另外兩人將姆當抬上擔架送走。

　　和服少女跪在地上努力擦拭血跡。

　　內田看著于升的傷口，略帶遺憾地問道：「于升君，要不要改日再戰？」

　　顧嘉棠臉上有點掛不住，要是不打的話等於半途而廢，但繼續打下去只怕吃虧。

　　正當他想著要怎麼辦的時候，一旁的基洛夫坐不住了，瞪著眼用不熟練的中文說：「不打，就認輸！」

　　顧嘉棠鐵青著臉回罵：「啥麼事（什麼）？想占便宜啊？」

　　基洛夫如熊咆哮：「弱者才喊要公平、要公平！只要夠強，隨便打！」

　　內田以手指捏了捏高挺的鼻梁骨，略微沉思，一句話穩住局面：「打不打，由于升君做決定。」

　　于升接過和服少女遞上的毛巾，擦拭傷口。眉弓處毛細血管分佈較多，血流到眼睛裡會影響視線，好在傷口不太深，血能止住。他估量了一下自己的身體狀態，兩肋雖然隱

隱疼痛，但傷勢不重，左臂的淤青也還不至於影響發力。這副身軀經過千錘百煉，如同一支紀律嚴明的軍隊，只要意識尚在，就經得住任何考驗。

剛才血流入于升的左眼，一半世界變得暗紅，他心中有一頭凶獸掙脫鐵鏈，好似野馬脫韁，血液裡的熱火已經被點燃。

「小傷，無妨，繼續打。」于升聲音中帶著壓抑不住的戰意。

基洛夫一聽這話，如同丟了的錢包失而復得，心中欣喜，忙不迭脫下襯衫，往地上一扔，抬起纏好白布的雙拳，跳著小步來到道場中間，迫不及待想要開打。

內田佑看了下鬥志昂揚的兩人，露出笑意：「比武開始！」

基洛夫打量了下于升，沒有急著出手。這一戰他有著十足的把握。

拳擊是分級別的競技運動，身材高大、臂展長者有絕對優勢。基洛夫看于升個子比自己小得多，根本沒把他放在眼裡，準備先用刺拳試探一下于升的斤兩。

于升眼中毫無懼意，身上帶著一股凜然之氣，大步向基洛夫走去。

見于升就這麼大大咧咧走上來，絲毫不做防守，未免太目中無人，基洛夫眼中頓時閃過一絲殺意，準備等于升一進入攻擊距離，就立刻轟下他的腦袋。

但于升走到距離基洛夫四步遠時，突然身子一矮，雙手撐地，旋身使出一招「掃堂腿」，直踢基洛夫腳踝。

這一招用得出其不意，基洛夫當即被踢中。他體型雖

大，但步法靈活，身子晃了一晃，很快調整重心，穩住了步子。

于升惡鬥姆當，整場都採用正面強攻的戰術，只因體格占優勢。兩軍對壘，兵力多者自然穩紮穩打。但面對體格壯碩的基洛夫，硬拚的話鐵定占不到便宜，所以必須出奇制勝。

于升見對手重心比較高，判斷他雙拳的攻擊範圍在骨盆以上，一旦打擊目標低於胯骨，其出拳發力就會受影響，因此主攻下盤。

于升施展掃堂腿後，身子並未直起，而是半伏著，如豹子般直撲基洛夫左腳。

基洛夫不敢遲疑，趕緊抽回腿，同時腰胯一擰，右擺拳打向于升耳側，于升提肩抵擋。由於位置太低，基洛夫的拳頭不好發力，只打出五分勁道，沒有對于升造成什麼傷害。

于升不管不顧抓向基洛夫右腳。基洛夫身如靈猿，向後一縱。

上場比武于升就是靠摔法分出勝負，基洛夫不敢大意，他在街頭對付過摔跤好手，知道破解摔法必須壓低重心，於是彎腰坐臀，放低了架式。

于升見狀再次變招，猛地直起身子，朝對手衝過去。

基洛夫一驚，莫非對方想近身拼拳嗎？真是自不量力！當他抬起拳頭準備迎擊時，于升卻忽然頓步，前腳借勢一提，後腳蹬地，猛催前胯，一招側踹踢向基洛夫面門。

武術發力講究整體對稱，出拳出腿都有對爭之意。于升的側踹以胯部對爭發力，無須彎膝蓄勁，起腿突然，力貫腳跟。

基洛夫個子較高，本來頭部不容易被對手踢中，但他剛才被誤導，放低了姿勢，此時眼中陡然映出一隻鞋底。

這一腳結結實實踢在基洛夫的面門上，如長矛突刺，似要貫穿其頭骨一般。

換作旁人恐怕早就倒地，但基洛夫的脖子十分粗壯，發達的頸部肌肉幫他減輕了腦部受到的震盪。基洛夫身子搖晃了一下，再次支撐住軀幹。不僅如此，他還在一瞬間本能地抬手護頭，肘貼雙肋，做好了防禦。

于升的兩次奇招都未能顯奇效，耍詐不行就只能強攻！

于升墨眉一撐，再施凌空勁，揮手如飛鳥撲翅，「翅膀」一扇，整個人就進了身，施以「拖泥帶水」打法，臂磕、肘銼、上撩、下劈，立體攻勢疾如旋風，想一鼓作氣擊倒對手。

基洛夫雙臂防守嚴如城牆，順著來拳方向扭轉身體，好似堅韌竹林，不懼暴雨強風。

基洛夫能百戰百勝，靠的不光是巨大的體格，還有精湛的拳擊技術。

拳擊的防禦之術有三層。

第一層是利用步法移動控制距離。

第二層是透過身法起伏擰轉，令對手的打擊落點產生偏離，削弱其打擊力。

第三層是手臂貼身防禦，形成穩定的三角防禦結構。

基洛夫的防禦術十分精湛，他雖被于升的連招打得左搖右晃，但就是不倒。

他在閃避中找到一處空隙，立刻揮拳反擊，一記右勾拳打中于升的額頭，于升眉弓處的傷口再次濺血。

顧嘉棠見于升飆血，心中頓時咯噔一下。

虧得基洛夫還未完全恢復，這一拳只是打斷了于升的進攻節奏，力量不足。于升穩住身子，轉過頭來，雙目充血，殺心熾盛如火。

要拼拳，那就來吧！

只見于升足下一蹬，身體前撲，手臂卻像被人扯住一樣固定在原處，等待他肩背翻抬將整個重心拎起，如蒼鷹俯空，以衝勢撕扯手臂，猛然甩出重拳，右拳好似一下掙斷鐵鏈的狂龍，爆發出恐怖力量。

凌空勁有兩種身手互動的用法。以手拉身的「鐵環借力」是在空間製造牽掛點，用於突進。另有一招「籐條後拽」，由意念中的籐條固定手臂，再由身體大幅搶動造勢，以身拉手產生拉弓蓄勢的效果，掙脫籐條固定後，打出勢長力短的效果。

這一拳去勢如流星，終於穿透防禦壁，狠狠砸中基洛夫的耳根。

顧嘉棠見這一擊發勁猛烈，興奮至極，渾身起了一層雞皮疙瘩。

內田神色陰厲，驚呼：「短臂猿身！」

基洛夫中拳後像被灌了一斤伏特加，只覺得天旋地轉，腳下踉蹌。

但在哥薩克騎兵的概念中，倒下就代表死亡，若雙腿無法支撐，就靠氣魄去支撐！他深吸一口氣，雙腿止住顫，如銅鑄鐵打的軀體仍屹立不倒！

基洛夫能屢次承受重擊而不倒，除了強大的鬥志之外，還跟體格有關。人體的抗打擊力一定程度上取決於骨架和肌

肉的大小。骨架越大，對打擊力的傳導與分散能力越強；肌肉越發達，越能減少打擊對內臟的震盪，因此輕量級拳手要擊倒重量級拳手難如登天。

基洛夫在絕境中沒有後退，齜著兩排帶血的牙，彎腰低頭往前頂，藉著腰胯一甩，一記左勾拳打中于升腹部。

于升被打得身子一弓，只覺得口中逆血一湧，但他忍住疼痛，順勢彎腰，右手緊扣住基洛夫左膝後側，肩膀抵住其身子，頂著往前用力一掀。

基洛夫只覺腳下大地塌陷，被摔翻在地。在中國跤中，這招為「靠」。

內田覺得這招摔法十分眼熟。日本柔道中有類似的招法，名為「朽木倒」，意即一棵腐朽的大樹從根部被掀倒。

東方摔技互通，西方摔跤強調絕對力量，東方摔法偏好借槓桿力摔倒對方。

武當有「粘衣十八跌」的絕技，一個「跌」字，表明是對手自己失衡，更凸顯東方摔法的精髓。

憑藉這個巧摔，于升徹底扭轉了戰局。

倒地後，基洛夫的體型優勢蕩然無存。

于升左膝壓住基洛夫胃部，騎在他身上，雙拳凝聚著體重，帶著怒火一次次往下猛砸。

基洛夫的臉被重拳正面擊中，巨大的衝擊力令他的後腦撞到地板，彈起後又再次迎上砸下的拳頭。

于升的每一拳都令基洛夫腦袋遭受雙重傷害，就算是鐵人也禁不住這樣的猛擊。

于升彷彿瘋魔上身，眉宇間殺氣湧現，像是要將血液中的熱火全部釋放，雙拳如落雷，恨不得將地面砸出一個大

坑。五秒內，基洛夫頭上挨了不下十拳。

于升的視線已經被血染紅，眼中一切都變得扭曲，出拳越發凶狠。

這般殘暴的打法，連顧嘉棠這樣的老江湖都驚呆了。一旁的和服少女摀住眼睛，嘴唇發抖，不敢觀看。

內田倏地變了臉色，大喝道：「到此為止！」

聽到喝止，于升的拳頭停在空中，好似睡夢中被人驚醒。

沒想到于升攻勢稍停，基洛夫便突然爆發，隨著一聲怒吼，抬手前推，猛然坐起。

基洛夫金色捲髮和鬍子全被染紅，怒目齜牙，雖然受傷嚴重，但鬥志依舊炙熱如火！

眼看著兩人殺紅了眼，江戶川和顧嘉棠急忙衝上去拉開雙方。

顧嘉棠緊緊抱住于升，感覺到他胸部的強烈起伏，喘息聲像一頭怒獸的低吼。他的臉上、身上和拳頭上沾著鮮血，拳峰因為剛才的猛力擊打而腫起。

空氣中瀰漫著一股鐵鏽般的血腥味。

基洛夫臉頰被打裂，左眼腫如鵝蛋，他生平第一次吃這麼大的虧，怒不可遏。腎上腺素的飆升讓他感覺不到疼痛，發瘋般掙扎著要繼續打，江戶川根本拉不住他。

基洛夫手臂肌肉暴漲，血管如蚯蚓般扭曲，一揮臂竟然把江戶川像扔沙袋一樣甩了出去。殺紅了眼的基洛夫踏著沉重的步子衝向于升。

眼見兩人馬上又要廝打起來，忽然一道人影從側面衝向基洛夫，將他上身一引，下盤一絆，基洛夫巨熊般的身體冷

不防被抛出，重重摔在地板上。

原本他就傷得不輕，純粹靠著憤怒在支撐身體，這一摔彷彿針戳氣球，洩了他的鬥氣。

基洛夫躺在地上，看到了將自己摔出的人，正是內田佑。

又是這個東洋人！

內田以一招「浮腰」放倒基洛夫之後，再次宣佈：「我說了，比武結束！」

這一手不僅鎮住了基洛夫，也令顧嘉棠心中暗驚，看不出來黑龍會的少主竟有如此身手。

兩名和服少女端著托盤上前，托盤上，禮金用紙封好，另有一杯茶和一塊乾淨的濕毛巾。

內田深邃的目光幽幽閃著：「這場比武實在精彩，薄禮還請兩位收下。」

基洛夫從地上坐起，再三受挫令他收斂了些許囂張，用手指點了點于升：「我還能打，沒輸。」

于升調節呼吸以平復情緒，拿起毛巾擦拭血跡，不理會他。

比武輸贏憑的是服人。

第一等的勝利，是贏得大氣。高手靠露一手絕活讓對手甘拜下風，給雙方都留了面子。

第二等的勝利，是讓對手輸得服氣。公平對戰，將對手徹底打趴，所有人挑不出毛病。

最怕的是第三等，雙方勢均力敵，殺敵一千自損八百，只沾了一招半式的光，對手不服，各執一詞。不用基洛夫強調，于升也不覺得自己贏了，只是「過關」了。

比武時，于升感覺體內有猛獸要破籠而出。不知何時，猛獸占據了他的身體，替代他打到最後一刻。如今比武終了，于升還能聽到來自體內的隱隱咆哮。

　　武者追求「二足獸」的境界，這裡的「獸」是指「獸意」，不是「獸性」。「獸意」是精神籠罩，「獸性」是野性本能，一字之差，卻有雲泥之別。

　　武術是纖毫之爭，功夫越深的人，對身體的控制能力越強，武人最忌諱失控。于升剛才逼出體內獸性，反而將一場比武變成了赤裸裸的鬥毆。

　　但在顧嘉棠看來，這分明是一場大勝，他長舒了一口氣，聲音也大了三分：「看來，黑龍會教官的人選都不怎麼樣啊！」

　　內田毫無慍色，依舊一副胸有成竹的樣子：「兩位請與我回茶室休息吧。」

　　剛才在茶室論國事，雙方火藥味十足，惹得守衛差點拔槍，顧嘉棠當然不想再跟日本人掰扯那些糟心的話題。但于升連戰兩場，體力消耗不小，確實需要休息。

　　顧嘉棠用眼神徵詢于升的意見。

　　于升點點頭，他心中那頭猛獸漸漸安靜下來，變得若有若無，隨之而來的疲乏和疼痛潮水般湧進身體。

第二十章
國術・空城計

眾人回到茶室。

顧嘉棠擔心于升的傷勢，下巴一揚：「于師傅趕著回去歇息，有話趕緊講。」

因為比武的連勝，顧嘉棠言辭間底氣十足。

內田佑點頭表示理解：「于升君，對剛才的比武，我想請教幾個問題。」

于升的殺氣還未完全消退，蹙眉抬手：「且慢。」

眾人一愣，只見于升將那份用紙封好的禮金放在桌上，推向內田。內田看了眼禮金，抬眼看向于升，問道：「嫌少？」

于升薄唇緊抿，點點頭。

內田嘴角吊起一絲冷笑，轉頭吩咐：「再備一份禮金。」

于升連多少錢都沒問，語調鏗鏘：「不夠。」

內田一怔。

顧嘉棠臉上浮現出一絲不易察覺的笑意，這步棋走得漂亮！從進屋開始，一直是內田主導局面，萬萬沒想到于升在禮金環節突然發難，頓時反客為主。

內田看出于升已有打算，直了直身子：「于升君莫非已經有了想要的東西？」

于升端起手中的鷓鴣斑茶盞，緩緩說：「這個，我要帶

走。」

內田刀子般的目光盯住于升：「我以貴賓之禮待你，你卻要帶走寶物，能否給我一個理由？」

「瓷器有天命。茶盞開窯，要以童男童女的血潑入窯中，令精氣凝結到瓷器上，產生曜變。做出這般犧牲，只因瓷器燒製不全是人力可控，內含天意。比武勝負除人力之外，也取決於天時地利，今日我連過兩關，是天選之人，帶走這茶盞，是命中注定的緣分。」

雖然于升強詞奪理，但內田卻並不厭惡，這個理由令他覺得很有意思，咧嘴笑道：「好，我有三個問題，于升君如能解惑，茶盞就送給你。」

「講。」

「你對暹羅拳術怎麼看？」

「技法驚人，拳感甚佳。暹羅人身材矮小，故而充分發揮腿部的打擊力，彌補了力量差距。表面上暹羅拳多打直線，實則膝肘招法處處含圓，善於用勢，與中國武術共通之處頗多。我能贏，主要贏在習慣。」

內田聽聞此言，狐疑道：「怎麼講？」

「不同武術間的較量不是競技，而是戰爭。競技時的習慣會成為戰爭中的盲點。暹羅拳師用肘擊封住了我左眼視力，在競技中或許有用，但戰爭講究兵貴神速，生死搏殺強調第一時間消滅對手。他得了小利，卻失了大局，被摔後又不懂自我保護，放棄防守就代表戰鬥結束。」

內田不禁長嘆一聲：「看來暹羅拳術成也擂台，敗也擂台。那麼基洛夫的拳擊又當何論？」

「基洛夫很強，也因為他太強，所以才有破綻。」

內田不解：「強到極致就變弱？莫非是中國太極陰陽哲學？」

「基洛夫體格極為強壯，仗著一雙拳頭厲害，戰術上就不思變。如同掌握大軍，只想正面進攻。恃強，便露了敗機。有正無奇，遇險而覆。我要嘛遠踢要嘛近摔，他的拳法被克制，連一半實力也發揮不出來。」

內田連連點頭：「中國武術技巧豐富，戰法靈活，果然精妙。以鷛鴣斑這有形之物換拳理這無形之寶，值得！」頓了頓，他眉毛一挑，又問，「相傳中華武術『打人如掛畫』，不尚力取。但今日比武戰況慘烈，兩者豈非矛盾？」

「雄鷹捕兔，自然是優雅飄逸、舉重若輕，但若雄鷹與大雕相爭，怕也是血鬥廝殺。實力越接近，競爭越慘烈，這是天下之理，不管武術如何精妙，都須遵循此等規律。『打人如掛畫』只是外行的誇大而已。」

顧嘉棠看內田還想再問，抬手阻止他：「說好三個問題，剛才已經是第三個了！」

內田吊眉斜了顧嘉棠一眼，呵呵一笑，換了個話題：「問題已經問完，我還有個請求。」

顧嘉棠的耐心也快到頭了，聳聳肩譏諷道：「武也比了，問題也答了，怎麼又有事？」

內田不在意他的唐突，繼續說：「你打傷了兩位武術教官候選人，如今教官一職已經空缺，我想請于升君擔當。條件嘛，請隨便開。」

于升聽了一聲不響，緩緩搖頭。

內田似乎料到他的反應，眼神漸漸凶戾起來：「事不過三，這已經是我第三次展現誠意了，你不會還推說師娘不肯

吧？」

于升眼皮低垂，冷言道：「武術誕生於戰爭中，是民族自立之根，不可傳於外族。」

內田毫不退縮：「要論殺人，子彈比拳頭更快。兩國交戰是比船堅炮利。執著於用武術抵抗外族，這種想法過時了。像義和拳那樣的幼稚行為，歷史上已經有過教訓。」

于升眼皮突然一抬，凜然正色：「槍炮時代之前，武力是有榮譽感的。練武需要毅力、勇氣和天賦，武藝高強者被視為英雄。槍炮出現後，唾手可得的力量沒有了門檻，令人沒有信念的力量，只是暴力，失去榮譽感，只剩慾望，人心因此墮落。武術保家衛國，不是用拳腳，而是塑造人心。人相偷安，士無俠氣，則民心弱。」

說到這裡，于升頓了一頓，反問道：「中國文化源遠流長，琴、棋、書、畫、戲、醫都是術，你可知為何唯獨武術能被稱為國術？」

內田佑下拉著嘴角想了想，絲毫沒有頭緒：「為什麼？」

于升目光決絕：「三軍可奪帥，匹夫不可奪志，武術就是要養匹夫之志，有了這股志氣，何懼船堅炮利？武術是育人之術，是民族之根，怎可授於異族？」

這一番話鏗鏘有力，直擊肺腑，顧嘉棠坐在一旁聽了，也覺臉上添光。

內田陰沉道：「就算你不教，也會有別人教。跟我合作的中國武人不在少數，你又何必這麼固執呢？」

「人各有志，各人頭上一塊天，我管不了別人，但自己得守住規矩。」

內田沉默片刻，雙眸露出晦暗之色：「你有你的原則，我有我的做法。最後問你一次，願不願合作？」

顧嘉棠性子急，見對方糾纏不休，一下火了：「說了不教！聽不懂中國話？」

內田頓時翻臉，凶相畢露，猛地一拍桌子。

守在茶室角落的江戶川立刻拔出槍。彈指間，黑洞洞的槍口指向于升。

這把日本南部十四式手槍木製槍柄粗大，槍管細長，形狀如雞腿，俗稱「雞腿擼子」。在細長槍口的深處，暗藏著來自死神的凝視。

江戶川神情猙獰，瞪圓了佈滿血絲的眼睛，只等開火的命令。或許在下一秒，死神就會踏著火光，直撲于升而來。

顧嘉棠被內田突如其來的威壓所震懾，一時僵如泥偶，沒想到這個日本人翻臉比翻書還快。

于升與江戶川相隔八步，身上帶傷，體能不足，就算用凌空勁借力，也難在槍響前靠近江戶川，徒手奪槍幾無勝算。

內田目光冰冷地看著于升，聲音中透著一抹嘲弄：「子彈沒有國家之分，握槍的人再怎麼墮落，只要輕扣扳機就能殺人。于升君，你要是被一槍打死了，為之驕傲的武藝也就沒有了，堅持又有什麼意義？」

顧嘉棠故作鎮定，沉聲威脅道：「內田，你拎拎清爽，在上海真要跟杜先生作對？今天你要敢開槍，阿拉保證明天東洋街就會被一把火燒得精蕩光！」

內田偏過頭打量了下顧嘉棠，臉上浮現出一絲欣賞之意：「不錯，有魄力，顧先生不愧是杜先生身邊的大將。上

海的幫會勢力多如牛毛，鴉片生意如此火紅，三鑫公司一家賺得盆滿缽滿，也有不少人眼紅吧？即便是小八股黨內部，也不是鐵板一塊，你的位置恐怕也早有人開始惦記了。你們要是半路死了，誰能證明是我幹的呢？」

見內田對青幫內部情況瞭如指掌，顧嘉棠吃了一驚，臉上肌肉抽動。他曾聽相面的人說過「鼻如鷹喙，啄人心髓」，這個長著鷹鉤鼻的日本人果真陰險至極。

內田身子前傾，放緩了語調，勸于升說：「武者最大的悲劇不是戰死沙場，而是白白浪費生命。中國有句話，『識時務者為俊傑』。于升君，三思啊！」

于升突然冷笑了下：「好一個白白浪費！既然如此，不如我們再比一次。」

內田面露詫異：「比？比什麼？」

「既然你對他手中的這把槍如此有信心，我就跟槍比試一番。」

于升這句話一出口，江戶川臉上驟然湧現出殺意。

內田萬沒想到會聽到如此異想天開的建議，目光似有顫晃：「你要徒手對槍？該不會認為會發生奇蹟吧？」

「奇蹟？只有弱者才願意相信奇蹟。強者只相信自己！」于升臉上帶著三分不屑，七分自信。

內田被搞糊塗了，于升此前展現出的技藝根本不足以贏下他自己提議的對決，怎麼看這都是自殺式的舉動。

「這不是兒戲，被子彈打中，你就死了。」

「比武從來都是生死之事，武人真正的賭注，只有這顆項上人頭。」

于升眼中帶著股不畏死的決絕。一個人最強的武器，不

是拳腳，而是賭命的決心。

內田心中暗自讚歎，此人果然是個武士！內田並非真要殺人，而是想看這兩個中國人在槍口下的真實反應。顧嘉棠雖然膽氣過人，但行事手法脫不了江湖套路。不過，于升的做法卻令他沒想到。

氣能反映內心，于升氣息穩定，不像在虛張聲勢。此刻在內田的眼中，于升像一頭受傷猛虎，雖伏臥在地，仍散發著危險氣息。

這人能連勝黑石一雄、姆當和基洛夫三名高手，絕非無腦莽夫，如今主動提議一場必死的對決，還能氣定神閒，其中必定有詐。

內田迷惑之際，突然腦中靈光一閃。

對了，眼前情形不就是諸葛亮的空城計嗎？

《三國演義》中，司馬懿大軍包圍了諸葛亮所在的城池。諸葛亮無守城之軍，眼看陷入絕境。他一反常態，大開城門，焚香撫琴，上演一出置之死地而後生的空城計。司馬懿唯恐有詐，故而退兵。世人普遍認為是司馬懿多疑優柔寡斷，被諸葛亮利用了。

但按內田的理解，司馬懿未必看不出諸葛亮的底牌，撤軍只是為了養寇自重。諸葛亮也是看準這一點，才敢用空城計主動示弱。

殺了于升就不能收為己用，還會得罪杜月笙，大計當前，內田自然不會做有弊無利的事情。莫非于升看透了拔槍只是恐嚇的手段，才唱了這出「空城計」？

想到這裡，內田爽朗地哈哈大笑，擺了擺手，讓江戶川放下槍。

「于升君連戰兩場，已經不在最佳狀態，今日再比毫無意義。」

日本人喜怒難測，顧嘉棠只想快點脫離險地，見有台階趕緊下，眼角鬆弛下來說：「好啦！辰光不早，于師傅要回去歇息了！」

內田也不阻攔，轉頭對和服少女用日語囑咐：「送客。」

少女邁著碎步上前引領，于升起身隨行。顧嘉棠臉色青暗，起身時意味深長地看了內田一眼，跟著于升走出茶室。

于升剛跨出茶室，內田的聲音就從背後傳來：

「我相信，于升君終有一天會改變想法。其實，跟子彈一樣，武術也無國界之分。」

于升聽到這句話，彷彿心門被撞了一下，但他沒有回頭，毅然大步離去。

顧嘉棠出來之後長吁一口氣，剛想跟于升搭話，卻發現他神情肅穆，渾身殺氣縈繞。

于升正盯著木廊上迎面走來的兩個日本男人。

走在前面的年約三十，眼窩深陷，目光如同捕獵的狼，高顴骨，嘴角下拉，一臉陰厲。另一個稍年輕，同樣有著高顴骨，臉上帶著幾分傲氣。

兩人步姿特別，重心壓在腳尖和前腳掌，腳跟虛踩。這種步法走時無聲，易於調整方向和重心，在武術中稱為「貓步」，多見於暗殺刺客。

原來是殺手。于升本能地警惕起來。

兩人也注意到了帶傷的于升，雙方對望了一眼，目光中都帶著警惕。不過兩個日本殺手有事在身，只是略一停留便

繼續向前，跟于升錯身而過。

顧嘉棠冷不丁感覺到了一股森寒殺意，看來，沒出東洋街之前絲毫不能大意。

兩個男人繞過灰石燈，進入茶室。

內田看到來人，目光一閃：「松尾兄弟，辛苦了！進展如何？」

這兩人名叫松尾太郎和松尾次郎，來自日本伊賀上野，是伊賀流的Shinobi（以獲取諜報為主要任務的忍者），此次奉命來上海協助調查血月行動。

松尾太郎低頭答：「已經確認，至少有一名中國人參與了血月行動，雖還不知道他的名字，但已經知道了此人的綽號。」

內田眉頭一揚：「叫什麼？」

「猛張飛。」

第二十一章
萬人敵・江湖

　　東洋街道旁，司機叼著菸站在雪佛蘭邊上，手中把玩著法國打火機。

　　他已經在道旁等了兩個小時，百無聊賴地看著東洋街上來來往往的和服姑娘。

　　門口閃現和服少女的身影，緊接著，他看到于升和顧嘉棠走出來。于升臉上有傷，衣服沾染著血跡，顧嘉棠陰沉著臉，司機心中暗叫不妙。看這樣子大概是打輸了，他怕被遷怒，不敢多言，扔了菸頭幫著拉開車門。

　　上車後，顧嘉棠催促：「快開車！去公濟醫院！」

　　「不必，小傷而已，送我回康壽里就好。」

　　于升閉目沉思，內田佑絲毫不掩飾侵略中國的野心，戰爭的陰霾似乎就在眼前。

　　車子駛出了東洋街，顧嘉棠這才稍稍放鬆，憋不住好奇地問：「今天多虧老弟才能脫險，不過話說回來，真空手對手槍，老弟能有勝算？」

　　「八步之遙，身法再快也比不過手槍。如果真要殺我的話，直接開槍就行，扯東扯西，不過是想恐嚇。我是有意打亂他的節奏，內田與我們一桌之隔，他才是我的目標。」

　　顧嘉棠江湖經驗豐富，一聽就明白了。所謂拳頭與子彈對決，只是緩兵之計，于升的目標不是對抗子彈，而是找機會出手制服內田，活用三十六計的「圍魏救趙」。

于升行事屢出奇謀，令顧嘉棠想起杜月笙曾對他說過的話：「自古美人要淫，淫才能俘獲人心，否則便是泥美人。英雄要邪，邪才能出奇制勝，不然就是石英雄。所以劉邦能坐天下，項羽只能自刎於江東。」

武術起源於戰場，內含兵法。兵者詭道，便是邪道。行事不依常理，無所不用其極。「邪」讓人能在鬥爭中打得贏。與之相對，入門前師父必先考察徒弟人品，非正直之人不傳，入門後更要講規矩，便是「守正」。「正」讓人能在江湖立得住。

武者亦正亦邪，才能守正出奇。

練武不僅練拳腳，也練兵法思維。用拳法改變身體，擊敗眼前的對手，只不過是「一人敵」；用拳法改變思維，才能達到武將所追求的「萬人敵」境界。

東洋街這一趟闖下來，顧嘉棠更堅定了拉攏于升的心思，若有了這樣的高手相助，豈不穩坐小八股黨之首？將于升送回康壽里後，顧嘉棠驅車趕往杜公館，向杜月笙匯報比武情況。

此刻，杜月笙正在會客。

來人是一個白人胖子。他穿著黑色西裝，走路時臉上的贅肉跟著顫動，胸口別著一個徽章，徽章的左上角是雄雞圖，右下角是一輛老爺車。這徽章代表法租界公董局。

這胖子名叫弗里德，今天來杜公館是特意請杜月笙出面協助解決法租界的罷工事件。

辛亥革命後，民眾被壓抑千年的人權意識覺醒。上海受西方思潮影響最大，滬上工人和學生的遊行集會成為民國一景。伴隨著中原大戰的炮聲，物價飛漲，上海米價一度達到

每石二十元，引發民眾恐慌。上海法商電車電燈公司（簡稱「法電」）的工人生存艱難，提出漲薪要求。資本家起先答應了工人的條件，後來卻出爾反爾，引發了更大規模的罷工和示威遊行。

上百名法電工人在馬浪路示威時遭法租界巡捕暴力鎮壓。巡捕當場開槍，附近一名泥水匠被流彈擊中喪命。示威工人被打傷三十餘人，最終二十餘人被捕，釀成「馬浪路慘案」。

暴力鎮壓引發了社會各界的憤慨，也令公董局在輿論上陷入被動。

杜月笙是法租界商界總聯合會主席，在工會擁有不小的影響力，因此罷工開始時弗里德找來杜月笙幫忙從中調解，想儘快平息這場風波，避免帶來更大的經濟損失。

但在杜月笙調解過程中，資方突然反悔，令事情越鬧越大。杜月笙表面對弗里德表示同情，心中卻支持工人罷工。

這些短視的法國人自作聰明，搞砸了談判不說，還連累了他的聲譽。不讓法國佬吃點苦頭，他們還真把上海灘當成自家臥室，隨心所欲了。

杜月笙用一堆套話應付弗里德，句句都是大道理，但沒有一條實際措施。弗里德自知法國資方理虧，嘴上說著改日再來拜訪，灰溜溜地離去了。

送走弗里德之後，杜月笙心中煩悶，便去書房練字，舒緩心情。

顧嘉棠跟到書房，將于升打贏暹羅人和羅剎鬼的過程繪聲繪色講了一遍。杜月笙聽到于升騎著基洛夫打的時候，眉頭舒展，顯然心情好了不少。

不過，顧嘉棠對內田佑拔槍威脅的事隻字未提。一是，他未能用杜先生的名頭壓住內田，提了丟面子；二是，現在上海灘勢力錯綜複雜，維持表面的平衡已經夠杜先生頭疼了，還是盡量不激化矛盾為好。

他末了不忘對于升褒獎一番：「這年輕人，骨頭硬、功夫好、頭腦靈光，若能為青幫所用，絕對是一員猛將。」

沒想到杜月笙對這話卻不以為然：「如果不是日本人對他有興趣，這人就是個普通武夫而已。青幫多他一個不多，少他一個不少。」

顧嘉棠摸摸鼻子，到了嘴邊的話又嚥了下去。

杜月笙抬起手指朝他點了點：「我知道你想找幾個得力的手下辦事，但要學會看人。當年曹操為拉攏關羽，錢和女人都不吝嗇，但關雲長掛印封金，只認劉備。武人規矩重，這事急不來，套猛虎要用軟繩。他幫我們長了面子，別虧待他就是，說不定將來哪天還用得上。」

杜月笙能在上海灘隻手遮天，靠的不是講義氣，而是熟用「名、利」兩字。不怕他官位高，也不怕他勢力大，只要這個人貪名愛利，杜月笙就有辦法收為己用。

他吃透世情人心，知道于升這樣的武人性格剛烈，行事講原則，難以籠絡。烈馬雖有千里之足力，但野性難馴，極易傷人。對待武人，該給的面子和利益給足，能用的時候拉攏一下，保持若即若離的狀態才最好。

顧嘉棠雖跟隨杜月笙多年，但心底還是江湖義氣那一套，看得遠不如杜月笙透徹。

不過今天于升讓日本人吃癟，杜月笙心情暢快，筆鋒一撩，寫下「看劍引杯長」五個字，字跡飄逸奔放，可見已將

公董局的爛攤子拋到腦後了。

康壽里，長腳見于升血跡斑斑回來，眼中期待的火苗頓時熄滅。于升也不多解釋，打來井水，脫下衣服，擦拭身體。井水性涼，適合給受創部位降溫消腫。

于升肌肉線條鮮明，像無數鋼條揉捻而成，此刻這副鋼筋鐵骨傷痕纍纍：左眉弓被姆當的肘擊劃開一道長口子，額頭被基洛夫的拳頭砸得腫起，右拳指骨因猛烈捶擊腫如饅頭，肋骨帶著青紫的瘀血，那是拜姆當的膝擊所賜。

長腳當年在街頭被十餘仇家堵在牆角圍毆，也不過如此。但和他當年不同的是，于升雙眼有神，身姿不見一絲頹勢。

尷尬中，長腳抖了抖嘴角，開口安慰道：「比武總有輸贏，輸了杜先生也會體諒。」

于升看向他的目光像是在看一個傻子：「誰說我輸了？」

長腳精神一振：「沒輸？我就曉得于大哥會贏嘛！中國武術什麼時候輸過？」

于升擦拭著身體：「一次比武代表不了什麼，倘若我輸了，也只是學藝不精，不能說明中國武術技不如人。」

「輸？怎麼會？當年霍大俠逼退俄國力士，嚇得他們聞風而逃。比大砲輪船，或許洋人厲害，但說到比武，還得看咱們老祖宗的東西！」

于升無奈地搖了搖頭。

人們習慣將不瞭解的東西標籤化，將武術神化和貶低都是一種認知上的懶惰。若只有仰視與俯視，如何談得上傳承？從這個角度來看，一心偷師的內田佑對武術的態度反而

值得稱道。

長腳轉而一臉忿忿不平：「好不容易打贏東洋人，可惜不能對外頭講。真想讓《申報》《字林西報》這些個中洋文報紙都登個頭版，讓全上海灘都知道，中國武術老狠的！」

「有人贏自然就有人輸，輸贏只是個人能力的高低。公開宣傳的比武，要嘛是有恩怨在先，要嘛就是別有用心，作秀造勢。武人非戲子，錦衣夜行又有何妨？」

見于升說得嚴肅，長腳縮了縮脖子，不敢再多言。

于升清洗完畢，回到房內打坐調息。東洋街驚險過關，但他卻開心不起來，這兩戰讓他發現自己還有很多不足。異國的強敵跟他之前遇到的對手明顯不同。武術不是一個人的遊戲，而是彼此競爭，戰鬥環境和對手的變化影響，形成了不同的武術風格。

第一次世界大戰後，各國民族主義高漲，格鬥作為各國文化的一部分，獲得了空前的發展機遇。唐手、柔道、暹羅拳、拳擊等各類武技都被傳播普及。

昔日對戰黑石一雄，于升欺敵在先，進密室得了地利。于升將身體縮炸的勢能、脊柱擰轉的發勁和地面支撐力「三力合一」，欺根拔節，一擊將黑石一雄打飛。

但在東洋街道場中，與姆當、基洛夫兩人的較量無法取巧，拼的是節奏、招式和戰術，對于升的武技是一次全面考驗。

姆當發勁整、技法組合凶狠，要不是他出現戰術失誤，誰勝誰負還不好說。

基洛夫的拳擊屬於「小開門」的打法，動作漏洞小，防守固若金湯，拳架定型定位，嚴謹程度絲毫不輸武術樁功。

反觀武術招式，很多是由冷兵器轉變而來，屬於「大開門」打法，進攻破綻大，在近身對戰中十分吃虧。

中國武術從戰場到綠林，發展方向是詭、狠、陰、毒，無所不用其極，強調以最小的代價消滅對手，盡最大努力保全自己。正是這種思維幫于升找到了對手的技術盲點，驚險過關。

東洋街一戰讓于升感覺自身武技還不成熟，有些東西彷彿隔了一層雲霧，看似在眼前，伸手又摸不著，一時心情鬱悶，在疲累之中沉沉睡去。

第二天，顧嘉棠面帶喜氣來到康壽里，帶來了好消息。

東洋街比武獲勝，長腳有功，被派到福公館去「抱台腳」收月規錢。

「抱台腳」意即負責賭場安保，這活兒不僅油水足，還讓長腳在幫內地位也上了一個大台階。長腳只打打下手就得了個肥差，于升作為功臣，得到的獎賞自然更大。

「于老弟，中日比武你沒丟中國人的臉。杜先生聽說你受了傷，便安排了一份慰問禮。」

顧嘉棠遞過一個珊瑚紅的包袱，裡面是厚厚一疊現金，足有一千元。知道于升比武不收錢，杜月笙就以慰問傷情為由贈予重金。不用銀票，而是特意擺出現鈔，給人的心理衝擊全然不同。

「康壽里的這處房子供老弟長住，住多久都行。」

顧嘉棠心中打著自己的算盤。即便于升沒有加入青幫，但他花著青幫的錢，住著青幫的地方，緊要時刻也有出份力的責任。

于升當然明白「吃人嘴軟，拿人手短」的道理。但多年

來他一心放在功夫上，習武十年，始終清貧，無法回報父母的養育之恩和師父的悉心指教。

來上海之後，他見識到了滬上的繁華。租界像個擺滿精緻貨品的商場，每件東西背後都有一個不便宜的價碼。有錢一條龍，無錢一條蟲，其中滋味他早有體會。如今這筆錢財算是給了他回饋親情師恩的機會。

他收下錢的同時已經想好，將錢分為三份：六百元寄給天津家中，十年來他未能幫家裡分擔，這算多年離家的孝心；三百元寄給師父，師父堅持免費教拳，弟子越來越多，修房添屋也是不小的開銷，這筆錢能幫上點忙；還有一百元留在身邊，用來回報上海灘結識的朋友。

顧嘉棠除了送禮金，還有一件事要問清楚：「于老弟，聽說有人來上海找你麻煩？」

碼頭官遇挫的事顧嘉棠也有耳聞，為了不影響比武，之前刻意不提，如今比武結束，就得把這事捋捋清楚。

于升點頭，輕描淡寫回道：「江湖舊怨罷了。」

顧嘉棠恨恨道：「這人吃了熊心豹子膽，居然敢惹青幫，真是壽星公上吊——嫌命長。一粒米熬不成湯，泥鰍掀不起大浪。你給一句話，老哥幫你了結他。」

比武拿賞錢是情理之中，幫忙了結私怨就是赤裸裸的拉攏。武人功夫再高，也無法一個人對抗青幫。

當年馬永貞功夫了得，但遇馬幫偷襲，遭石灰撒眼，被眾人劈砍，縱有通天本領也難逃一死。更何況現在幫派手裡有槍，要解決一個武師更非難事。顧嘉棠想借此送于升一個順水人情。

人情是把鋸，你不來，我不去。只要于升開口求助，這

筆人情債就欠下了。可是他還想著跟師兄一起做番事業，不願跟青幫糾纏太深，連忙擺手：「不勞大哥費心，拳腿恩怨拳腿了，還是讓小弟用功夫來了斷吧。」

顧嘉棠碰了個軟釘子，再次驗證了杜月笙對武人的判斷，心中對杜月笙更加服氣，不再勉強。

當晚于升為了報恩，找來同鄉阿四，與長腳一同下了館子。阿四沒想到于升短短時間就成了杜月笙身邊的紅人，高興得臉上放光，頻頻敬酒。酒席之間，阿四見于升一身舊布衣，提議道：

「上海這地方啊，有錢真講究，沒錢窮講究。于大哥要幹番大事，一身好行頭必不可少，也不能讓人小瞧了武術家的氣派，對哦？」

在長腳和阿四的極力勸說下，于升在裁縫鋪換了一身象牙白的派力司長衫，置了頂黑色絲絨禮帽，加上強健挺拔的身姿，果有武林宗師之意。

長腳蹺起大拇指：「靈光！有腔調！」

于升走出店門，天空飄著淅淅細雨，給眼前的摩登高樓籠罩上一層朦朧薄紗，路邊水窪映著霓虹燈的光。雨夜中的都市彷彿一位慵懶的貴婦人，神秘，充滿誘惑，撩人綺思，散發出無限風情。

打著油紙傘走在街頭，于升覺得自己似乎被上海灘的氣息所感染，漸漸融進這繁華之地。

之後幾日，于升發現，自打顧嘉棠來過康壽里後，弄堂裡的鄰居都不敢跟自己說話了。儘管他們臉上堆著笑，但于升能感覺到他們目光中閃躲的恐懼。他索性閉門不出，在屋內靜坐讀書，調息養傷。

此前他在福州路大東書局買了兩本書，一本是自然門宗師萬籟聲的《武術匯宗》，另一本是弘一大師與豐子愷合作的《護生畫集》。

《護生畫集》通篇畫的是悲劇，意在用萬物之哀喚起人性悲憫。武人爭鬥不止，易心生戾氣，常讀佛經仁語，可避免墜入阿修羅道。

他翻開一頁，上面印著一首《殘廢的美》。

> 好花經摧折，曾無幾日香。憔悴剩殘姿，明朝棄道旁。

豐子愷寥寥數筆勾畫出瓶中插花，有無盡落寞之意。

書中夾著一片當作書籤的桂花葉，水分已脫盡，葉脈清晰，綠韻猶存，薄如蟬翼。這是于升在風林居的桂花樹下拾得的，留作紀念。

每當看到這片樹葉，他彷彿又見到林熙的白衣身影。月下相逢，林熙一襲白衣，素如霜雪，當日月光似乎墜進她的眼波中，恰如明月染春水，令他久久無法忘懷。

「于大哥，快看這個，斧頭幫了不得呀！」長腳嚷著推門進屋，手中晃著張報紙。

《申報》頭版赫然印著趙鐵橋遇刺身亡的新聞，配了一張半身照。于升一看，正是在大世界遇到的白西裝男子。

「全上海都知道，這篤定是王亞樵下的手！乖乖隆地咚，趙鐵橋這樣的大官，居然大白天在招商局門口被打死！」

《申報》對刺殺事件做了詳細報導：

1930年7月24日清晨8點50分，趙鐵橋與夫人共同乘坐牌照為4347的納喜汽車上班，同車有一位保鑣。

　　車停在外灘福州路中國輪船招商局門口後，趙鐵橋走上台階時遭埋伏的暴徒槍擊。子彈從右側腰部穿透肝臟，於前胸穿出。中槍後，趙鐵橋被送至海格路紅十字會醫院，由白良格醫生為之手術，最終因失血過多去世。

　　屍體連夜送往膠州路萬國殯儀館。暴徒行兇後神秘失蹤。[※]

　　于升看罷，半晌未語。

　　這正是他傳授宣智民的暗殺之法。看著趙鐵橋表情威嚴的半身照，想到曾在他眼前走動的活人一眨眼變成了新聞中的幾行鉛字，于升心中頗受震動。

　　所謂「英雄地，風雲時」，上海既有燈紅酒綠的繁華，也有滿地腥雲的可怕。

　　這便是江湖。

　　盜匪多出沒山林，人們卻稱之為江湖人。只因山林與江湖，一實一虛，一顯一隱。山林雖高，但一眼就能看清坑窪丘壑；江湖水面平靜，可不踩下去，根本不知其中深淺和暗流。

　　江湖叵測，一如人心。江湖路難走，風雨踏歌行。

　　江湖酒歌的背後是驚心動魄。火光中子彈的嘯叫、異國

※　據資料縮編。

武者當頭砸來的拳腳、黑洞洞的冰冷槍口……回憶起這些，于升體內的野獸似乎又在隱隱咆哮。

溺水者會本能地探出頭吸氣，身處江湖漩渦的于升此刻腦海中浮現出林熙的身姿。

那一晚，他在風林居感受到了從未有過的安寧。林熙彈琴時如凝霜雪的皓腕、明亮的眼眸，像一縷白光照亮了他的心靈。

于升放下報紙，起身收拾，帶著自日本人手裡奪來的鷓鴣斑茶盞，往門外走去。

長腳身負監視于升的任務，趕忙追上去問：「于大哥，上哪兒去啊？」

「四馬路。」

「四馬路上打野雞」是上海流氓的共識，長腳一聽，臉上露出別有意味的笑容，也不再阻攔。

望著于升出門的背影，他喃喃自語：「都說美人配英雄，不知于大哥會找哪樣的姑娘呢？」

第二十二章
長門怨・內外三合

　　重回會樂里，于升根據那一晚的記憶，在迷宮般的弄堂內尋覓。天空呈現鳶尾花般的藍色，路邊花木繁盛，枝葉油潤飽滿。

　　弄堂的青磚牆上附著一層厚厚的爬山虎，如一池春水，在微風中泛起波浪般的漣漪。

　　正值正午，大部分上海人都有睏中覺（午睡）的習慣，會樂里少有行人，只有賣瓜小販在樹蔭下扇著蒲扇。陽光照在街邊的玻璃窗上，反射出晃眼的白光。

　　初遊會樂里，花燈閃爍，夜色下看得並不真切，于升繞了兩圈才找到風林居所在。

　　幽雅恬靜的門面在周圍粉膩的攬客牌中顯得十分別緻。竹青牌上「風林居」三字工整秀氣，邊上掛著一個精緻的小竹籃，裡面插著兩朵白蘭花，馨香瀰漫，蕩盡胭脂巷的俗氣。

　　于升站在門前，整了整衣冠，模仿宣智民以一長三短的間隔叩門。

　　過了半分鐘，門打開，于升又一次見到了林熙的眼眸。她眼中的驚訝如掠過湖面的水鳥，轉瞬消失。

　　「多日不見，想來看看姑娘。」

　　林熙看出他有些拘謹，粲然一笑：「于先生，請進屋說話。」

　　林熙穿著米白色短袍，緊身窄袖，配柳青色的百褶裙，領路時如一朵風中百合。

　　二樓客房內，古琴深山月置於琴桌上，一旁的書桌上擱著筆墨，一把打開的摺扇上墨跡未乾。看來她剛才正在寫字。

　　「這個時間少有客來，房間有些亂，于先生見諒。請稍坐，我去為您備茶。」

　　「有勞姑娘。」

　　不多時，林熙端著杯菊花茶回到房間。

　　于升端起茶杯飲了一口，只覺花香撲鼻：「林姑娘，我今天來是有件事想請你幫忙。」

　　「宣大哥跟我說過，您是他的朋友，有事儘管吩咐。」

　　于升拿出鷓鴣斑茶盞，擺在茶桌上。鷓鴣斑紋在陽光下呈現出攝人心魄的美感。

　　「我想請你收下這茶盞。」

　　民國時局不穩，但明清幾百年來滋養出的享樂之風不減。林熙常遇權貴，考究器具見過不少，一眼看出鷓鴣斑茶盞不是俗物。

　　「我曾讀《清異錄》，其中記載：閩中造盞，花紋鷓鴣斑點，試茶家珍之。想必這就是鷓鴣斑，如此貴重之禮，我萬萬受不起。」

　　「這茶盞並非是禮，而是一份託付。」

　　林熙聽得糊塗，睜大雙眸，睫毛上翹，雙眸充滿疑惑。

　　于升以手指輕拂茶盞：「鷓鴣斑茶盞是宋代之物，存世近千年，沒人能真正擁有，只能陪它度過一世。欣於所遇，暫得於己。既然無法擁有，便談不上贈予。將茶盞託付於

妳，是希望結一段善緣，讓它陪妳共度此生。」

老一輩武人的規矩是「不言利」。

烈士讓千乘，貪夫爭一文。談錢有辱武者身分。

因為這種講究，于升將鷓鴣斑送給林熙卻不提一個「贈」字。

林熙既沒答應，也沒回絕，反而看向于升的傷口，目光中流露出關切：「這茶盞品相不凡，想必得來不易。我見于先生臉上有傷，可與它有關？」

「不瞞姑娘說，這是我比武從日本人手裡贏來的。器物要用才活，武人生活粗陋，與鷓鴣斑自是不配。我想給它尋個好去處，便找到了林姑娘。」

于升言辭懇切，態度真誠。林熙見過的暴發戶大多面上三斗俗塵，贈人錢物時，毫不掩飾內心的慾火。于升行事的古風讓她頗為欣賞。

「既這麼說，小女子不再推辭，必善待此器物，不負千年之寶。于先生今天來得正巧，我也有一物受託轉交。」

說罷，林熙轉身走到紅漆五斗櫥前，拉開刻著菱形圖案的抽屜，取出一個木匣，雙手捧上前來。這個淺色黃花梨木匣做工考究，四角有銅飾。

于升認得，這是拜匣。

舊時富戶宴請，會將請帖裝入拜匣之中，由家僕送到賓客家，對方當面打開，取走請帖，完成請客的禮節。此拜匣如此精美，想必也是重禮。

可是等于升接過拜匣打開，卻發現裡面裝的不是什麼貴重之物，而是一枚暗黃的舊銅幣。此幣由老舊刀幣改製，狀如斧刃。改製手法樸拙，邊緣修飾也不精細，顯然不是出自

專業匠人之手。

「這是？」

「這是宣大哥留下的。他說，您幫他解決了難題，如果您來風林居，就將斧幣轉交給您。」

林熙口中提到的難題，是指趙鐵橋。

「宣大哥現在可好？」

「一切安好。」

趙鐵橋被殺案轟動上海，宣智民自然要潛藏。于升與林熙一問一答，兩人心知肚明談的是暗殺，但彼此默契，都不把話說穿。

江湖上，有些事情可做不可說。

得知宣智民平安，于升放下心來，拿起銅幣仔細端詳。

林熙用手指撥弄著垂到胸前的一束黑髮：「宣大哥的原話是，憑這枚銅幣可以向斧頭幫買一件東西。」

「林姑娘有心，我記下了。」

于升收起銅幣，品著花茶，林熙陪坐添水。此刻他心懷敞亮，端起茶杯，幽幽道：「以花入茶，氣味芬芳。花有色香味，故而可貴，人有才情趣，才顯可愛。」

東方表達貴曲不貴直。暗裡聞香、水中看影、鏡中窺顏、話裡藏意，別有一番韻味。

唐詩宋詞說盡天下奇情，裡面沒有一句「我愛你」，一如中國園林，曲徑通幽，百轉千回。于升深得其意。

林熙見多了口蜜舌甜的登徒子，對讚譽很少當真，隨口答：「花有各色，難求完美，自古一恨玫瑰多刺，二恨海棠無香。人有各類，求全不易，一怕口是心非，二怕有緣無分。」

「窈窕淑女，君子好逑。無論過去遭遇如何，請相信總有對的人在前面等妳。」

于升這話說得真摯，林熙臉一紅，趕忙轉移話題：「我剛學了首新曲子，彈給哥哥聽。」

于升聞言欣喜：「上次聽琴，只覺餘音繞樑三日，一直期盼著能再有機會欣賞。」

林熙坐到琴桌前，將扇子放在一旁，撥動琴絃，彈奏一首《長門怨》。

長門乃漢宮之名。

漢武帝劉徹曾寵愛皇后陳阿嬌，但在衛子夫生下一子後，陳阿嬌失寵被貶長門宮。為挽回漢武帝之心，陳阿嬌以萬金求《長門賦》，字句中飽含「為愛苦等，痴心不改」的深情。

後人以這個故事作曲意，創作古琴曲《長門怨》。深山月高音處激昂，彷彿皇后在宮中翹首以待；低音處哀怨悲涼，如希望一次次破滅後的悲愴。

一曲一場嘆，一生為一人。

即便貴為皇后，也抵不過愛情和命運的嘲弄。

上海受西方影響，人們面不改色將「我愛你」掛在嘴邊，廉價得就像叼著的一根香菸。為了彌補心中空洞，這座不夜城點燃煙花掩飾寂寞，男女徹夜跳著狐步舞，曲終人散後難掩孤獨，多少誓言在黃浦江中沉浮。上海灘浮光掠影，真情難尋，能在此遇見心動之人，于升倍感幸運。

一曲終了，他輕輕鼓掌，像是怕驚擾了這段美妙時光。林熙頷首低眉，收起扇子。

「這紙扇好特別，上面的字我全都不認得。」

「這不是字，這是琴譜。」《長門怨》的琴譜林熙得之不久，以抄寫來幫助熟記。

「琴譜如此怪，如何辨認？」

「古琴由左手按弦，右手彈奏，兩手配合發出琴音。琴譜將左右手指法、弦數、徽位合成一個字，記字等於記音。」

于升眉宇一展：「實在有趣，琴譜中竟含如此奧妙。」

林熙聲音輕柔：「古琴七弦，卻能產生無限妙音，只因一個『合』字。」

「願聞其詳。」

「琴音稱太古之音，內含天籟、人語、地聲，三籟合一。琴譜雖規定了指法，但長短緩促的節奏要自己摸索，因此有『大曲三年，小曲三月』的說法，琴音最妙是和合，收斂所有鋒芒，只留平衡與圓滿，便是人琴合一。」

于升聽林熙談琴，卻聽出了弦外之音，只覺眼前的古琴譜彷彿一句解惑經文，心中頓時撥雲見日，喊了聲：「妙！」

林熙見于升神色有異，以為于升是驚嘆琴理，實則他是受了啟發，想通了久久不能參破的「外三合」。

書法是視覺的藝術，跟武術的共通之處在於一個「力」字；琴音是節奏的藝術，跟武術的共通之處在於一個「合」字。內家拳有內三合、外三合之說。

《岳武穆形意拳要論》中有：「心與意合，意與氣合，氣與力合，內三合也。手與足合，肘與膝合，肩與胯合，外三合也，此為六合。」

內外三合之論流傳甚廣，但心、意、氣定義模糊，外三

合動作也無定論。後人甚至引申出「蓋內三合之外，還須心與眼合、肝與筋合、脾與肉合、肺與身合、腎與骨合。外三合之外，尚須頭與手合、手與身合、身與步合也。總之一動而無不動，一合而無不合，五臟百骸悉用其中矣」。三合之說越傳越玄，令人摸不著頭腦，以虛代實，一言惑世，誤盡蒼生。

有人說，在槍炮時代，武術已經過時，但其實只有虛假才會過時。真實有萬鈞之力，經得起時間的考驗，歷久不衰。

源拳中的內三合是往內找勁。

生活中為了省力，人們的四肢與身體多為同向動作，用的是一順勁。武術卻反過來，講究相反相成、逆起順落。順勢思維中，每個關節保持同向出力似乎就能做到力量最大化，但如果沒有支撐，動能的順勢疊加有限。

打拳時，若身子跟拳頭一起往前衝，打到目標動能便減損，力量無法打透。

要達到爆發的效果，必須反向逆求。勁是「較」出來的，力量在制約和對抗中產生，因此要把一順勁由換勁改成互逆的勁。源拳講求勢往前、力往後，形成整體對稱。

勢往前易，力往後難。

勢往前是以膝催胯、胯催肩、肩催肘、肘催手，每個關節層層撞擊加速，形成向前的勢能。

為了擊中目標後不減損動能，拳面在接觸打擊點的瞬間要定位回撐，就像虛空有一層薄冰，拳頭在冰面「剎車」定住，倒逼力往體內「擠」，使力與往前的勢合成一體，形成支撐和整體爆發。

譬如手是炮管，腿是基座，體能是砲彈，定位點是城牆，頂著城牆開火（勢往前），砲彈撞上城牆（定位點），被彈回基座（力往後），基座牢牢固定在大地上，再次將砲彈撞出，砲彈在炮管內回撞加速，最終以整體勢能撞穿城牆。

源拳中的整勁在逆向互動中產生，不是靜態的「整」，而是一個動態循環。這個過程中，勁力在體內一來一往，被老輩武人稱為「來回勁」。又因勁力互動互為，如大海掀浪，一浪催一浪噴湧不竭，所以又名「翻浪勁」。

于升將黑石一雄打飛到屋頂便是用了翻浪勁，將勢能、本勁、地面支撐三力合一，做到了內三合。

「相反相成」不僅適用於武術，同時也與書法相通。米芾總結用筆神妙時，用了八個字——無垂不縮，無往不收。垂與縮、往與收都是方向矛盾的動作，也都是透過內部較勁達到穩定支撐的整體效果。

練出內三合，身手已經協調，外三合豈不是多餘？

這個問題一直困擾著于升，他也曾問過師父，但馬道貴卻答得含糊：「我現在無法告訴你，答案要自己去找。老子云：『下士聞道，大笑之。弗笑，不足以為道。』聖賢只說什麼不對，是因為答案不是唯一的，隨著理解的深入，答案會不斷變化。我只能告訴你，外三合要往外尋。移步換景，柳暗花明，武術本是一種邂逅。拳理不明，是因為你還沒有練到那一步。」

林熙口中的琴音相合啟發了于升對外三合的理解。

就如同單手無法彈琴，武術也不能一個人練。俗話說一個巴掌拍不響，要擊倒對手，就如同兩掌相擊，要在一個準

確的時機「合」上。

　　國外拳技不練站樁，倡導實戰和打靶。在拳擊訓練中，有經驗的靶師會在拳手擊靶時向前壓靶，把拳頭往回頂，倒逼出拳手的整力。這種藉助外力的外合與源拳勢往前、力往後的內合異曲同工，但多練了一份對時機和距離的敏感。

　　時機、距離、發力點，比武雙方同時「合」上這三者，做到衝力疊加，就能一擊必殺，這便是外三合。

　　姆當和基洛夫都是外三合高手，在進攻時機、距離控制和打擊落點上的經驗遠比于升豐富。于升雖有內三合發力優勢，但抓不準節奏，只是硬打強攻，若能多調動對手的節奏，在迎擊時機上花心思，對距離把控更加敏感，主動去尋求節奏上的「合」，就會事半功倍。

　　于升在聽琴時邂逅拳理，如一池明月照禪心，不由面帶喜色，對林熙請求道：「可否再為我彈奏一曲？」

　　林熙含笑低頭，撥動琴絃，紅唇白衣，分外動人。

第二十三章
女神・腥風血雨

這段時日，于升常出入風林居，聽琴賞花，煮酒烹茶，日子過得逍遙。但在風林居內，于升始終是客。他想讓兩人關係更近一步，便鼓足勇氣約林熙去法租界逛馬路。

法租界延續了法蘭西的浪漫。

梧桐樹擋住大片的紅頂磚房，弧形街角立著異國情調的西班牙小樓，露台欄杆上的鑄鐵花紋精緻飄逸。

霞飛路（Avenue Joffre）曲折蜿蜒，街邊的書店、時裝店、珠寶店和咖啡館在夏日蟬鳴中多了一份靜逸之感，空氣中瀰漫著新烤出的法式小羊角麵包的微甜香氣。兩人漫步街上，只覺綠樹蔭濃夏日長，頗有巴黎意韻。

林熙一身月白色斜襟旗袍，剪裁修身合體，展現出蜜桃般的臀部曲線，走在街上頻頻引人回頭。年輕的男學生迎面走來，看到林熙的臉後，不覺害羞低頭而過。美貌不是表情，沒有目的，無為之美最是動人。

于升舉止沉穩內斂，若入鞘名刀。武人出於本能，平日時刻關注重心與均衡，身上無多餘動作，如同名家書法，佈局上乘，從容舒展。

林熙神情恬淡：「于先生，練武一定很辛苦吧？」

于升徐徐道：「開始覺得練武苦，現在覺得生活更辛苦。」

「怎麼會？于先生對生活不滿意嗎？」

「上天待我不薄，有飯吃，有房住，不敢不滿。」

「那為什麼說生活更苦？」

「武術是要贏人，生活要贏自己。人在江湖，所謂身不由己，便是輸給生活。」

林熙輕嘆：「凡事爭勝，活得確實會很辛苦。」

于升無奈地笑了笑：「《道德經》提倡小國寡民，與世無爭，但天朝上國夢都被洋人的大砲轟醒了。爭與不爭，不是自己能選的，贏總比輸好。」

「當初鬧革命，大家以為皇帝下台就能迎來太平盛世。結果皇帝沒了，世道反而更亂了，今天有人要稱帝，明日有人要復辟，血流成河。對國人來說，又是誰贏誰輸呢？」

于升被問得一愣，不勝感慨：「看來，世人都輸了。」

「我只是一介女流，不懂政治，但我覺得世上的戰爭都是黨同伐異。站了隊伍，便有了敵人。武力只是殺敵的工具。」

「所以，林姑娘不喜歡武術？」

「我只是不喜歡戰爭。」

「都說止戈為武，終止戰爭才是武道的極致追求。」

「那于先生準備如何來止戈呢？殺光對面的人嗎？」林熙犀利地反問，帶著惡作劇般的表情。

于升呆住，不知如何接話。

看見于升的窘態，林熙莞爾一笑：「其實，有位學者回答了這個難題。」

「他怎麼說？」

「人們會打仗，是因為相信不同的主義、不同的宗教。有了不同，就有了爭端，要消除戰爭，首先要求同。不管中

國人還是洋人，看到美景都會心曠神怡。生命短暫，宗教追求永恆，花謝了還會開，美是永恆的，蘊含善的種子。知了美醜，便分了善惡。如果能以美育代替宗教，便實現了人間大同。」

「以美解除紛爭，這想法巧妙。這位高人是誰？」

「北大校長蔡元培。」

「這個名字我聽過。」

林熙兩道纖眉微微上挑：「當年北平城滿是北洋軍匪、袁氏遺孽，蔡先生就任北大校長，聘請有識之士任教，傳播思想的種子，這是真正的無畏英雄、大師風骨。」

民國時，被皇權禁錮了幾千年的思想得到解放，加上西方思潮傳入，各類學說百花齊放，百家爭鳴。古時孔子被稱為「素王」，就證明了思想者的力量。從某種意義上來說，思想的革命比趕皇帝下台更難。

于升邊聽邊頷首：「難得林姑娘有如此家國之心。」

「都說女子無才便是德，蔡先生打破成見，開公立大學招收女生之先河。我想，真正能救國的不是武術和槍炮，而是思想和知識。我無緣上學，平日只能找些先生的文章來讀。」

于升凝望著林熙黑漆漆的眸子，感嘆道：「林姑娘如此聰慧，若讀大學，必是才女。」

林熙害羞地低下頭道：「雲在青天水在瓶，各人有各命。我們這些小人物生在亂世，如不繫之舟、無根浮萍，命不由人，只能多些莊子的虛舟之心了。」

「人生不如意事十之八九，但若能欣賞一朵花開，也不枉活過一場。其實，美育代宗教的理論還可以引申。」

「如何引申？」

于升深情地看她一眼：「既然美可以替代宗教，那麼林姑娘便是女神。」

林熙聽了，臉頓時紅了起來：「林徽因、陸小曼才是女神，我只是個⋯⋯」「書寓」一詞到嘴邊又吞下。書寓不過是以色事人的青樓女而已，林熙自慚形穢，不知所措地揉弄著衣服。

紅暈蕩漾在她的臉頰上，卻飄進于升心裡。

「既然不同的人信仰不同的宗教，心中自然也會有不一樣的女神。對我來說，妳就是女神。」

西方人欣賞的美是鋒芒畢露的，如性感的身材、閃耀的鑽石。東方美學則是含蓄的，傾國傾城只憑溫潤風韻，一如美玉。

陽光透過樹枝照到林熙潔白的頸間，紅豆琉璃耳墜格外鮮豔，彷彿一顆硃砂。卑賤的泥土也能長出美麗的花，在她的眼波之中，于升內心莫名生長出勇氣和覺悟。

夏風如茗，日暖微醺。

轉角的別墅內傳來鋼琴聲。陽台繁複的鏤花鐵柵欄上纏繞著常春藤，樓下花園內繡球花蓬勃綻放，生機盎然。淡藍色的花球緊緊簇擁，有些靠在鵝卵石外牆上，有些覆垂在鐵柵欄邊。繡球花偏愛上海濕熱的夏天，花期長達數月，因此又名「無盡夏」。

江湖廝殺帶來的糾結彷彿在這個瞬間被熨平，時間平整如波瀾不驚的湖面。于升看著眼前美景，只希望這一刻能永遠停留。

但對江湖中人來說，所謂安穩生活不過是水中幻影。此

刻，一股暗流正在青幫與斧頭幫之間湧動。

作為上海最具實力的兩個幫派，青幫和斧頭幫多年來井水不犯河水，杜月笙更是直接命令手下不許招惹斧頭幫的人。只是天大的規矩也抵不過一個「利」字。

因為一個意外，斧頭幫要從青幫嘴裡奪食，而這個意外的源頭，便是趙鐵橋被刺殺案。

斧頭幫暗殺趙鐵橋，不僅出於公義，也包含著私心。招商局董事長李國傑高價懸賞要買趙鐵橋的性命。

輪船招商局由李鴻章發起創辦，國民政府接管後，派趙鐵橋進行整頓。是時趙鐵橋是蔣介石身邊的紅人，故官場爭鬥中，李國傑處於下風。趙鐵橋大權在握，李國傑地位不保。既然明爭不行，就只能暗鬥。

李國傑透過安徽捐客找到「暗殺大王」王亞樵，許諾如能拔掉眼中釘，便把「海安號」輪船的使用權奉上。王亞樵本來就跟趙鐵橋有私怨，加上能得一筆利益，便欣然允諾。這才有了宣智民跟于升在大世界的巧遇。

幹掉趙鐵橋後，斧頭幫按約定前來收船，沒承想這塊肥肉竟是從青幫嘴裡搶來的。

青幫靠漕運起家，航船是看家本領。掌管「海安號」的現任司理張齊林就是杜月笙的門生。青幫在上海灘勢力龐大，張齊林囂張跋扈慣了，儘管杜月笙再三叮囑不許跟斧頭幫正面衝突，但斷人財路如殺人父母，接到招商局的通知後，張齊林氣得鼻子都歪了，怒從心頭起，惡向膽邊生。

收船當日，斧頭幫幹將王千庭帶著一個小兄弟來到碼頭倉庫做交接。王千庭身材高大，左眼戴著一隻黑色眼罩，給原本就威嚴的臉增添了幾分煞氣。他的左眼留在了浙奉戰

場，江湖人稱他為「獨眼將軍」。

王千庭一進倉房就看到十來個人一字排開，腰間都別著匕首，他心中隱隱覺得不妙。在江湖闖蕩多年，雖猜出對方的意思，但他表面依舊不動聲色，看向張齊林的目光中毫無懼色。

王千庭上前一拱手：「朋友，李董事長已經通知你們了吧？『海安號』以後由斧頭幫接手，交接手續準備好了嗎？」

張齊林虎著臉道：「放屁！儂看看清爽，這是青幫的地盤，招商局算啥麼事？」

王千庭身邊的小兄弟血氣方剛，一看對方耍賴，立刻抽出腰間的短斧，做出要以死相拚的樣子。

青幫門生見狀也紛紛抽出武器，一擁而上圍過來，明晃晃的匕首閃動著不祥的光芒。

王千庭伸手攔住小弟，接過他手裡的斧子向上一揚，指著張齊林，咬著牙問：「敢在斧頭幫面前撒野，你長了幾個腦袋？」

青幫畢竟人多勢眾，張齊林底氣十足，撩起衣角，拔出黑色的盒子炮，惡狠狠地指著王千庭：「小赤佬！嚇唬誰啊？活膩了吧？」

王千庭漫不經心地掏了掏耳朵，冷笑道：「哼哼，你說對了，我真活膩了，我身後還有十萬安徽老鄉，個個不要命。你們想玩，我們就拉個場子奉陪到底。掂量一下，你玩得起嗎？」

張齊林沒想到對方勢單力薄還這麼狂氣，被他的目光懾得有點發怵，硬著頭皮接茬：「在上海灘，想玩多大青幫都

奉陪到底！」

「那給爺爺看著，敢不敢玩兒這個？」王千庭左手一拍桌子，右手掄斧劈下，左手小指飛起，鮮血濺到黑色眼罩上，他怒目齜牙，面容癲狂。

只是一瞬之間，王千庭就用氣勢壓制了全場，所有人都被他這股狠勁給鎮住了。

張齊林一頭冷汗，嘴角微微抽動，槍口也顫抖起來。

王千庭撿起斷指，舉到張齊林面前說：「你不是要陪爺爺玩兒嗎？照做一遍，我們馬上就走。要不敢，少廢話，交船滾蛋！」

他神情猙獰，右眼中佈滿血絲，斷指血肉模糊，令人不寒而慄，張齊林輸人不輸陣，嘴角嚅動了一下，壯膽喝道：「憨大（傻瓜）！當老子跟儂一樣腦殼壞掉了啊，信不信一槍送儂見閻王！」

王千庭臉上帶著毫不掩飾的鄙夷：「呵呵！一根手指都不敢砍，還有臉放大話。來啊，往這兒打，我眨一下眼跟你姓！」

王千庭挺著胸脯往槍口上頂，右眼目光如釘子，盯得青幫一夥人心裡發毛。

混江湖就是比狠，狠的最高境界是對自己狠，王千庭有不眨眼砍下手指的這股狠勁，玩兒起命來誰不忌憚？

十來個青幫門生沒一個敢上前。他們原本只是來撐場面嚇唬人的，杜月笙再三強調不許跟斧頭幫起衝突，真要違命，青幫三刀六洞的規矩誰也吃不消。

張齊林將牙咬得咯咯作響，卻始終不敢扣下扳機。

王千庭突然一瞪眼，再次掄起斧子劈在桌子上，木屑紛

飛，斧把高高翹起。張齊林當即被嚇得連退三步。

王千庭咬著牙，惡狠狠地說：「今兒個，這仇咱就結下了！這筆債，斧頭幫必會討回！滾！」

「算你狠，走著瞧！」張齊林一揮手，帶著青幫眾人灰溜溜離開。

得罪了斧頭幫，張齊林只能去求助杜月笙。

杜月笙平日舉止斯文，但骨子裡是個狠人，只是自從上位以來很少動手。聽說此事後，他勃然大怒，抬手一個大嘴巴把張齊林扇得轉了半圈。

杜月笙有三氣。

一氣李國傑連個招呼都不打，直接來了招借花獻佛。打狗還得看主人，這麼做，擺明不給自己面子。

二氣張齊林做事不動腦子，絲毫不懂迂迴，直接跟斧頭幫撕破臉，把事給做絕了。

三氣張齊林在爭執中被斧頭幫的人壓了一頭，讓人看了青幫的笑話。

這事如果張齊林早點匯報給杜月笙，解決起來很簡單。

冤有頭債有主，既然是李國傑將「海安號」交給王亞樵，青幫完全可以跟李國傑討價還價，商量各退一步。畢竟李國傑是官商，不敢跟幫會亂來，青幫甚至可以借此敲他一筆竹槓。

但張齊林卻逞一時之勇，選擇跟窮凶極惡的斧頭幫死磕，生生把占理變成了理虧。對手也從官商軟柿子變成了茅坑裡又臭又硬的大石頭！杜月笙本不願意去招惹斧頭幫，現在只怕對方得理不饒人。

杜月笙揉著太陽穴怒斥：「豬頭三！一點兒不動腦筋！

跟誰都只會拔刀掏槍，喜歡玩槍去當兵啊！」

張齊林知道闖下大禍，跪地不住求饒：「徒弟知道錯了，杜先生救命！」

青幫家大業大，三鑫公司的鴉片生意一年有三千萬入賬，日進斗金，「海安號」的收入對杜月笙來說只是九牛一毛。但現在與斧頭幫已經撕破了臉，若乖乖交出「海安號」，青幫的名聲必定受損。

流氓能在上海吃得開，靠的就是一個「怕」字。這個「怕」字很微妙，雖無形，卻是最犀利的武器，兵不血刃就能讓人繳械投降、乖乖臣服。要是別人都不怕你，整天打打殺殺，即便打贏，生意也沒法做了。退縮的代價這麼大，誰能承擔得起？

一邊是亡命徒的血債，一邊是青幫的面子，原本一點小事，被張齊林這個敗事有餘的廢物搞成這樣，杜月笙也進退兩難。

在他猶豫時，斧頭幫復仇的利斧已經揮出。

就在張齊林拒絕交船的第二天，青幫開在弄堂裡的一家小總會（小規模賭場）被人反鎖大門，澆上汽油放火。賭客見四周火光閃動，黑煙滾滾，嚇得無頭蒼蠅般亂竄奔逃。所幸有人發現逃避查賭的後門沒被鎖死，只是被雜物堵住，便招呼眾人齊心踹門。人急力大，眾人終於踹開後門逃脫。

這只是一個警告，也是大戰開始的發令槍。事已至此，硬著頭皮迎戰是青幫唯一的選擇。

戰爭已經拉開帷幕，上海灘所有白相人都在盯著事態的發展。一顆火星濺落在地毯上，若處理不當，會燒燬整棟房屋。斧頭幫在衝突中流出的第一滴血彷彿那顆落地的火星，

令局勢迅速演變，一場災難就在眼前。

不同於組織嚴密的軍隊，幫派多是將強兵弱，因此有「擒賊先擒王」之說。幫派打仗，首領是攻擊的頭號目標。一旦頭領被殺，幫派便淪為烏合之眾。

王亞樵常年從事暗殺，狡兔三窟，一直躲在暗處。青幫大亨則是上流人士，處在明處。為了保證青幫大佬的安全，顧嘉棠帶著小八股黨負責杜公館的防衛工作。黃金榮從法租界巡捕房調動安南（越南）警員來保護自家宅子。

大亨們的安全保障做得密不透風，但青幫的賭場和煙館遍佈法租界，這些場所就成了被襲擊的靶子。

「抱台腳」原本是個肥差，但在跟斧頭幫開戰後，所有的賭館都成了戰爭前線。青幫雖人多勢眾，但真正能挑大樑的屈指可數。一座房子，屋頂瓦片雖多，但首先要仰仗棟樑撐住，棟樑一倒，眾瓦如山崩。在大風大浪面前，就看有沒有頂樑柱了。

要說敲詐勒索、打群架，長腳振臂一呼，喊上百十來個弟兄不是問題，但要跟斧頭幫真刀真槍幹，能派得上用場的就不多了。斧頭幫連警察廳廳長都敢殺，如今趙鐵橋還屍骨未寒呢，這樣的狠角色誰不害怕？

危急時刻，長腳思來想去，身邊最靠得住的人就是于升。可惜于升有言在先，只管比武，不願參與幫派紛爭。要不說長腳頭腦靈活呢，在煞費了一番苦心之後，他還真找到了讓于升助拳的辦法。

　　長腳想起于升曾經詢問過猛張飛的下落，於是趕緊發動關係調查，果然讓他查到了線索。有個叫曹福貴的青幫打手提供了一個重要訊息——半年多前，他跟猛張飛打過仗。

　　曹福貴原本是個山東兵，因在部隊得罪了長官，偷了一把漢陽造槍，逃到上海投奔青幫，大家都叫他阿貴。阿貴打過仗，殺過人，到青幫後做了打手。長腳好酒好肉伺候，讓他講述與猛張飛的這段往事。

　　原來，阿貴逃離部隊前參與了一個剿匪任務，目標便是猛張飛張承義。

　　張承義跟隨吳佩孚不久後，就被派去山東圍剿響馬。

　　山東不太平，先是被德國人強占，後來又被日本人禍害。山東漢子有水泊梁山的豪邁遺風，草莽的口號是「要劫劫皇綱，要上上娘娘」，彪悍風氣可見一斑。山東漢子豈會甘心被外敵侵擾？於是山東先鬧義和團，再起響馬幫。

　　山東馬幫在馬脖子上繫上鈴鐺，衝殺時響聲震天，因此被稱為響馬。早先響馬只奪財劫物，政府剿匪動力不強。但直皖戰爭之後，大量皖系殘兵混入響馬，徹底壞了馬幫風氣，甚至打出了「山東建國自治軍」的名號。

　　吳佩孚眼見著山東響馬越鬧越凶，大有跟政府軍作對的意思，便起了殺心。張承義領命做了剿匪先鋒。他身上帶著股梁山好漢的情結，到了山東後發現響馬中不乏抗日義士，

一來二去，不打不相識，彼此惺惺相惜，明著剿匪，實則互留餘地，不下殺手。

張承義在山東剿匪日久無功，吳佩孚也在北伐戰場兵敗下野。輔佐之人下野，張承義報國之志付諸流水。此時，各派響馬趁機極力拉攏，都想借這位武藝高強的猛士壯大幫派實力。最終，猛張飛被招攬。成功招攬他的並非實力強大的馬幫，而是一支不到三十人的小隊伍。

據說這支隊伍的掌櫃是個女的，身材婀娜，性格豪爽，善使短槍。猛張飛拜倒在其石榴裙下，兩人結為夫妻，從此道上多了一對雌雄大盜。靠著張承義的氣魄與戰鬥力，這一小隊響馬吞併了幾股勢力，不斷壯大。猛張飛不願禍害百姓，便將洋人作為下手的肉票，策劃了震驚全國的天津火車綁票案，一次抓了十八個洋人，涉及英、法、德、葡等國。

綁票案令各國公使發出強烈抗議，痛斥「義和團再現」，威脅要以國際聯軍名義進入中國剿匪。北洋政府迫於壓力，先假意和談支付贖金，救出洋人後，立刻換了一張臉，調集三省軍隊給予了馬幫毀滅性的打擊。

提起那次剿匪行動，阿貴仍心有餘悸。

「要說這猛張飛，本事大，膽子更大，上頭下了死命令，活要見人，死要見屍。馬幫躲進山裡，俺們在山腳架上機槍。馬幫雖然勇猛，但吃虧在彈藥不足，打不了持久戰，衝了幾次，被掃死了幾十個人。等到第三天，基本沒什麼像樣的反擊了，俺們這才上山。」

「抓到猛張飛了？」

「哪兒啊，上去才知道馬幫活下來的不到二十人，裡面不見猛張飛和女掌櫃。」

聽了這話，長腳的好奇心被勾了起來：「那他們是跑了？」

阿貴嚼著豬蹄，吧唧著嘴說：「事情怪就怪在這兒，連長把俘虜的炮頭（馬幫中帶兵衝鋒之人）帶到跟前，問他猛張飛在哪兒，他說猛張飛早就被流彈打死了。問屍體呢，他說拋下了山崖。過去一看，哪有什麼屍首？擺明了騙鬼嘛。連長抬手一槍，送他見了閻王。接著抓出水香（負責安保和放哨之人）再問，也說猛張飛是死於流彈，被拋屍山崖。連長當時的臉色別提多難看了，把他也給崩了。俺們嚇得都不敢說話。被俘的翻垛（軍師）是個白淨小子，看著像書生，連長用槍頂著他的頭，那小子臉色煞白，大哥猜怎麼著？」

「招了？」

「這小子憋了半天還說猛張飛是死於流彈，被拋屍山崖。連長殺紅了眼，對他連開了三槍，把他腦袋都轟沒了。俺們都嚇蒙了。連長對剩下的俘虜喊，誰再敢說拋屍山崖全部就地處決。」

長腳瞪大眼問：「結果呢？」

阿貴舉杯一呷，放下酒杯繼續說道：「忒邪門，所有人只有一句話：死於流彈，拋屍山崖！」

長腳驚得打了個寒戰，不敢相信：「這傢伙自己帶著相好的逃命，手下人還拼了命保他？」

「所以說這人邪門嘛。」

「這事兒上面知道嗎？」

阿貴嘆了口氣，幽幽道：「哪敢說啊。猛張飛跑了，連長殺了所有俘虜，一把火燒焦屍體，只當響馬頑抗後自焚，人都被燒得沒鼻子沒耳朵，認不出誰是誰。響馬被滅口了，

但現場這些人可都心知肚明。俺跟連長一直不太對付，事後就成了他的眼中釘。現在兵荒馬亂的，他要弄死俺不跟捏死一隻臭蟲一樣容易嘛，俺這才當了逃兵。誰想來上海之後，大哥你也在打聽猛張飛呢。聽兄弟一句，這個猛張飛啊，千萬別惹，太邪門！」

長腳皺起眉頭，怪不得顧大哥三番兩次邀請，于升都不領情，原來背後還有這麼一個大人物。雖然知道了猛張飛的來頭，但他現在在哪兒還不清楚。

這時，長腳的同門——闊嘴巴幫了大忙。闊嘴巴平日在老虎灶放印子錢（高利貸），說是找到了一個知道猛張飛下落的人。長腳到了老虎灶一看，闊嘴巴身旁站著個長臉麻子。

闊嘴巴一指：「他見過你要找的那個人。」

麻子綽號章麻皮，在轉子房幹活，這類小客棧地址隱秘，也不掛牌，專供偷情男女使用。因其私密性較強，偶爾會有逃犯藉機躲藏。

根據章麻皮所說，近日有一批韓國人入住，這些人殺氣騰騰，十分警惕，不讓任何人接近。章麻皮曾經見他們與一對中國男女秘密相會。男的強壯敦實，女的身材高挑，長相俊美，眉宇間有股英氣。因為實在漂亮，惹得章麻皮多看了她幾眼，還遭了斥罵，所以印象深刻。他清楚地記得韓國人稱呼男的為「猛張飛」。但就在三天前，韓國人突然轉移，弄堂口還傳來槍聲，這件事嚇得他連覺都睡不好。

法租界是青幫的地盤。儘管搬離了轉子房，但這些韓國人平日只要在法租界內活動，順著他們找到猛張飛只是時間問題。長腳覺得手中籌碼已足夠，便演了一齣好戲。

當晚，長腳讓弄堂口的阿婆準備了一桌小菜。炒蠶豆、煮河蝦、茭白炒肉、雪菜筍絲炒年糕，加上小黃魚湯底的餛飩，他又打了一壺黃酒，與于升對飲。

敬完酒，長腳嗑了下牙花子：「大哥打聽的猛張飛，小弟還真得了些消息。」

于升苦尋師兄無果，聽到有了線索，精神一振：「他人在哪兒？」

「別急，大哥聽我慢慢說。」

長腳將打聽到的猛張飛如何脫逃剿匪，在法租界與韓國人混在一起的消息一一道來。

于升聽罷蹙眉不語，神情黯然。師兄曾說愧對師門，原來竟是做了響馬。如今他跟韓國人混在一起，到底在謀劃些什麼呢？

長腳摸著下巴沉吟道：「這些高麗人個個橫豎橫（不怕死），整天跟他們待在一起，只怕早晚會出事。」

于升心中焦急：「勞煩長腳兄再打聽一下，看看有沒有其他線索。」

長腳面露難色，仰脖一口悶了杯中酒，長嘆一口氣：「不瞞大哥說，小弟現在腦袋已經別在褲腰帶上啦，想幫大哥，也是有心無力。」

于升聽長腳說得悲切，疑惑道：「有什麼難處，你同我說說。」

長腳正等著這句話，但他還是耐著性子，繼續玩欲擒故縱的把戲：「唉，這是青幫的事，怎麼好勞煩大哥？小弟為幫會上刀山下火海，大不了十八年後又是一條好漢。只可惜幫不上于大哥的忙，心中有愧。」

「這算什麼話，到底什麼事？說出來我幫你一起想想辦法。」

眼見于升被「套牢」，長腳這才說起斧頭幫與青幫的爭端。

青幫人多勢眾，但斧頭幫不出明槍，偏來暗箭。長腳負責賭館安全，等於一塊又大又圓的靶子立在草地上，只等著箭來射。于升聽說此事與趙鐵橋有關，不由感嘆造化弄人。青幫與斧頭幫勢如水火，于升夾在當中左右為難。

「杜先生手眼通天，青幫人多勢眾，奈何不了斧頭幫？」

「斧頭幫不好惹，是因為九爺這個人夠狠。」長腳見于升不解，便向他介紹起來。

與有著百年歷史的洪門和青幫不同，斧頭幫誕生還不到十年。創立者是安徽合肥人王亞樵。王亞樵，字九光，江湖人稱「九爺」。他自幼聰敏，曾位列清末科舉考試甲等前十名。革命浪潮掀起後，王亞樵投筆從戎，以二十二歲之齡做了合肥革命軍司令，響應辛亥革命。

軍閥亂戰，王亞樵的共和夢想破滅，徹底淪為無政府主義者，因仗義執言、批評軍閥而被人追殺，逃到上海。來滬後，王亞樵接手安徽旅滬同鄉會，隨後掌控了勞工總會。

安徽勞工在上海做著最底層的工作，受流氓和資本家欺凌。王亞樵的到來改變了這一切。

此前安徽工人被資本家剝削，討薪無門。新官上任三把火，作為勞工總會會長，王亞樵一上來就舉火燒天，大喝一聲：「殺！」他命令鐵匠打造兩百把利斧，帶著敢死隊持斧上門，嚇得資本家連連道歉，當即賠付工資。從此斧頭幫登上歷史舞台。王亞樵受到十萬安徽勞工擁護，九爺的名聲一

天比一天響。勞工中不畏死的猛將紛紛加入斧頭幫。

若只是拿斧頭嚇唬資本家，斧頭幫充其量不過是一支底層暴力組織，但王亞樵的目標遠不止於此。

不同於一般的幫會大佬，王亞樵不貪財、不怕死，有春秋義士之風。他受孫中山委託，協助浙督盧永祥對付上海警察廳廳長徐國良，打擊直系勢力。盧永祥見王亞樵是條漢子，便給了他兩萬元活動經費，許諾事成後將湖州地盤劃給他，再贈四百支槍。

王亞樵冷冷一笑收下錢。

沒多久，徐國良果然在法租界的溫泉浴室門口被亂槍打死。從此，王亞樵「暗殺大王」之名不脛而走。

有了敢死隊、地盤和槍，斧頭幫一躍成為一支半軍事力量。王亞樵舉著反蔣旗幟，使斧頭幫成為上海灘一股人人談之色變的「暗流」。

斧頭幫成員隱匿在勞工中，來去無影，他們下手狠辣，有豐富的暗殺經驗。王亞樵一直被蔣介石通緝，行蹤不定。連國民政府都拿不住王亞樵，青幫又能如何？

于升聽完之後，十分佩服王亞樵的膽識氣魄，若要與這樣的豪傑對戰，當真棘手。

長腳喝口酒，潤了潤喉：「鳥多不怕鷹，人多把山平。要明刀明槍幹，青幫還真不把斧頭幫放在眼裡，但暗箭難防。現在賭館有六個兄弟護著，都是跟小弟從鄭家木橋出來的，靠得住。小弟現在出門隨身都帶這個。」說著他一掀衣服，露出腰際別著的一把盒子炮。

于升手指輕叩桌面，提醒道：「賭館人雜，要當心有人混進來搗亂。」

長腳心細如髮，早想到這一點，咧嘴一笑：「從上個禮拜開始，標記牌每天一換，只發熟客，杜絕外人摸進來。」

　　高檔賭館以公館作為掩護，定製了入場標記牌，持牌才能進入。標記牌正常情況下每五天一換，在非常時期一天一換。根據標記牌的等級，對於最高等的貴賓，賭場會派汽車接送，次一級的就叫黃包車接送，服務周到。福公館雖比不了公興記等老牌賭場，但也算中上規模，常年在雲飛車行租兩輛汽車接送貴賓。

　　于升原本不願捲入這種江湖仇殺，但此刻的他有了更多的考慮。今後想要找到師兄，肯定少不了青幫相助。吃人嘴軟，拿人手短，于升雖有言在先，稱不理江湖事，但現在情況危急，要袖手旁觀恐怕說不過去。

　　青幫和斧頭幫的矛盾因趙鐵橋而起，于升參與了刺殺趙鐵橋的計劃，多少也有份責任。

　　止戈為武，他雖無力阻止兩幫相爭，但若能參與護館，減少傷亡，也是一件善事。

　　只有直面風險，才能控制風險。

　　想到這裡，于升抬眼看向長腳，目光堅定：「既然如此，我與你同去賭館，遇事也好有個照應。」

　　長腳等的就是這句話，一拍大腿：「太好了！于大哥俠肝義膽！小弟佩服！」

　　「我師兄的下落，還有勞兄弟多費心。」

　　「于大哥放心，我一定盡力。來來來，小弟敬大哥一杯！」

　　如今有高手相助，長腳心裡生出了一份底氣，既然找到了頂樑柱，又何懼風大雨急？

第二十五章
寸勁・斧戰

　　福公館是一幢兩層花園洋房，紅牆配白色屋簷，門前豎有兩層樓高的科林斯巨柱，氣勢非凡。

　　公館門口設有管門人，遇到沒有入場標記牌的來客，便稱這是私人場所，不對外開放。門外的梧桐樹蔭下站著兩個抽菸的男子。他們是賭館的打手，專門負責盯梢，一旦有人搗亂，就由他們出面解決。

　　于升跟著長腳穿過厚重精緻的門房，進入公館內。

　　公館一層是賭博大廳，擺著泛著栗色油漆光澤的麻將桌、新式輪盤賭檯、骰子等賭具。靠牆邊放著一排點心、酒水、香菸、水果，供人自取。旗袍女郎扭著臀部端茶遞酒侍奉貴賓。

　　二樓設有貴賓包間和吸鴉片的煙鋪，提供的都是三鑫公司特供的上等貨色。一樓和二樓的樓梯口裝著警燈。如果管門人遇到巡捕查賭，會立刻按亮警燈。賭館內的工作人員會在一分鐘內藏起所有賭具，賓客由後門進入小弄堂撤離。

　　大廳內站著一個高大凶悍的漢子，他是長腳拜過把子的兄弟，名叫鐵頭。鐵頭體格魁梧，小眼睛，朝天鼻，下巴寬闊，樣貌如同一頭倔牛，手中時刻盤著兩枚鐵蛋子，發出清脆的撞擊聲。

　　他得知今天有武術高手前來協助守衛，便早早在大廳等候。作為賭館保鏢，鐵頭對于升的到來感到十分矛盾。他常

聽長腳提起于升功夫不凡，若有高人幫忙對付斧頭幫，自然是好事，但要是讓外人搶了風頭，以後自己的臉面往哪兒放？

長腳帶著于升進入大廳，鐵頭一看這位高手比自己塊頭小了兩圈，頓時有些失望，看來這人派不上大用場，八成是江湖騙子。

在長腳引見時，鐵頭只是生硬地打了個招呼。

于升禮貌地點點頭。他一眼就認出了鐵頭手中的鐵蛋子。這兩枚鐵球各重三斤，盤在手中看似活絡手腕筋骨，其實是一種近距離暗器。

鐵蛋子有彈和擲兩種用法，一旦擊中，足以斷鼻折肋。持這種暗器亂晃的江湖人，需要謹慎提防，不宜深交。

于升客套了幾句，隨後搬了把凳子，獨自坐到大廳的一個角落。

長腳態度熱絡，抓起一把籌碼塞給于升：「于大哥，既然來了，就下場玩幾把，輸了算兄弟的。」于升搖搖頭，謝絕了長腳的好意，邊喝茶邊冷眼看賭場眾生相。

賭客如痴如狂，被滿桌的籌碼迷了心智，用口袋裡有限的金錢跟賭場的龐大財力博弈，怎會有勝算？武人也是賭徒，比武就是賭命。但武人絕不下無意義的注，戰鬥總要有理由。對這些賭博遊戲，于升完全提不起興趣。

不知不覺，時間就到了深夜。

為了讓賭客忘記時間，賭場照明燈全開，深夜亮如白晝，大廳煙霧繚繞，燈光下細塵飛揚，渾濁的空氣中混合著一絲鴉片的迷離香味，旗袍女郎穿梭其中。

有一剎那，于升彷彿看見了林熙的影子。她在幹什麼

呢？今夜有人去風林居嗎？深山月是否正在奏響？一想起林熙，他心中茫然若失。

長腳吩咐小弟買來五香茶葉蛋、火腿粽子給于升當夜宵。鐵頭在一旁見了暗自眼紅，雖是拜把子兄弟，然而長腳對他從沒這麼好過。鐵頭平時自恃威猛，見誰都七個不服八個不忿，本來就沒把于升放在眼裡，又見長腳一直捧著于升，心生妒忌，暗下決心要讓他出出醜，給鄭家木橋出來的兄弟們長長臉。

凌晨兩點，賭館閉門。

于升跟長腳走出公館。鐵頭偷偷躲在暗角，手握彈弓，從布囊中摸出一顆烤過的泥丸，瞄準于升後腦。

長腳抬手打了個長長的呵欠，鐵頭在這一瞬間將皮筋一抖，泥丸射出。

于升像是察覺到什麼，突然略偏下頭，泥丸如過耳疾風，消失在夜空中。

長腳一個呵欠打完，絲毫沒覺出異樣。于升轉頭往後瞥了一眼，不動聲色。

鐵頭縮頭躲在角落，滿心疑惑，剛才明明瞄準了啊，怎麼沒打中呢？難道是自己太緊張？他不甘心地又將手伸入布囊，先摸出一顆泥丸，頓了頓，又換了一顆鋼珠，他偏就不信邪了！

鐵頭單眼瞄準，「咻」一聲，鋼珠全力射出。

幾乎同時，于升一側頭，第二彈頃刻也消失在夜色中。

于升回望鐵頭所在的方向，語氣和緩：「鐵頭兄，別再跟我開玩笑啦。」

鐵頭嚇得打了個寒戰，忙將彈弓藏在身後走出角落，又

驚又羞地說：「于大哥，莫見怪，莫見怪，鄉下人嘛，喜歡開玩笑。」

長腳疑惑地看著他們，尋思這倆人一天都沒說兩句話，什麼時候熟到開起玩笑了？

于升能避彈丸，是因為他經過了內觀訓練。

中國武術動靜結合，「靜」是最重要的養分。在靜坐和站樁時，武者以內觀訓練提升五感，傳說高手能分辨出附近草叢中蛇的呼吸。于升五感敏銳，自然能聽到彈珠破空的聲響，但在鐵頭看來，這無疑是神技，從此心悅誠服。

三天內，福公館平安無事，但青幫兩家「燕子窩」（小型煙館）遭襲擊，五人被砍傷。斧頭幫四處出擊，青幫人手被分散到各個網點。

福公館的安保措施雖算得上完善，可是道高一尺魔高一丈，斧頭幫不知從哪兒搞到了進館標記牌，並帶來了一份特殊的「見面禮」。

當日凌晨一點左右，疲憊的賭客用手指蘸著虎標萬金油塗在太陽穴上醒腦提神，死死盯著麻將牌的眼中充滿血絲。保鏢們的眼皮也打起架來，大口吸著紙煙，強吊著精神。

坐在角落的于升敏銳地發現廳內有個穿沙青色長袍的男子形跡古怪。那人的目光不在賭桌上，而是四處打量，神色緊張。于升招呼長腳去確認那人身分。長腳帶小兄弟過去盤查。

長袍男子看到有人朝自己走過來，眼神多了一份慌張，跑到大廳中央，大喊一聲「有炸彈！」，拋出個冒著煙的鐵罐。這聲喊如同驚雷，嚇跑了所有人的睡意。

賭客們當即大亂，大門被爭相逃竄的人群堵住，長袍男

子趁亂從後門逃竄。

人潮之中，于升逆流而動，衝向冒煙的鐵罐。他瞥見一旁厚重結實的賭桌，抓住桌子邊緣，雙臂一較勁，將桌子一角掀起，然後抬膝一個正蹬將桌子踢翻，死死壓住鐵罐。

怕爆炸的碎片傷人，于升朝周圍高呼：「臥倒！快臥倒！」

長腳等人立刻趴下身子，在他們的影響下，來不及逃散的眾人也都自覺趴倒一片。

亂哄哄的賭館頓時安靜下來。

等了十幾秒，鐵罐遲遲沒有爆炸。于升觀察了一會兒，見黑煙不再冒出，桌子下毫無異動，小心翼翼上前抬起桌子一角，發現鐵罐已被壓扁，裡面全是點燃的煙絲。

上當了！

反應過來的長腳惱羞成怒，後槽牙一咬，起身一跺腳：「給老子追！」

于升沒來得及阻攔，大廳內的四名青幫弟子立功心切，一起跟著長腳衝了出去。

長袍男子早已跑出後門，竄進了弄堂。

賭場後門設在弄堂中端，長袍男子出門後徑直往東頭的出口跑。長腳一行人跟著追了上來。

深夜裡，弄堂內街燈昏暗，視物不清，長腳追出不到二十米，突然白色粉末當頭潑下。長腳眼前一黑，雙目火辣辣地疼。

中埋伏了！

弄堂東西兩頭各衝出三個持斧殺手，身穿黑衣，臉上塗得煤黑，在夜色中面貌模糊，只有眼白翻動，顯得格外凶悍

駭人。

　　長腳衝在前面，被東頭的殺手攔截。埋伏在西頭的殺手從他們後方發起攻擊。

　　暗夜中，斧刃的白光閃耀，劃出弧光，鮮血飛濺，慘叫聲四起，跟在長腳後面的青幫弟子紛紛倒地，空氣中腥氣瀰漫。

　　長腳腦筋轉得快，在雙目不能視物的情況下，不管三七二十一抬手連開三槍。

　　槍聲在夜間格外震耳，驚得蝙蝠亂飛，給夜空平添了幾分慌亂。

　　亂飛的子彈雖然不能傷人，但起到了恐嚇效果，東側的三個殺手怕被流彈所傷，閃到一旁。長腳手中雖有槍，但眼睛看不見，又腹背受敵，只能拖延一時。

　　幸好，還有于升。

　　于升從窄門衝出，高喊一聲：「住手！」

　　靠近西側的三個殺手聞聲駐足，棄下倒地的人不顧，齊齊轉向于升。

　　離于升最近的一人忽地暴喝一聲，抬斧就砍。于升身法如鬼魅，閃過迎面劈來一斧的同時，右手上撩，一招「龍擺鬚」由下而上，擊中殺手下巴，將對方打得腦袋後仰。于升得手後，招不空回，右手落掌順勢斜劈對方頸側。右掌一撩一劈，迅如鷹隼盤旋。殺手脖子在衝力下猛然震顫，悶哼著暈倒在地。

　　餘下兩個殺手見于升如此強悍，都略一怔，對視後又鼓起殺意，咬牙提斧衝上來。

　　一名高大胖漢率先殺到前面，斧頭砍瓜般對著于升腦袋

劈下。于升左腳往側面一滑，閃身避讓，斧刃距離鼻尖一寸切過。待胖漢力一使盡，于升五指一張，抓住其手腕，纏鎖扣壓，只聽「哎呀」一聲，利斧落地。

胖漢雖失了武器，依舊半步不退，如發瘋野豬般擠向于升。

街頭打架最怕死纏爛打之輩，胖漢街鬥經驗豐富，雖然右手腕被擰錯位，但左手緊拽于升衣領，身體死死貼住他，利用體重將他推到牆邊，想給同伴創造劈砍機會。

于升像被一堵肉牆壓住，一時難以掙脫，眼見一個光頭聳肩提斧殺過來，他的眼中閃出寒光，身姿陡然一顫。

胖漢原本面目猙獰，但隨著于升發招，胖漢背部突地震顫，隨即臉色變得青中帶灰，死人般難看，雙臂如折斷的麥穗垂落，于升一推，胖漢整個人仰面倒在青磚路面上。

他膻中穴處有一凹陷，衣服成漩渦狀陷入其中。險境之中，于升用了「寸勁」。

普通人出拳強調距離，對方貼身後就無計可施。但對武者來說，人體每個關節都有活動間隙，透過層層擠壓、節節螺旋擰轉，即便沒有外在的加速距離，也能在體內創造出足夠的加速空間。

源拳發勁可做到踝、膝、胯、肩、肘、腕各節擰轉碾擠，六關一通，攢成一把螺旋「骨芯」刺槍，拳頭攥緊，可如鑽頭般穿堅透骨，貼身也可打出重擊，此為「寸勁」。

于升擊暈胖漢，將他一把推倒，想偷襲的光頭一時受阻，向旁側閃。

于升看準時機，右腿如鋼鞭抽出，正中光頭的下頜。兩顆白牙帶著血水飛到空中，光頭摀著臉仰面跌倒。

殺敗三人，于升對位於東側的長腳高喊一聲：「靠牆蹲下！」

長腳摸牆下蹲，烏龜般縮著頭，一臉石灰粉，槍管滾燙。

這時弄堂內除于升外，東側還站著三個殺手。長腳的四個兄弟都被砍倒。其中兩人背部中斧，一人左肩被砍，一人搗著右臂。四人不斷呻吟哀號，看來傷勢不輕。

為方便賭客疏散，弄堂內每隔幾米就掛一盞煤油燈。煤油燈昏黃，只能映出丈遠。

東側三個殺手看不清于升動向，只聽劈哩哐當一陣聲響，驚訝地發現原本埋伏在西側的同伴盡數倒地，頓時一臉茫然。

深夜的弄堂躺滿傷者，恐怖的氛圍如霧氣瀰漫。

于升緩步上前，每靠近一尺，腳步聲加大一分，東側三人的心跳也跟著加快一分。

于升自黑暗中走出，來到煤油燈下，飛蛾在燈下撲棱，似乎想用翅膀將光亮阻擋。

殺手凝神細看，這才發現敵軍孤影佇立。既然只有一人，那就好辦了！

三個殺手不再理會縮在一邊的長腳，手握利斧呈扇形圍上前。

于升神色自若，目光凝定，右手多了一把撿來的短柄斧。他不想傷人性命，特意反握斧柄。

外行用兵器，強調手上動作，想用力量控制兵器線路，設計花哨招法。其實，若想將兵器的威力最大化，也必須貫徹用勢不用力的原則。

相較於拳法的勢能，兵器揮起來後產生的勢能更大，武器與臂力的關係如同馬與人。人不能拖馬走，應該是讓馬跑起來，人來引導方向。兵器自重越大，揮動時產生的勢能越大，一旦把這股勢運起來，就如同騎兵衝鋒，有劈形破勢之威力。

劍法高手起手舞個劍花，不是為了好看，而是為了熟悉兵器的慣性與重力。

于升手中的短斧重約兩斤五兩，運起來威力極強。重劍無鋒，兩斤多重的斧頭殺傷力驚人，甚至無須打得多精準，只要找準方向，順著勁打過去，即便砸中手也能造成斷指之傷。

夜涼如水，厚雲遮月，夜空彷彿被蒙上了一層黑布，樹葉被風吹得簌簌作響。

空氣中瀰漫著一股肅殺之氣。

雙方對峙之時，雲層飄移，月光重現。武諺有云：「隱如烏雲，動若奔雷。」

于升用拳法運斧，施展凌空勁借力，猛虎躍峽般撲向中間那個高個子。

高個兒殺手惶然抬頭，本能地舉斧抵擋，殊不知這是虛晃。

于升在空中一擰腰，橫著一捲，以斧背猛劈左側殺手頸部。白光一閃，對方還沒來得及防守就被擊中，直挺挺倒在高個兒殺手的身旁。

于升落地後猛然回身，短斧立刻從下往上撩，直擊中間的高個兒。這一斧借了身體起落的勢能，帶著勁風，像要切裂暗夜。高個兒咬著槽牙想拿斧頭去接，結果一擋之

下，金鐵激鳴，手中斧頭被震飛。還沒等他做出下一步反應，就感到一股疾風襲面。于升順著起身之勢，以虎趾掌砸中了高個兒的下巴，一擊將他打倒。

為了瞬間擊倒兩人，于升用了「指東打西」的兵法。若直破中路，于升必遭左右兩側夾擊，故他先擊倒左側敵人，再以中間斧手作為盾牌，牽制右側殺手，逐個擊破。

此刻，只剩下最後一個殺手，于升並不急著出手，而是緩步前逼，這種脅迫感幾乎要將對手壓垮。

殺手在壓力之下沉不住氣，虎吼一聲，舉斧砍來。因為精神極度緊張，他的動作毫無章法，中門大開。于升抬起一腳踢中他胃部。殺手連退五六步撞到了牆上，震得牆灰脫落。

緊接著，厚重的斧背在空中劃過一道平滑弧線，止於斧手的右鎖骨。「噹啷」一聲，斧頭落地。

「啊！」嘶啞淒絕的慘叫聲在黑夜的弄堂中迴盪。

于升環顧四周，見殺手都已被制服，便收了手，轉頭大聲喊：「快出來救人！」

賭館裡的人見殺手全被制服，像是開閘的洪水般衝出來，七手八腳把傷員抬進去包紮，有人找來蓖麻油給長腳洗眼睛。

這時鎮守前門的鐵頭也舉著槍帶領手下趕了過來，見斧頭幫殺手東倒西歪躺在弄堂裡，罵罵咧咧準備將他們綁起。

于升轉過臉，抬手阻攔：「別綁，讓他們走吧！」

鐵頭一臉詫異：「砸了場子，砍了人，哪能放了？」

于升聲音平緩，但語氣卻不容反駁：「你今天綁了這六人，明天會來十人，帶著真炸彈，到時怎麼辦？福公館跑得

了嗎？」

長腳眼不能視物，但腦子還算清醒，此刻定了心神，明白于升此舉的深意。斧頭幫用假炸彈只是嚇唬客人，真把他們逼急了，保不準會魚死網破。給斧頭幫的人一條生路，送一個人情，要他們別再打福公館的主意，才是上策。

他閉著眼睛，向著鐵頭說：「聽于大哥的，讓這幫赤佬趕緊滾！」

鐵頭的職責是守外門，誤放進刺客已犯下大錯，現在要他放了眼前的俘虜，一臉不情願。

于升猜出他心中的顧慮，勸誡道：「幫派有怨，私人無仇，得饒人處且饒人，別再讓兄弟們流血了。」

鐵頭再蠢也能聽懂其中的利害，嘴上罵罵咧咧，但不再嚷著綁人，只是收了地上的凶器。

于升打鬥時沒有下死手，斧頭砸進去的定位點在皮下一寸，「釘」得不深。因此，除了胖漢被寸勁傷得較重一時無法弄醒外，其餘人陸續爬了起來，互相攙扶。

高個兒殺手是這次行動的頭領，雖然腳步踉蹌，但走之前他仍努力站直身子，向于升做了一個拱手禮，以表謝意。

于升鄭重回禮。言有矩，動有法。江湖上不僅有血腥廝殺，也存在遵守古禮的義士。

星星只在夜晚閃耀，時代越是黑暗，道義規矩越顯珍貴。正是這些點點光芒，削弱著時代的黑暗底色。

這一晚後，斧頭幫的報復行動仍在繼續，青幫的場子接二連三被焚燒砍砸，但福公館風平浪靜，成為戰火中難得的安穩地，生意變得格外火爆。

第二十六章
吃講茶・墨子

　　就在青幫跟斧頭幫爭鬥時，內田佑也遇到了麻煩——調查血月行動遇到了意料之外的阻礙。

　　就在鎖定血月行動組的當晚，目標突然連夜從松尾兄弟眼皮底下轉移了，就像有人在通風報信一樣。松尾兄弟跟蹤可疑人物進入一條窄弄堂後，目標就不見了蹤影。

　　弄堂內屋舍眾多，大門緊閉，窗內幽暗。松尾兄弟發現氣氛不對，擔心遇到伏擊，正準備撤退，卻被從弄堂口進來的一個男人堵了個正著。

　　這個男人戴著禮帽，黑暗中看不清表情。

　　殺手有著獨特的直覺，能從對方的姿勢、表情和氣勢中感應到同類。

　　來人和松尾兄弟同時停住步子。

　　雙方未發一言，松尾太郎從口袋緩緩掏出一根煙，假意轉頭跟松尾次郎借火，火柴燃起的瞬間，他手臂向前一彈，手裡劍直擊向禮帽男。

　　禮帽男反應很快，偏頭躲閃，但還是被手裡劍打飛了禮帽，割傷了額頭。

　　下一瞬間，禮帽男手中變戲法似的出現一把掌心雷，槍聲響起，火光中子彈呼嘯而至。

　　松尾太郎矮身閃避，子彈擦過松尾次郎左臂，衣袖破成碎布如柳絮飄散。因為是偶然遭遇，松尾兄弟無意與持槍殺

手糾纏，趕緊後撤，藉著掩體翻牆逃脫，如猿縱猴躍，幾個起落就消失在夜色中。

內田接到報告，擔心松尾兄弟暴露，便暫時不讓他們拋頭露面。

黑龍會透過中間人收買了一批蘇北幫的街頭混混，協助他們在街面盯梢，繼續查找血月行動組的下落。

可是萬萬想不到，僅僅過了兩天，混混們的據點就被一鍋端了，而且動手的正是日本憲兵隊。

內田勃然大怒，立刻前往軍部瞭解情況。

三個小時之後，回到黑龍會的內田找來九鬼英二和松尾太郎密談。

內田神色凝重：「很明顯，敵人已經滲透到了我們內部。」

九鬼急切地問：「憲兵隊怎麼說？」

「聽說是一個名叫岡見八郎的日本記者舉報，稱偶然聽到那群中國混混有反日言論，計劃綁架日僑。現場搜到了兩支槍，等於證實了他的說法。」

內田說完頓了頓，看向松尾太郎：「這件事你怎麼看？」

松尾太郎雙眉皺起：「這些人替我們做事，怎會有反日言論？他們再怎麼口無遮攔，也不會在公開場合吐露綁架意圖。他們備槍也是因為之前我們遭槍手襲擊，出於防範考慮。看來，這次是有人想打斷調查。敵人對我們的行動瞭如指掌啊。」

內田點點頭，壓低聲音嘟囔一句：「有內鬼。」

九鬼額頭上浮現一條青筋，怒氣沖沖：「八成是軍部幹

借勢：武術之秘

的！或許他們也獲得了血月情報，想獨吞功勞！」

內田十分謹慎：「依照目前的訊息還不足以做出這個判斷，我們不要自亂陣腳。血月行動組的目標是綁架日本外交官，但究竟是誰要這麼做，怎麼動手，還有綁架目的，都不清楚。我們要利用這次事件，讓時局向我們希望的方向發展。就算軍部有所察覺，也不會貿然行事。中國有句話：螳螂捕蟬，黃雀在後。要捕獵，急不來。」

九鬼追問：「那我們該怎麼做？」

「對方干擾我們的調查，必然也會留下線索，既然如此，我們就去揪出狐狸的尾巴，看看到底是誰在背後搗亂。」

「是！」九鬼和松尾太郎兩人行禮告退。

兩天後的傍晚，岡見八郎和一名韓國記者在東洋街酒吧與三名男子發生爭執。在巡警趕來之前，岡見八郎已經被打暈在地，韓國記者捅傷一人後逃逸。

根據核查，韓國記者的身分是偽造的，其真實身分是一名有前科的韓國反日組織成員。

內田聽完匯報，嘴唇微啟，露出尖利的虎牙，惡狠狠地說：「看來，韓國地下黨終於沉不住氣了啊。」

內田口中的韓國地下黨是黑龍會的宿敵，是一支由韓國人組成的反日武裝力量。

1910年日韓合併後，朝鮮半島淪為日本領土，一部分韓國志士流亡到中國，在法租界成立了大韓民國臨時政府，暗中推進民族獨立運動。

韓國人選擇在法租界活動有其原因。法租界和公共租界在治理方式上涇渭分明，平時互不來往。上海本地人有一句

話：「大英法蘭西，大家勿來去。」英國人講究秩序，公共租界由工部局管理，與南京政府通力合作，逮捕政府通緝犯，大力圍剿鴉片交易，確保租界內秩序井然。法租界的公董局則只管悶聲發財，不願賣力氣幫政府對付眼中釘。

公董局的這種玩世心態讓法租界像一塊磁石，一層一層吸附著鐵渣碎屑，漸漸淪為毒販、幫會、叛黨甚至國際流亡人士的樂園。

混跡法租界的韓國人不難辨認，與江南人的儒雅溫和不同，他們臉上總是一副苦大仇深的表情，隱隱含著六親不認的決絕。

內田猜得不錯，向憲兵隊舉報的日本記者只是傀儡，干擾調查的正是韓國人。但他們又怎麼會對黑龍會的舉動瞭如指掌呢？猛張飛在血月行動中又扮演著什麼樣的角色呢？內田陷入了沉思。

另一邊，斧頭幫與青幫的爭端突然平息下來，這一切都仰仗杜月笙的高明手段。

進入8月，「馬浪路慘案」事件不斷發酵，法租界多次上演大規模抗議遊行。

工人的示威活動獲得了社會各界的支持，報紙輿論紛紛譴責巡捕的暴力行徑。隨著示威浪潮越來越大，參與罷工的工人總數超過一千五百人，電車停運，電燈故障無人修理，市民怨聲載道。據《申報》報導，上海法電在這次罷工中累計損失超過一百五十萬元。

國民政府特派調解專員安撫工人情緒，想儘早結束罷工。原本弗里德幾次三番到杜公館求助，杜月笙都是一副「你們自作自受」的態度，但近日他卻一百八十度大轉彎，

主動要求以法租界商界總聯合會主席的身分參與調停罷工，搞得弗里德一頭霧水。

在各方壓力下，資方做出妥協，同意漲薪，也答應釋放被捕的工人，只是堅持開除組織罷工的四十名工人。

國民政府調解專員和起稀泥，建議將這些人調到工會上班，工資照付。資方雖同意調職，但拒絕支付工資，談判再次陷入僵局。

關鍵時刻，杜月笙開口發了話：「工人的工資理應照付，若有不便，所有費用由杜某人負責解決。」

弗里德一聽大喜，拍手稱讚：「這絕對是商界總聯合會對工人最慷慨、最人道的一次救助！」

資方見杜月笙願意當冤大頭，求之不得，很快便在國民政府代表的見證下與工會簽訂了調解協議。

8月13日，一千多名工人在工會門前的廣場上舉行慶功大會，高呼「勝利萬歲」。杜月笙派商界總聯合會代表出席，以示支持。歷時五十七天的法電大罷工運動最終以工人勝利而告終。

在這場聲勢浩大的工人運動中，杜月笙不僅替工人說了話，還慷慨解囊，解決實際困難，得了人心。

斧頭幫脫胎於勞工總會，要是繼續對杜月笙出手，就不符合江湖道義了。

王亞樵對身邊的王千庭感嘆：「杜月笙這人，果然是個大滑頭。都說他做事刀切豆腐兩面光，何止吶？你看，調解罷工一事，工人感激他，公董局欠他人情，國民政府也要給他記一功，一筆小錢買了三撥人心，這筆賬算得多精明！」

王千庭同青幫有斷指之仇，面色有些難看，試探地問：

「九爺，那我們還繼續打嗎？」

「該爭的道理還是要爭，但杜月笙花槍耍得這麼漂亮，我們再埋頭打下去就理虧了。之前給了他們一些教訓，是時候大家坐下來吃講茶了。」

吃講茶是上海流氓化解矛盾的一種方式。矛盾雙方在茶樓談判，由調解人牽頭，雙方當面論理算賬，孰是孰非，聽憑公論。

王亞樵吃軟不吃硬，此前青幫拒不交船，大有欺人之勢，所以他偏要給青幫點兒顏色看看。現在杜月笙收買人心，對工人做了善事，王亞樵也就放軟了姿態。

王亞樵的信送到杜公館，杜月笙眉開眼笑，對顧嘉棠笑說：「你看，我說三日內會來信吧，這才兩天。」

顧嘉棠原本正在犯愁，和斧頭幫開戰以來，不斷有兄弟重傷。敵暗我明，想反擊都找不到人，這仗打得要多憋屈有多憋屈。沒承想杜先生藉著調停罷工事件，只是輕輕巧巧一步棋，就將死棋下活，手段之高超，令他佩服得五體投地。

可是杜月笙看了信後，倏地收了笑容，轉而變得一臉陰沉：「好個王亞樵，吃講茶都搞這麼多狗皮倒灶（狗屁）的規矩，這是要吃定我啊。」

王亞樵的信寫得客客氣氣，稱自己被通緝，不方便出入茶館，因此吃講茶的地點安排在華界的一處民居內，時間定在兩日後。

信中還寫道：「為避免收船時的血案重演，杜先生只能帶一名侍者，還望海涵。」

當日，斧頭幫也是兩人登船，張齊林叫了一大幫門徒助拳，算是失禮在先，現在全都變成了對方的話柄，成了對方

反制的武器。

杜月笙因為張齊林的蠢行吃了個啞巴虧。

顧嘉棠接過信，眉頭也擰到了一處。青幫和斧頭幫都是上海灘人見人怕的角色，沒有合適的調解人做擔保，若是單刀赴會，到時候人為刀俎我為魚肉，凶險萬分。王亞樵是出了名的亡命徒，談判變成綁架都有可能。

「杜先生，太危險了，斧頭幫這麼攪七拈三（胡搞）還談個屁啊。索性一不做二不休，跟這幫安徽赤佬拼到底算了。」

杜月笙豎起食指在顧嘉棠面前搖了搖：「對付敵人，最好的辦法是將他徹底踩死。斧頭幫本來就是茅坑裡的石頭，踩他們還髒了腳。真鬧起來，法租界天翻地覆，大家沒錢賺。如果踩不死他，那就籠絡他，化敵為友。不入虎穴，焉得虎子，這一趟不得不去。」

顧嘉棠毛遂自薦：「小弟願跟杜先生共進退。」

「人家說了只能帶侍者，你去怕不合規矩，最好還是找個生面孔。」

顧嘉棠面露難色。吃講茶暗藏殺機，講究臨場反應和進退分寸，一般的底層幫眾肯定無法勝任。

杜月笙眼珠一轉，問：「那個于升還在你那兒嗎？」

聽到杜月笙問起，顧嘉棠趕緊答：「在的，但他不是幫內人，吃講茶事關杜先生的安全，只怕……」之前他提出拉攏于升，杜月笙反應冷淡，顯然對此人不信任，沒想到今天竟然主動提起。

杜月笙一笑：「我讓他去殺人放火賣鴉片，難保他沒有二心。但吃講茶不一樣，武人講原則，靠得住。養兵千日，

用在一時。他拿了我的錢，也該派上用場了。」

顧嘉棠冒險自薦也是想鞏固自己「四大金剛」之首的地位，沒想到杜月笙點了于升。

于升是顧嘉棠介紹來的，若能圓滿完成任務，這份功勞自然也是算在顧嘉棠名下。想到這裡，顧嘉棠心中暗喜，欣然領命，立刻動身前往康壽里。

此刻的于升正在康壽里悶悶不樂。

斧戰之夜後，福公館浪靜風停，兵銷戈倒，賭館生意火爆。

青幫地下產業發達，常有賭徒欠債後將妻女賣進妓院。兩天前，于升在館中見到一名賭徒帶女兒來福公館賣身還債。那是個十幾歲的小姑娘，稚氣未脫，涕淚交加。于升見了心中一震，十分不忍，想替賭徒還錢。他力挫斧頭幫殺手，立下大功，福公館上下誰敢收他的錢？

長腳趕緊上前打圓場，將賭徒一頓罵，讓鐵頭把他們帶出福公館。女孩朝于升悽楚一望，這一眼彷彿一根軟刺扎入他的心頭。

長腳見于升神情複雜，在一旁勸道：「于大哥，幫得了一時，幫不了一世。這都是他們的命，由不得別人。」

于升曾以為習武十年，天下無不可仗之義，如今卻發現，想行俠仗義，空憑一腔熱血，只是虛妄。

自從那天之後，他再也沒有踏足福公館。

夏日黃昏，陽光收了白日的毒辣，蟬聲也顯出疲態。

上海天氣潮濕，屋內悶熱，弄堂裡的住戶便紛紛將竹床擺到門口，扇著蒲扇，消暑納涼。

長腳將桌椅搬到天井，桌上兩碗爛糊麵，放了青菜、肉

絲和鴨肝，煮得爛而不黏。一個綠油油的西瓜泡在裝滿井水的鐵皮桶裡，用來飯後消暑。

于升正跟長腳一起吃晚飯，顧嘉棠推門進院。長腳見了大哥，趕忙起身讓座。

顧嘉棠顧不上客套，坐下跟于升把吃講茶的事說了一遍。

「現在上海灘打得雞飛狗跳，杜先生這次去，也是為了大家有個太平日子。于老弟，這個忙，你不得不幫啊。」

若是三個月前，于升當然不願做保鏢。但如今他已明白身不由己的滋味，一旦捲入了江湖的是非，就像是過了河的卒子，只能拚命向前。

現在，他見有機會結束廝殺的局面，也顧不得門派規矩了：「止戈為武，講和是好事，于某在所不辭，只是不知需要我怎麼做。」

「這次去斧頭幫的地盤吃講茶，一切以杜先生的安全為重。」顧嘉棠將寶押在于升身上，言辭懇切。

兩天後，于升來到杜公館，一直等到下午四點半，門口才駛來一輛綠漆汽車。

車上三個人，說是來接杜先生的。

顧嘉棠一看便知這是從祥生車行租來的車。他帶人上前對司機盤問一番，又讓手下搜了身，確認他們沒有帶武器。

「這小破車，要擠五個人，不妥當。你們在前帶路，我們開自己的車去。」顧嘉棠想藉機多帶些人手隨行。

「不要誤會，這車只載杜先生和隨從。」司機使了個眼色，坐在後排的兩人即刻下車，站到杜公館門前，迎接杜月笙和于升。

顧嘉棠臉色一變。原本他安排了車，準備遠遠跟蹤，暗中保護，沒想到斧頭幫會派人來這裡看著，確保杜公館沒有車子暗中隨行。

王亞樵果然狡猾。事到如今，只能靠于升了。杜月笙和于升先後鑽進了綠漆汽車。

車子一路從法租界駛向老城廂的西北區。

車窗外，矮小破舊的灰瓦屋漸漸取代了法租界的紅頂磚房。引車賣漿的小販推著獨輪小車，穿梭在斜街窄巷。路人身上都是粗布舊褂。街邊有一些補衣納鞋和修傘補鍋的小攤。

汽車七彎八繞，開進了「九畝地」。

杜月笙面色有些難看，這塊地方，他一直都不願踏足。

此處原本是明朝劉氏重臣的墳場，占地約九畝，故稱「九畝地」。後來，清政府在這裡設北門內小演武場，建火藥庫。1911年辛亥革命，上海起義就是在這裡發起。

又是墳場，又是兵戈之地，煞氣太重，杜月笙平日避之不及，王亞樵偏偏把吃講茶的地方選在這裡，令他心中十分不快。

料想到這次吃講茶可能有危險，杜月笙不由瞥了于升一眼。于升面色嚴峻，他曾聽過王亞樵的事蹟，知道王亞樵是個漢子，沒想到這麼快就要打交道了。不過相比王亞樵，他更擔心的是另一個人——宣智民。

汽車開到一條弄堂口，司機緩緩停下車子，回頭恭敬說道：「杜先生，到了。」

兩人下車，眼前一條寬弄堂，約有五十名黑衣男子站在兩側，一步一人。

弄堂長約一箭之遙，盡頭是一戶院門。院門虛掩，門上的銅獸頭門環黝黑發亮。

弄堂裡雖擠滿了人，卻闃然無聲，無一人亂動亂語，靜穆森嚴。

杜月笙眯起眼，語帶譏諷：「九爺迎客的陣仗真不小啊。」

于升跟在杜月笙身後，一言不發。這裡易進難出，若是談崩了，想從這條巷子中殺出，恐怕比登天還難。

斧頭幫眾人皮膚黝黑，身著黑衣，帶有濃烈的勞工氣息。于升見他們臉色凜然，紀律性極強，不由想起春秋墨家。

墨者，黑也。黑衣和黑皮膚是底層勞動者最突出的特點。

墨家以武力為勞眾撐腰，在市井酒肆間長嘯狂歌，於權貴面前據理力爭，鋤強扶弱，死不旋踵，是任俠精神的代表。王亞樵創立斧頭幫，為工人討公道，公開反蔣，頗有古風，有墨子之韻。

斧頭幫擺出烏衣巷陣法是想要一個下馬威。若是不入流的貨色見了眼前的景象，恐怕早被嚇癱。

杜月笙外表斯文，內心果敢凶悍，乃文中之武；于升一身武藝，卻神氣內斂，武人不苟戰，屬武中之文。

兩人大步流星，昂首闊步從弄堂中穿過，彷彿兩旁凶神祇是浮雲幻象。

于升上前推開門，杜月笙背著手跨過門檻。

院前廳堂格扇門敞開，正牆上掛著硃砂鍾馗像。硃砂有辟邪之效，用在捉鬼鍾馗身上，取「邪不壓正」之意。

畫旁題詩：

　　　一腔正氣揮龍泉，閒步放懷對酒眠。
　　　聞到妖邪休逞強，大鼎煮鬼當過年。

　　銅製的鳳眼香爐擺在案上，爐中燃香三炷，縹緲的煙霧令畫上的鍾馗彷彿活了起來。

　　方正的廳堂中央擺著一張大圓桌，這在風水中叫作「一圓破方」。桌旁的太師椅上坐著一人。

　　他面容清癯，戴著一副鍍金邊的圓框眼鏡，留兩撇小鬍子，唇薄下墜，若不是眼中那份霸氣，像極了教書先生。

　　他身後站有兩人，左側是宣智民，只是他額頭多了一條長疤，縫合的線還沒拆，顯然是最近受的傷。身材魁梧的「獨眼將軍」王千庭瞪圓了眼站在右側。

　　杜月笙和于升一前一後進門。

　　宣智民萬萬沒想到會在這裡跟于升重逢，臉色不禁有些難看。

　　于升也皺了皺眉，真是怕什麼來什麼，但事已至此，只能硬著頭皮往下走了。

　　見杜月笙來了，戴眼鏡的男子起身相迎：「杜先生，有勞您大老遠趕來。都怪蔣賊一直想要我的人頭，只能委屈您來這裡一見。請坐。」

　　「九爺客氣了。」

　　王亞樵與杜月笙面對面一同落座。

　　杜月笙面上帶笑，朝王亞樵一拱手：「今天到此，我要先恭喜九爺。」

王亞樵眉毛輕佻：「哦？我何喜之有？」

「聽說招商局將『海安號』交給九爺，這是喜事。小徒不懂事，惹出誤會，現在我已查明真相，令他速速交船。青幫和斧頭幫化干戈為玉帛，自然也是喜事。」

杜月笙以退為進，明明是一場惡鬥，偏說成兩件喜事，先明確青幫無意爭船，再將爭端大事化小。

王亞樵微微一笑，回道：「如此說來，我也要恭喜杜先生。」

「哦？我又何喜之有？」

「杜先生解決法電大罷工，得世人之心，此為一喜。『海安號』交接延時，這段時日有不少進賬，賬算得巧妙，這是二喜。斧頭幫血流了不少，惹事的張齊林卻未傷一根毫毛，有這樣頭腦靈活的徒弟，這是三喜。」

王亞樵正話反說，三句話既是挖苦，也直指談判核心。兩人見面，沒有一句狠話，背後卻刀光劍影，于升在一旁聽得暗暗心驚。

杜月笙面不改色，接話說：「大家都是中國人，法國人欺負同胞，我理應幫忙。我徒弟冒犯了九爺，我也備了一份賠禮。」

話音剛落，于升上前一步。宣智民濃眉一擰，王千庭沉不住氣，往前迎了一步，以防不利。

于升從懷裡緩緩掏出一張五萬元的銀票，恭恭敬敬地放在桌上。

王亞樵瞥了一眼銀票，點點頭：「爽快，明白人不說糊塗話。『海安號』本就是我該得的，錢數也合規矩。但還有一筆賬我們沒算清。」

杜月笙睞眼笑道：「還有什麼賬？」

「我兄弟為此事斷指流血，我不能拿兄弟的血來換錢。血債得有血債的還法。」

一聽這話，杜月笙的臉色「唰」一下變了。吃講茶談的是利益，是補償，王亞樵這個要求提得不合規矩。

他的語調也冷了下來：「九爺的意思是？」

王亞樵眉角揚起，帶著一股煞氣：「你徒弟也得砍一根手指，這事兒才叫公平！」

杜月笙本有出錢消災之意，但現在王亞樵不僅要錢，還要青幫門生斷指賠罪。

張齊林的手指在杜月笙心中一分錢都不值，可真要是賠了錢還砍指賠罪，青幫的面子往哪兒擺？

杜月笙半闔著眼，以懶洋洋的聲音說道：「賬不是這麼算的。要論血債，這陣子上海灘沒少流血，還差一根手指嗎？」

「就因為差了這根手指，天平還不公，只怕後面會流更多血。」王亞樵語氣強硬，一步不讓。

杜月笙嘆了口氣：「青幫家大業大，法國領事都從三鑫公司領月錢。法租界從上到下，沒人願意看到街面上終日流血，這也是我大老遠來這裡見九爺的原因。如果一定要血債血償，只怕對大家都沒好處。」

聽出杜月笙這話暗藏威脅，王亞樵嘴角一翹：「都知道杜先生是上海灘聞人，但手大捂不住天。你可知這天下最大是何物？」

「九爺說來聽聽。」

「天下之大，大不過道理。張齊林仗勢欺人，欠下這根

手指，於理不通。這筆賬，總要還。」

王亞樵說話不急不緩，言語卻如刺入心臟的銀針，令人不寒而慄。

杜月笙見王亞樵軟硬不吃，只覺眼前這人身上有一股凜然氣勢，好似利刃散發出的劍氣。

王亞樵和杜月笙談不到一處，只因為兩人性格相反。

杜月笙屬弈者性格，王亞樵屬搏命角色。杜月笙性格謹慎，善於佈局，處世如下棋，招招算計，不願輕易破釜沉舟。王亞樵是賭徒，捨命暗殺，一搏逆轉乾坤，做起事來孤注一擲，不計後果。

兩人針鋒相對，眼看談判到了崩壞的邊緣，空氣彷彿重若千斤，四周靜得能聽到院外樹葉飄落之聲。

王千庭緊張地嚥了口唾沫，宣智民也做好了隨時拔槍的準備。

「我這裡有一物，不知能否抵得這根手指。」于升突然開口，打破了令人難熬的寂靜。

王亞樵和杜月笙同時看向于升，只見他兩指捏著一枚斧狀銅幣，輕輕擱在圓桌上。

宣智民臉色一變，犀利的目光掃向于升。于升視而不見，緊緊盯住王亞樵的面龐。

王亞樵認得這是獎給暗殺死士的斧幣。一幣抵一命，持幣者有難，斧頭幫必全力相助。

王亞樵眼皮一抬，打量了于升一番：「這枚斧幣可抵一命，用在膽小鬼的這根手指上，值得嗎？」

于升不卑不亢：「這枚幣買的不是某人的手指，是兄弟們不再流血。」

「有趣，你有此物，想必跟斧頭幫有些淵源。但拿斧頭幫的信物來反將我一軍，膽子不小啊。」王亞樵話中帶刺。

杜月笙咧嘴一笑，接話道：「瞧九爺這話說的，按斧頭幫的規矩行事是對九爺的尊重，又怎麼會是將一軍呢？」

王亞樵一伸手，從桌上收走了斧幣，淡淡地對杜月笙說：「杜先生身邊果然有能人。」

杜月笙笑了笑：「彼此彼此。」

「斧頭幫跟青幫的賬清了，但我還有句話要對杜先生說。」

「請講。」

「如今中原烽火彌路，東倭在上海灘跋扈，國難時，有能者該扛起重擔，才不愧對國人。」

杜月笙臉色突然冷下來，慷慨激昂道：「我杜某人雖是吃的江湖飯，但骨子裡也有忠肝義膽，決不會做有損民族氣節之事！」

「如此便好。上茶！」

宣智民取紅茶、綠茶各一杯，倒入茶碗之中，碗中茶水再分兩杯，杜月笙與王亞樵兩人仰脖一飲而盡。

舉茶釋恩仇，歷時半個多月的幫派廝殺正式宣告結束。

第二十七章
庶人劍・公開比武

　　于升從亨達利鐘錶店前走過，看了一眼南京路的路牌。前面不遠，有一家裝修考究的臨街商鋪，店內飄出陣陣奶香，街上的空氣也多了一絲甜味。

　　于升雖然看不懂Bake-Fine Bakery的紅字招牌，但他知道這裡就是上海最有名的西式甜點商號——沙利文糖果行。

　　進店後，糖果和麵包琳瑯滿目，靠街邊玻璃窗的咖啡雅座上，金髮洋人與旗袍美女對坐調情，不時肆意大笑。

　　于升跟著身穿洋裝的年輕男女一起，在櫃檯前挑選甜點。他曾聽長腳說「在上海送女孩禮物，沙利文巧克力糖最靈光，有情調」。他來此，是要為林熙帶一份禮物。

　　因為幫派紛爭，于升很久沒去風林居了，但林熙的身影時常縈繞在他心頭。青幫和斧頭幫談和之後，他迫不及待與林熙重聚。

　　沙利文糖果行的奶油巧克力糖用玻璃紙包裹，五顏六色的滿滿一盒，十分漂亮。

　　風林居內，林熙見到禮物後，雙眸明亮閃爍，流露出歡喜之色。

　　「于先生怎麼知道我喜歡甜食呢？」

　　「泡茶都會放冰糖的姑娘，怎麼會不喜歡甜呢？」

　　「以前日子清苦，過年時會吃顆糖，提醒自己，生活不僅有苦也有甜。」

「今時不同往日，這盒糖，就是苦盡甘來的意思。」

「苦盡甘來？」林熙怔怔看向于升。

「我想替你贖身。」說罷，于升將一張兩千元的銀票放在桌上。這是顧嘉棠以保住張齊林手指為名送來的禮金。

林熙心裡一陣發燙，她知道于升對自己有好感，就算嘴上不說，喜歡一個人也會從眼神中流露出來，但喜歡是一回事，贖身是另一回事。

「我們相識不久，這麼做值得嗎？」

「人與人投緣的話，一眼也能成莫逆。我做事不問值不值，只問想不想。」

「那，贖身以後呢？」林熙低著頭，輕聲問。

「贖身以後，你便是自由人。我們，還是朋友。」

林熙抬起頭，見于升目光坦然，毫不輕浮，顯然，這不是一場利益的交換。人生最大的不幸，是身分錯位。

林熙本性貞潔，卻淪落青樓。于升的舉動讓她第一次感到被尊重，此刻的真情，永遠鐫刻心間。

亂世之中，既見君子，雲胡不喜？

于升見林熙眼眶泛紅，靠近一步安慰說：「九爺那邊，我會去說，林姑娘不用擔心。」

「有這份心已足夠。人生短暫，值得記住的事不多，但此時此刻，我一生不忘。」林熙逆光而立，眼眸含淚，像是夜空中閃爍著的紫微星光芒。

于升驀然心動，覺得她的眼神能代替宗教，讓自己捨生忘死。

第二天一早，于升剛走出康壽里，就被一輛黃包車擋住了去路，車伕掀起草帽，迎上前說：「于先生，還認得我

嗎？」

這人個子高瘦，膚色黝黑，于升一眼認了出來，他正是福公館一戰中被放走的高個兒殺手。雖然當日他臉上塗了黑煤，看不清樣貌，但眉眼間的江湖氣卻藏不住。

「怎麼會忘呢？幾日不見，兄台別來無恙。」于升面不改色，身體肌肉隱隱繃緊，提防四周有埋伏。

車伕看出他的警惕，聳聳肩：「于先生莫見怪，我今天是特地來接您的。九爺有請。」

于升臉上閃過一絲疑惑，九爺一大早讓人上門來請，莫非是為了他想替林熙贖身的事？他原本想先跟宣智民商量，沒想到王亞樵竟然主動相約。這一趟，不得不去。

腳伕向著城南跑，一路跑到了藥王廟附近。在一條弄堂的門口，于升又看到熟人——福公館一戰中的光頭殺手，此刻他頭戴黑色瓜皮帽，正在弄堂口賣著生煎饅頭，翠綠的小蔥在油裡炸過，香味四溢。他看到于升，咧嘴一笑，一排白牙中露出黑洞——他的門牙被于升一腳踢掉了。

于升有些不好意思，不過對方倒是非常豪邁，眼中絲毫沒有芥蒂。

高個兒客客氣氣把于升請下車，光頭撂下攤子，領著他往弄堂裡走去。光頭步伐輕快，兩人一同來到弄堂裡一間不起眼的小飯館門前。

飯館由臨街住屋改建，地方不大，也沒掛招牌。屋裡擺著兩張桌子，靠門口的一張桌子旁坐著四個男人，看向于升的眼神警覺。

廳堂內裡光線昏暗，細細幾道影線，勾勒出兩個人影。

王亞樵與宣智民坐在桌旁，看來已經等了一陣。桌上擺

著一盤小蔥拌豆腐，一盆清煮毛豆，一碟青椒牛肉絲，溫好的紹興黃酒散發著酒香。這桌菜雖比不得青幫的排面，但家常菜最顯功夫。

舊時廚師要試手藝，一般選用兩道家常菜。一道是「碎金飯」，俗稱蛋炒飯。蛋炒飯要粒粒油亮分明，油不多不少，全吸進米粒內，米飯要外硬內軟，這是考驗火候和翻炒功夫。另一道是青椒牛肉絲。牛肉要切得細長均勻，炒好後青椒生脆，牛肉絲柔嫩，二者口感不一，但味道要融合，所以這道菜的翻炒手法也大有學問。

從桌上這盤青椒牛肉絲來看，廚師手藝過硬。

于升進門，拱手施禮：「九爺、宣大哥，久等了。」

宣智民起身相迎：「于兄，坐。」

于升落座，王亞樵對他笑著點點頭，鏡片後一雙眼睛不慍不火，收斂了霸氣，如蚌含珠。

「你想替林姑娘贖身的事我知道了。我看你跟青幫那些人不一樣，想請你吃頓飯，聊幾句。只是選的館子小了點兒，委屈于師傅了。」

「九爺太抬舉了，我只是一介武夫，哪有這麼大面子。」

「于師傅過謙。青幫那麼多人，杜月笙吃講茶時獨獨帶你，可見你在青幫的地位。」

王亞樵話中有話，于升光明磊落，也不避讓：「斧頭幫跟青幫的恩怨，我不瞭解。我只知道止戈為武，大家都是中國人，自相殘殺，只會讓外人看笑話。」

「說得好。」王亞樵笑了，隨即瞟了宣智民一眼。

宣智民掏出為林熙贖身的銀票放在桌上：「于兄，你我

之前的事已經兩清了，這錢沒法兒收。」

于升見銀票被退回來，心中一沉，聲音中透露出一絲焦慮：「為什麼？」．

宣智民額頭的傷還未恢復，時常會痛，習慣性以手指輕叩太陽穴：「斧頭幫不做人販子買賣，林熙是我救下來的，不是買來的，自然不能賣。」

于升聽了這話，略做思索，又將銀票推到王亞樵面前：「斧頭幫行俠仗義，幫林姑娘逃過大劫。那麼，這筆錢作為斧頭幫行動經費又如何？」

王亞樵看都沒看銀票，伸筷夾了塊豆腐：「無功不受祿。斧頭幫雖然有時幹髒活，但我們做人就如同這盤小蔥拌豆腐，一清二白。」

被王亞樵這話一噎，于升一時不知該怎麼回應。

王亞樵看他為難的樣子，笑著問道：「你可知我為什麼搞暗殺？」

「替天行道？」

「天地不仁，以萬物為芻狗，替天行道是自欺欺人。你是武人，想必聽過世上有君王劍，也有庶人劍。君王劍以天下為劍，孫先生的三民主義便是君王劍。蔣中正倒行逆施，搞清共屠殺，罔顧孫先生遺願，令君王劍蒙塵。」王亞樵說話時，眼露寒光，渾身透出一股肅殺之氣。「亂世中，庶人劍仍未生鏽，我等祭出庶人劍，專殺賊人，讓他們知道，天下是天下人的，不是賊人的私物。跟竊國之賊說道理，他們是聽不進的，只有把三尺劍橫在他們脖子上，這些人才會懂得敬畏公義。」

于升目光中帶著些許遲疑。他並不認同王亞樵的理念。

武者鄙視暗殺，往小了說，這不符合江湖道義，往大了說，暗殺是破壞一切規則的誅心之術，屬於邪道。

「九爺，私以為庶人劍當慎用。當年荊軻刺秦王，揮劍亦沒能救天下。暗殺雖能洩一時之憤，卻會令全天下失了規矩。一旦規矩沒了，流血便沒有盡頭。」

「呵呵，說得好聽，武林講的什麼狗屁規矩？！我知道你跟日本人比武，勝了也閉門不語，這是規矩，可是倭寇什麼時候跟中國人講過道理？所謂規矩，不過是為了門派自保，互留顏面，保護的是那些沒真本事的人。真能打的話，哪需要上百個武術流派？一個就夠了！這樣的規矩，不要也罷！」

于升盯著王亞樵，眼睛一眨不眨：「九爺，您看得通透。但江湖規矩不是為了爭第一，而是為了避免爭端。去偽存真，不該以一時來看。假東西如同無源之水，真東西卻永不過時。武林規矩重，是怕陷入內鬥。大家守住規矩，好好研究武藝，終有一天會有善果。暗殺壞了規矩，會令天下失去底線，如血仇漩渦，永無安寧。」

「好一個沒有底線！現在這國家的底線又在哪裡？天下不穩，你武林能獨享安寧？世道大亂，不在強敵，而在人心。革命革命，不但要洗面，更要革心！若人人心懷苟且，失了道義，世路自然崎嶇。我輩當立準繩，共守孫先生的遺志。孫先生也曾教育我，暗殺不是正路。但那又如何？中國就像是一個被毒蛇咬了手臂之人，為免毒血攻心，只能用庶人劍斷臂求生，這是兩害相權取其輕！天下人都當我是嗜血惡魔，要罵儘管罵，我還怕眾口鑠金不成？榮辱得失，留給他人去評說，至於血債復仇，儘管衝我來！若這個國家能有

未來，這條命又何足掛齒？」昏暗的光線下，王亞樵的面孔半明半暗，目含威嚴，與捉鬼的鍾馗有幾分相似。正是這種捨命的決絕勇氣，讓他能以一人之力對抗整個國民政府。

于升見了，不由歎服。

不過王亞樵忽然話鋒一轉：「武術貴為國術，理應造福百姓。你敢跟日本人比武，還仗義救過我兄弟，原本我該敬你三分。但你為何要跟青幫流氓搞在一起？知不知道青幫的鴉片賭場，讓多少人妻離子散？」

青幫惡行，于升耳聞目睹，王亞樵這番話正刺中他的心事，于升頓時愕然語塞。

見于升俯首不語，氣氛尷尬，宣智民趕緊打圓場：「瓜無滾圓，人無十全。于兄初到上海，雖有俠義之心，可惜遇人不淑，誤上了賊船。杜月笙出了名的會拉攏人心，不過于兄你要知道，他的禮賢下士不過是塊遮羞布，就像是扔在馬桶裡掩蓋臭味的幾顆乾棗。」

宣智民見于升面帶疑惑，便將杜月笙發跡的秘密一一道出。

如果說王亞樵秉承了墨家傳統，那麼杜月笙則是「外儒內法」的代表。

他既討好上流社會，又拉攏底層勞工，表面上儒家的「仁、義、禮」面面俱到，但實質上成於「法家」，把握人性、善用權術，頗得「法、術、勢」的精髓。支持法電工人罷工一事就是他玩弄手腕的絕佳案例。

杜月笙的崛起，不在於會做人，而要歸功於鴉片。

時代更替，風雨晨昏之際，各地軍閥割據。軍閥最頭疼的不是槍和地盤，而是軍餉，無餉則易生兵變。靠農民種莊

稼籌餉，萬不足其一。沒有成熟的工商業，想要平地生金，只有逼迫農民種鴉片。民國時毒品氾濫，根源就在於此。

上海作為全國鴉片集散中心，是名副其實的黃金地。公共租界的沈杏山創立「八股黨」，買通水警營、緝私營，聘用軍隊護送鴉片，獲利萬千。

杜月笙劍走偏鋒，成立「小八股黨」虎口奪食，在法租界做起了鴉片生意。他與黃金榮開辦三鑫公司，與沈杏山分庭抗禮。萬國禁煙會後，公共租界嚴格執行禁煙政策，八股黨勢弱。從此鴉片生意三鑫公司一家獨大。東北的黑土、西南的雲土和川土都由三鑫公司出運。

靠著鴉片生意的利潤，杜月笙揮金如土，拉攏各界人士，從法國領事、新聞界名流到底層蠻漢死士，構建了龐大的人際網絡。鴉片成就了杜月笙的黃金時代，卻令上海煙鬼成群，世人陷入黑暗。

殺人無血一煙槍，煎海乾燈豆吐光。鑠盡資財吸精髓，弱民貧國促華亡。

自古大亂之世，必先亂是非，後亂政體。杜月笙以鴉片毒害世人，卻平步青雲，躋身上流社會，還落個「春申君」的名號，可見世間是非黑白顛倒，無怪乎天下大亂。

宣智民這番話，揭露出了杜月笙的本性，也讓于升臉上漸漸露出懊悔的神情。

王亞樵看于升神色有變，凜然道：「當今之世，魑魅橫行。武人有大才，本當濟世救民。青幫為非作歹，你卻甘願給他們當刀使，就衝這一點，我憑什麼把林姑娘交給你？」

于升面有愧色，抱拳行了個禮：「九爺教訓的是！」

王亞樵放緩了語氣：「既知廉恥，便跟青幫的流氓不是

一路人。你本性不壞，又有功夫，願不願意加入斧頭幫？」

于升詫異地看了一眼宣智民，「暗殺大王」竟然親自拉自己入夥？

宣智民朝他重重點了點頭，鼓勵他下決心。

于升雖佩服王亞樵，但打心底不認同暗殺理念，更不敢忘記武人身分。他跟青幫糾纏不清已有了悔意，若再加入斧頭幫，實在有些荒唐。他思慮再三，硬著頭皮答：「這恐怕不便。」

宣智民聽了，難掩失望之情，剛想勸說，卻被王亞樵攔住。

王亞樵眉毛一揚，哈哈一笑：「算了。當我沒說。」

平常人遭拒絕後，會本能生氣發怒，王亞樵如此爽直大度，于升頗感意外，忙解釋：「九爺，我……」

于升話未說完就被截住了，王亞樵一拍他的肩膀：「不用說了，既然你有所不便，我絕不強人所難。斧頭幫只集合志同道合的義士，從不逼人入夥。」

杜月笙深諳人性弱點，善於利誘，手上兩把刀，一把名，一把利；王亞樵反其道而行，對將才以誠相待，手上也是兩把刀，一把義，一把理，身邊多赴義恐後的豪士。

見王亞樵如此坦蕩，于升胸中也湧出一股豪氣：「九爺豪爽，小弟雖不便入會，但也有行俠仗義之心，若有能幫上忙的，于某一定會幫。」

王亞樵微微一笑，說：「你替青幫做了三件事，一是跟日本人比武，二是保護賭館，三是做了杜月笙保鏢。斧頭幫沒有場館需要保護，我也不找什麼保鏢，但斧頭幫有仇必報。」王亞樵一指宣智民，「智民兄前一陣子執行任務，跟

望山篇

日本人幹上了，被人削了一刀。」

吃講茶時于升就看到了宣智民的傷，但礙於環境不方便問，此時順著話問道：「宣大哥，到底發生了什麼事？」

宣智民喝了口酒：「一週前，我執行任務，追蹤目標到了一條巷子。沒想到裡面埋伏了兩個人，突然向我投飛鏢，我就跟他們幹了起來。這倆人撤退時，說了句日語。」

「日本人伏擊你？」

「不錯，兩人的飛鏢非常怪異，應該是殺手。」

王亞樵插話道：「為這事，我本想給日本人點兒教訓，但被智民兄攔住了。」

宣智民勸道：「九爺，對方的目的還不清楚，犯不著為這點小事跟日本人鬧，我們還有其他重要的事需要去做。」

「我明白你的顧慮。但現在于師傅願意幫忙，我們就看看他有沒有辦法挫一挫日本人的氣焰。」王亞樵看向于升，目光意味深長。

響鼓不用重槌，聰明人不用多言。于升心中一凜，王亞樵之前表示了對閉門比武的不滿，結合剛才的言論，答案呼之欲出了。

「既然如此，我就跟日本人來一場公開比武。當著全上海人的面打敗倭寇，一來展現中國人以武衛國之決心，二來也為宣大哥討個公道。」

王亞樵捻著鬍子，故意問：「于師傅不怕壞了武林規矩？」

「武門立下規矩是為免禍，說來說去，只是小節。如今家國有難，再拘束於此，也是不對。我跟倭寇比武，是民族大義，即便破了武門規矩，也是大義當前。」

王亞樵雙目一亮：「好！太好了！這些倭寇從東北到濟南，殺了多少中國人？如能讓世人看到中華武術擊敗東倭，必能激發民族士氣。這一點，靠斧頭和炸藥做不到，非國術不能為。這才是真正的俠士之舉！」

「哪裡，是九爺不顧個人安危，為我輩做了榜樣。」

「不知于師傅準備幾時下戰書？可否需要斧頭幫配合？」

「不煩九爺費心，明日我便下戰書。」

宣智民抿了抿嘴，有些擔心地問：「于兄，此番與日本人公開比武，贏了自然皆大歡喜，但……你想過輸嗎？」

他的顧慮並非多餘，中日公開比武要是輸了，必然有損國人氣勢，說不定于升會被當成民族罪人。

于升志氣清堅：「以命相拚，身死義存，寧為玉碎，不負華夏！」

王亞樵點頭讚歎：「凡做大事，人謀占一半，天意占一半。這場比武，無論輸贏，見到國人有死鬥之果敢，對東倭便是一種威懾，對民眾也是一種激勵。于師傅既能為民眾捨命，便是我輩的同道。」

于升見王亞樵心情爽朗，又將銀票推過去：「既然九爺認我為同道，這份心意還請收下。」

王亞樵接過銀票：「好！這份銀票我收下！但我不白收，會樂里那處的地契，智民兄會轉交，斧頭幫今後不再以風林居為據點。林姑娘以後就託付給你照顧。」

宣智民端起酒罈滿了三碗，直滿到碗沿邊，酒水明晃晃幾乎要溢出來。

王亞樵端起酒碗，意氣風發：「敬中華武士道！敬國

術！祝于師傅旗開得勝！」

三人一飲而盡。

原先居江湖之遠，寓於一隅，于升恪守規矩，只求武林安寧共存；如今眼界已開，大義當先。外敵當前，覆巢之下安有完卵？俠之大者，為國為民。

與王亞樵的相逢，讓于升徹底跳脫了江湖利益與算計，心中的俠義之火重燃。

飯後，于升到會樂里告知林熙她已獲自由，對比武的事情沒透露一字。

林熙開心之餘，眼底也有一絲隱隱擔憂。昨晚轉交銀票時，宣智民臉色肅穆，她有種直覺——事情並不簡單，但于升卻好似只幾句閒談事情便說定了。

從會樂里出來後，于升返回康壽里，收拾細軟搬出。長腳被嚇了一大跳，只當是自己哪裡招待不周了，挽留了半天，但于升去意已決。

臨走前，于升不忘留下聯繫地址，待日後長腳有了猛張飛的消息也好聯絡。長腳轉身跟顧嘉棠匯報此事，顧嘉棠也是一頭霧水。

于升住進了福州路上的江蘇旅社。

這裡屬於公共租界，與會樂里距離不遠。江蘇旅社是中國傳統宅院，但門窗、陽台帶著西式風格的裝飾，擺設精緻，每間房都配有彩色玻璃窗。當晚，于升在窗旁寫下一封戰書。

擱下筆後，他看著窗外，不發一語。

夜空中，星辰帶著清冷的藍白光芒，一片浮雲半遮月，如掛在天幕的一幅水墨太極圖。

第二十八章
相撲・六合之拳

陽光下，內田佑坐在庭院內擦拭一把武士刀。

他並非劍客，日日擦刀，懷揣的是打磨精神之意。武士道精神如同刀劍，需日夜磨煉才會純粹。

內田手中的刀長約三尺，刀刃有著美麗的弧度，泛著白霜一樣的反光，刀身澄清，如結冰的湖面，刀銘為「櫻正宗」。

日本信奉神道教，認為萬物有靈，為刀取名，在戰場上有並肩作戰之意。村正是典型的靈刀代表。村正曾斬殺、刺傷德川家族祖孫四代，被德川家康判定為「作祟德川家的妖物」，視為禁刀。部分武士愛刀如命，不忍毀刀，將勢州「村正」的刀銘改成「正宗」或者「正宏」。內田手中的櫻正宗便是一把村正妖刀。

在經驗豐富的鑄劍師看來，這把刀亂紋如火，刃紋中隱隱有黑星，是橫死之凶兆，不宜佩帶，更不宜贈人。

但將這把不祥妖刀贈予內田的，不是別人，正是他的養父——內田良平。

內田良平綽號「硬石」，雖年過五十，但身姿挺拔，穩若磐石，站在他面前的人，常常被他犀利威嚴的目光逼得心驚膽顫，不敢與其對視。

他將櫻正宗交予內田時說：「從今天起，無論身在何處，你心中都要默記櫻正宗的刀尖寒光。這把刀時刻提醒

你，武士要有隨時犧牲的覺悟。七生報國，死亦無悔。」

內田專心擦拭霜刃時，和服少女小步跑到身邊稟報——于升正在門前等候。

內田手上的動作一頓，眉頭撐起。

于升是他想極力拉攏的一位武人。除了功夫過硬之外，內田最看重他的年輕和談吐。在少壯派軍閥門下，這類型武人更容易受到重用。內田原想借黑龍會教官之名收買于升，然後將他安插入東北一位重要的少帥旗下。但三次邀請都遭拒絕之後，內田暫時擱置了這個計劃，把全部精力投入到了對血月行動的調查行動中。

今日于升不請自來，出乎他的意料。他討厭意外，因為這意味著情況正在脫離掌控。

內田將櫻正宗收入黑蠟鞘，面無表情地吩咐：「帶他來茶室見我。」

于升走進茶室時，內田已端坐等候，雙手擱於膝上。

內田客氣招呼：「于升君，教官一職我還給你留著，現在接受還來得及。」

于升琥珀色的眼眸中彷彿凝結了冰霜：「國術不傳外族，我心意不改。另外也奉勸你一句，不要再給黑龍會找武術教練了。」

「哦？為什麼呢？」

于升反問：「你還記得鷓鴣斑嗎？」

內田嘴角輕微抽動了一下：「想忘都忘不了呢。」

「鷓鴣斑之美，令當今茶具相形見絀。只因古人燒盞並非出於功利之心，而是心懷神靈，追求極致。現在的茶杯雖款式無數，但佳作寥寥，因其只是為謀生而做，故而粗

鄙。」

「茶杯與武術教官又有什麼關係？」

「當武術教官是為謀生，願意被圈養的只是家禽，真正的虎豹非山野不能存活。武術家一旦被名利所累，放棄自我挑戰之心，就會退化。」

內田饒有趣味地點點頭：「說得有理。既然不是為了教官一職，于升君今天前來有何貴幹？」

于升不答話，只將挑戰書擱在桌上。內田見他眼神堅決，不由也認真起來。

茶室內，只有少許陽光從低簷射入，光線昏暗。

內田點上蠟燭，打開挑戰書。火光透過薄紙，色影溫柔。

上面寫著：

> 日本軍隊有侵華之心，中華武人無服軟之理。
>
> 今日武人于升向日本武士挑戰，公開比武，以展現中國人之氣魄。望賜教。

內田放下挑戰書，輕蔑地笑了下：「給我一個接受挑戰的理由。」

于升臉龐帶著一股箭在弦上的殺氣：「作為武士，接受挑戰不是理所當然的嗎？」

「在日本的確如此，但這裡是中國，憑什麼日本武士要成全你？」

「你不是想看中國武術的秘技嗎？怎麼突然畏首畏尾了？」

內田臉上帶著一絲不屑：「激將法。」

于升思索片刻：「如果我答應做黑龍會的武術教官呢？」

內田眼睛一亮：「你答應？」

「若日本武士能打贏我，我就免費當黑龍會的武術教官。」

見于升說得認真，內田以拇指和食指捏住下巴，略微思考後點點頭：「好。一言為定，明天開打。」

于升吃了一驚，時間這麼緊，比武消息恐怕難以傳播。

「這麼急？」

「雖有些倉促，但你的對手實在等不了。」

見于升面帶疑惑，內田解釋道：「武術是中國的國術，日本也有格鬥國技──大相撲。相撲大關大錦右衛門正好來華，明天準備進行慰軍表演。你想展現中國武人的氣魄，那麼不妨以國術對抗國技，來一場特別的表演。」

于升沒有其他選擇，只得點頭答應：「那就明天，在哪兒打？」

內田口氣篤定：「西本願寺前。」

西本願寺位於文監師路，該地日僑聚集，中國人少有踏足。

這下于升不樂意了：「在東洋廟前比武，中國人豈不是不便觀戰？」

「在佛陀面前展現技藝，才配得上日本國技。到時不僅軍部，連同東洋街民眾也能一同飽眼福，完全符合公開比武的要求。如果擔心中國人觀戰不方便，可以邀請報社記者前來。」

于升沉默不語。茶室中靜默無言，屋外傳來婉轉的畫眉鳥鳴。內田一副勝券在握的樣子，他知道于升沒有討價還價的籌碼。

　　沉吟片刻，于升緩緩開口：「那麼，明天就請讓我領教一下日本國技有多厲害。」

　　內田嘴角上揚。他早已認定，相撲力士必勝。于升連基洛夫都無法徹底擊倒，要擊倒體重一百公斤以上的大錦右衛門，更是不可能。沒有比擊敗中國武人更好的慰軍表演了。內田刻意不讓中國人圍觀，是為了保全于升的價值。

　　以內田對中國武林的瞭解，這是個對失敗毫無容忍之意的群體。若于升當眾被日本人擊敗，日後根本不會有人願意重用他。這樣的安排，既能鼓舞日軍士氣，還能平白得一顆棋子，可謂一舉兩得。

　　與中國武術被定為國術類似，大相撲被定為日本國技的時間也不長。

　　相撲原本是日本神道教儀式中的表演，人們相信強壯的力士能帶來豐收。由於相撲帶有暴力性，易引發暴亂，一度被幕府所禁止。進入明治時代，統治者意欲發展民族自信，極具陽剛氣質的大相撲獲得了日本天皇的支持，從此蓬勃發展。明治四十二年（1909年），東京建起一座專門用於相撲比賽的日本國技館，確立了相撲的國技地位。

　　相撲能激勵士氣。在結束了國技館7月場的比賽之後，大錦右衛門受邀來華為駐軍進行表演，此時正住在東洋街。

　　傍晚時分，內田來到大錦右衛門的住所，此刻大錦右衛門正在鋪了細土的院中練習。

　　右衛門梳著形似銀杏葉的髮髻，赤裸身軀，僅穿條兜襠

褲。他體型駭人，身高一米八，體重一百零八公斤，面似圓盤，胸部和腰部肥滿得像要溢出來，兩隻臂膀一晃有千鈞之力，一雙象腿穩穩站在地上。

相撲力士分十個等級，分別是：序之口、序二段、三段、幕下、十兩、前頭、小結、關脅、大關、橫綱。

位居十兩級別的前田十三郎作為陪練，體格比右衛門小了一圈。

兩人與其說是在訓練，不如說是右衛門在拿前田十三郎練手。只見右衛門主動進攻，從前田防禦手臂的外側抓住其腰帶，做了一個漂亮的「上手投」，一把將其掀翻。

輪到前田進攻時，右衛門一掌隔開他的攻擊手，從內側抓住他的腰帶，輕巧地施展了一個「下手投」。

相撲以「手」作為招法的單位，共有一百一十八手。

攻防間，右衛門左投右摔，前田像個布娃娃一樣被扔來扔去，沾了一身泥土。反觀右衛門，身不染塵，一次都沒倒地，在土場上如同不倒霸王。

發現內田在院旁觀戰不語，右衛門轉過頭，臉上橫肉抽動，朝他咧嘴一笑，「內田君，難道你也想下場陪我玩玩？」

內田擺擺手：「我可不是您的對手。」

「那你為何一直盯著我訓練？」

「我只是在想，如此強大的相撲技術如果能走出土場打鬥，那該是怎樣一番壯觀場景。」

「呵呵，你沒聽說我在東京街頭的威風事？若不是因為打架受罰，恐怕此刻你就是在跟橫綱說話了。」右衛門的臉上帶著一絲不羈。

「如果有個機會，既能讓您在街頭打個盡興，還能為日本相撲爭光，您會接受嗎？」

大錦右衛門難掩興奮之情，瞪大眼睛：「還有這樣的好事？」

「有位中國武師向您發起挑戰，若能打贏他，便能大大振奮士氣，這可比過家家式的慰軍表演效果好多了。回日本後，您會成為人人讚賞的英雄。」

右衛門漲紅了臉，得意地說：「那就等我先捏碎中國人的腦袋，再回日本！」

翌日，天還沒亮，于升就在旅館內的「臥牛之地」練功。

朝氣銳，晝氣惰，暮氣歸。武人清晨練功，能保持住一天的銳氣。

于升動作中帶著奇妙韻律，眼前似乎有無形的對手。

武術有「觀師默像」之說，「師」不僅指師父，也指對手。將他們的動作烙刻在腦海中，經常默想，便是「觀師默像」。

禪宗不立文字，武術不靠語言傳承。只有觸發感受，動作才能真正發生變化。

暹羅拳每一擊都將體重、勢能和勁力合一，招招凶狠霸道。基洛夫的拳法彈性好、預兆小，防守架構嚴謹，攻防轉換靈活。自從領悟外三合後，于升時常在腦海中再現與他們的打鬥過程，以求找到最佳節奏。

今天有一場大戰，正等著驗證他的武技。不知不覺，東方泛起一抹魚肚白。

弄堂內傳來隆隆的車行聲響，上海漸漸醒來。

「倒馬桶哎！」一聲呼喊，如同報曉雞鳴，狀如黑色棺材的糞車從弄堂中穿過。住戶紛紛出門，排隊傾倒馬桶，洗刷聲響不絕於耳。

睡眼惺忪的男子蹲在馬路沿，對著泛泡沫的陰溝刷牙吐水。擺在門口的柴爐子生起火來，煙霧升騰。包子鋪的女主人一塊塊抽下門板，三塊一摞扛進裡屋，蒸籠裡散發出的熱氣飄到街上。早飯攤位上，被上海人稱為「四大金剛」的大餅、油條、豆漿、粢飯（飯糰）一應俱全。街面熙熙攘攘，雜亂中顯出一派生機。

于升結束了訓練，每一處肌肉都被充分撕扯，充斥著力量，汗水浸透了衣衫。

于升打了桶水，擦拭身體。訓練後的肌體彷彿剛燒出的陶器，還保留著火窯的溫度。冰涼的井水接觸炙熱的皮膚，蒸發出無形熱氣，縈繞著于升的身體。于升感受到能量在體內流動，只覺內外通明，氣沛神足，心生凜然無畏之感。

換上新衣後，于升闊步走出巷口，前往東洋街。朝陽打在他的脊樑上，身影頎長。

位於文監師路114號的西本願寺籠罩在一派節日氣氛中。

西本願寺沿街牆上懸掛著巨大的半圓形拱券，外環是火焰紋樣的雕飾，內環是蓮花瓣浮雕。拱券下緣帶飾分為九格，每一格都雕著不同姿態的禽鳥，帶飾下的浮雕上刻著七隻叢林大象和兩尊坐式菩薩。

四根方形石柱後，是三米高的大門，門前有三級台階。寺廟的外側牆面均為花崗岩，牆面刻著二十一朵圓形蓮花浮雕，以三橫排、七豎排方式排列，每一朵形態都各有不同，

帶有明顯的印度風格。

比武場地不在寺廟正門，而是設在了寺牆邊，是一個以花崗岩寺牆為底邊，模仿相撲土表，用土麻袋疊出的高三十公分、長十公尺、寬十公尺的正方形場地。

這樣的場地有利於相撲力士的發揮，也能在保證視野的同時避免傷及看客。

于升在內田家僕的引領下來到寺前，徑直躍入四方場地。

周圍滿是日本觀眾。最前面擺著三排椅子，五十多名身著軍裝的駐軍代表端坐，他們身後站著上百名東洋街的日僑。中間擠著兩個戴著黑框眼鏡、胸袋插著鋼筆的記者，還有一個隨行的攝影師。

當日東洋街貼出告示，以慶典活動為由，禁止中國人入內，斧頭幫的人也無法前來觀戰，但《大公報》《申報》的記者都接到了電話，可以進入東洋街報導。內田遵守了承諾，予以放行。

相撲手還沒到。日本人手搖紙扇，對著于升指指點點，有說有笑，十分輕鬆愜意。在看客眼中，這個中國武士過於瘦小，體格根本無法與相撲力士相提並論，這根本不是一場決鬥，更像是一場表演。

于升不理會嘈雜的聲音，走到寺旁一棵高大的松柏樹下，雙手抱胸，閉目養神，等待對手的到來。

沒過多久，人群一陣騷動，內田佑帶著大錦右衛門走上前來。于升聽到聲音，睜開眼，遠遠看到一個巨漢身穿和服大搖大擺地走來。此人簡直是橫著長的，肩膀之寬闊遠超過常人，如同怪物一般。人們避讓於兩側，像被無形的柵欄推

開。

走到近前，右衛門的體格更顯巨大，彷彿一座肉山，有著驚人的威勢。

于升從未見過塊頭如此龐大之人，就像看到了魔物。

內田走到空場中間，用日語說：「原本今天是相撲力士的慰軍表演，但有一位中國武人向我們的力士發起了挑戰。我想，沒有比打敗中國武術更好的慰軍表演了。」

四周日僑哄然大笑。

「那就有請相撲力士展現技藝，為我們表演吧！」

右衛門昂起頭，享受著四周的歡呼。他做夢也沒想到能在寺廟前跟人打架，還有這麼多人為自己助威，這次來華之旅比他之前預想的有趣多了！

于升聽到四周日僑興奮的呼聲，對內田冷冷地說：「可以開始了嗎？」

「隨時可以開始，你想怎麼打？」

「老規矩，打到站不起來為止。」

內田早知道他會這麼說，轉身對著四周大聲翻譯：「這個中國人說要把我們的力士徹底打趴。」

日僑和軍人像是聽到有趣的笑話，再次爆發出一陣大笑。

右衛門聞言，感覺受到侮辱，脫下和服，大罵一聲：「八嘎呀路！」

只見僅穿兜襠褲的右衛門重心猛然下沉，兩腿叉開彎曲，大腿與地面平行，左腿緩緩抬高舉至頂點，朝天一蹬，隨即下踏震足，砸樁打夯般震起塵土。這是相撲的「力足」，傳說可以震懾地下惡鬼，是力士的熱身方式。

右衛門紮實的力足幾乎要踏裂大地，如同引發了地震，惹來一陣驚呼。

于升見對手下盤紮實，體格巨大，想要強攻力取恐怕不易，便向後撤出兩步，拉開距離觀察相撲力士的動向。

右衛門下蹲蓄力，突然蹬地爆發，運足前衝，將體重聚集於手掌擊出，如同一頭撩起長牙的巨象。為練好這一招「鐵炮」，他每日掌擊木樁上千次，厚厚的手掌如鋼板，衝力如排山倒海一般。

于升沒料到對手身軀龐大，動起來竟迅如疾風，一時避讓不及，忙抬臂護住要害。相撲力士的掌力如大海揚波，于

于升大戰相撲手

升只覺得被一股巨浪掀動。這一掌將他打退了六七步，撞到廟牆上的蓮花浮雕，發出沉悶的震響。

瞬間，現場爆發出熱烈的歡呼和掌聲。

正規的相撲比賽是在直徑約十四尺的土表上進行，落出土表就算輸。按照相撲規則，于升已敗。

但這場比武，沒有出圈之說。

于升甩了甩被震得發麻的手臂，重新擺出拳姿對敵。右衛門得意地輕笑，深吸一口氣，再次挺身出掌。

于升見對手的肩胯始終朝前，進擊時重心壓在前腳掌，判斷相撲是一項猛衝直撞型的格鬥技。對付直線進攻，武術中有以橫破直之法。

于升左手前探，待巨掌揮來，從外側一觸即撥，帶動身法弧線側閃，順勢避開來勢洶洶的掌攻。

相撲崇尚正面對決，遇阻抗則進，被牽引亦進，目的是以一往無前的姿態取得勝利。

右衛門一招落空，轉身又用肘頂。相撲手法有推、擠、按、壓等，「突技」又含掌擊、肘撞、頭錘。右衛門使出渾身解數猛攻，想一口氣擊倒這個小個子敵人。

于升以右衛門的攻擊點為圓心，遇形則化，隨勢而變，總能在右衛門發力的一瞬，閃到外側，輕靈似鴻毛飄飛。

兩人身形相差巨大，于升在靈活機動性上更占優勢。右衛門肥碩的體格導致他的衝勢慣性巨大，餘勢難消，調整方向總是慢上一拍。

原本喧囂的日僑開始漸漸斂聲，前排的駐軍代表也紛紛皺眉。內田臉色變得難看，喃喃自語：「大東流合氣柔術？」

大東流合氣柔術擅長以弧形運步，身形如漩渦般流動，避開正面之敵，理念與八卦掌如出一轍。內田就曾用此法避開基洛夫的重拳。

　　于升自然不懂大東流合氣柔術，他用的招法是源拳裡的「葉裡藏花」。

　　「未學打人，先學藏身」，在兵器為「刀背藏身」，在徒手為「葉裡藏花」。

　　「葉裡藏花」將手掌與前臂作為防護面，身子在手後，繞手而動。手臂作為防護面，雖藏身，但不是不動，而是像鬥牛士手中的紅布，牛一衝過來，紅布就撤了，身子瞬間也撤開了。「葉裡藏花」屬身手互動之術，施展時手要活，身子更要活。

　　作為日本國技，一場相撲比賽的平均時間不到十秒，如同劍客迎面揮劍，一錯身便分出勝負。日本是島國，資源匱乏，國土面積狹小，沒有迂迴的餘地，因此相撲有著火山噴發般的猛烈攻勢，是民族精神的展現。

　　中國地形豐富，面積廣大，兵法尚水。水無常形，兵無常勢，故靈活變化是中國武術的特徵。

　　水火間的不同思維，反映了兩個民族對待鬥爭的不同態度。

　　于升以「葉裡藏花」欺點拔位，活用水之理念，克制右衛門「侵掠如火」的猛攻。

　　右衛門重複單一的直線攻勢收效甚微，繞著圈子追打于升，卻久攻不下。

　　圍觀者逐漸焦躁不安，有人掏出手帕頻頻擦汗。記者因為場上的形勢逆轉，反而露出興奮之情，就新聞而言，曲折

的故事才最有意思。

在這緊要關頭，內田卻突然露出笑容，他已經洞悉了右衛門真正的意圖。

這個場地並非圓形，而是存在死角的四方形，堆砌的土袋限制了于升移動的範圍。右衛門三番兩次的直接進攻，看起來是簡單重複，實則是在角度上如同下棋般做了精心部署，想將于升逼入死角。

比武，比的也是空間爭奪。

果然，于升幾次閃避之後，發現背後是浮雕，右側被一排麻袋阻擋，被擠入死角。

右衛門斜橫在于升左側，張開雙臂，如大鵬展翅把獵物堵在角落。

于升的逃脫路徑被巨臂封死，避無可避。如果這是棋局的話，于升已入絕境。

內田嘴角一翹，吐出兩字：「將軍。」

即便是外行人，也能看出相撲力士勝券在握。「幹掉他！」「上啊！」觀眾再一次亢奮起來。

于升雖被右衛門的陰影籠罩，表情卻出奇地鎮定，身姿靜如古松，目含劍光，對周邊的雜音置若罔聞。

右衛門悶笑一聲，向著死角裡的于升發起最後的衝擊。他巨大的身軀猛然前撲，這一撲，勢如巨浪擊石。

于升同時做出反應，一個邁步，藉著重力下墜的加速度，擰腰將所有能量集中於右拳擊出。

這一拳將勢能、發勁、地面支撐三力合一，內三合到位；在距離、時機和發力點上，與右衛門來勢相呼應，外三合具備。

六合之拳銳不可擋，如一把利刃，擦過右衛門的下巴，扎入其咽喉！

「砰」的一聲悶響，如兩岳相撼。

右衛門像一頭大象撞上斜插在地的標槍，巨大的身軀猝然一顫，隨即筋肉鬆弛，栽倒在地。

突如其來的逆轉讓內田心頭一震，四周看客驚得張嘴瞪眼，喊殺之聲驟然消失。

這一步棋是右衛門的精心算計，也是于升的將計就計。

右衛門將于升堵進了死角，等於只留了一個進攻入口，大大提升了于升迎擊的準確度。

于升等待的就是這最後的決勝一擊。

于升看了一眼倒在地上的巨人，又環顧四周。

軍官們面色驚愕，日僑個個一臉不可置信，嘴唇發顫。日本力士竟然被一個小個子一擊撂倒，眼前的情形令他們無法接受。

原來，必勝的一場戰鬥也有輸的可能。當日，這個想法在現場眾人腦海中紮根發芽。原本用來激勵士氣的表演反倒動搖了眾人的鬥志。

內田臉色鐵青。

鎂粉與氯酸鉀混合物點燃，發出熾烈白光，攝影師拍下了這場比賽最後的勝者。

于升傲立廣場，如同一座孤聳的山峰。

第二十九章
嚴流島・生死與共

棋手有云：不怕千招巧，就怕一招錯。內田佑知道，自己會為失誤付出代價，但他沒有想到，代價竟如此之大。

西本願寺慰軍表演失敗，動搖了日本必勝的信念。軍部高層認為中國武人難以把控，要重新評估「葉隱」行動的價值。

黑龍會在東洋街的聲望降到了冰點。內田遭降職，被召回日本，但在此之前，他有一個月的時間對工作進行收尾和交接。

內田一著不慎，失去了軍部的支持和在黑龍會的地位。一旦回日本，他就丟掉了先鋒位置，即便日後黑龍會立下大功，功勞榜上也不會有他的名字。

九鬼英二領命交接工作，但到達內田宅邸時，卻被江戶川告知，內田此刻正在審問內奸。

庭院內，內田斜挎櫻正宗，雙手抱胸，對一個被反綁著跪在地上的男子質問道：「為什麼要背叛自己的民族，去幫韓國人？」

男子聲音帶著倔強：「幫韓國人？我是在幫自己！玩弄陰謀，把日本人推向戰爭的，不正是你們嗎？一旦打仗，只有你們這些高官可以躲在後面邀功，我們都會死！」

「我聽說，你父親犧牲在旅順，是個英雄，為什麼會生出你這樣的懦夫？」

「你知道我們一家是怎麼活下來的嗎？死人不用負責，活人卻要承擔痛苦！他根本是個混蛋！」

「歷史會證明我們的選擇，但你看不到了，說出遺言吧。」內田身姿不動，話語如岩石般沉重。

男子喘著粗氣，臉上交織著憤怒與恐懼，盯著內田佑，咬牙道：「我在地獄等你。」

內田冷哼一聲，上前一步，直視著他幽然說：「記住我的臉，到地獄別忘了。」

男子嘴唇嚅動，剛想說話，突然眼前的世界飛速旋轉起來，血噴向天際。

他從空中看到自己無首的身軀向前倒下，想尖叫卻發不出聲音。

腦袋掉落在地後，他的瞳孔逐漸失去光彩，灰白的眼珠映出內田冷漠的臉。

若是以往，斬殺內奸這種事，內田絕不會親自動手。他長年在軍部和幫會之間斡旋，身上帶著政客的隱忍和算計，不屑於手染鮮血。

西本願寺一戰的失敗，砸碎了內田身上的枷鎖。名譽、權力、地位，這一切都被奪走，唯獨自身的武藝無法被剝奪。此刻的內田氣勢凜冽，像一把準備試斬的名劍，渾身散發著銳利的危險氣息，令九鬼不寒而慄。

當九鬼得知內田的下一步計劃時，差點驚掉了下巴。「要跟支那人公開比武？為什麼？」

「與其回日本做喪家之犬，不如大戰一場，洗刷西本願寺之恥，這才是武士之風。」

「支那人相當強悍，萬一……」

望山篇

299

「我承認誤判了他，不久前，他連俄國拳手都無法擊倒，相撲力士本應穩操勝券，但沒想到，短短時間內，他竟然擁有了那麼可怕的拳頭。不過，他的招數對我無效，我會讓他付出代價。」

「要殺他的話，交由我們來處理就好了，幾顆子彈就能解決的事情，何必這麼麻煩？」

因為慰軍表演失敗的事，黑龍會目前面臨很大壓力，九鬼不想再鬧出亂子。

內田並不理會：「西本願寺一戰，讓我明白了一個道理。中國人曾說，武術是用來培養匹夫之志的，但對統治者來說，恰恰相反。暴力的價值在於誅心！在擂台擊敗對手，展現強者之姿，動搖他們抵抗的信念，這才是統治弱者的最好方式！」

九鬼看內田表情堅毅，心中暗叫不妙。

另一邊，王亞樵翻遍了所有的報紙，除了中原大戰的戰報、時事評論、影視明星花邊和各類花花綠綠的商業廣告外，各報紙對西本願寺一戰沒有一個字的報導。

當日被請去圍觀的記者無一人動筆，所有報社噤若寒蟬。宣智民透過關係打聽到，這是因為日本人給足了報社好處。王亞樵打擊日本人氣焰的計劃落空，只恨這些記者沒有骨頭，心有不甘。

于升對此反應平淡。日本人使手段令這場勝利未能起到鼓舞中國人士氣的作用，確實令人窩火。但從另一個角度來說，他已看到日本人大驚失色的面容，知道這場比武對日僑已經起到了威懾作用，也算是給宣智民出了氣，兌現了承諾。

東洋街的事情雖然沒有見報，但瞞不過杜月笙。

他斜眼看著顧嘉棠，不悅道：「我跟你說什麼來著，不怕馬王爺三隻眼，就怕人懷兩條心。你把人家當兄弟，他拍拍屁股就走，還跟日本人搞公開比武，這不是故意跟我們唱反調嗎？」

顧嘉棠被杜月笙幾句話說得面紅耳赤：「說起來，這事都怪王亞樵在背後搞鬼，聽說他手下有個小妞，不知怎的把于升弄得鬼迷心竅的。」

杜月笙一揮手，不想聽他解釋：「我投了本錢，卻給王亞樵當了槍。現在青幫被人擺了一道，說出去不好聽啊。」

「要不要？」顧嘉棠做了個殺頭的姿勢。

「沒錢賺的買賣先別急著做。你代我去給內田送份慰禮，讓他知道這個人跟青幫沒關係了，別惹什麼誤會。再探一下口風，如果日本人想要殺他的話，就送份順水人情，也讓人明白青幫的規矩。」

顧嘉棠神色陰沉：「曉得了。」

風林居門前貼了一張歇業告示。

林熙贖身後不再接客，每日只有于升會來此一敘。這天中午，天色陰沉，悶雷滾滾，會樂里少有行人。

一位男子孤身來到風林居門前，他看了告示，並未離去，上前以一長三短的暗碼敲門。

林熙以為是于升，滿心歡喜開門。但下一瞬，她的表情卻僵住了。眼前是一個穿著日本武士服的男人。

來者正是內田佑。

西本願寺一戰後，于升的一舉一動都被松尾次郎監視。能觀察出敲門的暗碼，足見松尾兄弟工作的細緻。

林熙想關門，已經來不及。

內田趁她驚訝的一刻，抬手頂住門：「我來此地不是找妳，而是找于升。」

他雖然言辭有禮，身上卻含著股莫名的霸道。

「他不在這裡。」

內田似乎早就料到這個答案，嘴角上揚：「啊，這樣的話，我就在此等他。他總會來的。」

林熙見無法將他拒之門外，便側身把他請了進來：「門口風大，先生到樓上等吧。」

內田注意到她的神情出現了微妙變化，像是下了某種決心。

到了二樓客廳，林熙端上茶水，便保持距離，坐在五斗櫥旁靜默不言，古井無波。

內田看著林熙低垂的眼皮，覺得她安靜得有些過分，這種安靜不是恐懼下的退縮，更像是在籌劃下一步的行動。

內田心生警惕，將剛端到嘴邊的茶杯輕輕放下：「你認識于升多久了？」

「不算久。」

「他是個什麼樣的男人？」

「您說跟于先生是朋友，他是什麼人，您應該很清楚。」林熙的反唇相譏，讓內田更確信自己的判斷。

「他應該很愛你，每次來會樂里，都直奔這裡。」

「于先生喜歡聽我彈琴而已。」

「素聞古琴悅耳，能不能給我彈奏一曲？」

「不能。」

內田一皺眉，眉心受壓鼓起，迸射出一股殺氣：「為什

麼？」

　　林熙依舊低垂眼皮，語調平穩：「先生有所不知，祖輩留下規矩，古琴有『五不彈』，第一條就是疾風迅雷甚雨不彈。琴音源自天地，不能與自然之音爭鋒，疾風聲枯，迅雷掩耳，甚雨音拙。今日有雷，故而不彈。」

　　內田緩和了神色，對林熙的膽量表示欣賞：「聽說中國古琴妙在『宜戒機心，貴得其真』，琴聲響起時，心事無可隱瞞。恐怕藉口雷聲是假，你有心事是真。」

　　林熙抬起眼，直視內田：「先生今天到此，恐怕也不是找于升敘舊那麼簡單吧。如果你想拿我威脅于升的話，那就錯了，他只是我的客人。我對他並不重要，就算殺了我也沒用。」

　　「應該說他是妳唯一的客人。」內田糾正完她的說法，突然惡作劇般地問道：「如果我不殺妳，而是殺他，妳會傷心嗎？」

　　林熙原本克制的情緒出現鬆動，肩頭瞬間一顫。

　　內田將林熙這個反應看得清清楚楚，臉上浮現出「我猜對了」的表情。

　　林熙漸漸向後挪動。風林居作為殺手藏匿之所，五斗櫥抽屜裡有一把備用手槍。她下定決心，如果這個日本人胡來的話，她就拚死一搏。

　　內田鎮定自若，指關節輕叩桌子：「勸妳一句，別做傻事。我不是來找麻煩的，也不會傷害妳，妳靜靜等著就好。我跟于升說幾句話就走。」

　　內田身上帶著的自信與霸氣，像一堵無形的巨手按住了林熙，令她不敢輕舉妄動。

　　半小時後，于升來到風林居，大門打開後，他一眼就瞥見了站在林熙身後的內田，頓時眼中冒出兩團火花：「你想幹什麼？」

　　見于升如此憤怒，內田更確定了自己的想法，得意道：「我想看看于升君常常光顧的地方究竟有什麼吸引人之處，今日一見，果然藏有佳人。」

　　于升聽內田話裡有話，心中忐忑：「怎麼，黑龍會無事可做嗎？」

　　「托于升君的福，我此刻心中只有武道。」內田的臉色勃然一變，帶著一股說不出的猙獰。一旁的林熙見他這副樣子，不由倒退一步。

　　于升不願將林熙捲入危險，強壓怒氣：「風月場不適合談武論道，我們換個地方。」

　　內田就等他這句話，爽快回答：「好。我們走吧。」

　　內田走出兩步，突然轉向林熙。

　　于升以為他要對林熙不利，握緊了拳頭，沒想到內田略彎腰向林熙行了個禮：「打擾了。雖無緣賞琴，不過感謝耐心陪伴。」

　　林熙別過頭去。

　　于升皺起眉，看來，敵人已經找到了自己的軟肋。

　　天際的雲層暈染了墨色，似乎在醞釀著一場暴雨。

　　出了會樂里，一輛銀色汽車等在路邊，內田早有安排。

　　于升顧不上多想就上了車，為了避免將林熙捲入危險，他必須跟內田做個了斷。

　　上車後，內田對司機吩咐：「去外灘公園。」

　　于升雖不反對，但還是頗為詫異：「陰天去逛公園，這

是什麼說法？」

「晴天逛公園是人之常情，但打破規則，也是一種樂趣。于升君做事常常出乎我的意料，我這是跟你學的。」

外灘公園位於蘇州河和黃浦江交匯之處，以音樂涼亭和噴水池聞名，那裡是上海最早安裝電燈的地方，原本只供外僑進入，直到兩年前才正式對中國人開放。

今日的江風顯得比往常更大一些，黃浦江邊的蘆葦在風中擺動。白色的鷗鳥順著風飛，很少搧動翅膀，像是飄在風中的白色羽毛，當地船伕給這種鳥取名「白飄」。

內田跟于升並肩而立，望著黃浦江中桅檣林立的舢板船，不疾不徐地說：「四天前你找我要求比武，今天輪到我來找你了。」

「你要替相撲手復仇？」

「這無關私仇。我昨夜做夢，又夢到你擊倒力士的場景，那樣的拳頭，恐怕連神佛都能擊倒吧？想到那個情景，我體內的武士之血沸騰，再也沒有睡意。」

于升看出眼前的內田少了一分算計，多了一份武者的純粹，直言道：「你變了許多。」

「我的權力、地位、戰略都被否定了，現在站在你眼前的，是一個純粹的武士，」內田將目光投向于升，「不僅我在變，你也變了。初見時，我覺得于升君像天上之雲，自由不羈，那時我只想將你收服。誰知你現在卻變成一塊千鈞頑石，將我絆倒，令我失去一切。或許這是武神給我的一個考驗，看我能不能以武士的身分，擊碎擋路頑石。」

于升也不避讓：「武人窮其一生，只為遇見最強的自己，求道路上避無可避。你若想戰，我自然奉陪到底，不用

搞什麼小手段。」

內田的衣角被風吹起，雙眸中映著粼粼波光：「有你這句話就好。這場比武將會流傳於世，成為二十世紀的嚴流島之戰。」

宮本武藏與佐佐木小次郎的嚴流島之戰是日本武者心中的巔峰之戰，可見內田已將于升視作自己最強的敵人。他轉頭看向于升，目光中多了一份炙熱：「為了讓這場比賽流傳下去，我們應當公開比武！」

于升冷冷一笑：「西本願寺？」

「不，大世界遊樂場。」

在大世界遊樂場打，意味著全上海人都將見證比武過程及結果，再無封鎖消息的可能。內田不給自己留後路，顯然是信心十足。

一聽要在大世界打，于升的口氣變得嚴肅起來：「什麼時候？」

「為了讓更多人看到比武，時間不能倉促。但我只能在中國再待一個月，也不能拖太久。定下時間前，我有一事要問。」

「請說。」

「我曾見中國的葬禮，儀式極其繁複。作為一位勇士，理應被風光大葬。你籌備自己的葬禮，需要多久？」

這問題極為冒犯，但內田卻問得誠摯，臉上絲毫不帶挑釁之意。

于升毫無忌諱，答得坦然：「自古武人戰死沙場，何處不是歸處？天地為墓，枯沙埋骨，沒那麼麻煩。倒是內田先生的後事比較繁瑣吧？」

「日本武士以戰死為榮，我若戰死，骨灰會擺在佛壇，待櫻花開後，放一把花瓣進去，一同撒進大海。」

內田彷彿在談論一樁雅事，眼中竟還有一絲憧憬。

「沒想到，我們的後事都這麼簡單呢。」兩人同時哈哈大笑，氣氛鬆弛下來。

內田：「十天後？」

于升點點頭：「夠全上海知道這消息了。」

「作為武士，我提議以命做賭。」

「接受。」對于升來說，比武本就是生死之事。

決鬥事宜談定，內田達成了目的，神情放鬆，顯得心情不錯。

「能與你一決生死，是我的榮幸。你不僅是我最強的敵人，還是我的老師，從你身上，我找到了武學奧義。」

于升一愣，真傳武術歷經千百年來幾十代的人提煉，入門需苦練幾年才能有小成，內田只看過幾次，就能偷師成功？

內田知道于升不會輕易相信，他早就有意露一手，所以才選擇了在外灘公園相談。

只見他退開一步，調息靜立，收胯握拳，猛然抖肩，身子一震，出拳如風。這一拳勁力通暢，三節分明，肩催肘，肘催腕，層層遞進，筋骨爭鳴，內含「對爭勁」。

于升看得清楚，內田這一拳符合源拳「勢長力短，身重手輕」之理。

就算內田能管中窺豹，領略武術心法，但人體機能無法速成，這一拳起碼有三年以上的功力。難道內田曾秘密練過中國武術？

于升臉上的疑惑，內田盡收眼底。

「于升君不必驚訝。我剛才打的，是唐手中的正拳。這不是偷學招式，而是觀察印證，是對日本武技的追本溯源。以前我練習唐手，只覺得正拳彆扭，出拳時肩不過耳，身體正直，跟西洋拳擊比起來十分呆板，所以以為正拳是初學者的練法。後來我看于升君出拳暗合宮本武藏所說的短臂猿身之理，才悟到了正拳的真正奧義。」

內田偷學的不是招數，而是拳理。

學武術只模仿外形，就像在鏡中尋血肉，在海市蜃樓中找水，只會離奧義越來越遠。不明白動作的原理，再艱苦的修行也會流於枯禪。

整勁的奧義在於明確「關係」。

「勢長力短」是節奏關係。

很多膂力過人之輩，打拳時恨不得身體跟拳頭一起撞上去，看起來凶猛，但身體動勢慢。譬如城樓失火，大家一起湧向城門必然會導致堵塞，只有排隊分批，前拽後推，才能高效通過。

這個排隊拽推的過程，就是「勢長」，過門那一下就是「力短」。身手發力節奏清晰，勁力才能疊加釋放。

「身重手輕」是主次關係。

黑石一雄出拳臂似鐵棍，而內田的正拳與之不同。正拳練的不是手臂發力，而是身發力。身緊，肩抖，手鬆，勁力分明，出手輕如羽毛，拳頭卻重如拋石。出拳並非「捅」出去，而是先以身體擰轉層層加速，胯催腰，腰催肩，如同一輛不斷加速的火車。拳打出去，就像在加速的火車上投擲飛鏢，藉著整體的勢能把勁「射」出去。

此時手上的力只是為了保持線路穩定，讓「勢」準確落在打擊點上。一旦手臂主動用力太多，肌肉緊張，就會堵住身上的衝勢。

擊中目標後的貫穿力，要從握緊拳頭的「撐寸之力」中獲得。在緊握的這一刻，拳頭會瞬間定位，與身體型成結構支撐，產生回撞的「來回勁」。因此，要提升拳頭的力度，不能在手上找，必須在身上找。

唐手脫胎於武術，兩者共通，內田能從中悟到奧義並不奇怪。但凌空勁、葉裡藏花等更複雜的身手互動技巧不屬於唐手體系，他也沒有進行過系統的機能訓練，就算見到，也無法得門而入。

于升負手而立：「你確實悟性過人，但別高興得太早，現在你所領悟的技法只達唐宋，距離中華武術巔峰還差千年。這一千年中，中國武術從未停止進化。」

內田聽了這話，像窺見藏寶圖般一臉興奮：「中國武術確實神奇，我很想好好研究。」

于升冷哼一聲：「可惜你沒緣分，你不是中國人，再說你也沒有時間了，因為死期將至。」

內田也寸步不讓：「中國武術雖然精妙，但恕我直言，這一戰你沒有勝算。」

「何以見得？」

「你是一位優秀的武者，總能在死局中找到一線生機，但不斷將自己置於險境，便是弱點。當年嚴流島一戰，佐佐木小次郎出刀前扔掉刀鞘，以展現死戰決心，而宮本武藏卻說『扔掉了刀鞘的人，便是敗了』，因為勝者還要用刀鞘來收刀。一味險中求勝，無形之中，就斷了自己的生路。」

于升並未因這番話動搖：「心無旁鶩，才能集中力量。焚舟破釜，只為斬斷雜念。」

「小次郎也是這樣想，他認為『劍即一切』，無論什麼樣的險境，只要相信手中之劍，便能殺出生路。」

「相信自己，才是武人的風骨。」

內田目光高傲：「錯！武人若只相信自己，無視其他，便會錯過勝機。宮本武藏跟小次郎相反，堅信『一切是劍』！不僅刀是武器，船槳是武器，陽光是武器，甚至遲到也是動搖對手心態的武器。他用盡所有方法，只求最後的勝利。我讓暹羅人、俄國人和相撲力士與你決鬥，你的武術對我來說已經沒有秘密，而我身上的功夫，你卻一無所知。中國有句話，『知己知彼，百戰不殆』，勝負在開戰前就已決定了。」

「中華武術博大精深，豈是三場比武就能被人看穿的？」

「世上沒有魔法神功，與其說日本錯失了中國武術發展的一千年，不如說日本武道在自己的路上走了一千年，練就了獨特絕招。時間對每個武者都是公平的。」

于升一抬手，打斷了他的話：「身為武士，別用語言，請用力量來否定我的武技。」

「珍惜這十天吧，這是你在世間最後的日子。」

「彼此彼此。」

內田遠眺江面，茶褐色的野鴨在黃浦江中游弋，蕩開兩排水波。

他突然感嘆道：「古往今來，願意賭上性命一戰的能有幾人？你我若不是對手，或許會是夥伴吧。」

拋開各自的家國立場，于升並不厭惡內田，甚至佩服他對於武道的執著。

　　「今生你我注定是夙敵，若有來世，你記得投胎中國，我可以教你國術之精妙。」

　　「若于升君來世投胎日本，我帶你領略日本的茶武之道。」

　　兩人相視哈哈一笑。

　　內田收起笑意：「十天之後。」

　　于升眼神堅定：「不死不休。」

　　事已談定，兩人分別，內田佑深深鞠了一躬，于升做了一個拱手禮。

　　一個旗鼓相當的對手，一場至死方休的戰鬥。對真正的武人來說，這是命運最好的安排。

　　事後于升先回風林居給林熙報了平安，並未多留，又來到王亞樵請客的小飯館。

　　上次王亞樵在飯館中談事毫不避諱店主，于升猜想這裡定是斧頭幫的據點。果不其然，他透過店主將比武消息告知王亞樵。

　　王亞樵大喜，連夜安排勞工將消息傳播出去，讓更多人知曉大世界比武事宜。

　　第二天于升來到風林居時，林熙已從宣智民那裡聽到消息。于升抿了一口茶：「林姑娘，我有個冒昧的請求。」

　　林熙：「于升哥儘管說。」贖身之後，林熙不再是書寓，于升也不是恩客。林熙便將「于先生」改口為「于升哥」。

　　「我突然很想嘗嘗林姑娘做的飯，不知方不方便。」

　　林熙莞爾一笑，將袖口捲起，露出雪白的小臂，抒起一捧黑亮的長髮，用白色髮帶在腦後紮了一個馬尾，一副廚娘的樣子。

　　「于升哥，可有什麼忌口？」

　　「林姑娘做什麼，我便享用什麼。」

　　「稍等。」她行了個禮，出了房門，去灶披間忙碌起來。

　　于升這個不情之請，並非心血來潮。

　　昨夜他做了個夢，夢裡林熙為他做了一桌菜，雖不知滋味，但充滿家的溫馨。夢中之事，亦幻亦真，那一刻的溫暖如此真實，彷彿喚醒了前世記憶一般，于升想親身感受一次。

　　林熙忙碌時，于升看到書桌上擺著臨摹的《寒食帖》。

　　《寒食帖》是蘇軾的書法上乘之作。寫帖時，蘇軾被貶，恰逢寒食節，惆悵與蒼涼落在紙上，字字含淚，氣韻非常。

　　于升細看發現，這帖不同尋常。林熙只寫到「那知是寒食，但見烏銜紙」，原作中這個「紙」（帋）字一豎拖得極長，有紙短情長之意。但她這一筆更誇張，直接一拖到底，將後面「君門深九重，墳墓在萬里。也擬哭途窮，死灰吹不起」兩句省略了，于升感覺其中必有深意。

　　不多時，林熙端來托盤，上面擺著藍白大瓷碗和梅子青小餐盤。

　　大瓷碗中盛著熱氣騰騰的小餛飩。

　　家常美食有三味，鹹、鮮、淡。鹹中有味，淡中有鮮，熱湯小餛飩三味俱全。

上海街邊常有小餛飩擔子，一頭柴爐上面架著鍋，另一頭擺著皮餡碗勺，隨包隨下，湯料中加一小塊豬油，少量胡椒和蔥花，既便捷又鮮美。

這碗小餛飩是林熙親手所做，自有講究。

小餛飩皮薄，煮熟後變得透明，如花骨朵般浮著，中心隱約透著點點橘紅色。林熙將煮熟的河蝦挑出蝦腦，加在肉餡中，既增加口感鮮味，又提亮了色彩，色香味俱全。

小餐盤裡是一個醬油荷包蛋。上海人家買菜按人頭算菜量，要是來了客人，沒備什麼葷菜，便會添一個醬油荷包蛋。荷包蛋形似半月形的荷包，故而得名。蛋白邊緣稍有起焦，蛋黃還是溏心，加醬油、黃酒和白糖收汁，味道鮮美。

于升端碗持筷，一口氣吃完。

林熙坐在一旁，看他吃得一頭汗，用手帕給他擦拭，眼神中盡是溫柔。

兩人一直沒什麼親暱舉動，林熙突然為他擦汗，于升有些害羞。

「于升哥準備什麼時候告訴我比武之事？」

「你已經知道了？」

林熙點點頭。

于升看向桌上的字跡：「所以，覺得《寒食帖》最後兩句不吉利，無法下筆？」

「不吉利的不是帖，是我。在我身邊的人，每個都命運不好，沒想到現在，竟連累于升哥。」

昨天日本人到訪靜坐，林熙猜到對方暗含威脅之意，這個賭命比武之約更證明了她的猜想。

「這件事情，與你無關。我跟日本人比武，是為了家國

大義，也是給自己武人身分一個交代。」

「于升哥說過，我已經自由。」

「對。」

「昨晚我做了自由後的第一個決定。」

于升見她說得鄭重，知道不是小事，心中有股不祥的預感。

林熙直視于升：「若你比武輸了，我便自盡，隨你共赴黃泉。」

「這……這可使不得！」

「你對取勝沒有信心？」

「想聽實話？」

「我既然做出這樣的決定，當然想聽實話。」

「我沒有信心。」

林熙不解：「你之前比武全贏了，為什麼這次沒信心？」

「我的對手是個武道天才。他看過我所有的技巧，而我對他的武技一無所知。這一戰，我沒把握。」

「那你……幹嗎還要打？」

「我想，這場比武，勝則鼓舞國人士氣，敗也能展現中華禦敵的決心，白骨存義，生死無憾。」

「好一個生死無憾！我也決心已定。我生逢亂世，又流落青樓，看過美景，也見過醜惡。昔日趙淮妾抱骨赴水，芳名流傳。若能與俠士生死與共，也算性情一生。」

相比死，林熙更害怕沒有尊嚴的生。她雖已贖身，可是在別人眼裡，早已不是正經人家的清白姑娘。與其在會樂里苟且偷生，不如跟心愛之人同生共死。

于升看她眼神堅決，知道勸不動，低頭凝望著身前人：
「那麼，我便多了一個不能輸的理由。」

　　「人活著，不僅是一呼一吸，也是心念相印。愛過，才
算真的活過。我的心意，希望于升哥能明白。」林熙眼含愛
意，瞳孔黑亮。

　　于升早對林熙一見傾心，此刻也不再隱藏心中的愛意：
「獲悉這份心意，此生我已無憾。」

　　林熙面帶羞澀，靠近一分，于升將她攬入懷中。

　　兩人緊緊抱在一起，彼此感受對方的溫度。

　　人生如夢，浮萍寄世，在與死神的對抗中，肉體百年內
必敗北。但愛意可在體內燃出一團火，驅逐黑暗，以生命熱
力對抗死亡的冰冷。

　　若心心相印，生死相隨，命何足惜，死何足懼？

　　天色漸暗，霞雲如火，紅蜻蜓低飛。

　　距離生死對決還有九天。

第三十章
活人劍・雷音

　　大馬路上人來人往，一副駱駝擔子支在道旁，小販在樹蔭下賣著糖粥。

　　駱駝擔子前端是鍋灶，後部是抽屜，放著調料、碗筷、食材，兩頭以扁擔相連，凸起似駝峰，因此得名。

　　上海勞工上工時間長，習慣在街邊吃個小食，補充體力，因此，駱駝擔子成為滬上一景。

　　此時，一直苦尋于升不著的玉面閻羅陳天正蹲在攤旁喝糖粥。

　　糖粥以糯米加糖熬製，添入豆沙和桂花，糯軟甜香，適合南方人尚甜喜膩的口味。陳天正第一次嘗到糖粥，意外愛上，一口氣喝了三碗。

　　幾個拉黃包車的車伕也在這裡打牙祭。一人匆匆跑來，興奮地對同伴們說：「不得了！大新聞！有中國高手于升要跟日本武士在大世界比武，打死為止！」

　　眾人頓時來了興致，車伕更是激動萬分，唾沫橫飛，極盡渲染之能事。

　　上海灘列強跋扈，政府孱弱，人們一直期待英雄出世。大世界中日比武的消息一發佈，底層勞工口耳相傳。在日復一日的黯淡生活中，這場比武彷彿一場狂歡的煙火，令人們翹首以盼。

　　說者無心，聽者有意。陳天正忽然聽到于升的名字，心

頭一喜，真是踏破鐵鞋無覓處，得來全不費工夫。

他走到車伕身後，拍拍肩膀搭話。

車伕回頭一看，見是個白面小子，以為來了生意，露出諂媚笑顏：「要坐車是哦？」

陳天正客客氣氣：「俺跟你打聽一下，在哪兒可以找到那位叫于升的？」

「嘿！不坐車，誰有閒工夫跟你扯這個？滾一邊去！」車伕轉過身，氣呼呼地端起碗喝粥。

突然，他脖子一涼。一把短劍架在他的脖頸上，車伕頓時嚇得如廟中泥塑小鬼般，一動不敢動。

「俺找這個人已經不少時日，就當幫個忙。」陳天正語調平緩，但手中的短劍卻毫不客氣，緊緊貼著車伕的皮膚，只要輕輕一劃，就會血濺三尺。

來上海的這段日子，陳天正已經摸清了當地人欺軟怕硬的脾性，知道怎麼才能讓人開口。

車伕嘴角哆嗦，怯聲怯氣，帶著顫音：「阿拉也是聽來的，不認得這人呀。」

陳天正眸中閃著凶光，冷笑道：「那你去打聽清楚告訴俺。」

他收起短劍，摸出一塊「袁大頭」，扔到車伕面前的空碗中。

「這是辛苦錢。生意先別做了，車子留在這，帶了準信兒來拿。」車伕哪敢多話，諂笑著答應，收起錢跑遠了。

陳天正來滬已久，苦尋于升無果，今日意外獲得線索，卻毫無欣喜之色。行走江湖要快意恩仇，可是于升卻給他出了一道難題。

　　中日比武是大事，若殺了他，日本人不戰而勝，自己豈不成了中華罪人？為私仇而不顧大義，讓日本人看笑話的事，陳天正萬萬不願做。他長嘆口氣，撥弄了下頭髮，雙眼中流露出迷惘。

　　此刻，旅館中的于升也緊鎖眉頭，苦思克敵之法。

　　他從古琴譜中悟得外三合之理，成六合之拳，擊倒了相撲力士。但想要使出六合之拳需要多項條件，內田既有警覺，必定不會輕易中招。要想在決鬥中勝出，于升還需要更多武器。

　　于升曾說內田的唐手技藝距中國武術之巔有不小差距，這並非虛張聲勢。

　　中國武術的演化，粗略可分為四個階段。

　　最早，武術只是強身術，以經絡氣功、呼吸導引為基礎，形成五行氣血的基礎概念，醫武一家。從三國時期華佗的五禽戲，到南北朝時期達摩的易筋洗髓功法，再到北宋八段錦都屬於這一支的演化。

　　作為殺人技的武術是從戰場兵器用法中演變而來的。從古射法中提煉出發勁的姿態要求，從槍等兵器的用法中總結出招法，形成了中國武術雛形。此時招法和心法並不系統。這是中國武術的第二階段。

　　明代兩位名將「俞龍」「戚虎」開啟了武術的第三階段。「俞龍」指俞大猷，俞大猷習少林棍法，在對倭寇的征戰中立功無數，編著《劍經》，稱「荊楚長劍技」。「戚虎」指戚繼光，戚繼光為抗倭練兵，整理宋、明十六家拳法，彙編了一套「上下周全」的三十二勢長拳，編寫出了《紀效新書》。武術被運用於軍訓實戰。

在大量戰爭經驗積累下，人們發現除了最直接的力量型打法外，還有更巧妙的戰鬥方式，這些技巧與中國道家思想結合，催生出了第四階段的內家拳。

內家拳的概念最早出自寧波人黃宗羲，康熙八年，他在《王征南墓誌銘》中首次提及「內家」概念。

少林以拳勇名天下，然主於搏人，人亦得而乘之。有所謂內家者，以靜制動，犯者應手即仆，故別少林為內家。

這時內家拳只是流傳寧波的一種特定拳術，又名四明內家拳。四明內家拳在反清復明的志士義俠中傳承，遭到清朝禁止，一度銷聲匿跡。後人將拳理相近的太極拳也歸為內家拳。

拳無內外家，勁有內外別。中國武術在繁雜的招法中提煉出內勁原理，只要符合內勁原理的武術都被稱為內家拳。

太極拳從古射法中提煉出「太極拳勁」。射箭講究「射的不中，反求諸身」，太極拳虛靈頂勁，立如平準，都是射箭的體式原則，身姿如弓，曲中求直，發勁如射箭。形意拳從古槍法中提煉出「槍勁」，脫槍為拳，出拳有顫勁，如同大槍扎出時槍尖的震動。

內勁高度提煉後，又演化出凌空勁、翻浪勁等復合勁法。這些勁法反哺兵器，出現了太極劍、形意槍、八卦刀，完成了從兵器到拳法，再到兵器的一個發展循環，中國武術達到了巔峰。

武術千百年來用於自衛、暗殺和戰場，無論鏢局護衛還是綠林爭鬥，拳腳僅為兵器的補充，沒有職業打擂之說，戰法體系與擂台競技要求相差甚遠。武術至今沒有形成一套行之有效的擂台競技系統戰法，中央國術館首次國考就暴露了

這個問題。

源拳雖偏注重拳勁和機能的開發，更適用於徒手搏擊，但受限於整體環境，擂台打法也尚未定型。

而武術傳入日本後走了另一條路，相比生存，更偏向於競爭。唐手和相撲都源自中國，但又區別於武術。金硬流唐手將南拳的硬功發揮到極致，相撲對力量的追求近乎偏執，日本武人挑戰極限的求道心態令人佩服。

內田有自信前來挑戰，身上必定隱藏著驚人的技藝。他能一針見血指出于升偏好險中求生的弱點，判斷力極強，絕非盲目自信。

對於于升的弱點，馬道貴也曾提醒：「自古將有五危：必死可殺，必生可虜，忿速可侮，廉潔可辱，愛民可煩。比武也是如此，硬拚冒進，易葬送性命；貪生怕死，就會受制於人；性情暴躁或過分惜名，容易被挑釁，這些都是比武大忌。武者雖要有向死之鬥心，但一味險中求勝，絕非正道。」

從第一次打擂開始，于升就習慣在死地中找到生路。向死而生，逆流迎難。

刀出鞘，禪入心，外殺妖魔邪道，內鎮心中動搖。這種心態在禪宗裡，便是「殺人刀」。

如今林熙生死相隨，這一戰不為殺，只為生命的延續，此為「活人劍」。

當直面死亡的目光調轉方向後，于升卻發現眼前空無一物，一時陷入迷惘。從殺人刀到活人劍，心態易改，戰法難調。

改打法也屬「歷劫」。劫難劫難，有劫必難。

相傳釋迦牟尼覺悟前驚動魔王波旬，破除魔女與一千魔怪的阻撓才終悟佛法，稱為「降魔變」。佛陀開悟尚且有如此波折，何況凡人。

　　武林有句話，「上船容易下船難，學拳容易改拳難」。習武之初有馬道貴在身邊指導，如今，于升只能靠自己衝破眼前迷霧。

　　他將多年來的一日一練重新改成學武之初的一日兩練，凌晨一練，傍晚一練，晨鐘暮鼓，日月交匯之際，一遍遍體會拳理。

　　練拳之外，于升每日都去風林居與林熙共度。與相愛的人廝守，使得于升內心滋長出一份純淨的力量。生死賭約令他無比珍惜和林熙共度的每分每秒，彷彿能聽到時間從體內流過的聲音。

　　生活不再漫長無涯，時間被高度濃縮，如同在高溫高壓下凝結成的寶石，閃耀出炫目光澤。

　　一晃又過了三天。

　　上海的夏天忽晴忽雨，原本晴空萬里，忽然一片烏雲滾滾而來，濃稠如墨，遮天蔽日，風起雨下。

　　馬路上霎時撐起一把把油紙傘，如一朵朵綻放的花。

　　煙雨中的弄堂蜿蜒綿長，黑瓦白牆，像一副墨色蒼潤的畫。

　　屋簷邊雨水如線，宛似水簾，石板路濺起水珠，雨水在道沿彙集成涓涓細流，淌進陰溝。牆角生出的青苔是這座城市在光陰摩挲中長出的包漿。

　　于升打傘前往風林居，他邁步時肩膀無起伏，好似水中撐船。這種按肩練步的功法，名為「陸上行舟」。

　　于升步履穩健，落腳時足尖先著地，借此練出方向感，鍛鍊腳趾力量。腳下有根，才能像箭一樣將勁力釘入土中，踐步突進時可從地面借力爆發。

　　離他二十米外的巷口，站著一個打傘的高個兒年輕男子。這人膚色白淨，身材修長。細雨如簾，他身上卻散發出烈焰般的氣息。

　　玉面閻羅陳天正從車伕那裡獲知于升在這附近活動，已經徘徊了兩日，方才路過弄堂口看到一人步態帶著功法，定睛細看，正是畫像上的熟悉面容。

　　剎那間，陳天正如發現獵物的猛獸，迸發出驚人的殺意。于升感受到殺氣，向前望去，迎上了他的目光。

　　天地間的雨滴一瞬間似乎都放慢了速度，變成了一粒粒透明水珠，在眼前緩緩落下。

　　雨簾的另一端，陳天正的眼睛猶如出林怒虎，放出攝人魂魄的寒光。

　　于升一望便知來者絕不簡單！

　　陳天正霸氣凜然，從齒縫中擠出一句：「找到你了！」

　　于升猜到，是仇家找來了！中日比武在即，此時遭遇死敵是最糟糕的情況，何況對方實力深不見底，連師父都特意來信囑咐要避免與他交手。

　　于升從不迴避戰鬥，狹路相逢是天命，能否逆天改命，就看身上的功夫了。他一步不耽擱，走到陳天正跟前。

　　雨中的街頭，兩人在街角美勝隆布店的石階前相對而立。他們身高差了大半個頭。

　　陳天正抬著下巴，一臉傲氣：「你就是于升？」

　　于升目光穿過雨簾：「正是，兄台可是玉面閻羅？」

「不錯，俺姓陳名天正，人送外號玉面閻羅。殺人償命，你有什麼話要說？」陳天正衣襬被風吹起，氣息鼓盪，渾身像蓄滿風雷。

「我們就在這裡動手嗎？」大敵當前，于升臉上毫無退縮之意。

雨天，布店內冷冷清清，老闆準備打個瞌睡，忽見門口兩名男子對峙，像是要打架，一下來了精神，悄悄躲在門後窺視。

陳天正打量了下于升，見他臨危不懼，嘴角上揚：「你倒是爽快。不過，聽說你要跟日本人比武，俺要是今天殺了你，就白白讓日本人看了笑話，所以有個建議。」

「說來聽聽。」

「俺們今天文鬥。」

「如何鬥法？」

「一人做一個動作，功夫深淺如何，大家心知肚明。無論勝負，都不影響你跟日本人比武。」

「如果我贏了呢？」

「俺二話不說回河南。」

「我要是輸了呢？」

「你答應一件事。」

「洗耳恭聽。」

「若能贏下中日比武，待盂蘭盆節時，你來靜安寺為鄭師父上香三炷，之後再做個斷。」

陰曆七月十五的盂蘭盆節又稱「鬼節」，按民間習俗是祭奠先人、普度鬼魂之日。按陽曆算，正是于升與內田決戰後的第三天。

「合理。」

「既認可了規矩，那就請吧。」

「獻醜。」

布店老闆見他們要比武，不由瞪大了眼睛。

于升把雨傘斜放在石階上，佇立雨中，氣息內斂，沉密神采，如對至尊。

猛然間他重心下墜，做了一個「抽扯」動作。「抽扯」是源拳發勁動作，如開弓放箭。

只見于升一撤步，左手胸前定位，如魚嘴咬住漁網，猛向左撕，順著這股抽勁，右掌拔絲般往外扯，手臂伸直的瞬間，右掌根定位回撐。左側抽拉的勢能由背部傳導到掌根，衝破定位阻力，憑空炸出「嘭」的一聲，只留右掌指尖如槍尖般震顫。

若單以手臂肌肉屈伸發力，勁道有限，故武術以脊柱為槓桿，由身體的整體開合，增大發力空間，形成整體對稱爆發，有「前手打人，後手發力」之說。

中國文化推崇「中」。「中」不是不偏不倚，而是對稱。源拳用勢不用力，不與對手爭，而與「點」爭。透過在身上爭點，突破阻力，做對稱爆發，拳腿是借勢炸飛出來的「子彈」。

于升這招「抽扯」形拉對整，力與勢對稱震盪，發勁中正。

布店老闆在門縫中只看到于升身體向左一撤，右掌擊出，似乎有無形之物當空炸裂，彷彿天地間有雙巨手將他往兩端一扯，發出爆破之聲，如雞之抖翎，霎時身上水花四濺，頓時驚得瞠目結舌，以為遇到神人。

陳天正先是一愣，隨即露出滿意笑容：「漂亮！好久沒看到這麼地道的功夫了。」

「見笑。陳兄，請。」

陳天正將雨傘拋到身後，臉上流露出無法抑制的興奮：「看仔細了！」

他吐息沉氣，左腳往前一邁，重心驟落，雙臂同時伸展向後打開，頭部前頂，像是滑雪前衝一般，「開」的動作一瞬完成。

在布店老闆眼中，高個兒男子出手的動靜比剛才的炸裂猛擊小得多，不免有些失望。

于升卻看得目光一跳，拱手認輸：「這一招漂亮！論功力，我甘拜下風。」

陳天正神色得意。

布店老闆自然看不出，剛才一下，陳天正做到了五體同時成勢，體內處處合拍，勁力周正渾元，宛若一塊無瑕璧石。

經過鄭金智的指點，如今的陳天正對於「關係」的理解已經更上一個層次。

武術在進身時，要以頭領勁。如果頭縮在後面，整個人的勢就衝不進去，像被關在門外。陳天正這一衝，由頭勁領勢，一根大筋拉動脊柱，提掛全身，如同眼鏡蛇一樣，做到了周身一體。伴隨踏足之聲，陳天正筋骨爭鳴，胸腹中似有雷鳴滾滾之音。

心意六合拳（六法）要義有言：「震萬物者，莫如疾雷，此雷聲有生氣焉！」陳天正丹田較力，配合意氣鼓盪，如貓悶哼時的身體振動，四體毛髮振奮激盪，這是配合高頻

發力的「內嘯」，名為「雷音鼓盪」。

書法家即便隨意落筆寫個「一」字也能見其功底。于升做的是發勁招式，顯出的功力相對簡單。而陳天正這個動作雖僅僅是拳法中的起式，但展現出的內外合一的功夫令人歎為觀止。

布店老闆丈二和尚摸不到頭腦，忽又發覺那兩人間的氣氛變得緊張起來。

陳天正雖然獲勝，但意猶未盡：「勝負已分，可是你的眼神卻像是在說，真打的話俺贏不了你。」

「功法和打法不是一回事。不交手，確實不好說。」

陳天正等的就是這句話，他猛然前衝，右掌一撩，直擊于升面門。

這一招來得十分突然，于升本能往後一撤，錯開了三寸。

忽然，斜下方的泥水裹著沙石激射而出，直濺于升雙目。

于升抬手遮擋時，只覺側肋一陣罡風，將濕透的衣衫吹動出水波般的褶皺。

于升與陳天正同時停住動作。陳天正五指張開，停在離于升肋處一寸的位置。

于升彷彿被一把無形之槍釘住，冷汗順著雨水淌下。

布店老闆只見高個兒男子身影一閃，突然地面泥水飛濺，打到店門前的燈籠上，留下諸多泥點，像揮毫在宣紙上灑下墨點。

下一秒，布店老闆根本沒看清如何動作，就見高個兒男子已鑽到對手身側，兩人都一動不動。

陳天正剛才起掌一招「雲遮霧繞」擋住于升正面視線，隨後跨足斜進，封邊鎖步，腳下順勢劃起泥水，遮住于升側方視線，這叫「畫地為牢」。封住視線後，陳天正欺身進掌，一招「玉帶纏腰」直取于升中段。

　　五體同時成勢的功力用在實戰中，近身便「起打」，遠了就「落打」，陳天正一起一落，旋身連變三招，如在山澗中跳躍撲食的猛虎，瞬間叼住獵物。

　　若是實戰，于升已敗。

　　勝負已分，陳天正收住手，退開三步，有些失望地說：「你功法算是不錯，但打法卻是一味等待，實在愚蠢！若不是因為日本人，你現在已死了。」

　　于升面有愧色，方才在比武中他被對方的節奏帶著走，歸根結底是因為猶豫。以往于升心懷殺人刀，向死而生，毫無顧忌，但換作活人劍後，就變得瞻前顧後。

　　與內田之戰事關林熙生死，于升潛意識怕受傷，沒有豁出性命壓倒對手的決心。陳天正久經沙場，出手詭詐狠辣，于升一遲疑，就被他逼入死地。

　　「謝陳兄手下留情，我必信守承諾。」

　　「比武要奪勢，不要被動。日本人狡詐，不可大意。」

　　于升沒想到陳天正會出言提點，拱手施禮：「多謝。」

　　「俺只是不想你死在日本人手裡。殺人償命，你這條命早就被定下了！等你贏了回來，再分勝負！」

　　說罷，陳天正轉身撿起雨傘，昂首離去。

　　布店老闆看著孤立雨中的于升，對剛才兩人怪異的行為始終理不出個頭緒，只當遇到一樁奇人怪事，日後酒酣時常跟人提起。

第三十一章
龍鳳意・生之末死之初

　　與陳天正的比武，于升輸得徹底。對真正的武人來說，失敗是恥辱，但更是經驗。

　　于升是武道的「表」，陳天正為武道之「裡」。當于升在稻田邊練功時，陳天正在叢林中揮動鐵傘，砸出賊人腦漿。亂世中，陳天正不斷「飲血」，在他身上，于升感受到了餓虎般的「獸意」。

　　內家招法重「意」，輕如羽，重如鐵。將動作神韻在腦中具象化，才能得其神。有人畫的老虎死板，有人筆下的猛虎栩栩如生，差的便是這一點「意」。

　　昔日與基洛夫一戰，于升觸發「獸性」，未得真意，與陳天正的比鬥提醒了于升，自己缺少的正是這份「意」。馬道貴引用陸游的「功夫在詩外」，內田推崇宮本武藏的「一切是劍」，其實都在說同一件事——萬物皆道。虎豹生於野，要尋獸意，不能閉門蠻練，要感受天地生機。

　　第二日天氣爽朗，于升苦思無果，便約林熙一起外出遊玩。這時正值荷花盛開，林熙提議去豫園賞荷。

　　上海不僅有海派洋樓，也有江南風光。豫園位於上海西北的老城廂，毗鄰城隍廟。園內有仰山堂、魚樂榭、望江亭、得月樓、飛丹閣、煙水舫等景觀三十餘處，建築精雕細鏤，飛簷翹角，屋脊上石雕獸首威嚴，奇秀甲於江南。

　　萬花樓前古木繁花。一棵銀杏樹高二十米，相傳為明代

四川布政使潘允端所種，有近四百歲的樹齡，至今生機盎然，樹葉蔭蔭，宛若片片綠雲。

萬花樓東側有一堵龍牆，名為「穿雲」。龍頭昂揚欲飛，龍鬚飄逸指向天空，龍身蜿蜒曲折，以瓦片覆蓋作為鱗片，有穿雲上天之勢。萬花樓西側，數千噸武康黃石堆疊出奇景，怪石橫突側出，配長廊珍木，給人以重山疊嶂、洞壑幽谷之感，這是明代築園名家張南陽的真跡。大假山後面同樣有一堵龍牆，名為「臥雲」。龍原本是帝王象徵，清政府衰落之後，洋人、買辦率先在私人花園建起龍牆，象徵著新貴族的崛起。

豫園的鎮園之寶名為「玉玲瓏」。這塊三米高的太湖石紋如褶皺，孔如蜂巢，輕靈奇趣，有「壓盡千峰聳碧空，佳名誰並玉玲瓏」的美譽。奇石旁是個小湖，水映曲橋，停雲佇月。

中華文明屬農耕文明，千年來文人寄情山水，「智者樂水，仁者樂山」。古代車馬不便，文人以聚景手法，將山水、花木、奇石、亭廊彙集一處，移天縮地入君懷。園林疊土為山，寸石生情，貴在小中見大，假中見真。因為面積有限，園中景物設計緊湊，需「掩、隱、藏」。

江南園林常利用迴廊分隔空間，三步一折，五步一彎，依牆綴以翠竹怪石，牆上設「梅花」「海棠」型門洞，遊園之人洞中窺景，賞景如賞畫，有百轉千回之感。

中國美學崇尚以有限展現無限，一如唐詩的五言絕句，精簡短小卻意韻遼遠。

曾經豫園中到處是賞花品茗的墨客，但如今的上海，金錢權勢才是世人的追求，市民少有逛古亭的閒情，南側飛丹

閣、桂花廳等商鋪熱鬧非常，北部假山石亭的遊客稀稀拉拉。

于升跟林熙緩步廊橋上，橋畔柳絲低垂，池中粉荷綻開。一株待放的花苞嫩嫩挺立在翠綠荷葉上方，纖細的綠尾蜻蜓低飛，忽而停留荷尖上，透明翅膀在陽光下呈現彩虹般的絢麗。

林熙身影映照湖中，看著滿眼的荷花，感嘆：「好漂亮啊。」

「荷花出淤泥而不染，濯清漣而不妖，與妳最相配。」

「我是荷花，那你是什麼？」

「我？」于升信手一指，「是那繞著荷花飛的蜻蜓嘍。」

林熙咬著下嘴唇，幽幽道：「蜻蜓啊，蜻蜓可不好。」

于升不明所以：「怎麼不好？」

「蜻蜓點水，在荷尖上立一下就飛走，多薄情。」

此時名為「楊葉竄兒」的小魚在水面露了下頭，魚鱗一閃就消失了，速度驚人。

林熙嫣然一笑：「對了，魚適合你啊，又機敏，又以荷葉為家。」

冥冥中有天意，說者無心，于升一下聽了進去。提到「二足獸」時，于升最先想的是虎豹猛獸，但凶獸只能激發出嗜血狂性，而林熙一句話讓他想起源拳中「網中魚」的拳意。

獸意，不是心智上的獸化，而是喚醒身體的潛在機能。在訓練定位和身手互動時，源拳有句心法要訣——空間如網，人如活魚，魚掛網上，奮力掙脫。

晴空看鳥飛，流水觀魚躍，可識得宇宙活潑之機。魚躍和鳥飛不靠利齒，不靠體格，靠的是機能。魚鳥的機能，在武術中被昇華為「龍鳳意」。

龍鳳是中華民族的圖騰。

「龍」指脊柱發力。蛟龍無論騰躍還是潛翔，靠的都是脊柱釋放的動能。魚是古老的脊椎動物，古人認為龍由魚變，有「魚躍龍門」之說。湖中魚一個彈變，眨眼難覓蹤影。魚在案板上撲騰起來，魁梧壯漢也按不住。以脊柱發力牽動全身肌肉，遠比四肢用力來得高效。

「鳳」是指身手關係。打人不僅要靠身體，還要靠四肢。鳳的原型是鳥，「鳥扇翅」是身手關係的最佳體現。拳諺「身子耍手，手耍身子」，說的就是身手互動。凌空勁和葉裡藏花都是身手互動的具體用法。

《莊子‧逍遙遊》索性將魚鳥化為一體。

> 北冥有魚，其名為鯤。鯤之大，不知其幾千里也，化而為鳥，其名為鵬；鵬之背，不知其幾千里也；怒而飛，其翼若垂天之雲。

鯤稱介豪，鵬為羽傑。武者身上要有龍鳳意，化為鯤鵬，身負四海，翼遮半空。

看于升一時出神，林熙少女心起，伸手在他眼前晃了晃，喚醒他。

「于升哥，你送我鷓鴣斑，禮尚往來，我也送你一件東西。」

「哦？是什麼？」

「你抬頭看。」林熙一指頭頂。

天空蔚藍，白雲孤飛，像一長條鵝絨。

「那朵雲像不像一把劍？《小窗幽記》裡說『俠情一往，雲可贈人』。你是俠客，我就把這朵劍雲送給你。」林熙平日溫順寡言，天真俏皮的一面也只有于升有幸見到。

于升笑著說：「白雲高潔，正合我心。妳送給我的這把雲劍，必能助我戰無不勝。」

林熙沒想到會談起比武，有些無措，趕緊說：「于升哥一定會贏的。古人說『語善，視善，行善，一日三善，天必降福』，你人這麼好，神明也會保佑你。」

于升看她緊張的樣子，笑著安慰道：「有妳這個女神相伴，我怎麼會輸？」

林熙臉紅的樣子，于升百看不厭。

和風消暑，細草微風，山石間鳥鳴陣陣，小路潮潤悠長。陽光從樹梢空白處穿過，綠葉間彷彿結了金色的耀眼果實，光明瑩然。兩人登上大假山上的望江亭，黃浦吳淞皆在足下，風帆雲樹、高樓矮宅，盡收眼底。

良辰美景，與良人共度，于升心情愉悅，盡情體會天地的勃勃生機。

中午，于升和林熙一同逛城隍廟的廟市。

這裡是老城廂的商業中心，滿園春的百果酒釀圓子、湖濱點心店的重油酥餅、南翔饅頭店的小籠饅頭都是當地知名小吃。

林熙不願跟人擠，進了一家麵館點了兩碗陽春麵。

陽春麵如陽春白雪般素雅，因此得名。中國烹飪的原則是「有味使之出，無味使之入」。麵有嚼勁但味寡，要用有

味之湯來提鮮。陽春麵的湯乃是用骨頭精心熬製，加上蔥花的香味，麵白湯鮮。

吃完麵，林熙拉著于升在九曲橋邊閒逛消食。

城隍廟旁的廣場十分熱鬧。賣百草梨膏糖的小販打著木板邊唱邊叫賣，捏麵人的攤主變戲法似的捏出豬八戒、孫悟空。廣場西北角不少人排隊看西洋鏡。小販擺上七尺寬金漆雕花木箱，上面蒙著薄布，前面有一排凸透鏡供人往裡看。他一邊用繩索拉畫一邊打鼓，眉飛色舞講著畫中「貴妃出浴」的故事。

松月樓素菜館前，一位幫孩子施咒的女相士引起了于升的注意。女相士約莫三十多歲，圓面如月，頭髮盤得一絲不苟，身前擺著一張小桌，桌前布上書「相命擇日」四字，筆墨黃紙齊備，還有一把桃木劍。她取過一張黃紙，畫上符，貼在一塊餅上，嘴中念叨「東海神阿明，南海神祝融，西海神巨來，北海神禹強」，反覆三遍，將符取下，穿在桃木劍上點燃，將餅在火上一過，交給小孩食用。

女相士是在唸咒請四海神明祛病，辟百邪惡鬼。

這是道門秘術——咒餅法。

江湖八門「金、皮、彩、掛、評、團、調、柳」，以算卦相面的「金門」為首。于升一直對巫術充滿好奇，因為武術跟巫術頗有淵源。古時巫師以跳大神輔助施術，古人認為人體是「小天地」，透過特定的動作和咒語可連接「大天地」。正是這種對自身的探究，演化出了對五行氣血的認知。義和拳時期，拳民直接將武術和巫術合一，以演拳勢來「降神附體」，走上一條邪路。

于升第一次見有人用咒餅法治病，目光中帶著好奇。

女相士抬眼看過來，兩人眼神交匯，女相士臉上現出疑惑表情，向于升招手。

林熙曾在報紙上看過有女相士靠相命攬客，實則掛羊頭賣狗肉，利用美色騙人。雖然這位女相士年紀不小，但林熙還是有三分警惕之心，暗暗拽了下于升的衣服。

于升無意算命，轉身跟著林熙離開。

女相士忽然在身後開口：「這位先生請留步，我幫你算一卦吧。」

于升駐足，轉過頭淡然答道：「不必了，我不信命。」

「看得出來，你很自信。但世人千千萬，自恃有能者不下萬人，真掌握命運的又有幾位？有人能改運，但未必改得了命，還是算一算吧。」

女相士的眼睛似乎能看穿人心，參透世情。

比武在即，林熙怕相士為賺錢出言不祥，蹙眉說：「我們不想算命，你找別人賺這份錢吧。」

女相士坦然一笑：「我這一卦不收錢。」

于升臉上露出一絲疑惑：「白算一卦？這是為什麼？」

「因為我對你的命運很好奇。先生身負的東西超過常人數倍，要嘛是將才，要嘛是梟雄，但面相卻無兵氣，也無野心，這樣的命格我是第一次遇到。」

于升好奇心被吊起，輕輕握了下林熙的手，讓她安心。「既然你好奇，我便給妳看看吧。」

女相士端詳了于升一番，遞上紙筆：「我是『坼朵兒的』，需要先生寫下一個字。」

江湖上把字稱作「朵兒」，把靠測字卜凶吉的人叫作「坼朵兒的」。

于升想起林熙贈他的那片孤雲，提筆在紙上寫下「一」字。他筆力雄厚，字如千里陣雲，毫端蘸墨不多，這一筆拉出去，中間有虛白，如棉絮狀的碎雲，書法中名為「飛白」。

相士解字是根據偏旁、結構來推演，「一」字沒有偏旁，結構至簡，按說算是個難題。

女相士觀字，彷彿入定僧人。

過了約一分鐘，女相士抬眼，語氣堅定：「此字極凶險。」

林熙臉色變得蒼白，著急地問道：「怎麼說？」

「世人都爭第一，殊不知，『一』是『生』字的最後一筆，也是『死』字的第一筆，乃『生之末、死之初』。這一筆帶飛白，形似冰凌，代表你現在置身冰凌之上，稍一疏忽便萬劫不復。」

于升沒有驚慌，輕輕握住林熙的手，抬眼看向女相士，問：「此命能改嗎？」

女相士苦笑道：「此命能改，但你定不願改。寫字時，你身上有股凜然忘我之氣。我若勸你明哲保身，離開上海，你必不會答應。」

于升掏出一個大洋放在桌上：「剛巧，我想試試，靠自己的力量能否逆天改命。」

女相士收下銀元，眼皮也不抬，說：「既然收了錢，我就提醒你一句話。」

「請賜教。」

「當心身後。生在上，死在下，預示真正的危險就在背後。」

第三十二章
古柔術・奪勢

九鬼英二緩緩睜開眼，面前的黑霧漸漸散去。

道場的天花板清晰起來，他發現自己正躺在地板上。因為腦部缺氧，九鬼出現短暫失憶。

他轉頭看向身邊，號稱「黑龍會七武士」的同伴佐佐木嘉一、鈴木雄、松井三郎都在身旁。

佐佐木緊挨自己仰面躺著，看上去已經暈厥。與佐佐木相鄰的鈴木捧著腳踝，咬著牙，臉漲得通紅，努力忍痛。最外側的松井右手無力地耷拉著，同樣疼得冷汗直流。他們忍痛不發聲，是怕影響道場內的打鬥。

道場中央傳來重重的喘息聲、翻滾聲和擊打聲。

九鬼順著聲音看去，見內田佑正在跟青木克己纏鬥。

青木克己身高一米七五，體重七十四公斤，肌肉結實，師承起倒流柔術，是投技好手，有「柔術麒麟兒」的美名。

此刻，青木呼吸略顯急促，額頭滲出汗水。

驀然，青木看準機會低頭前撲，雙臂摟住內田大腿。他的動作極快，彷彿從冰面上滑過來。

青木以「雙手割」掀翻內田，但卻沒能繼續進攻，反而面色發紫。原來，內田看青木撲擊時脖頸前傾，便將右手從青木後頸繞過，壓頭卡喉，做了一個形如「斷頭台」的鎖頸動作，反制住了青木。

內田如刺蝟般將身體蜷曲夾緊，背部發力，手臂擠壓青

木兩側頸動脈，令其血液無法湧向大腦。青木只覺得眼前湧現出一團黑霧，急忙拍地認輸。

內田鬆開手，青木跪在地上，伴隨著咳嗽，大口喘息。九鬼目睹這一幕，回想起一切。

在西本願寺事件後，內田再次發起公開比武之約，此舉遭到黑龍會成員的一致反對。

于升先後擊敗金硬流唐手代表黑石一雄、暹羅拳手姆當、俄國拳擊手基洛夫、相撲大關大錦右衛門四名高手，絕非泛泛之輩。

西本願寺前的比武失敗，已經動搖了在滬日僑的士氣，若在大世界遊樂場當著全上海民眾的面再遭失敗，定會出現令人難以預測的結果。一向行事沉穩的內田竟做出如此兒戲之舉，所有人都無法理解。

儘管內田已被降職，但在交接工作期間，他依舊是黑龍會華東區最高領導。黑龍會七武士中除了尚在東北的兩位，包括九鬼在內的五人相約內田府邸，下跪請求他取消比武。

內田堅守自己的人生信念——武士絕不背棄承諾。

他對跪倒的五人大聲訓斥：「身為武士，你們竟如此懦弱！日本有勇氣與中國開戰，以少擊多，展現出了大和魂。我與中國武人一對一堂堂正正比武，你們卻因害怕失敗而集體阻撓，簡直玷污了武士道！」

九鬼直言：「少主！這樣的公開比武毫無意義！日本打敗沙俄，被公認為亞洲最強。少主贏了支那人是理所當然，但萬一輸了，必將影響士氣！」

內田臉色一變，瞪眼呵斥：「荒謬！武士決鬥，怎能只為這些虛名功利？勇氣和刀劍一樣，是武士須臾不能離身之

物。武士為武道而生，接受挑戰是為求道！」

青木朗聲說：「少主位高權重，跟支那人賭命比武有失身分。若一定要比，不如讓我代為出戰。」

青木是黑龍會七武士中公認實力最強者，此言一出，大家紛紛應和。

內田眉頭一皺：「你們認為我贏不了？」

武士們集體沉默，但每個人的腦袋都低了幾分。

青木率先抬起頭，雙目炯炯直視內田：「對方僅一擊就打暈了相撲力士，面對這樣的強敵，誰也不能保證百分百獲勝吧？」

「沒有哪次作戰是必勝的。如火般燃盡一切的氣勢才是武士之魂！若日軍僅因一場比武的勝敗就影響士氣，失去正面對決的勇氣，日本也沒資格跟中國開戰！」

九鬼急忙喝道：「少主！請注意您的措辭！」

「好，既然你們要阻攔我，就到演武道場上來試一試吧！只要有一人能贏我，我就取消比武！」

青木一臉不可置信：「您要一人對我們五人？」

內田神色嚴肅：「不錯，我跟你們打車輪戰。既然大家都是武士，那就用力量來否定我的決定吧。」

五人互相對視，皆面露喜色，青木一低頭：「那就得罪了！」

演武道場上，首先出戰的是鈴木雄。

鈴木一臉橫肉，身高一米七五，體重八十公斤，皮糙肉厚，幹起架來猛打猛衝，綽號「北國裝甲車」。

比賽開始，還沒等鈴木出拳，內田突然就地一個翻滾，雙手抓住了鈴木腳踝，將他拖倒在地。鈴木剛想掙扎，內田

雙手已扣死其腳踝，挺胸扭肘一旋，只聽「啪」的一聲輕響，鈴木雄雙目突起，半秒之後發出殺豬般的慘叫。

青木克己神色一驚。他聽出剛才的輕響是肌腱斷裂之聲。

內田鬆開手，鈴木的足部韌帶已斷，抱著腳踝在場上打滾，額頭上滲出豆大的汗珠，慘狀令人心驚。

九鬼一臉驚詫：「難道是柔術？」

青木點點頭：「天神真揚流柔術。」

日本柔術的名稱源於《道德經》，強調以柔克剛，借力打力。借力打力用在政治中便是「拿來主義」，譬如明治維新學習西洋先進科技，實現社會改革。內田不斷吸收各派武術精髓，也是柔術借力思維的體現。

嘉納治五郎創立的柔道脫胎於起倒流柔術的投技和天神真揚流的寢技。為了面向大眾推廣，經過權衡，柔道強調投技，弱化了傷害性更強的寢技。內田以殺敵為宗旨，反其道而行，將古柔術的寢技磨煉到了極致。

折斷鈴木腳踝後，內田看向眾人，目光冰冷，彷彿一隻尋找獵物的隼。

九鬼想起身迎戰，卻被青木按住。青木使了個眼色，松井站起上場。

松井習練過那霸手，拳腿堅硬。見過鈴木的慘狀後，他壓低重心，臀部後移，時刻提防內田的腳踝鎖。

內田見對方有了防摔之意，主動出拳進攻，變摔為打。

此舉勾起了松井的鬥心，松井抵擋來拳後出右拳反擊，內田側身閃避，一手搭住他的右手，一手扣住他的脖子，忽然借力躍起，兩腿瞬間架上他的頸部和胸部，夾住他的右

臂，整個人「倒懸」在松井身上。松井支撐不住一個人的重量，摔倒在地。內田雙手壓住松井右腕，用力向上一挺胯，松井慘叫聲起。內田這招「飛身腕挫十字固」輕鬆折斷了松井的右手。

青木的臉色越來越難看。

佐佐木坐不住了，一躍而起。他曾練過柔道，對自己的投技很有信心，衝上去想跟內田比摔法。

佐佐木前衝時，內田以左低回蹴踢中他的腳踝，佐佐木重心不穩，險些摔倒。

內田左腳順勢落地奪位，帶著前衝之勢，右掌手刀砍在佐佐木頸側，一招將他打倒。

下踢上打，進步出招，內田模仿了朱科祿所用的心意六合拳招式。

佐佐木被擊暈後，九鬼大喝一聲上場。今日之前，他是七武士中唯一曾與內田交過手的。

上次內田避實擊虛，打了他一個措手不及，這次九鬼英二吸取教訓，擺好架式，出手謹慎。

內田卻一反常態，主動衝上前，打出一記龍頭拳。

龍頭拳不同於正常的拳姿，而是中指指峰異常突出，形如凸起的龍嘴，主要擊打喉結、人中、太陽穴等要害，陰險狠毒。

九鬼不敢硬接，向後避退，殊不知這一拳只是虛晃，內田一低頭，順著衝勢往下撲，抱住九鬼之腿將他摔倒。九鬼以手撐地，想重新站起，內田絲毫不給他起身的機會，靈猴般鑽到他背後，雙腳纏腰，左手鎖喉，與右手相扣，完成一個「裸絞」。

九鬼只覺如同被蟒蛇死死纏住，喉嚨被壓得生疼，頭暈腦脹，眼前發黑，不多時就失去了意識。

直到五人中最強的「柔術麒麟兒」青木認輸，內田一滴汗都沒有出。

黑龍會內部勸諫就此失敗。

另一邊，于升悟得龍鳳意後，潛心修習。

人最快的反應由感覺觸發，譬如手碰到火會本能地在瞬間縮回，不用大腦思考。龍鳳意將拳法機能變成身體感覺，領會了意，技術就有了靈魂。

于升以龍騰鳳舞為意，修正自己的動作。他周身肌肉神經呼應，整體牽掛，一動無有不動，勢如龍騰；藉著骨力，一出手如龍牙鳳喙，力透骨髓；氣勢活而不散，身手互動，如鳳展翼，彷彿貼地也能振翅俯衝，行動自由不羈。

陳天正一句「比武要奪勢」，為于升點明了活人劍戰法的關鍵。殺人刀是險中求勝，活人劍則要主動控制對手。

「奪勢」就是控制節奏，始終用自己的「勢」去逼對方，總結為三個字，即打、控、逼。

既然不知道對手有什麼秘招，那就不給他任何出手的機會。

心念一定，于升眼中再無迷惘，著重磨煉奪勢打法：遠距離失重啟動，以身法搶攻；中距離凌空勁借力突進；近距離用拖泥帶水打法，直刺弧砍、橫抹豎拽，寧錯莫停，一有機會就以六合之拳摧枯拉朽。

這一套戰法主動奪勢，見力打力，如龍擰絞翻浪，似鳳飛騰衝撞，將龍鳳意機能發揮到極致。

比武，對武人來說是決生死，但對民眾來說就是看熱

望山篇

鬧，商人更是把比武看成一筆生意。

距離比武之日還剩三天，大世界遊樂場裡貼出中日比武告示，借此吸引更多遊客，還有商販編了打油詩，小孩子們爭相傳頌。

武林高手敢爭先，大世界裡舞鐵拳。
倭寇腦袋被夯扁，誰叫他皮癢犯賤。

正當大家對比武翹首以盼時，法租界公董局卻突然宣佈禁令，不許公開比武。馬浪路慘案過去不久，公董局對法租界的安定十分重視，擔心比武影響社會風氣，煽動民眾情緒。

事實上，不僅僅是公董局，無論是日方還是國民政府，都不願看到這場比武發生。日本懷著狼子野心不斷尋釁滋事，中國民眾心懷怨氣，中日比武無論誰勝誰負，都會刺激上海民眾的仇日情緒。

國民政府擔心日方以此製造爭端，此前讓杜月笙安排私下比武，就是為了避免擦槍走火，在大世界公開比武，簡直就像在軍火庫裡放炮仗。

儘管內田佑已經被撤職，但他畢竟不是普通的浪人，若是輸了，對黑龍會、軍部甚至在滬日僑都會有心理上的打擊。內田雖以一己之力壓住了黑龍會內部的反對聲音，但日本軍部還是出面向公董局提出了請求。

大世界遊樂場剛貼上去不久的告示被撕下，上海民眾都覺得這是日本人害怕中國武術而特意使詐。當年跟霍元甲約戰的俄國力士臨陣脫逃，玩的也是這套把戲。

市民雖無緣看到比武，但既然日本人畏戰，那就說明中國武術更強，他們心理上享受到了勝利的快感，很快將此事拋到腦後。

但于升沒有因為一紙禁令而輕言放棄，武人一諾千金。

他準備去找內田商量改換比武地點，可是剛到虹口，就被一輛熟悉的黑色雪佛蘭攔住了去路。于升認得這是杜月笙的車。

帶著白手套的司機下車，打開後排車門，一抬手：「杜先生有請。」

于升看到車內坐著的杜月笙，心中疑惑。平日都是顧嘉棠出面找他，今天杜月笙親自登場，看來事情不小。

于升不動聲色，上車落座。車子緩緩開動。

于升試探道：「杜先生，有事的話，喊人通知一聲就行，何必親自來？」

杜月笙皮笑肉不笑：「你從康壽里搬出，我還以為是手下招待不周，原來是要給大家出道難題。」

「杜先生何出此言？」

「公開比武的事情鬧得滿城風雨，人人都在念叨。我之前煞費苦心地搞閉門比武，豈不是成了玩笑？」

「這次公開比武是日本人發起的，我若避戰，只怕有損中華武林聲譽。此戰在下決心已定，還請杜先生包涵。」

「于師傅這話說的，一點餘地都不留。」杜月笙半開玩笑半認真地說。

「我跟人有言在先，君子一言，駟馬難追。」于升映在車窗上的神情堅決。

杜月笙眼睛如彌勒佛般眯成一條線，哈哈大笑：「果

然，有真本事的人有真性情。現在公開比武被禁，我猜你依舊不會死心。放心吧，我今天是來幫你的。」

「于某率性而為，怎敢勞煩杜先生？」于升表面客氣，心中懷著一份警惕，他可不想再平白欠青幫人情。

「公開比武不是你的風格。我猜，這不知死活的事八成是王亞樵的提議。你因為幫我惹了他，我不能坐視不管。中日比武的事情因我而起，我這個人，做事從不虎頭蛇尾。」

明白人面前不說糊塗話，于升無意隱瞞：「這件事確實跟九爺有關，我搬出康壽里，也是不想給青幫惹麻煩。」

杜月笙臉上閃過一絲不屑：「呵呵，你當我真的怕王亞樵嗎？老話說窮凶極惡，斧頭幫這些赤佬一窮到底，自然也就惡到底，我們這些體面人不跟他們一般見識。我辛辛苦苦張羅，把法租界弄成一桌豐盛酒席，大家有吃有喝。斧頭幫沒本事吃肉，就想掀桌子讓大家都吃不成，還裝什麼狗屁俠士。王亞樵這麼不懂規矩，自然有人送他見閻王，我只是不想髒了自己的手。」

于升無意捲入王亞樵和杜月笙間的恩怨，於是把話題轉回比武上：「比武之事，杜先生是打算說服公董局？」

「禁止比武不只是公董局的意思，日本人和國民政府都反對。不過嘛，我可以提供比武場地，讓這場比武照常進行，只是觀戰的人數必須限制。」

限制了觀戰人數，公開比武的效果必定打折扣。見于升猶豫，杜月笙解釋道：「我們要把事做成，但也不好得罪各方。法租界無非是怕鬧出民亂，日本人怕輸了影響士氣，國民政府不想給人留鬧事的把柄。既然大家都不想弄成公共事件，那麼就以閉門比武的形式來做一次公開比武。」

「此話怎講？」

「這次比武，我可以安排在一家工廠內。圍觀者可有百人，廠門一關，不算公開鬧事，追究起來，至多是廠內糾紛。至於比武的結果，那麼多人在場看，自然能傳播出去。如此一來，雖不如在大世界比武那麼轟轟烈烈，但將比武勝負公開的目的，還是可以達到的。」

聽完這番話，于升覺得可以接受，但這事需要徵得內田同意。

杜月笙像是看出了他的心思：「我已經問過內田了，他很爽快就同意了。」

于升聽說內田無異議，不由鬆了一口氣，拱手行禮：「多謝杜先生。」

「不用謝我，這件事我只當不知情，就算是工廠老闆的建議。車子馬上會繞回四馬路，你可以在路口下車。預祝于師傅比武大勝。」

于升下車，目送杜月笙逐漸遠去。直到汽車成為一個豆大的黑點，他才轉身走去。

9月的風已有一絲涼意。緋紅色的餘暉散盡，街角的荒草地上指肚大小的藍色野花綻放，大叢的狗尾巴草結出草籽，垂著頭隨風輕舞，帶著一分孤意。

第三十三章
青龍‧血修羅

9月4日，陰天。

暴雨遲遲未下，空氣沉悶，微風中隱隱帶著土腥味。

早上九點，顧嘉棠帶著長腳、鐵頭等一行二十五人來到閘北民生光華絲織廠。

這裡是于升與內田佑的比武場。

比武地點由杜先生安排，青幫自然要負擔起安全工作。

杜月笙主動參與這事，並非像他表面說的那麼簡單。此舉是受託幫國民政府解決麻煩。若只是禁止在大世界遊樂場比武，肯定阻止不了這兩人死鬥，沒準兒會鬧出更大的亂子。堵水不如治水，因勢利導才是上策。

相對在大世界遊樂場公開比武，廠內比武的影響容易控制得多。不過比武終究是生死之事，內田身分特殊，背後勢力複雜，產生的連鎖反應難以預料，所以杜月笙不願直接出面，只將工廠老闆推至台前，一旦出了問題，也能推脫乾淨。

杜先生吩咐的事，絲織廠老闆自然不敢怠慢，提前令工人在廠房前清理出一塊長十米、寬八米的空地，連黃土上的雜草和碎石也都清理乾淨了。為了保證比武不被干擾，全體工人放假一天。因此擺滿笨重紡機的偌大廠區空無一人。

這次到場觀戰的除青幫外，還有商會老闆、三井洋行股東、斧頭幫、黑龍會和日本軍部代表。顧嘉棠派人檢查廠房

四周，確保沒有武器和雜人藏匿。

正式比武時間安排在上午十點。

九點四十分，于升帶著林熙來到門口。為防日本人賽前暗算，宣智民以及八個斧頭幫成員作為保鏢，與二人同行而來。

廠門前，長腳帶著鐵頭等人搜身檢查，防止有人攜帶危險武器進入廠區。

于升搬離康壽里已有半個月，長腳見了他頗為興奮：「于大哥，別手軟，錘死東洋瘻三！兄弟們等著喝大哥的慶功酒呢！」

于升淺笑了下點點頭，帶著林熙一同進入。

宣智民剛想往裡走，卻被鐵頭伸手給攔了下來。宣智民斜眼看向鐵頭，目露凶光。鐵頭下巴緊繃，昂著腦袋，寸步不讓。

長腳見雙方苗頭不對，忙上前賠笑解釋：「宣大哥，比武有比武的規矩。武器說什麼也不能帶進去，都是江湖朋友，理解一下，幫個忙嘛。」

前一陣青幫跟斧頭幫死鬥，長腳差點丟了小命，現在卻一口一個「大哥」「朋友」叫得親熱。拿得起放得下，能屈能伸才是江湖人。

伸手不打笑臉人，宣智民不願讓日本人看笑話，便主動掏出掌心雷，冷冷關照了一句：「要是丟了，當心你的腦袋。」

長腳滿口答應，笑嘻嘻接過槍放到門外的籃子裡，這些收繳下來的武器由專人保管。

斧頭幫成員見大哥都交槍了，紛紛拔出身後的短斧，扔

進籃中。

九點四十五分，上海總商會和寧波商會的十五名代表到場，緊隨其後的是三井洋行的三名股東以及日本軍部的三名代表。

九點五十分，內田佑和黑龍會一眾十二人到場。鐵頭收繳了江戶川直樹的雞腿撸子以及九鬼英二的一把肋差短刀。

九點五十五分，一名當地小有名氣的懷幫藥商入場，他身邊跟著個身材高挑的年輕保鏢，正是陳天正。

公開比武被禁止後，陳天正得知比武地點更改，只有部分商會人士受邀觀戰，便透過香堂關係，找到曾受紅槍會庇護的懷幫藥商幫忙。

陳天正是紅槍會的刑堂西閣，藥商自然要給面子，允諾帶他一同進入比武場。假如于升今日戰死，陳天正也必須親眼確認。

十點整，長腳和鐵頭關閉廠門，留下青幫兄弟看守，兩人回廠內觀戰。

土場周圍擺了二十餘張凳子，供商會與日本駐軍代表坐著觀戰。青幫、斧頭幫和黑龍會的人站在外圍，陳天正擠在他們當中。

于升與內田分別位於黃土賽場兩旁。

內田身穿罕見的黑色道服，結跏趺坐，脊背挺直，閉目凝神，右掌上仰置於左掌上，兩手拇指尖相接，雙手懸空，這是釋迦牟尼頓悟時的「大日定印」。

為了這一戰，內田從三天前開始斷念禁語，集中精神，將神經敏銳性催至極限，只求今日在賽場上爆發。

「木守」江戶川守在內田身側。

于升身著藏青色短打服，一身白旗袍的林熙站他身邊。

林熙第一次來到比武場合，眼眸中帶著些許緊張，這般柔情綽態，在現場十分顯眼。

江戶川被這位白衣美女吸引，直勾勾盯著林熙，眼神迸發出邪火。林熙不敢與他對視，斜低下頭來。

比武時刻已到，一身黑衣的內田睜開眼睛，目含殺機，一改昔日的沉穩，原本端正的面目變得猙獰凶暴，顯出惡鬼之相。

于升垂手而立，整個人蘊含一股莫名活力，體內力量升騰。

這場賭命比武不設拳證，也不會有人喊「開始」或者「結束」。一旦走上黃土，便只有一人可以站著走下來。

內田大步走上賽場，眼中殺意騰騰。

于升看了一眼林熙，朝她點點頭，隨後也走上比武場。兩人體格相仿，相距八步。

內田打量于升，見他身姿蘊含活力，嘴角上翹，神色邪魅：「哎呀呀，實在驚人！短短半個月不見，你又變了，我錯以為眼前是一條大青龍呢。」

于升冷面冷言：「你也露出了原貌，看來體內的惡鬼已經覺醒了。」

內田瞄了一眼于升身後的林熙：「于升君，沒想到你會帶這女人來這裡。等我殺了你，就把她當作戰利品，好好疼惜！」

內田突然出言不遜，只為擾亂于升心境，用行動貫徹「一切是劍」的武道理念。

聽到威脅之語，林熙覺得背脊升起一股寒意，但她依舊

鼓足勇氣直視內田。

若于升是青龍，林熙便是龍之逆鱗。觸逆鱗者，殺之！于升眉宇間迸發出殺意，目光如電，脖頸青筋暴起。

內田在于升情緒波動的瞬間，陡然蹬地發力，飛矢般躍向于升，準備揮出龍頭拳，一擊將他逼退。

人在後退時，重心不穩，最容易被撲倒，內田預想在于升後撤的瞬間，一口氣將戰局拖至地面。

不想今日于升改以奪勢打法，不僅不退，反以極速步衝出，彷彿貼地飛行，從斜下方突進迎擊。

于升以龍鳳意運身，騰筋拔骨，身法飛快，角度刁鑽，剎那間，虎趾掌已到內田身下。于升一腳斜踏，借力出掌。這掌集內三合之力，勁力剛猛，內田在空中無法浮身卸力，只得屈臂硬擋。

「啪！」

內田被撞得斜飛出去，如斷線風箏般摔落。

場邊觀戰者發出一片驚呼，中國人欣喜雀躍，黑龍會眾人急得直瞪眼。

內田率先出手，卻棋差一招，他立刻明白，眼前的于升與此前所見之人已然不同。

昔日，于升打贏姆當是後發制人，戰勝基洛夫是出奇制勝，擊倒大錦右衛門是避實擊虛，但今天的于升不避不閃，正面強攻，剛才一擊先貼地俯衝，忽又升騰迎擊，從低點到空中，立體打法如翻江狂龍，打了內田一個措手不及。

內田右臂被震得發麻，馬上投入戰鬥的話，只怕有損戰鬥力，所以他沒有立刻起身，而是繼續仰面躺在地上，抬起雙腳，屈膝對著于升。這種古怪的姿勢，是古柔術的地面防

禦式，既可蹬擊，也可纏住對手。

面對躺在地上不起的內田，于升一時不知如何下手。

受儒家文化影響，中國武者比武大多點到為止，對方倒地便失了顏面，占上風者很少會撲倒追殺。在冷兵器或群戰中，倒地纏鬥更加罕見。于升對寢技十分陌生，見對方的防禦姿勢詭異，不敢輕易追擊。

內田捏了下右拳，確認恢復了力氣，這才以左手前伸掩護，身子往前一縮，重新站起，大喝一聲：「再來！」

在內田起身的一瞬間，于升借凌空勁前撲，右拳裏挾著殺氣擊向他頭部。

與于升比武的內田佑

望山篇

　　經過剛才的交鋒，內田已熟悉了于升的速度，在他進身的剎那，猛然後仰，以倒地姿態閃避，于升的拳頭從內田的臉上方掠過。在避開重拳的同時，內田一把拽住于升背部衣服，彷彿拖人下地獄的惡鬼。兩人同時下墜。

　　于升猝不及防，被這個借力投技拽倒。

　　內田拉倒對手後，立刻一個側翻，雙腿盤住于升側腰，黑猿攀樹般繞到于升的背後，此招稱「拿背」。

　　內田想再次施展絞暈九鬼英二的裸絞。

　　于升雖不懂寢技，但身體反應迅如驚龍，在內田左手即將卡進脖子的瞬間，本能地收起下巴，死死護住喉部，令裸絞無法成型。于升防守中抓住對方手臂往外撕扯，兩人貼身較力。

　　內田臂膀上的筋脈凸起，形如細密枯藤。于升肌肉收緊，似絞緊的鋼筋，線條分明，有鑄鐵般的質感。

　　于升抓住內田手臂之後晃身借勁，勢如猛龍翻浪，內田感覺纏得吃力，不僅鎖不住于升喉嚨，雙腿也無法完全控制于升的腰部，為避免被反壓，索性主動鬆手撤開。

　　一番纏鬥之後，兩人重新站立對峙。

　　在場的中國人都沒見識過寢技，看內田施展怪招，差點在地面上鎖住于升咽喉，頓時氣氛凝重。

　　林熙咬著下嘴唇，緊張萬分。

　　這場比武的核心，是爭奪立體空間。

　　于升身法和力量占優，想在站立狀態下決勝負；內田有柔術絕招，只要進入地面纏鬥，勝利的天平就會向他傾斜。

　　為了減少對手抓握的把位，于升扯下上衣，赤裸上身，露出倒三角的肌肉體格，筋努骨突的身材充滿力量感。

內田皺了皺眉，沒了抓握把位，他所掌握的柔術投技等於被封印了一半。

還沒等內田出手，于升身形一閃，右拳再次直擊對手面門。奪勢戰術的核心是搶攻，進攻就是最好的防守，于升不想給對方喘息的機會。

內田抬臂格擋，但于升的拳頭卻不走直線，而是刮鱗般往上刮蹭，藉著摩擦力蹭開內田的防禦臂，順勢抬腕屈臂，右肘尖突起，切入空隙，頂中內田的面門。這一手名為「龍抬頭」。

內田在被擊中的瞬間，如被火燒身，立刻浮身後跳，化解後續連招。他的反應不可謂不快，可是即便如此，于升那一肘仍將他口腔撞破。

內田退開四步，臉上的肌肉因暴怒而扭曲，他隨即做了一個令所有人都震驚的舉動——將鮮血噴在手掌上，往臉上一抹，以「血面」示人。

滿臉赤血令內田五官更加猙獰，眉眼間散發出詭異邪氣，彷彿是用鮮血召喚的修羅。

內田露出被血水染紅的牙，發出 人冷笑：「血好甜啊，讓我也嘗嘗你的血吧。」

此等瘋狂之舉令人不寒而慄，于升慎重觀察「變臉」後的敵手，進攻節奏隨之放緩。內田的心理戰術再次起效。

于升攻勢一緩，內田重新掌握主動權，大步前衝，蹬地躍起，在空中一個前翻滾，右腳跟從上往下劈向于升天靈蓋。這招「捨身踢」動作大開大合，被于升輕易閃過。

如此的進攻近乎癲狂，很難打中對手。內田只是以此吸引于升注意力，只見他下落後就地一滾，眨眼之間，雙手就

已鎖住于升左腳踝。

于升沒想到對方還有後手，腳踝被內田牢牢抓住，趕緊用出「來留去送」之法，順著內田的勁往下一墜，左膝狠狠砸在內田側腰，令內田抓住他腳踝的手一鬆。須臾間，于升一招「白馬捲蹄」抽胯拔腳，成功擺脫了內田的腳踝鎖。

儘管從險境中逃脫，但于升在壓膝時增加了被鎖腳踝的受力，若非于升肌腱強韌，韌帶恐怕早被撐斷。

于升額頭滲出細小的汗珠，試著動了下腳踝，果然所傷不輕。

內田見寢技屢次被破解，面露憤激之色，以低沉如悶雷的聲音嘀咕道：「脖子也不行，腳踝也不行，看來要鎖住一條龍，果真不容易啊。」

內田深吸一口氣，重新擺出正拳架式，眼中殺機驟然濃烈，下定決心般大喝：「到頭來，武士還是要站著決生死啊！」

似乎是呼應內田的這份雄心，于升身上燃起烈焰般鬥氣。

于升的腳踝只能再承受一次發力，勝敗在此一舉。

雙方在對峙中調整著呼吸，為最後一擊積蓄力量，周圍的觀眾皆屏息凝視。

這一戰事關生死，內田做了充分準備。若寢技無法制服對手，他斷定于升會在站立對決中使出六合之拳，那一擊的速度、距離和線路他已深深刻在腦海中。內田已經有了對策，只等于升踏入陷阱。

果然，于升秉承搶攻理念，主動出擊，衝向內田。

內田佇立原地，死死盯著于升越來越近的身影，計算著

距離。

電光火石間，兩人同時出手，于升揮出右拳，內田則以左手三指突刺于升眼睛。

內田這招名為「三貫手」，以中指順著敵人鼻梁上滑，其餘二指便會順勢刺入眼眶，是他在街頭黑稽古中學到的秘招。

于升的六合之拳講究距離和發力點，內田以指突刺，攻擊距離比拳頭長出數公分。

若勇士迎面以長槍對刺，槍長者必先得手，這招不僅破壞了六合之拳，還能以逸待勞給對手致命一擊。

但是，于升以龍鳳意運身，反應速度超乎內田的計算，就當內田突刺的手指即將順勢插入于升眼眶的瞬間，于升猝然低頭，以額頭硬突破解內田的三貫手。猛烈撞擊下，內田三指皆斷，指關節扭曲形變。

于升餘勢不減，額頭繼續前頂，一腳踏入中門，到達外三合的最佳距離。十分之一秒後，于升拳頭中注滿勢能，帶著凜列殺機，不偏不倚砸在內田下巴上。

這一拳內含六合之力，周身同勢共振。

巨大的衝擊令內田顱內組織劇烈晃動，柔軟的大腦撞向顱壁。一時間，時間彷彿被凝凍。

內田只覺得足底捲過一道寒風，地面忽然翹起，朝自己的臉頰撞上來，接著天空被蒙上一層黑布。

一場死鬥，就此分出勝負。

第三十四章
涼風・無根樹

9月5日凌晨，暴雨終於來臨。

雲層深處萬炮齊鳴，霹靂如劍氣劃過天際。狂風怒吼，似乎要將一切捲入高空；大雨滂沱，又像要把一切砸進泥土。

自然的暴力撼天震地，遠超人類。

暴風雨下，滬上百姓淡然處之。面對無法抵禦的力量，人們總是習慣聽天由命。

清晨，暴雨停歇，上海灘每個角落都被風雨清洗過。

陽光穿過雲層，照耀黃浦江。一群灰色的鴿子在雲邊盤旋。

中國武師在絲織廠一拳打死日本武士的消息飛箭般在市井間口耳相傳。

這說法並不真切，內田佑當時僅僅是被打暈而已。但無人出面闢謠，因為內田確實因此而死。

當日，內田敗北，三井洋行股東和日本軍部代表憤而離席。九鬼英二背起內田撤離，江戶川臨走前狠狠瞪了一眼于升，用中文說：「今日的屈辱，必將百倍奉還。」

林熙有些擔心，緊緊挽住于升的手臂。

雖然斧頭幫已經跟青幫談和，但雙方畢竟曾有過血戰，面和心不和。宣智民不願在青幫的場子久留，比武有了圓滿的結果，接下來就該安排人手把比武結果傳播出去。他向于

升道喜後，帶領斧頭幫一眾離去。

顧嘉棠前後張羅，在望江樓擺了三桌慶功宴，商會代表也一同賀喜，青幫上下一派歡欣鼓舞。于升在商會面前力挫日本人，反倒給了顧嘉棠一個啟發。既然無法拉于升入青幫，那不如資助他開間武館，同樣可以借他的武林名望提升自己的江湖地位。出於這份私心，顧嘉棠在酒席上一口一個老弟，顯得極為親密。

另一邊，內田在返回虹口的車子上醒了過來。

因為腦震盪的影響，他一時忘記了比武的過程。得知自己敗北後，內田閉眼沉默了約一刻鐘，睜開眼後吐出一句：「既敗北，當以命謝罪。」

回到宅邸，內田沐浴更衣。

九鬼英二、青木克己等人惴惴不安。

內田換了一身白衣，來到大廳跪坐。

九鬼開口勸誡：「比武雖敗，但中國武師懦弱，未下殺手。少主應珍惜生命，擇日與他再戰！」

江戶川坐在一旁，目光冰冷，一言不發。九鬼瞪了江戶川一眼，示意讓他也參與勸說，但江戶川無動於衷。

內田面色平靜，淡淡一笑：「生為武士，當七生報國。我們遠離故土來到中國，一生懸命，肩負著天皇的信任和歷史的使命。如果我活著，黑龍會將淪為笑柄。」

這話一出，眾人低頭不語。

「黑龍會的工作我已有安排。血月行動事關大日本帝國的未來，黑龍會若能抓住機會，促使聖戰在最佳時機爆發，諸位都將是大和民族的英雄！我無私產，沒什麼可以留給各位。只有一把櫻正宗寶刀。江戶川，這把刀就贈予你，也請

你手握此刀，做我的介錯。」（「介錯」的任務是在武士切腹時一刀砍下他的頭顱，減少切腹者的苦痛。）

「遵命。」江戶川的聲音冷酷得如同劊子手。

見在場各位愁眉不展，內田提高了音調：「我對本次比武毫不後悔！與其回到日本，我寧願在這裡戰死，這是武士之幸，我死而無憾！」

九鬼英二忿忿不平：「支那人得意不了多久，皇軍一旦開火，三個月內就能滅亡中國。」

「千萬不能小瞧敵人！這片廣袤大地，存在著我們還不瞭解的力量。過於輕敵，會付出高昂代價。我的失敗就是教訓。萬一戰敗，只怕中國會成為日本的『介錯』！」

一番訓誡之後，內田忽然安靜下來，雙目清澈，毫無悲傷之意，或許是室內光線昏暗的緣故，他臉部輪廓朦朧柔和，與比武時的惡鬼相判若兩人。

「千年前的平安時代，日本受中國影響，推崇梅花。梅花枯萎於枝頭，最後一刻呈現醜陋之態。在中國審美中，枯梅被認為是美學至高，這等文弱病態，不符合大和民族的秉性，所以日本改櫻花為國花，櫻花在最鮮豔時落下，飄入溪流，步入永恆。武士當如櫻花。」

聽聞內田這番死前之言，眾人都眼含悲壯。傍晚，天色陰沉，暴雨欲來，空氣格外沉悶。

一身白衣的內田端坐於庭院內，正對白沙褐石的枯山水，神色從容。

一沙一世界，一石一如來，人生萬世，似乎都在這片枯寂的沙石山水之中。

江戶川手持櫻正宗立在他的身後。

內田身旁放著一把切腹用的小太刀，刀刃閃著寒光。

他目視陰沉沉的天空，自言自語：「當年千利休被賜死時，電閃雷鳴，暴雨傾盆。他在雨中做偈語遺言：『人生七十只一喝，祖佛共殺無苦樂，如意劍刀向天拋，心無罣礙真快活。』這般豪氣快意，令人羨慕啊！可惜，我終究沒有等來屬於我的暴雨。好想看到漫天的炮火和最終的勝利啊！人生呀，總是充滿遺憾。」

語畢，內田輕聲哼唱起京都和歌：

祇園精舍鐘聲響，訴說世事本無常。
娑羅雙樹花失色，盛者必衰顯滄桑。
驕奢淫逸不長久，恰如春夜夢一場。
強梁霸道終敗亡，好似風中塵土揚。

伴隨著歌聲，內田佑彷彿看到了富士山頂的皚皚白雪和飄落的櫻花。

京都和歌的尾音剛落，一眨眼，太刀已經深深插入腹部，噴出血霧，內田動作乾淨俐落。

內田肩背微微顫抖，額頭滲出冷汗，但手上動作不停，刀刃緩緩移動，橫著切開肚皮，白衣被染紅，血流進白沙，令枯山水多了一抹殷紅。

內田手上動作停止。

昏暗天空下，江戶川高舉櫻正宗，霜刃反光，好似一道閃電。

江戶川鼓足力氣，大叱一聲，對著內田的頸部揮去，揚起一陣劍風。

內田嘴角上翹，留下在世間的最後一句話。

「好涼風。」

內田佑自殺的消息在各界引起了不小的震動。

杜月笙聽聞消息時，正在書房臨摹《靈飛經》。得知內田之死，他一言不發，提筆寫下「棄子」兩字。

王亞樵聽說內田佑自殺，擊節讚歎，拉著宣智民和王千庭痛飲三杯。

國民政府的專員抽著菸，在昏黃的桌燈下趕著報告，落筆寫道：「黑龍會失去將才，日本浪人必不肯善罷甘休，譬如暴風雨前夕，各方務必慎之又慎。」

窗外，暴雨傾盆。

一夜風雨後，雲開見日明，陽光從雲層垂下。

朝霞金黃璀璨，陽光穿透雲層，照到外灘的花崗岩牆，也灑到暗長小巷，這是上海灘上唯一公平分配的東西。太陽不分貧富，宇宙不分階層。

客廳窗邊，宣智民坐在淡褐色的歐式沙發裡，喝著茶讀《申報》。公寓裝飾得頗為考究，鋪著帶棉線流蘇的地毯，床邊檯燈的燈罩擦得一塵不染，書桌上擺著美國安德伍德打字機和一支黃銅單筒望遠鏡。

這裡是西摩路公寓。

作為公共租界的高檔公寓，此處住戶大多是外國公司的華人職員。自從指揮了刺殺趙鐵橋的行動之後，宣智民就以書商的假身分租住在這裡。巡捕不會來高級公寓搞大型搜查，周圍沒有江湖人出沒，暗中眼線也少。

宣智民翻閱著手中的《申報》，讀完時政消息後，他暗暗皺眉。

蔣介石的部隊攻下濟南，反蔣聯軍頹勢已顯。遲遲不動的東北軍也即將參戰，從種種跡象判斷，張學良是站在蔣介石這一邊的。東北軍實力雄厚，一旦加入戰局，未來的反蔣行動必定難上加難。

早上讀報是宣智民每天的習慣，他除了是王亞樵的左膀右臂，還秘密為共產黨蒐集情報。

生在亂世，有人變得消極，恐懼時代變化，只想縮在一方小天地；有人變得激進，想縱身一躍，跳進歷史洪流，乘風破浪，擁有波瀾壯闊的人生。宣智民屬於後者。

宣智民本是南京的富農子弟，唸過私塾，練過武藝，是孫中山「三民主義」的忠實信徒。王亞樵揮動利斧尋求正義，宣智民被其鐵骨錚錚的氣度震撼，產生「大丈夫當如是」的想法，主動結識王亞樵，當起了殺手。但當手上沾滿鮮血後，他發現這世道不僅沒變好，還愈加墮落。「以武犯禁」雖有一時之快，卻難以名垂青史。宣智民想成為懲奸除惡的「俠士」，更想要做建功立業的「國士」。

恰在這時，宣智民接觸到了共產黨。

上海作為遠東第一大都市，既是連接世界的節點，也是思想傳播的重鎮。十月革命後，共產國際在世界各地推動共產主義運動。民國十年（1921年）7月23日，中國共產黨第一次全國代表大會在望志路106號召開，中國共產黨在上海法租界正式成立。隨著上海工商業崛起，滬上工人超過五十萬，占全國工人總數的四分之一。在這裡，馬克思主義與中國工人運動結合。

斧頭幫脫胎於安徽旅滬勞工總會，宣智民平日有機會與共產黨接觸。在目睹了一系列工人運動後，他被共產黨的理

念打動，堅信國民黨領導的只是「黨國」，而只有透過群眾運動，才能建立真正屬於人民的「民國」。宣智民積極勸說王亞樵跟共產黨合作，但王亞樵見過太多黨派之爭，對政黨心存懷疑，反過來勸宣智民遠離共產黨。

兩人為此有過一番激烈的爭論。

宣智民認為如果只靠死士搞暗殺，會白白浪費勞工總會的資源，屬捨本逐末。只有與共產黨合作，輔助工人運動，才能真正實現「反蔣」。王亞樵不同意，堅信只有憑藉武力才能「反蔣」，況且一旦參加群眾運動勢必要拋頭露面，而暗殺則要求極隱秘，兩者無法兼得。宣智民協助共產黨的態度堅決，王亞樵無奈之下，也只得尊重他的想法。

此番爭論後，王亞樵不僅沒疏遠宣智民，反而因他展現出來的見識和膽魄更加重用他。

正當宣智民思考東北軍參戰的後果時，一陣清脆的敲門聲將他拉回現實。

這裡是秘密據點，少有人知曉，莫非是巡捕摸上門？

宣智民放下報紙，打起十二分精神，將掌心雷握在手中，移步貼近門口。

「哪位？」

「小弟于升，特來拜訪。」

宣智民一愣，他曾將地址告知林熙，想必于升是從她那裡打聽到的。但直接找上秘密藏身處，這可不像于升平日作風。事不尋常，必有原因。宣智民收起槍，開門請于升進來。

宣智民見于升面色有異，顧不上寒暄，趕忙問：「于兄，出了什麼事？」

于升低頭拱手：「小弟冒昧登門，有一事相求。」

宣智民拍拍他的肩膀，爽朗說道：「你我兄弟，這麼說就見外了，有什麼我能幫上忙的儘管說。」

「我想請宣大哥繼續照顧林熙。」

事不難，但這個請求卻十分怪異，宣智民一臉疑惑：「好好的，怎麼說這話？」

「我兩天後有一場比武。」

「日本人又來找你麻煩？」

「跟日本人無關，是江湖恩怨，只是……」于升捲起左腿褲管，腳踝腫如發糕，這是被內田鎖踝技所傷。

看來內田果真如同惡鬼，死也要將于升一同拖向地獄。

宣智民也是練家子，知道廢掉一條腿，等於失去大半武功，這種情況下再去比武就是送死了。兄弟有難，豈能袖手旁觀？他一挑眉：「你跟日本人比武，也是幫我出氣，兄弟一場，這次就讓我來幫你解決麻煩吧。」

要論比武，宣智民的功夫差點火候，但要說殺人，他自認有這份能耐。

于升斬釘截鐵地拒絕：「不勞煩宣大哥。我跟人早有約定，武人不爽約。只是，我放心不下林熙。」

于升的擔心不無道理。

上天賜人美貌的同時也定下了宿命的代價。孟子說，惻隱之心人皆有之。但亂世恰恰相反，是殺戮掠奪之心人皆有之。林熙生得美，在盛世是福氣，可亂世之中，懷璧其罪，底層女子的美貌極易使其成為權貴和匪徒的目標。

「我一直把林熙當親妹妹，自會照顧，你放心。」

「有宣大哥這句話，兄弟就沒有後顧之憂了。」

宣智民突然想到一個問題：「林熙不知道這事吧。」

于升略一猶豫，才回答：「她不知道為好。」

宣智民長嘆了一口氣，他雖練過功夫，但並非關門弟子，對武人的世界不能完全理解。原以為武人馳騁江湖、豪氣萬丈，如今看來遠非他想像的那般瀟灑。

宣智民從櫃上取下一瓶法國酩悅香檳，打開瓶蓋。「砰」的一聲，氣泡帶著美酒之味沖出，在空氣中瀰漫。這酒原是留來慶功所用，宣智民俠性一起，覺得此時不能無酒，便跟于升一人一杯，一飲而盡，象徵一種生死相托的儀式。帶著二氧化碳的洋酒，不似黃酒綿柔，也不如白酒勁道，口感豐富，餘韻悠長。細膩的泡沫滑過喉嚨，酒精進入血液，任誰心底也生出一份豪氣。

「于兄，我認你這個兄弟。不如你教我一招，功夫練在身上，你我就有一世切不斷的聯繫。」

于升聽了這話，腦海中似乎又響起師父說過的「生死無常，唯獨武術不死」之語。

「武術本是結善緣之術，宣大哥想學什麼？」

「我練過八卦掌，可惜緣分淺，沒掛過簾子，想學一招掛簾子功夫。」

掛簾子功夫是指武術真傳，真傳難教是因為必須有進階的基礎，否則聽了拳訣，腦子理解了，身體也做不到，無法得門而入。

于升沉思一番後，眸光閃動，他已想到了一招。「宣大哥，我教你一招定位勁。」

「定位勁？」宣智民從未聽過這種說法，臉上帶著好奇。

只見于升一伸手，彷彿在空中拽住了什麼無形之物，借此拽力，身子被一把拉上前來。

宣智民見了，眼前一亮：「我認得這招，你對付內田時用過，宛若神技。」

「當技巧不被理解，就與魔法無異。這叫凌空勁，是定位勁的活用。西方拳術在看得見的地方用力，喜歡直來直去。東方的思維貴曲不貴直。在看不見的地方用力，才能以有形之力調動無形之勢，以虛禦實。」

聽聞此言，宣智民一臉期待。

「張三丰曾留下太極內丹秘傳《無根樹》，將人比作無根樹，世人只覺得這是個修仙比喻，其實暗藏武術秘密。樹木落地生根，中國武術講求『活根』。人看似無根，其實處處是根。」

「人也有根？」

「人是無根樹，定位即生根。武術中利用失重造勢，就是『拔根』，將身體重心掛在定位點上，就是『掛空』，以此生出『活根』，引領全身運動。」

見宣智民一臉迷惑，于升用食指頂住牆壁，以指尖為圓心，手腕在空中順時針畫了個圈。

「宣大哥請看，我們平時說的轉腕，其實是轉掌和手指，真正的手腕轉動，應該是固定指尖，以手腕畫圓圈。」

隨後于升將指尖移離牆壁，停在空中，指尖在空中紋絲不動，手腕繞指尖畫圈，這個古怪動作竟有一絲奇妙的舞蹈韻律。

「武術求『逆』。要練定位勁，需從最靈活的部位練起，越靈活越不容易定位。指尖固定就叫梢節定位，凌空做

這個動作便用到了定位勁。這是以指尖為根，宣大哥，你照著試試。」

宣智民以指尖虛空定位，感覺同時控制指尖不動和手腕畫圈十分費力，需四面用力極其均勻。

「這動作好難啊，一出力指尖就移動了。」

「凡世之所貴，必貴其難，武術因難見巧。我們初練拳時除了打木樁外，還會掛一布條來打，打布條不求力度，而求定位精準，出拳必須停在布條上，不能讓它飄浮移動，如同打一層薄冰，又不能讓冰破裂。這種訓練不是為了強化肌肉，而是控制動作精度。只有定得住，才能建立整體結構。」

宣智民有八卦掌的基礎，在于升的指導下，反覆練習，逐漸能完成小幅度的轉腕。

「指尖定位是定位勁的入門，學會轉腕後，需從肘、肩一一練下去，直到整個人能圍繞指尖做出旋轉騰挪動作。」于升一邊說，一邊展示各部分定位的聯動效果。宣智民看著他極為流暢地做出這些定位擰轉動作，一時目瞪口呆。

「定位點不僅可以是指尖，也可以是頭、肩、胯，甚至是上下前後。凌空勁便是在空中製造定點，好像空中有網，把重力掛上去。一旦做到周身各處皆可在虛空定位借力，便能『在空氣中游泳』。這個需花工夫，我也還未練到最後一層。」

當宣智民苦練定位勁時，林熙卻在風林居心神不寧。

昨日于升贏下內田，她懸著的心終於落下。但很快，她發現情況有些不對勁。慶功宴上，商會代表提出願資助于升開武館，弘揚中華國術，顧嘉棠大聲附和，鼎力支持。昔日

霍元甲成立精武體操會，就是獲得了藥商農勁蓀以及青幫大佬陳其美的支持，可惜霍元甲英年早逝，壯志未酬。如今商會和青幫願意支持于升開館，是天大的好事。可是于升卻反應平淡，既沒答應，也未反對，只敬了在座一杯酒，便託詞疲憊，早早帶著林熙離席。

林熙從小顛沛流離，心思極為敏感細膩。在她面前，于升刻意隱藏的不安如映鏡中。

下午，于升破天荒打聽起宣智民的住址，說是有事相商。于升或許有欺敵的本事，但他沒學會對女孩撒謊。

夜裡，林熙做了個惡夢。

時間回到新婚那夜，新郎猝死，林熙被人推倒在地，無數隻腳踩踏過來，她被打得無法喘息。等她再睜開眼時，雙手已被反綁，嘴裡被塞了麻布，絕望中，被扔上馬車。忽然天邊亮起一道光，繩子鬆開，回望去，解繩人正是于升。林熙激動地去牽于升的手，然而他卻像沙塵般被一陣風吹散，消失在眼前。

林熙驚醒，窗戶沒關好，有風吹入。

一場夢，一陣風。林熙心有餘悸，怕是不祥之兆。

為了不胡思亂想，林熙埋頭切菜煲湯。手忙了，心才能靜下來。于升這段時間一直在風林居吃飯，林熙像接受挑戰般，變著法子做出不同美食。今天她從菜場挑了紅花藕和豬骨煲湯。紅花藕切開有七孔，口感粉糯，與骨頭同煲，加蜜棗，做出來的湯味道鮮甜，香氣濃郁。

因為心不在焉，林熙切藕時不小心劃傷手指，疼得一顫。白皙的手指上血珠滲出，她趕忙吮入口中。

血雖止住，但心中不安尚在，不絕如縷。

第三十五章
靜安寺・鬥劍

　　林熙聰慧，于升怕比武之事瞞她不住，徒生事端，便閉關三日。

　　一入武門，便行在刀尖之上。

　　中國人有著獨特的生死文化。莊子說：「死生，命也，其有夜旦之常，天也。」有生就有死，有始就有終，黑夜讓白天有了意義，死讓生有了意義，生死本為一個整體。

　　死並不可怕，人不免一死，真正要克服的是怕死這件事。

　　自習武起，于升為迎接死亡，做了十年的準備。

　　他睡前會喝光杯中之水，將床前的鞋子擺正，如同出家人般，以迎死之心入眠。

　　一開始，死亡對他來說是神秘遙遠的存在，如一個虛無的黑洞，充滿未知與恐懼。但隨著修行的精進，死亡在于升的心中演化出鏡子般平靜的湖泊，安寂而清冷。

　　那一刻，于升對死亡的恐懼如霧氣被風吹散。

　　受傷勢的影響，于升已無法貫徹之前「奪勢」的剛猛打法。

　　源拳以拳理為母體，衍生出不同招法，除剛勁外，還有柔勁。

　　于升年輕，氣力充沛，一直對柔勁沒興趣。每當他無法完成拳法技術時，總是習慣性歸咎於自己力量不夠。

馬道貴多次糾正他這種認知：「不是力量不夠，是意識不對。靠力氣打人，只能以大欺小，如何以小博大？功力不是憑空想像出來的，人的力氣有限，即便一身是鐵，能打幾顆釘？武術不是發力的技術，是調動能量的藝術。調動能量需要結構，沒有穩定性的力量是無用的蠻力，破壞穩定的力量是害群之馬，一味關注力量就錯了方向。能量不會憑空出現，必須由結構調動轉化而來。功夫比的不是力量的積累，是質量的轉化。」

于升攢眉道：「所以技術比力量重要？」

馬道貴搖頭：「侷限於技術便會被技術所限制，侷限於力量就會被力量所限制，有捨才有得。以結構增勁，剛猛只是一個階段的目標，但不是終點，再往前便是求柔。」

「這麼說，柔是最終的目標？」

「非也。剛則過，柔不足。練武要由剛入柔，由柔入韌。唯有韌勁兼具剛柔特性。所謂百煉鋼化繞指柔，這個柔並不是軟，而是韌性。折不爛、拉不斷、滑如泥鰍、纏如鉛絲，只有這樣的韌勁，才真正稱得上剛柔並濟。」

中國武術對「韌勁」的開發，源自對身體結構的特殊理解。

西方靠解剖理解人體，將骨骼視作固體，血液視為液體，拋開體內百分之七十的水分，用槓桿機械力來簡化理解人體運動，因此西方格鬥技術最重視骨骼肌肉發展。但在武術理念中，人體不是機械槓桿，而是膠狀的彈性物體。血液密度大於水，蘊含多種物質，可視作半固體；骨骼堅固有韌性，內含流質骨髓，是半液態；氣是固態和液態之外的第三狀態，作為能量的載體，充斥於骨肉血液中。

　　「氣血論」將人體視為充滿能量的彈性膠質，因此中國武術與西方格鬥術相反，不重視肌肉體積，而注重利用人體結構張力，強調動作的鬆沉圓活和韌勁。

　　馬道貴以《莊子》中的「庖丁解牛」為例，解釋發揮巧勁、避實擊虛的方法。

　　「庖丁眼中無牛，只有『隙』，以無厚入有間，摒棄蠻力，不損刀刃。」

　　于升不明所以：「道理雖然精妙，可敵人會動，不會等著打上來啊。」

　　「要看透的不是敵人，而是整個戰局的『氣息』。」

　　「氣息？」

　　「人靠關節傳遞力量，切斷力的傳遞便能制服對手，所以有『三連六斷』之說。打鬥中存在運動軌跡與規律，如同流動的氣息，一旦看透，就能截斷敵人下一步行動。所謂『力不打拳，拳不打功，功不打巧，巧不打妙』，源拳師祖有妙手禪師之稱，這個『妙』就是庖丁解牛之『妙』。」

　　見于升不甚明瞭，馬道貴拿起桌上的擀麵杖扔給于升：「你攻過來試試。」

　　于升道了句「失禮」，右手以勢運杖，突刺直擊馬道貴。

　　馬道貴步走弧線，輕易閃過。

　　于升以杖為刀，轉身再劈，馬道貴一偏身子，右前臂畫了個圓弧迎向于升手腕。于升只覺得自己的攻勢像是被一股無形水流沖偏，攻勢被輕描淡寫化解。馬道貴順勢轉腕扣住他的右手，還沒等于升用力掙脫，馬道貴的左拳已經停在他的太陽穴旁。

「有何感想？」

「好像打在圓球上，攻擊一下便被滑開，自身卻處處有空隙。」

「這就是柔。以流動的方式控制對手，截斷他的攻擊，始終往他薄弱處流動，避正打斜，當對手露出破綻，則擊其背、衝其腰。整個過程，動作和重心如同流水，充分利用慣性和重力。摒棄剛勁就沒有了發力的僵硬，對高手來說，剎那的僵硬就是『隙』。若能如此，就能如庖丁解牛，以巧破拙。」

見于升還是一臉疑惑，馬道貴喊了聲「再來」。第二次交手他又輕易令于升的擀麵杖偏轉，這次他的動作幅度變得更小，若非仔細觀察，甚至難以察覺。

「武術先練開展，後練緊湊。一開始力發長遠，以求打開骨節，利用外部勢能。到柔勁階段，動作幅度要縮小，勁要往身子裡盤，直勁往圓轉曲折裡走，化為螺旋勁，鑽到筋膜肌腱中。」

當于升領悟龍鳳意後，他的剛勁已經練到極致，技術上像結了一層殼，看似圓滿，實際內部中空，必須打碎殼，才能進一步成長。

此刻于升腦海中浮現出馬道貴昔日所教內容，摒棄發力，將動作放慢，轉骨揉筋，節節螺旋，體會四肢重力像水一樣流動，反覆演練，直至充滿剛勁的肌肉變得如同活水。

放下對猛烈發勁的執念後，他的動作變得圓活無滯，定位勁也有了更多的用法。

隨著周身用力的均衡飽滿，于升對身體的掌控更加細緻，寸寸著力，彷彿能從肩、肘、胯各處伸出小手掌，抓住

空中鐵環，將體重掛上去，如提攜天地般，周身生出「活根」。

中國人理解的飛天不在外形，而在心法神意。西方天使飛天需要鴿子般的翅膀，而敦煌壁畫上的豐腴女子只要一個飄逸的姿勢就騰雲而起。

于升以「定位活根」運身，雖因腿傷無法大步移動，但一步之內身法迅捷，螺旋起伏，翻浪飄風，靈動似影。

在一個身如大蟒的擰轉之後，于升收了拳勢，臉上浮現一絲笑意。大概《逍遙遊》中「列子御風而行」的感覺，便是如此吧。

9月7日。

繁榮的滬西商業圈，洋樓大廈林立。銀行商鋪間坐落著一間寺廟，顯得十分突兀。

有軌電車從山門前經過時，給人一種海市蜃樓般的夢幻之感。這裡是靜安寺。

靜安寺創建於三國，上海開埠後，公共租界不斷擴張，修路徵用寺廟土地，周邊店鋪越開越多，原本幽靜的古寺被商街鬧市包圍，僧人在紅塵中修行，大有山門被遮蔽之虞。

今日是農曆七月半盂蘭盆節，家家戶戶焚香燒紙，祭奠先祖。

靜安寺內舉行盂蘭盆法會，身披袈裟的方丈帶著黃衣僧眾行禮做佛事，誦經之音聲調悠長，伴隨著木魚的敲擊之聲，如吟如唱。

燒香祭祖的善男信女絡繹不絕。

陳天正早早等候在斑駁厚重的寺門前，他從小跟僧人學武，對寺廟很是親近。

空氣中瀰漫著香燭焚燒的氣味，四周縈繞著佛法梵音，陳天正被環境感染，不禁動了「禪武」之心。

靜安寺正門前有一處湧泉，晝夜奔騰，狀如沸水，當地人稱之為「沸井」。關於這離奇湧泉的傳說層出不窮。有說此泉通向黃泉，靜安寺是為鎮壓它而建。另有說法言沸井通向大海，乃「海眼」。

陳天正看著泉眼中的水泡，小的如魚目，大的似水晶球，大小擠在一處，升起幻滅，一刻不停，恍惚間覺得這口沸井像世間縮影。

世人以貪婪、痴愚、嗔恨為柴火，煮沸世事，文人相輕、政客相爭、商賈互欺、兵者互殺，爭鬥不停，得勢者如水泡膨脹，但最終還是逃不過幻滅。

今日是鬼節，適合悼念故人，他忽然很想問問鄭金智，在黃泉下是否還在爭勝。

夕陽的餘暉照在靜安寺的飛簷上，給廟宇鍍了一層金邊。

寺內煙霧升騰，煙灰隨風飄向空中，彷彿連接著天府和人間。

佛殿前有一棵兩人合抱粗的羅漢松，枝頭停著一隻雲雀，黑豆般的眼珠俯瞰行人僧客。

遠處，一個身影從晚霞中徐徐走來。陳天正看其步態，便知道是于升來了。

三天前，陳天正親眼看見于升擊敗內田佑。比武中，于升的速度、力量和反應，與雨中相遇時判若兩人，可惜，于升在比武中傷了左腳踝，雖然于升刻意隱藏，但終究瞞不過陳天正的眼睛。

陳天正見于升雖傷勢未癒，臉上卻無一絲懼意，心中不免敬佩。

于升沿著明黃色的院牆走到陳天正面前，一拱手：「久等了。」

陳天正點點頭：「來了就好。」

「我先入寺為逝者上三炷香。」

「請。」

兩人並肩跨進靜安寺。

靜安寺山門朝南，與天王殿合一。天王殿正中供奉著彌勒佛像，背面供奉韋陀菩薩像。

菩薩的巍峨身形象徵法界無量，令人心生崇拜與謙卑。兩側立著四大金剛，戴盔披甲，持劍握傘，怒目圓睜。

于升請了三炷香，恭敬地插上，磕了三個頭。陳天正跟著一起下跪祭拜。

佛殿中，伴隨梵音吟誦，兩人雙掌合十，靜默無言。

禮畢，出了天王殿，經過「南無阿彌陀佛」的赤柱旁時，陳天正停住腳步，面色森然：「開打前，有一事要先問清楚。」

「請。」

「師父入殮時，門生說他傷在延髓，死於偷襲，可有此事？」

于升答得坦然：「我與鄭師傅是堂堂正正比武，身後傷是打鬥所致，並無偷襲。」

陳天正黑漆漆的眼眸露出欣喜之色，嘴角上揚：「你跟日本人死鬥，腳傷未癒，還來赴約，算條硬漢。俺信你，不占你便宜，這一場不鬥拳，改拼劍。」

說罷，陳天正雙手一揚，手中突然多了兩把長約七寸的短劍。于升認得，這是袖裡劍。

　　袖裡劍長度與小臂相仿，平日隱藏於袖中，關鍵時出刃便可傷人。

　　若徒手較量，于升無法發力，難有勝機。持劍對決，不需要發勁也可傷人，對技巧的要求高過力量，更加公平，但從另一個角度來說，拼劍的凶險遠超鬥拳。

　　陳天正將一柄袖裡劍遞給于升：「先說清楚，俺平日殺賊只用鍘刀，這兩把袖裡劍僅當『光桿兒』用，不曾專門練過，算不上占你便宜。」

手持袖裡劍的陳天正

袖裡劍原本是暗器，除了刺砍，也可飛擲。普通飛鏢後綴綢帶，用以穩定飛行線路，不帶綢帶的飛刀，行話叫作「光桿兒」，飛行速度更快，也更吃手上的功夫。

一般的光桿兒短小狹長，陳天正將袖裡劍當作光桿兒對付槍客，是自恃腕力過人。為了藏於袖中不影響行動，此劍做得輕薄，劍尖鋒利，兩邊均開刃，握把處用黑細布纏緊，增加抓握力。

「恭敬不如從命。」于升接過袖裡劍，耍個劍花反扣收入袖中，以免驚動僧客。

靜安寺香客來往不絕，不宜動武，但在寺廟對面不遠處有一個無人願踏足的地方——外國墳山。

外國墳山又稱靜安寺公墓，是公共租界埋葬外僑的喪葬之地。盂蘭盆節是中國的節日，外國墳山如平日一般冷清。公墓內，高大的梧桐樹蒼翠欲滴，樹幹纏繞著蘿藤，舉目望去滿是洋文墓碑。有些墓碑已經出現風化腐蝕的白色斑點，粗糲的石碑上覆蓋了一層青苔。自然正在極力同化這片屬於死人的領地。

兩人走進墳山，一聲淒厲的鳴叫響起，棲息林中的烏鴉拍翅飛向空中。

墓區旁立著一座白色大理石聖墓堂和一間哥特式紅磚教堂。兩座建築在餘暉下一矮一高，彷彿兩位守陵人。

武人終日與死相伴，對墳地並不忌諱。這裡幽靜無人，正適合決鬥。

陳天正領著于升進入墓區，擰身回顧：「此地如何？」

于升滿意地點頭：「不錯。」

既然打法已定，場地選好，下面就該用劍說話了。

陳天正抖了抖嘴角，雙目凝神，「唰」一聲彈出袖裡劍，右手正握，劍尖朝前，弓步對敵。

于升右手反握短劍，劍尖朝下，以劍藏身，目若寒潭。

秋風拂過，一片梧桐葉輕飄飄落在十字架石碑上。

陳天正忽如猛虎下山，袖裡劍化為一道白芒，直刺于升。

于升龍游般側閃，抬手一晃，反握的短劍如鉤子般「纏」住對方短刃，往旁裡一帶，陳天正的劍尖偏轉，當即失了準頭。于升「兩手打一手」，右手一拉，左拳配合砸中對手臉頰，可惜足下無法發力，單腿凝重，這一拳只打出六分勁。

陳天正半步不退，硬提一口氣，翻腕抖臂，擰身橫砍。

于升運步後撤，如驚鴻點浪，輕巧避開。此刻他渾身肌肉處於一種絕妙的平衡中，看似完全放鬆，實則四面均勻，做到了最低限度的緊張，含而不露，鬆而不懈。渾身動作一改頓點爆發的節奏，如一根延綿不絕的長線，沒一絲斷點，平滑如行雲流水。

平常人以為鬥劍就是一頓乒乒亂響，實際上，高手間的拼劍不能有磕撞聲，老話說「聽到響，就完了」。兩劍相交，不能拉開掄劈，那樣會露出「間」。

練劍就是要練習打「間」，一露空隙就直刺進去，講究「不使有間，間不容髮」。

論鬥劍，長劍靠黏，短劍靠滑。

兵刃比手腳長，人的反應速度有限，在高速劈砍運動中很難保證安全，因此兵器必須「粘」著打才安全。

武術中講「刀背藏身」，人藏在刀後，以刀尖上下左右

一尺為刀圈，用來粘化對手攻勢，用摩擦力封住敵方兵刃，再找破綻切入，封纏逼迫，走步催刀，擦削對手。劍法也是此理。

只一個照面的交手，于升就知曉陳天正確實不會用短刃。用兵器的原則是「軟的用成硬的，硬的用成軟的」。

袖裡劍是硬兵器，不能直戳，出手要像甩鞭子，手指要鬆活，以軟用硬，劍走輕靈。

陳天正卻還是鍘刀的使法，仗著功力深厚硬打硬進。他雖吃了虧，卻並不退縮，認為于升身法再怎麼精妙，不過是閃避巧妙，而殺敵靠的是速度和力量。

他眼中殺意迸射，再次起手突刺，來勢更猛，手底還留了「活勁」。

于升身法一偏，反握短刃第二次「纏」住刺擊。陳天正猛地轉腕，變刺為撩，想靠力量將于升手中的短劍挑飛。

可是還未等陳天正發力，于升左手已搶先按住了陳天正的手腕，截斷了他橫撩的勁道，與此同時，于升右手持刃如鞭子般抽出，追形隨影，劍刃在陳天正右肩一扎一拔，拖出一道血花，又迅速退閃一旁。

陳天正右肩鮮血汨汨流出，看著退到安全距離的于升，牙關緊咬，發出「咯咯」聲響。

受傷的猛虎才最可怕，陳天正虎目放出寒光，如同回到斬殺鐵羅漢的山林間。肩傷不致命，但會影響持劍的精度，他耍一個換手式，改左手持劍。

剛才兩次前進突刺都被于升抓住了動作爆發的「隙」，所以吃了虧，這次陳天正吸取教訓，不再貿然突進，而是持劍緩步前逼，準備打貼身戰。

陳天正劍尖與鼻尖一線，始終對準于升的喉嚨。兩人距離越來越近。

于升率先出手，寒光急閃，一劍割向陳天正左腕。

長兵器在於控線，短兵器在於制點。這個點就是手腕。

陳天正左手一縮，避開劍刃後，快如飛電，衝入白刃戰距離。于升左足帶傷，無法大步移動，只得近距離與陳天正互拼。

「一寸短，一寸險」，貼身時短劍快如閃電，目不及瞬，大腦來不及反應，必須靠經驗。

陳天正在刀光劍影中歷練出的殺手直覺此時起了作用，他出手如疾風迅雷，招招對準于升要害而去。

近戰中，于升「粘」不住陳天正的劍，使出葉裡藏花，運用身法不斷變幻角度與之周旋。

一陣晚風吹過，林濤陣陣，草地彷彿泛起漣漪的碧青湖面。

夕陽下，兩人的身法快似鬼影，雙劍揮舞，劍影如湖水的粼粼波光，伴隨劍光明滅忽閃，血珠飛濺，不斷傳出劍刃劃破皮膚的聲響，但無一人出聲。

激鬥中，于升流暢無阻的動作突然停滯，旋即一道劍光劃過他頭側，鮮血灑到十字架墓碑上。

陳天正停下動作，除右肩刺傷外，他胸部和肋骨處各有一道割傷，右掌被于升的短劍貫穿，但仍死死抓住短劍，淌下的血浸潤了「十八子」，滴入泥土。

再看于升，他胸前有一道斜向血痕，耳後頭側也被刺中一劍。正是這一劍逼退了于升，令他失了短劍。

論身法技巧，于升更勝一籌，但陳天正憑著一股狠勁，

果斷犧牲右手，封住了于升的劍路，抓住短劍，完成了「制點」。

勝負已分。

斜陽下，兩人身上染滿鮮血。

陳天正的衣衫被血浸透，但卻並無半點痛苦神情，雙目明亮：「這一戰，痛快！說吧，你有什麼遺願？」

于升垂首沉思片刻，抬眼正色道：「我自北而來，想向北磕三個頭。」

「中！」

于升下跪，對父母和師父的方向三叩首。在他起身之前，心頭浮現了一個倩影。

你我今生無緣，只求來世再會。

心中祈禱完畢之後，于升起身拂去塵埃。

「我事已畢，動手吧。」

「閉眼吧。」

于升面無懼色：「武人逆天。逆者，迎也。我想親眼看這最後一刀。」

「好！」

玉面閻羅凝息揮劍，劃出一道弧光。

第三十六章
夜襲・割髮代首

盂蘭盆節之夜。

弄堂中處處焚紙火光，蘇州河上，無數河燈順流而下，超度亡靈。

天上星辰寥落，人間光映粼流。

不夜城的歌舞聲歡快高昂，會樂里洋溢著淫靡的氣息。上海灘多的是醉生夢死之輩，亂世命輕如草，人生白駒過隙，「今宵有酒今宵醉」彷彿才是聰明人的活法。

「花國」正當熱鬧，風林居卻早早閉門，宅內孤燈一盞，林熙獨處閨中。

描著玉蘭花的座鐘擺在五斗櫥上，指針指向八點一刻，玻璃蓋罩上映出林熙的影子。

此刻，她正彎腰俯身擦拭桌案，一身霜白旗袍映襯著雪膚黑髮。于升擊敗內田後，斧頭幫遵守承諾，送上房契，不再打擾。

風林居近來無雜人出入，格外冷清，這幾日于升又莫名消失，不見身影。

今日下午，宣智民突然來風林居，噓寒問暖，聊了些家常話，當林熙提起于升時，宣智民忽然岔開了話題，顯得十分刻意。

送走宣智民後，林熙看到院牆上趴了一隻黑貓，綠眼圓睜。都說黑貓通靈，林熙怕這是不祥預兆。

她既擔心于升安危，又恨他不告而別的薄情。心煩意亂中，林熙靠清掃房間紓解煩悶。

忽然，彷彿一陣陰風颳過，風鈴聲急促響起。林熙如受驚小鹿，心似擂鼓。

風林居為預防軍警敵人來襲，在院牆旁拉了一根不起眼的黑色細繩，兩端繫在風鈴上，黑線巧妙隱入牆體邊緣，很難被注意到。

若有人翻牆而入，必會觸線，風鈴會發出急響，與風吹聲迥然不同。

風鈴聲急響，說明有人翻牆。

林熙閉上眼，深吸一口氣，再次睜眼，眉間多了一份堅毅，雙眸熠熠生輝。

亂世中，義士喋血，斧頭幫殺手捨生忘死，林熙從事掩護工作數年，早有了隨時可能會犧牲的覺悟。宣智民教過林熙基本的戰鬥方法。

常年琴書訓練培養出的自制與專注，令林熙在面臨危機時也能心無雜念。林熙按照記憶中的指導，精準完成每一個行動步驟。

林熙先拉開五斗櫥底層抽屜，從疊好的藍綢布中掏出一支手槍。槍身為黑色，槍把呈棕色，是一把俄式納甘M1895轉輪手槍。這款轉輪手槍能裝七顆子彈，因此得名「七音子」。

七音子在日俄戰爭中被大量使用，之後流入中國黑道。其子彈十分特殊，彈頭半埋在彈殼中，擊發時能形成封閉空間，提高出膛初速。

原本非主要戰鬥人員只配三顆子彈應急，宣智民刻意多

送了林熙一顆子彈，是專門留給她自己用的。

　　為避免暴露位置，林熙先拉上窗簾，然後熄了燈，脫下鞋，在黑暗中赤足沿牆而行。

　　林熙身處二樓，暗室在一樓北側，進入暗室，就可從後門逃脫。

　　林熙雙手持槍，朝門外看去，未見敵人蹤影。她槍口朝前，雙目與槍眼呈「三眼一線」，警惕地向樓下移步。

　　當她到達大廳，正巧對上了江戶川驚愕的目光。

　　見昔日溫順的美女竟持槍對著自己，江戶川不禁一愣。

　　在他錯愕的瞬間，林熙藉著月光，扣動了扳機。

　　伴隨著火光，槍聲響徹大廳。

　　開槍的巨大後坐力令林熙手腕一抖，子彈打偏，擊中牆壁，留下顯眼的彈孔。

　　江戶川一縮頭，趕忙找桌椅掩護。

　　林熙不敢多糾纏，轉頭奔向北側暗室，卻被一條黑影攔住去路。對方一身墨灰色衣服，蒙面，看不清樣貌，手中刀刃閃著寒光。

　　墨灰，是夜行衣的顏色。夜色不是純黑，穿黑衣反而易暴露，加入灰色，可增強隱蔽性。

　　擋住林熙的正是日本忍者松尾次郎。林熙駐足舉槍。

　　面對槍口，松尾次郎毫無退讓之意，他不信林熙會用槍。

　　雙方對峙，松尾次郎的呼吸漸漸產生詭異變化，使用了「吸吐，吐吸，吐吸，吸吐」的「二重息法」。

　　傳說，忍者使用「二重息法」可以增加呼吸的深度，提升體能，增加動作的敏捷度。

　　松尾次郎目光堅決，作勢欲撲，準備揮劍與林熙正面對決。

　　此刻，二樓的樓梯口又閃現一個手持武士刀的墨灰色身影——松尾太郎。

　　江戶川從桌椅後探起身子，用日語大喊：「抓活的！」

　　林熙三面被敵人包圍，環顧敵人，有些不知所措。

　　江戶川見林熙慌亂，迫不及待聳著肩衝出，從背後撲向她。

　　林熙立時轉身。危急時刻，她想起宣智民曾教過，一次瞄準，兩次擊發，可以大大提升命中率，便對著江戶川接連扣動兩次扳機。

　　接連兩聲槍響，江戶川慘呼一聲，踉蹌跌倒。

　　與此同時，兩名忍者同時出手了。

　　一支四刃手裡劍從二樓飛下，打中手槍，火星四濺。林熙腕力不足，槍脫手而飛。

　　同一時刻，走廊上的松尾次郎如一陣疾風，猛衝過來，以刀把猛擊林熙額頭。林熙被打中，白色的髮帶斷裂，黑髮如墨潑散開來。

　　松尾次郎將武士刀一橫，架在她頸邊。鮮血沿著林熙的額頭流下，明晃晃的刀冷如寒冰。

　　林熙不顧威脅，起腿猛踹松尾次郎襠部。松尾次郎疼得一彎腰。

　　林熙起身想逃，但仍慢了一步。松尾次郎為了抓活的，不敢用刀，忍痛前撲，拽住了林熙的兩腳。

　　二樓的松尾太郎躍下樓梯，直撲上來，配合松尾次郎將林熙雙手拽過頭頂，死死按在地上。

林熙不住掙扎，但四肢被人牢牢壓制，動彈不得。

此時，江戶川顫抖著爬起，只見他左耳血肉模糊，血染衣衫。

踢開擋道的椅子走上前，看著被按在地上的林熙，江戶川陰惻惻一笑，二話不說騎到她的腰上。

林熙無法掙脫，絕望中雙眸露出哀戚。江戶川獸性大發，眼白滿佈血絲，喘著粗氣，俯身鬣狗般對著女孩頎長的脖頸又啃又吸。

林熙心頭蒙上一層薄霜，表面的戰士盔甲開始碎裂剝落，整個人被潮水般的絕望淹沒，眼眶泛紅，大聲呼喊：「快殺了我！」

看似柔弱的女孩拚命扭動著身子，松尾次郎有些按她不住，用日語催促：「還不快動手！」

江戶川直起身子，不情願地掏出藥布，蒙向林熙口鼻。迷藥起了作用，林熙的靈魂似乎漸漸抽離身體，在失去意識的最後一刻，她腦海中浮現的是于升。

花開的時候沒有聲音，悲劇發生的時候也是無言的。

江戶川對於這次夜襲行動十分得意。內田切腹自盡後，江戶川提出復仇，但無一人讚同。九鬼英二直言，內田死時坐姿不亂，不失武士尊嚴，若為賭命之戰復仇，反而辱沒了武士身分。

江戶川一意孤行，計劃劫持林熙，逼于升自投羅網。為此他找到松尾兄弟幫忙，但松尾兄弟對這種做法十分不齒，一口回絕。

江戶川早有準備，他聽說松尾兄弟不愛錢財，對名刀卻非常傾心，便將櫻正宗奉上。

　　櫻正宗刀身上均勻塗了一層油脂，如同雲霧籠罩的冰湖，呈現出一種神秘美感。松尾太郎取來上等懷紙，擦淨刀身，松尾次郎跪坐在一旁欣賞。櫻正宗有攝魂奪魄之美，兩人的眼神再也無法移開。

　　今夜，若非松尾兄弟出手，江戶川恐怕已被擊斃。

　　林熙被迷暈，江戶川以食指和大拇指捏住她的下巴，把她的臉扳正，仔細端詳。

　　林熙五官纖柔，長睫毛下淚眼迷離，鮮紅的血從額頭淌到白皙的臉龐上，安靜淒美。

　　江戶川捋了捋林熙前額一縷被汗水打濕的亂髮，溫柔地說：「來吧，我帶妳去地獄。」

　　江戶川歡快的語調，甚至令松尾次郎都感覺發毛。

　　胭脂窟常有妓女醉酒後被恩客帶離的情況。江戶川將林熙從地上拖起，背起來，大搖大擺地從風林居正門跨出。林熙的黑髮瀑布般瀉下，腳腕上繫的紅線格外鮮豔。

　　松尾次郎知道等待著這名少女的將是比深夜更黑的煉獄。她的紅唇會褪色，眼中的光芒會被恐懼淹沒，美麗的身體會沾滿血污化作爛泥。勇敢的人永遠最先死去，美麗的花總被採摘踐踏。

　　「看什麼，快走！」在松本太郎的催促下，松尾次郎嘆了口氣，消失夜幕之中。

　　黑暗深處，已經有人盯上了他們。

　　林熙的身體壓在江戶川身上，他的惡念漸漸膨脹。

　　江戶川相貌醜陋，從小飽受歧視，得不到尊重的人往往會透過破壞來平衡心理。悲劇極具魅力，媲美麗之物更美的，就是毀滅美麗的過程。

江戶川慶幸生在這個時代，他曾參與濟南屠城，沉溺在暴行之中。戰亂中的世界，道德被擊穿，生命被蔑視，罪行被誇耀。

一想到馬上就能一邊欣賞林熙眼中的絕望，一邊凌辱她精緻如瓷的身體，即便日後墜入地獄，江戶川也心甘情願。

「如果這個世界有神的話，一定是邪神！妳的血淚和肉體就是祭品。我都等不及想看到妳那支那情郎再見到妳時的表情了！」

正當江戶川他沉浸在癲狂的幻想中時，一個身影擋住了他的去路。

會樂里暗紅曖昧的燈光下，一個高挑美人攔在弄堂口，她比江戶川足足高出一個頭。

她身穿白色紗衣，黑色長褲配一雙皮靴。瓜子臉，羽玉眉，眼眶微陷，目若星光，鼻梁高挺，微翹的下巴帶著份驕傲之感，左眼下的一顆淚痣，為她平添了一抹風情。

會樂里不愧是花國，竟有如此多的尤物。

江戶川正感慨，美女已含笑靠近一步，江戶川根本沒看清她的動作，就被槍口頂住了胸膛。

江戶川背著林熙，如木雕般呆立當場。

美女的聲音略帶著沙啞：「當家的，沒找到你師弟，卻逮到一隻偷東西的黃鼠狼。」

一個低沉的聲音從江戶川背後傳來：「這邊也幹掉了兩隻耗子，今晚還真不宜出門，街面上這麼多不乾淨的東西。」

猛張飛張承義手握染血的櫻正宗，從黑暗中走了出來。

高個兒美女名叫葉曼晴，正是張承義的妻子。響馬的雌

雄大盜在會樂里把黑龍會的三名成員一網打盡。

兩個半小時前，玉面閻羅揮出最後一劍。

于升清楚地看到，劍刃在即將切進自己的頸動脈時，忽而往上一挑，霜刃劃過，碎髮如細雨般飄落。

陳天正就此收劍：「今日割你髮代首，我大仇得報，我們就此兩清。」

三國時，曹操宣佈踐踏麥田當斬，不料自己的馬受驚犯罪，為免自戕，割髮代首以示謝罪。仿照此例，陳天正朝天揮劍，落髮止兵。

沸井前的紛亂思緒，令玉面閻羅在最後一刻抬起劍尖，選擇了不一樣的結局。

于升劫後餘生，反應過來後，拱手施禮：「多謝。」

「今天聽古剎梵音，冥冥中聽到一個聲音，金剛怒目，菩薩低眉。江湖恩怨不應計一日之長短，百年後自有公論。外敵當前，中國武術沒輸給別人，更不該輸給自己。你的命，就留下，日後共抗外敵吧。」

陳天正黑亮的眸中再無困惑，他已明悟了「禪武合一」的真意。夕陽沉入地平線，天色落幕，四周景物由深青色化為紫影。

誦經聲一刻未停，無人知曉墳山發生的血鬥。

天王殿內，彌勒佛像眼皮低垂，心懷慈悲，注視蒼生，彷彿看穿了世間殺戮。

靜安寺火光閃耀，黑色的灰燼乘風浮到半空，又從天上飄落下來，如同黑雪，漫天飛舞。

于升走出外國墳山，一身血衣，走在黑雪之下，有如從地獄歸來的幽靈。

路人見了他的樣子皆皺眉，避之唯恐不及。他好不容易才叫了一輛黃包車回到江蘇旅社。這幅樣貌把店主都嚇了一跳，以為他遇到打劫的了。

　　于升無心解釋，他心中牽掛林熙，擦淨血污，換了衣裳，拿禮帽遮掩頭側的刀傷，動身趕往風林居。

　　黑夜裡，街邊焚紙的火光照得于升的臉龐忽明忽暗，火星在風中紛飛。聞著香表燃燒的焦煙，他心中莫名不安。

　　到會樂里後，于升走在巷間，原本疲憊的身體陡然變得敏感。

　　風林居的門虛掩著，于升心知不妙，輕輕推門，疊胯提膝，用「貓步」運足，落地無聲。

　　一樓大廳的燈亮著，桌椅翻倒，地面兩攤血跡，牆上三處彈孔。于升皺起眉頭，聽到二樓閨房臥室有人走動，當即摸上樓去。

　　救下林熙之後，葉曼晴將她帶回風林居，悉心照顧。林熙吸入的麻藥不多，不到半小時就清醒過來，但手足還有些無力。

　　葉曼晴用洋瓷盆打來溫水，幫林熙擦淨臉上的血跡。

　　葉曼晴與張承義一直潛伏在法租界內，雖然早知于升與日本人比武，但為了不暴露行蹤，一直沒有露面。

　　內田佑死後，張承義得到消息，知道日本人要暗中加害于升，才冒險出手，在暗巷中將松尾兄弟擊殺。江戶川則被韓國人帶走，接受拷問後被韓國人以櫻正宗斬殺。

　　櫻正宗果真是一把「妖刀」，持刀者全部橫死。

　　葉曼晴二十三歲接手父親留下的馬幫，大風大浪見得多，對付江戶川這種貨色自然不在話下。

　　葉曼晴憐惜地看著林熙，輕撫後背：「妹子，日本人不幹人事，你越怕他，他越來勁。惡狗怕揍，惡人怕鬥，我們要跟他們鬥到底。」

　　林熙肩頭聳動，但不像剛才那麼劇烈，葉曼晴知道她在聽，繼續說：「日本人在濟南屠城，我逃過一劫，但親族一個不剩。人啊，就是一撇一捺，扛不住的時候，就得找人搭一把。不如你跟我們走吧。」

　　林熙看了一眼葉曼晴，目光中帶些猶豫。

　　「你還在等他？這人有什麼好的？武人自己犯險也就罷了，還拖累身邊人，實在可惡。」

　　驀然，房門打開，一陣旋風吹入。

　　葉曼晴想伸手摸槍，卻慢了一拍，手腕彷彿被絞肉機捲住，須臾間被反擰到身後，人被壓倒在床上。

　　林熙急喊：「不要！」

　　于升鬆手。若非林熙及時喊停，恐怕葉曼晴的肩肘已脫臼。于升放開她，林熙撲上來雙臂環抱于升，頭埋在他懷裡，抽泣起來。

　　于升不知發生了什麼，只得看向葉曼晴。

　　葉曼晴揉著被扭疼的手腕，一瞪眼：「看我幹嗎？都是你惹的禍！一夥日本人闖進來，如果不是我，現在她大概已經被綁到東洋街了。」

　　得知林熙遇險，于升將她摟得更緊了一些，一臉自責。然後抬頭對葉曼晴說：「多謝姑娘相助，方才多有冒犯，實在⋯⋯」

　　話還沒說完，就被葉曼晴打斷：「閉嘴！我好心來幫忙，你居然打我，恩將仇報！」

她裝作生氣，扭頭別向一邊。于升更加手足無措。

「原先聽張承義把你吹得有多好多好，沒想到一見面就卸我膀子。」

于升一聽張承義的名字，猜到了大概，激動道：「弟弟失禮，嫂子莫怪。我師兄他在哪裡？」

「今晚一堆爛攤子要他去收拾，暫時不方便相見。」葉曼晴聽了這聲「嫂子」，便收了生氣之狀，「你這麼緊張，總算還有點良心。既然來了，這裡也沒我什麼事了，人就交給你了。想見你師兄的話，三十號下午到裕昌順洋服號找他。我先走了。」

說罷，葉曼晴起身，走到門口，她突然站住，回頭補了一句：「趁還來得及，早點離開上海吧。」

于升不明所以，點點頭。

門被帶上，屋內只餘林熙和于升。

林熙囁嚅：「今晚……不要走。」可是這話一出口，她又後悔了。

于升輕撫她的背：「已經沒事了，我在這裡。」

說罷，于升拉起林熙的手。林熙手腕上有瘀青，抬眼看去，她頸間還有顯眼的赤紅吻痕。

林熙意識到自己的樣子，急忙解釋：「我是清白的！他們，他們只是……」她突然停住，一個妓女在解釋清白？還有比這更荒唐的嗎？

「我知道。」于升一如既往地溫柔，伸手按揉著林熙手腕的傷處。

林熙蜷曲著雙腿，腳踝處一根紅繩十分顯眼。被迫賣身青樓的女孩會在身上繫根紅繩，褪盡衣衫後，這根紅繩是身

上最後的遮蔽，代表並非一絲不掛，是女孩最後一寸尊嚴。

于升撫摸林熙腳踝上的瘀傷時，碰到紅繩，她觸電般往後縮。

自卑、懷疑加上無人訴說的委屈，林熙突然生起氣來，眼中噙滿淚水：「你根本不在乎我！我出身卑賤，早認命了，你幹嗎一直招惹我？你走！」

于升沒有回答，眼中滿是水般的柔情，下一秒，他直接吻上了林熙的唇。

林熙錯愕地瞪大雙眼，混亂的思緒被切斷。

此刻，兩人彼此呼出的氣息交融在一起，你中有我，我中有你。

林熙閉上眼，雙手環抱于升的背，隨著他前傾的身體緩緩躺下，頭髮如水般鋪開。

塵世的刀槍之聲遠去，世界變得純淨舒潤，溫軟無邊。

儘管在命運面前他們只是塵世間的沙礫，但愛情卻可以像恆星般炙熱。

一輪金黃圓月銅鏡般懸掛天際。星月終古常見，月下光景常新。

第三十七章
一品香・血月

清晨，秋氣在草尖凝成清涼的露珠，陽光溫和地斜映在院牆上。桂花樹開出一簇簇鵝黃花束，綠肥黃瘦，風中裊裊花香。

清晨的鳥鳴歡快，林熙推開雕花木窗，讓陽光伴隨香氣灑滿室內。

從樓上向下望去，于升正在樹下練拳。他身姿挺拔，動作舒緩，彷彿天上流動的浮雲，飄逸中含著一股雄偉的氣韻。于升感覺到林熙的目光，收了拳勢，轉向二樓笑了一下。

林熙揮揮手，笑容比陽光更燦爛，眼眸如一泓倒映白雲的清泉。那夜，于升向林熙求婚，林熙頷首低眉，臉泛潮紅，輕輕點頭。

于升幫林熙解下腳踝的紅繩，她依偎在于升懷中。原以為繫上紅繩，一世沉淪，如今終於等來了心上人，她不再需要紅繩蔽體了。

第二天早上，林熙醒來時，死死攥住于升的手，十指纏繞相牽，手心微微冒汗。

于升輕聲問：「做惡夢了？」

林熙身子貼上來，依偎著他：「嗯，現在我終於醒了。」昨日種種，譬如昨日死。今日種種，譬如今日生。

于升從江蘇旅社搬出，住進風林居，與林熙朝夕相守。

　　林熙的琴棋書畫技藝原是為取悅恩客，但上海的買春客大多只顧看美人，疏於賞藝。她撥動絲絃，琴音清冷入仙。于升心有靈犀，一曲終了後說道：「這曲韻清雅靈動，猶如山間雪地萌新芽，蘊含新生之意，果真巧妙。」

　　林熙如俞伯牙遇到鍾子期，幸遇知音。「于升哥，想不到你對音樂也有研究。」

　　「其實我並不懂琴。中國文化是詩性文化，藝術觸類旁通，道藝一體。說起來，你的琴音也蘊含武理，只是不自知罷了。」

　　「還有這事？」見林熙不明白，于升便把自己從古琴譜中悟得外三合之事說了一說。

　　林熙眼光清瑩，容色澄澈：「我曾在書中讀過，法如大雲，雨潤萬物，藝理相通。一勺水具四海水味，世法不必盡嘗。古人誠不欺我。」

　　于升笑著話題一轉：「弱水三千，我只取一瓢飲，你便是我今生之水。」

　　林熙臉上發熱，暗自歡喜。

　　以前覺得生命太長太寂寞，就像大海看不到邊；如今只恨生命太短，不能伴他千年。

　　有于升相陪，林熙在窗邊寫字，累了就托腮看雲發呆，不用做什麼，也覺得內心香甜。

　　看著魂牽夢繞的身影陪伴身邊，于升只覺得昔日夢境化為現實。被所愛的人目光籠罩，像陽光曬在皮膚上般溫暖舒暢，林熙知道于升在看她，卻不回望，彼此心心相印，無言中像在交換兩人之間的秘密。

　　《長物誌》有云：「家無長物，詩書自樂。」

貴重物被古人認為是多餘的東西，稱為「長物」。

在中國文化中，享樂與財富無關，只關乎心境。

《太平清話》總結二十四件雅事：

焚香、試茶、洗硯、鼓琴、校書、候月；
聽雨、澆花、高臥、勘方、經行、負暄；
釣魚、對畫、漱泉、支杖、禮佛、嘗酒；
晏坐、翻經、看山、臨帖、刻竹、餵鶴。

二十四件事沒一件關乎大富大貴。

于升與林熙相愛相伴，此心安住，慵如散仙，聽琴賞花，日子在平靜中透出絲絲甜蜜。

這段時期，風林居只接待過一個客人——宣智民。

宣智民遵照之前約定，定期來探望，見于升安然渡過險關，為之欣喜，隨後得知林熙遭夜襲，自責之餘，慶幸結局總算圓滿。

宣智民背負著秘密任務，當日未在風林居久留。

9月18日，張學良發出擁護中央的「巧電」，東北軍入關，中原大戰形勢明朗。上海各界無不歡欣鼓舞。和平令經濟發展有了長遠保證，「遠東第一自由市」似乎就在眼前。

時代洪流滾滾向前，世人如浮浪中的螞蟻。會樂里喧囂熱鬧，風林居庭閒院深。

休養的這段日子，于升並未放下修行。

來滬之前，于升擅用兵法欺敵，但當他碰到更有心機的內田佑後，反被對方設局偷學技藝。幸虧于升悟得龍鳳意，改以奪勢戰法，脫胎換骨，才破了內田的寢技和三貫手。

與陳天正一戰，于升雖對柔勁有所領悟，但還是輸給了陳天正穿掌奪劍的果決。

歷經兩場生死鬥之後，于升心中少了一分求勝的機巧心，對武道的追求更加純粹。

比武雖可智取，但最終還要拚力敵之功。與陳天正貼身拼劍，于升總結下來認為自己輸在不夠快。

此前于升出拳「身重手輕」，是為了打出一擊必殺的效果。但在冷兵戰中，速度大於力量，想要進攻更快，需「以身追手」。

從出拳動作來看，手臂運動距離比軀幹遠，要想身手同到，手就需要「搶跑」，這樣才能在擊中對手瞬間五體同時成勢。

老虎掠食都是爪子先出去，撲到對手後再用身子「合」上。這便是以身追手的原理。

看起來簡單的動作，做起來卻一點不簡單。

武術跟書畫等視覺藝術不同。視覺藝術是眼高於手，初學者也能看懂更高層級的美。武術與之相反，只有瞭解了內在的機理，身體做到了，才能看出動作的精妙。

初學者拳打百遍，不知該練什麼，只想學新動作，是因為眼裡沒東西。收藏界有「一眼白」的說法，是指藏品太淺白，一眼就能看透，不是了不起的東西。武術也是如此，一眼白出不了真功。

于升練拳第一年，覺得自己發勁猛烈，頗為得意。師父馬道貴卻給他潑了盆冷水：「憋著勁打重拳，誰都行，但這種力量容易被壓住，打不出來。真正的高手，在放鬆狀態下也能打得重，要練出這樣的真力，必須慢拉架子練。」

老話說「慢拉架子打快拳」，只有慢練出來的拳，才能把力逼進骨節裡，之後就算做快了，勁也不虛浮。

歷經苦鬥，于升看到了自己的不足，以柔用剛，改練「韌勁」。

靜生動，緩生疾，虛生實，勢生變，柔生剛，散凝整。

每一個點上的力量都做足了，整條線才紮實，每條線都定型定位了，面才會穩，形不破體，力不出尖，力量才能飽滿均衡，此乃「渾元勁」。

上萬次訓練後，于升手眼身法步處處照應，身內含鼓盪，中節有開合，梢節講起隨，內在勁力奔湧含渾，如疏通河道，一旦開閘放水，浪勢奔騰。

只見他身體放鬆，抬手像一股水流激射而出，當手臂即將伸直的一瞬，梢節定位，拳峰如同擋在浪前的山峰，合住整身衝力，凝成整勁爆發。

此謂「散著做，整著落」。

「以身追手」看似輕巧，出手無痕，實則內部牽扯鉤拽，既有內三合整體勁的雄渾完整，也具備外三合的靈動迅疾。

于升對武道的領悟更上一層樓，嘴角微微上揚。

清早練完拳，于升見林熙提著竹籃準備出門買菜。念及林熙做飯辛苦，于升想讓她多多休息。他久聞上海一品香的西餐出名，便提出帶林熙一起去嘗嘗。

上海知名酒店有「三東一品」的說法，三東是遠東飯店、東亞旅館、大東旅社，一品則是一品香。其中，一品香的西餐屬一絕。一品香位於西藏路270號，是一棟三層歐式洋樓，內設禮堂、客房、餐廳，裝飾豪華。

西餐傳入上海時被稱為「番菜」，血淋淋的牛排不受中國人歡迎。一品香將中式的烹飪技巧與西餐結合，創下中菜西吃之法，開「海派西餐」先河，成為滬上最出名的西餐廳。

有文人寫詩稱讚：

番菜爭推一品香，西洋風味賭先嘗。
刀叉耀眼盆盤潔，我愛香檳酒一觴。

聽說要去一品香吃飯，林熙特意換了一身西式白禮裙。這身禮裙是她受邀參加徽商舉辦的西洋舞會時購置的，平日沒機會穿。白色蕾絲禮裙配上飾有羽毛的軟禮帽，走路時柔軟的裙襬輕拂，林熙俏麗如公主。

坐黃包車前往一品香的途中，于升看到一排高高的黑漆鐵柵欄，裡面的草坪寬闊如原野，外圍一圈黃土跑道，遠處豎著看台和鐘樓，那是遠東最大的賭窟——跑馬場。

跑馬場每個賽期為三天，然後休息兩天。當日跑馬場休息，但附近還是聚集了不少「白人」。有賭博就有油水，無論是「三隻手」（小偷）還是放印子錢的，都如同蒼蠅被腐肉吸引，彙集到這裡，不願離去。

林熙這幅摩登小姐的形像一路吸引了不少「回頭客」，路旁流氓看得直流口水，有人吹起了口哨。但坐在于升身邊，林熙感到莫名心安。

下了車，于升牽著林熙的手走進一品香大門時，突然感覺到背後有一絲目光偷瞄過來。

于升略側頭，用餘光看到馬路對面一名穿咖啡色西裝的

男子。這人寬寬一張臉，眼睛細長，手中拿著一份《字林西報》，假裝在看報，目光閃爍。

在于升愣神之時，林熙被身前的人吼了一聲。怒吼出自一名穿短披風、戴臂章的日本憲兵。憲兵正好從門口出來，嫌林熙擋路，怒喝讓她退開。

因為之前的經歷，林熙對日本人十分恐懼，更何況是風評不佳的日本憲兵，她不由往于升身後縮。

于升眼中寒光一閃，肩頭略微一沉，這是瞬間放鬆的脫力反應。他整條手臂肌肉鬆垂，如沉甸甸的鋼鞭，下一秒，就將抽爆憲兵的口鼻。

眼看一場惡鬥馬上就要上演，憲兵身後忽然傳出一句日文，聲音溫和。憲兵臉一紅，立正，朝林熙鞠個躬，然後閃到一旁。

說話者是日本外交官橋本英吉，他相貌儒雅，頭戴黑呢子禮帽，一身筆挺深色西裝，鼻梁上架著一副金絲圓框眼鏡，鬢角有些花白，頗有紳士風範。

橋本用熟練的中文對林熙道歉：「失禮了。女士優先，請。」

林熙被搞得有點懵，道了聲謝。于升收斂殺意，一時怒意難平，也沒給橋本回禮，瞪了憲兵一眼，走進餐廳。

一品香餐廳的內飾十分西化。

進門的牆邊裝著黑色雙鈴壁掛電話機，上海人稱其為德律風（Telephone）。大廳廊柱上滿是洛可可風格的繁瑣的曲線花紋，拉力克水晶玻璃壁燈發出溫潤的黃光。

挑高的天花板邊緣點綴著捲雲浮雕，四台木葉吊扇轉動。牆上掛著色彩斑斕的西洋油畫，嫩綠、粉紅的色塊，加

上金色邊框線腳，顯出豪華貴氣。

大堂中央擺放一台黑色MOUTRIE（摩德利）鋼琴，身穿白禮服的琴師正在演奏《藍色多瑙河》。琴聲飄揚，空氣中瀰漫著浪漫氣息。

在這樣新奇的氛圍中，林熙很快忘掉了之前的不愉快。

兩人落座。餐桌上鋪著紅白方格的桌布，中央擺著一個小巧精緻的白陶鹽罐。于升點了一品香最著名的芥末牛排和洋蔥汁牛肉湯，林熙選了栗子蛋糕作為甜點。

一品香的菜色果然名不虛傳。芥末牛排取用上等牛肉，鮮嫩多汁，將用芥末、黃油、辣椒香料熬出的芥末醬塗在牛排之上，增加味覺層次，配上炸薯條和時鮮素菜，色香味俱全。

洋蔥汁牛肉湯以牛腿肉吊清湯，用洋蔥消除肉腥，提升鮮美感，再配上一片金黃的奶酪吐司，香氣撲鼻。

栗子蛋糕擺在白色的細瓷方碟中，格外精緻。這裡的栗子泥乃手工磨製，粉糯爽口，綿密鬆軟，甜而不膩。

兩人學著周圍食客，左手持叉，右手拿刀，慢慢切著牛排，既不習慣，又覺新鮮。

林熙擺弄著餐刀，有些笨拙地切著牛排：「這一排刀叉，用起來好麻煩。」

于升將她面前的盤子端過來，替她切牛排：「洋人喜歡分門別類，刀叉滿桌，不像中國人，一雙筷子，什麼菜都能夾。」

林熙看向周圍：「中國的意境菜是在菜盤中下功夫，西餐將功夫下到了菜盤外，這裡的環境給人羅曼蒂克的感覺。」

于升將牛排仔細切成小塊：「中國菜色香味俱全，誰還有閒暇賞琴看畫？」

　　林熙氣韻動人：「其實古人事事講情調，光是賞梅，就有淡雲、曉日、輕煙、佳月、林間吹笛、膝下橫琴、美人淡妝簪戴等二十六種搭配，每一種都有別緻美感。可惜，現在的上海灘沒了雅趣。」

　　「有你相伴，柳蔭堤畔閒行，微雨竹窗夜話，哪一件不是雅事？」

　　林熙有些害羞，用銀色小匙舀了一塊栗子蛋糕塞進于升的嘴中：「比一比，你的嘴甜還是栗子蛋糕甜？」

　　談笑間，于升無意中又看到那張細眼寬臉。

　　他何時進入了餐廳？不對，這人與剛才那人雖相貌一樣，但身高矮了一寸，肩膀略窄，鞋子的顏色也不同，莫非兩人是一對孿生兄弟？

　　男子並未注意到于升，大步走出餐廳。

　　雖只是一瞬，但于升這一愣神，沒能瞞得過林熙。

　　「于升哥，有什麼事嗎？從進門開始，感覺你時常分心呢。」

　　「沒事，」于升想起之前自己分神害林熙被日本憲兵嚇著了，心生愧意，「剛才我一時大意，讓你受了委屈。」

　　「是我自己不小心。」林熙靠近于升輕輕問，「我以前聽宣大哥說，中國跟日本遲早要打仗，是真的嗎？」

　　于升皺起眉，點點頭：「內田曾說日本是島國，一心拓展疆土，對中國虎視眈眈，中日這一戰怕是難免。」

　　「真打起仗來，又不知道多少人要吃苦。」林熙眼神黯然。

那次夜襲給林熙留下了心理陰影，江戶川令她深感恐懼。真正的地獄不在身外，而在七尺之軀內，一旦打起仗來，人間就是煉獄，人類就是惡魔。

于升心生愛憐，拉住她的手：「我會保護妳，不用怕。」

林熙咬著牙，雙眸如淵壑般深邃：「我不怕他們，我恨他們。但我更恨自己沒力氣，對付不了這些壞蛋。」

于升指尖輕撫著她的手，安慰道：「我們每一個人的力量都有限，一滴水要想不乾涸，只有流入江河。一旦打仗，我們就必須團結所有人，直到打贏。」

「我們能贏嗎？」

「能！這是場豁出性命也要贏的民族存亡之戰。萬眾一心，心若誠，不祈神，神亦佑之。」

于升骨子裡的自信與豪邁似乎也感染了林熙。談話間，鋼琴演奏者彈起《仲夏夜之夢序曲》，明快跳躍的音符將他們拉出了情緒低谷。

結賬時，服務員告知于升已有人代結了，結賬者就在門口。于升甚感意外。

于升跟林熙一起走出餐廳，便看到門口樹下站著五人。他們都身穿香雲紗衫，袖子捲起，頭髮剃得極短，只剩一層青茬，人們管這種流氓叫「青皮」。為首青年約莫二十出頭，個子不高，嘴裡叼著一根哈德門香菸，渾身上下帶著一股痞氣。看到于升出來，他趕忙把菸掐了，用腳一碾，規規矩矩打了聲招呼：「于大哥。」

身後幾人也跟著齊聲喊于大哥。

于升覺得這人有些眼熟，但一時想不起，還是林熙認出

來了：「我們在青幫給辦的慶功宴上見過。」

「于大哥，我叫郭子維，跟長腳阿哥混的，平時替爺叔打理西藏路這一片，在跑馬場看見大哥，就自作主張，請大哥吃一頓。」

「郭兄弟，客氣了。」

「大哥賞臉，是給我面子。那個，可方便借一步說話？」

于升看了一眼林熙，林熙猶豫了一下，輕輕點了點頭。

郭子維將于升請到樹下，低聲說：「于大哥，剛才小弟在門口遇見了高麗人。」

「高麗人？」

「對，就是之前跟猛張飛會面的高麗人，他是其中一個。」

于升一下想到了那兩張相似的臉，忙追問：「你們查到了什麼？」

「猛張飛還沒尋到，但打聽到，高麗人在執行一個秘密任務，好像叫『血月』。」

于升聽聞「血月」一詞，心中一沉。

古人將天相與世事聯繫在一起，認為月若變色，將有災殃。月赤為爭兵。血月象徵兵災，代表人間正氣弱、邪氣旺、怨氣盛、戾氣強。一旦出現血月，國之將衰，山河悲鳴，天下動盪，如墜地獄。

于升知事態凶險，況且早就與張承義相約碰面，不想再把青幫的人牽扯進來。

「兄弟費心了。青幫勞師動眾，于某愧不敢當。」

于升處處客氣，郭子維反倒有些不好意思。

「大哥在賭館擋住斧頭幫，在絲織廠打死日本人，大家都說大哥是霍元甲再世。能替大哥辦事，是小弟的榮幸。」

想到韓國人在附近鬼鬼祟祟，于升擔心林熙安全，不願久留，寒暄一番後，就牽著林熙的手離去。

郭子維看著他們遠去的背影，忍不住喊：「于大哥，有空教教兄弟們武術吧！大家都想跟你學呢！」

于升停步，回頭朝郭子維點點頭，心中卻是另一番滋味。

若知武術路的艱苦與凶險，又有幾人能保持這份赤子之心呢？

東洋街上，內田佑的宅邸迎來了新主人。

加藤嘉洋在此與九鬼英二會面。九鬼早就聽過加藤的大名，素聞他行事狠辣，冷酷無言，有黑龍會「一匹狼」之稱，原以為是個魁梧壯漢，沒想到眼前人十分瘦削。

加藤彷彿一具乾屍，顴骨凸起，臉頰上的肉似乎都被人用剔骨刀順著骨頭刮過，但一雙眼睛卻如野狼般銳利。

九鬼的聲音中難掩興奮之情：「您能來主持大局，實在太好了，黑龍會將重振雄風。」

加藤對九鬼的恭維毫無喜色，薄唇輕抬：「不必多禮，我來此是為了血月計劃。」

「我們已經掌握了中國人和韓國人的名單，確認了對方要綁架日本外交官。只等他們動手，便將他們一網打盡，全部處死。」

「這就是內田佑的計劃？」加藤語調不明，給人一種無言的壓力，九鬼的神經不由緊繃起來。

「對。死者無言，只要他們死了，就可以按我們的說法

解釋，一旦造成中國人刺殺日本外交官的局面，軍部就有了開戰的理由。」

加藤抽動著嘴角笑了下：「錯了，不該是殺死，應該是令他們徹底消失。」

「消失？」

「中國人刺殺日本外交官，確實會讓中國政府被動，但萬一他們找人替罪，戰爭就不一定打得起來。我們不能給他們任何餘地。只有讓中國匪徒和日本外交官一同消失，中國政府不僅交不出人，甚至連認罪都做不到，我們才可以好好做文章，無論進行軍事搜捕，還是給政府施壓，總會找到點燃導火線的辦法。」

加藤臉上泛起陰險的笑，咧開嘴的樣子如豺狼一般。

這條計策相比內田佑的做法更加穩妥，九鬼激動地應答：「是！我會帶領武鬥組做好準備。」

「不用了，內田佑就是死在剛愎自用上。我從軍部借了人手，到時黑龍會做好配合便是。這次任務，代號『陽炎』。」

九鬼興奮的表情頓時僵住，內田佑獲得血月行動計劃後特意隱瞞軍部，就是想讓黑龍會獨得頭功，但加藤顯然已經跟軍部達成了某種協議。成熟的果子直接讓軍部摘了，九鬼心中有些不忿。

九鬼不知道，因為之前慰軍表演和葉隱行動計劃的失敗，黑龍會處於被動，加藤不得已只能將這個功勞與軍部分享，以此重新獲得軍部的支持。

或許，這就是格局吧。

九鬼低頭領命。

第三十八章
五濁惡世．羊脂玉

于升踱步南京路，來到一棟兩層小洋樓前。

洋樓一層的遮陽棚上掛著「CHANG SENG TAILORS」的英文字號，二樓拱形圓窗上方貼著三個中文大字廣告牌——裕昌順。裕昌順洋服號由奉幫裁縫所開，是上海最好的洋裝店之一。

在上海，「幫」無處不在。奉幫裁縫都來自寧波奉化，他們抓住十里洋場的「洋裝熱」，精心鑽研西裝款式，很快打響了名頭。

裕昌順洋服號氛圍靜雅，大廳設茶座，提供錫蘭紅茶和咖啡，書報架上擺著國際最新的時裝雜誌，顧客可參照雜誌選擇衣裝款式。二樓是挑選料品的場所。洋裝衣料花式繁多，從英國花呢到法蘭絨，大有講究。客戶將一匹匹衣料放在手中撫摸，細細體會觸感，對著鏡子看效果。選定布料後，由大師傅親自量尺寸填單製衣。來此量體裁衣的大多是貴客，因此裕昌順洋服號十分注重私密性。

于升來這裡不為做衣，而是會見猛張飛張承義。進門後，店夥計直接將他帶到二樓客房中。

張承義正站在窗前，看著南京路的風景，他逆光佇立，背影魁偉，如同鐵鑄的雕像，歲月沒有削減他的力量。

聽到于升進來，張承義轉過身。

熟悉的臉龐映入于升眼簾，師兄的臉飽經風霜，鼻梁

和左臉頰各有一道疤痕,如同刀雕斧刻。為躲避追捕,他標誌性的濃密鬍子已刮淨,下頷更顯寬厚,發達的咬肌霸氣威猛,充斥著岩石般的質感。

見于升進門,張承義面露喜悅之色,上前給了他一個擁抱,動作沉厚有力。

他拍了拍于升後背,笑聲爽朗:「師弟,十年不見。」

于升感慨萬千:「師兄,別來無恙。」

張承義退開一步,仔細端詳:「這些年,你變化太大,原先的璞玉已成完璧。」

「師兄過譽了,多虧您為我打開武術之門。」

「引薦你入源門,是我做過的最得意之事。師父他老人家還好吧?」

「師父一切安好,常念及師兄。」

寒暄一番,張承義直入主題:「今天約見,是想把話說明白。希望你能離開上海,好好傳承拳法。」

于升面帶疑惑:「嫂子也曾讓我離開上海,到底是為何?」

張承義輕嘆一口氣:「上海不久就會打仗,十里洋場將化作塵泥,具體情況,你還是不知道為好。君子不立危牆下,快走吧。」

張承義越是遮掩,于升越不放心:「我到上海後,託人找尋師兄,聽聞您跟高麗人一起行事。這些人手法極端,您可要當心。」

張承義蹙額沉吟:「高麗人跟我們有共同的敵人,敵人的敵人,就是朋友。若不是黑龍會用下三爛手段報復你,我也不會出面,避而不見,就是怕把你扯進來。」

于升上前一步，小心翼翼勸說：「師兄既知凶險，為什麼不跟我一起走？」

張承義若有所思地掃了一眼窗外，沉聲道：「你跟內田賭命不凶險？武術敬死，要敢犧牲，才能堅守自己。師父說，武人要逆天改命。我試過，但拳頭能改變的東西太少太少！螳臂擋車，螳螂真不知自己會死嗎？只是不想苟活而已！在這個時代，武人說到底，就是在為自己找一種殉志的死法。豹死留皮，人死留名，我改不了自己的命，想試試改變國家大勢，留下猛張飛的名號。」

聽完這一番話，于升明白，眼前人已不是在酒店前打架的那個猛張飛了，勸下去也沒有用。

「師兄，若有什麼我能幫忙的地方，一定要告訴我。」

「初心易得，始終難守。我愧對師門。你是源門的希望，只盼你能將源拳發揚光大。」

說話間，張承義掏出一個黑長布包，遞給于升。于升只覺沉甸甸的，打開一看，是兩根明晃晃的金條。

民國貨幣體系繁雜，黃金保值，又易交割，是軍閥和馬幫手中的硬通貨。

「這是師兄的一點心意，給你開武館用。」

「開武館？源門規矩不是不讓開場子授徒嗎？」

「拳術不能一成不變，武林規矩也要跟隨時代。師父說過，是人練拳，不是拳練人。我闖蕩這些年，明白了一件事。武林的根基，不是招式與規矩，而是人。武術是煉人鍛志之術，一旦中日開戰，就需要讓更多國人起來戰鬥。」

「但我的功夫還不足以自立門戶。師兄高抬我了。」

「唱戲講范兒，練拳講味道，我不會看錯，你動作輕

盈，又帶厚重質感，這便是源拳韻致。可惜我這幾年槍林彈雨，東躲西藏，拳法擱下了。」

「師兄您謙虛了，您的藤頸板肋厚實，可見功夫一天也沒放下。」武人觸感敏銳，剛才互抱時，于升已瞭解張承義身體狀態。他將金條放在桌上：「師兄的話，我記下了，但這份厚禮，我不能收。」

張承義抓起金條，不由分說往于升手裡塞：「好師弟，錢財對我已沒什麼意義。你是與武有緣之人，要傳拳授道，不可辜負先輩。」

于升見張承義堅持，便不再推辭。

「記住，別去東北，日本人蠢蠢欲動，上海和東北都會成為前線。」

張承義囑咐完，又看向窗外的繁華街景：「以前我練武，總想鋤強扶弱，以為世間事非黑即白。但在亂世中，黑道白道又有什麼區別？白道講法律，黑道講規矩，其實都是假的，最後只落得一個『利』字。戰火燒燬的村莊，哪有什麼黑白？只有遍地灰粉！灰色是黑白的中間色，也是這世界的本色。五濁惡世早已不分黑白，唯武術純淨。你還是做一個純粹的武人吧。」

于升感受到師兄言辭中的殷切，抱拳做了一個武者禮。

張承義回禮，他右手攢住左腕，放在左胯上彎腰行禮。這是匪幫行禮的姿勢，抱拳禮因與戴手銬姿勢太過類似，所以匪幫棄而不用。此時的張承義已經捨棄武人身分，是一名真正的響馬頭目。

風林居內，林熙見于升平安回來，一顆懸著的心才放下。江湖凶險，武人終日與廝殺相伴，她擔心于升一去不

歸。

　　林熙的心事又怎能瞞得過于升？他看著眼前人，內心湧起一股暖流。

　　五濁惡世，這不完美，那不完美，但有你在身邊，誰還在乎完不完美？

　　于升提起師兄建議開館教拳的事，林熙聽後十分贊同：「衛身莫大於謀食。現在政府提倡國術，教武術算是善事。多培養些武人，亂世中也有脊樑。」

　　「拳傳有緣人不假，但源門不許開場子授徒，這事還得師父許可，需要一段時日。師兄讓我們儘快離開上海，你想去哪裡？」

　　林熙早想離開會樂里，徹底告別之前的生涯。

　　「我看大雁南飛，聽說南方四季如春，陽光正好，諸事不擾，適合生活。」

　　于升點頭應道：「那就等過完年，我們把風林居賣掉，一同南下。」

　　北拳南傳，北方武師南下是近年的風氣。中央國術館成立後，廣州去年成立了兩廣國術館，館長正是編寫《武術匯宗》的自然門宗師萬籟聲。

　　萬籟聲是北派拳法代表，以他為首，加上太極名家傅振嵩、少林門顧汝章、河南獅豹拳傳人王少周、大聖劈掛門耿德海四位拳師，五人南下傳拳，號稱「五虎下江南」。北拳威名震南方，打下了北拳南傳的基礎。

　　源拳若能傳去南方，與天津有個照應，南北開花，也是不錯的選擇。

　　既然要離開上海去南方，于升便決定帶著林熙好好在上

海遊玩一番。上海是世界之窗，各國文化彙集。在西方人眼中，這裡是東方，而在東方人眼裡，這裡是西方。

于升跟林熙一起去蘭心大戲院看話劇，到霞飛路喝巴拿馬咖啡、吃羅宋大餐、嘗雪糕杯，逛百貨公司，欣賞屋頂花園。

摩登的外表下，中華千年光陰已蝕進了上海的骨子裡，海派生活別有一番格調情趣。

夕陽西沉，于升與林熙並肩站在外白渡橋上看江景。全鋼結構的外白渡橋橫跨蘇州河與黃浦江之上。蘇州河的風月無邊與黃浦江的大氣磅礡在此交匯纏綿。

十里洋場華燈初上。蘇州河北岸，蘇聯領事館、德國領事館、美國領事館和日本領事館一字鋪開，展現出上海國際化的一面。

蘇聯領事館呈深青色，屋頂建有穹頂瞭望塔，將傳統與巴洛克風格糅於一身；緊鄰著的是德國領事館，外廊式聯拱的姊妹樓共有三層，屋頂上的老虎窗透出柔和晶瑩的黃光；一旁的美國領事館大樓包含一個閱兵場，莊嚴大氣；相比之下，被稱為「紅樓」的日本領事館清水紅牆，飾以石雕裝飾，更顯精緻。

遠處的江面如同綢緞，水面帆影點點，江鷗在灰藍色的天際線旁盤旋。

迎著爽人的江風，聽著陣陣濤聲，林熙柔順的長髮被吹起，心曠神怡：「好漂亮啊。」

于升靠近林熙，在她耳畔輕語：「這裡最美的風景，是妳。」林熙低眉，依偎在于升懷中。

于升一抬手：「你看，今天落日的顏色，好特別。」

　　林熙順著他目光的方向，看到的卻不是夕陽，而是他手中的一隻羊脂白玉鐲。

　　羊脂玉油潤細膩，瑩透純淨，通體潔白無瑕。

　　于升以玉鐲套住夕陽，在紅日餘暉的映照下，羊脂玉格外通透溫潤。林熙驚豔於這種美麗，久久無言。

　　于升拉著林熙的手，幫她戴上玉鐲：「白玉不染俗塵。我第一眼看到這個玉鐲，就覺得它是為妳而存於世上。」

　　中國有「尚玉」文化。中國皇家的最高權力用玉璽體現，孔子提出「玉有五德」。西方送人黃金偏重價值，中國送人玉注重寓意。在愛情信物中，古人重玉不重金。

　　林熙戴著玉鐲，心中甜蜜。

　　「我們登報結婚吧。」于升的話語溫柔，彷彿清風吹過雨後良田。

　　林熙胸部如麥浪起伏，她等這句話已久，輕輕點頭。由於她是從良身分，上海也無親人，因此兩人決定不辦婚宴。

　　翌日，于升在《大公報》上刊登結婚啟事。

　　　于升、林熙結婚啟事：

　　　今日兩人良緣永結，紅線繫定，許以白頭之約，桂馥蘭馨。特此敬告諸親友。

　　民國時期軍閥亂戰，各地婚姻登記機構不完善，在報上刊登結婚消息，等於昭告天下，可做法律憑證。

　　見報後，顧嘉棠代表青幫出了一份厚禮，拉攏之意不言而喻。宣智民待林熙如親妹妹，也登門賀喜，備了份禮金，笑稱「算娘家給的嫁妝」。

林熙和于升是因宣智民相識，按規矩要請媒人吃一頓。

入秋後菊綻蟹肥，滬上大閘蟹上市，林熙便以蟹宴款待。

江南人在吃上講究一個「鮮」字，其中翹楚當屬大閘蟹。林熙精心挑選青殼白肚、金爪黃毛的大閘蟹放於清水中，讓螃蟹吐盡肚中穢物。蒸煮時，鋪上紫蘇葉，放入蔥薑。

端上桌的大閘蟹呈橘色，淡黃的蟹汁夾雜一團團芙蓉般的蟹肉，肉肥黃滿，以薑末、米醋和糖調汁，拌蟹食用，光聞味道就能叫人多吃下一碗白米飯。

酒足飯飽後，林熙收拾殘菜鍋碗，于升和宣智民到書房小坐。

書房內清香撲鼻，榴花紅的小瓷碟裡放著一個小木瓜。小木瓜酸澀，買來不為食用，只取其香氣宜人。

昔日宣智民帶于升來風林居時，于升是客，如今兩人身分顛倒了過來。

宣智民打趣道：「于兄，自從風林居被你『霸占』以來，我可少了口福耳福啊。」

「宣大哥說笑了。現在我和林熙兩人招待你，不是更有福氣？」

談笑間，宣智民看到了書桌上的兩張字。字跡筆力深厚，線條老勁，入紙帶根，不是林熙的風格，是于升用節節抽拔的拳意落墨寫成。

前一張是《道德經》之語「專氣致柔，能如嬰兒乎？」後一張只寫兩個字「血月」。

自從聽到血月之事後，于升彷彿肉中帶刺，不時念起，

不知不覺，手書心中事。

見到「血月」兩字，宣智民頓時面色一變。

「于兄，你聽誰說起的血月？」

「是從一幫高麗人那兒打聽到的。怎麼，宣大哥知道這事？」

「你還知道些什麼？」

于升見宣智民臉色凝重，慎重答：「我不明細節。宣大哥，究竟發生了什麼？」

「血月行動事關重大，處理不好，會釀成大禍。我此前跟日本人起衝突，就是因為追查血月行動。」

于升回憶起張承義殉志之言，眉宇輕蹙：「實不相瞞，我師兄跟此事有關，我有心救他。宣大哥能否告我詳情？」

宣智民肩頭一抖，瞪大眼睛：「聽說此項行動由中國人牽頭執行，莫非頭領竟是你師兄？」

「說來話長，但我敢打包票，他絕非惡徒。」

事關重大，宣智民沉思半晌之後，決定將血月行動情報坦誠相告。

此前，中共情報人員獲悉有人密謀透過綁架日本外交官破壞當前國際局勢，行動代號「血月」。當下，上海大部分地下黨人都投入到中國共產黨六屆三中全會的籌辦工作中，分不出足夠人手處理此事。宣智民毛遂自薦，牽頭成立了專項小組，阻止破壞行動。

血月象徵災禍，這個代號同時也暗指日本國旗上的紅日。

日韓合併後，一部分不願當亡國奴的韓國人流亡中國，暗中進行復國運動。他們計劃在上海綁架日本高官，展現反

日之心。若這只是韓國人的抗日鬥爭，對中國影響有限。壞就壞在，響馬也參與了進來。

響馬本是山東的土匪，意圖參與對日本高官的暗殺，起因要追溯到兩年前。民國十七年（1928年）5月，濟南慘案爆發。中國外交官遭日軍割鼻挖眼殘殺，日軍在濟南施暴，燒殺奸掠，上萬人喪命，血流成河。

葉曼晴的親族在大屠殺中慘死，從此，她與日本人不共戴天。

張承義和葉曼晴逃脫圍剿後來到上海，與韓國人合謀，準備綁架日本外交官，逼其寫下罪狀，以此號召全面反日，行動代號即為「血月」。

張承義曾犯下火車綁架案，在國際上造成很大影響，若參與綁架日本高官，極有可能給日本一個開戰的理由。

聽宣智民說完，于升不解：「若外交官將日本侵華意圖公之於眾，日本貿然開戰，豈不心虛？」

「真相？呵呵，戰爭首先消滅真相。打著正義之名，行著苟且之事，就是戰爭的真相。」

「可是日本人也殺過中國外交官，怎麼捉一個日本外交官，就鬧到要打仗？」

「日本人要的是一個開戰的藉口。中原大戰把軍閥家底都打完了，現在正是他們捅刀子的大好時機。」

「我師兄他們又會如何？」

宣智民斬釘截鐵道：「必死無疑。中國不想開戰，勢必捉拿兇徒。日方也不會放過刺客，以免將來高官被暗殺困擾。」

于升眼瞼微微一顫：「我們能做些什麼？」

「保護日本外交官，或者解決行動組，總之必須阻止血月行動。」

「為什麼不把消息透露給日本人，讓他們加強守衛？」

「黑龍會也一直在調查血月行動，但他們可不是為了保護外交官，而是在找嫁禍給中國的機會。」宣智民站起身來，在書房中徐徐踱步，「犧牲一個外交官就能收穫發動戰爭的理由，對他們來說，太划算了。」

「真是諷刺。日本人的外交官，卻要我們來保護。」

宣智民嘆了一口氣：「弱國無外交。若逞一時之快，濟南慘案或許就會在上海重現。大砲面前，就算你有一身武功，又能保護得了誰？」

于升靜默，半分鐘後，抬起眼，目含堅定：「止戈為武，阻止戰爭是武人天責，讓我助你一臂之力吧。」

宣智民正愁人手不足，若能獲得于升這樣的武術高手相助自然最好，但他還是有一絲猶豫：「你剛結婚，林熙那邊怎麼辦？」

「我也要一起！」林熙推門而入。她已經在門外靜立傾聽了一陣，聽到這裡，忍不住進來。

宣智民面露難色，看向于升。

于升毫不掩飾擔憂之情：「不行，這太危險了！」

林熙纖眉微挑：「葉姐姐救過我，我也要救她。還記得我們在一品香說過的嗎？打起仗來，沒人能自保，多一個人，多一份力量。萬一有滲透任務，我執行起來比你們方便。」林熙最後一句話打動了宣智民。

「妳要加入也可以，但一切都要按計劃來，安全第一。」

第三十九章
關東幫・洪門

OTIS電梯的木質轎廂內，韓國人尹俊吉皺著眉頭，微胖的臉上像蒙了一層灰。

手動鐵柵門被拉上，鋼纜發出吱吱的聲響，電梯一路往下墜，一如尹俊吉的心情。

日韓合併後，從事漢學研究的尹俊吉被委派到東方文化事業部任職。

東方文化事業部由日本外務省文化事業部管轄，以庚子賠款為資金來源，成立初衷是緩和「二十一條」導致的反日情緒。但很快國民政府就發現，東方文化事業部借「日中親善」之名，行「文化侵略」之實：一邊資助中國菁英學生留日，從文化上「洗腦」中國學者，另一邊開展涉及中國經濟安全的調研項目。

濟南慘案發生後，全體中方委員集體退出事業部，表示抗議。今年國民政府廢止了日本《對華文化事業協定》，赴日考察的中國學生數量銳減。在中日關係不斷惡化的背景下，東方文化事業部的工作舉步維艱，但對於尹俊吉來說，這並不是壞消息。他以匯報工作為名，與日本外交官頻繁交流，收集情報更加方便。

尹俊吉是大韓民國臨時政府的秘密內線，也是血月行動的情報負責人。

此前在內田佑領導下，黑龍會一直暗中緊咬不放，導致

血月行動一再拖延，尹俊吉做了大量的掩護工作。內田佑死後，黑龍會一時陷入群龍無首的狀態。張承義出手擊殺松尾兄弟，更是為行動斬除了後患。

但最近金秀國和金秀民兩兄弟都匯報被人跟蹤了，追蹤他們的不是日本人，而是青幫黨羽。

雖然青幫在上海勢力龐大，但跟韓國人沒有利益衝突，沒有理由跟蹤金氏兄弟，因此，尹俊吉總覺不對勁。他透過釋放假情報的方法，排除了情報網絡暴露的可能。剩下的唯一解釋，就是合作的響馬有問題。從報告時間來看，兩兄弟被跟蹤，是在他與響馬見面後不久發生的。

尹俊吉作為學者，內心不願跟響馬合作。但組織上認為響馬有豐富的作戰經驗，能在本土行動中發揮不可替代的作用，況且響馬跟日本人之間有深仇大恨，絕無背叛的可能。

不過，尹俊吉並不同意這個判斷。

響馬只是暴徒，沒有政治主張，僅憑一腔熱血和復仇本能行事。而人的情緒是最靠不住的。情緒沒有遠見，建立在情緒基礎上的革命如同流沙上的閣樓，必將坍塌。革命要利用情緒，但不可以依賴情緒。《道德經》云：「飄風不終朝，驟雨不終日。」越劇烈的情緒越容易變質，熱烈的愛情得不到回應可能會變成徹骨的恨。

尹俊吉認為，讓響馬帶著私仇情緒加入行動，就如逆風持炬，容易有燒手之患。

為了緩和尹俊吉的對立情緒，韓國情報組織安排他與張承義會面，地點就在章麻皮所工作的轉子房。

尹俊吉看到猛張飛，立刻明白了為何組織重視他的戰鬥能力。張承義的彪悍刻在他每一道傷痕裡，滲透在他每一個

毛孔中。孔武有力的體格、自信而警覺的眼神，舉手投足都像是在告訴別人，他是為戰爭而生的，彷彿某種人形武器。

　　張乘義身旁的葉曼晴美豔高冷，如果不是眉梢眼角帶著一股英氣，活脫脫就是一個畫報上的摩登美人。當日尹俊吉與張承義商討行動細節，葉曼晴雖大部分時候閉口不言，卻讓人無法忽視她的存在。

　　直到尹俊吉提出日本外交官要交由韓國人處理，與猛張飛爭執不下時，葉曼晴突然開口：「尹先生，我們不是來爭論的，只是告訴你，我們想要什麼。響馬一旦確定了目標，便不會更改。無論巧取，還是豪奪，只憑實力說話。」她的聲音帶著一絲慵懶，卻有著不容辯駁的霸道。尹俊吉沒想到，這位美女一張嘴就毫不掩飾地展現其強盜本色。

　　葉曼晴將手搭在猛張飛的肩膀上，眼眸中滿是自信：「日本人奪走了我們很多東西，這個人我們要定了，無論付出什麼代價。現在是你需要我們幫忙，而不是我們需要你幫忙。」

　　尹俊吉注視著她的眼睛，端正坐姿，回答：「我們是合作關係，你們也需要我們的情報，凡事都有解決的辦法，一切都可以商量。相信我，我會找到讓兩邊都滿意的解決方案。」

　　葉曼晴帶著輕蔑的笑意：「我數三個數，要嘛你同意把日本人交給我們，要嘛我們轉身離開，三、二……」葉曼晴剛數兩個數，張承義便站起身來。兩人的配合，給尹俊吉帶來了巨大的心理壓力。

　　在葉曼晴數出最後一個數字之前，尹俊吉鬆了口：「等等。就按你們說的做，但計劃要按我們定的執行。」

　　與其讓響馬胡來，鬧得不可收拾，還不如將他們作為棋子，讓整體佈局更加合理。只要達到目標，日本人給誰處理並非原則問題。

　　尹俊吉當日在報告裡寫下「張承義，沉穩幹練；葉曼晴，魄力非常，妻唱夫隨，雖可共事，但絕非同志」的評價。

　　那次會面後，尹俊吉為了今後在與響馬的博弈中占據優勢，特意查閱了不少響馬的資料，知道響馬為爭奪地盤和利益，跟幫派間常有摩擦。若是響馬夫婦身上有未了的江湖恩怨，引來幫派紛爭，勢必會對行動造成不利影響。

　　想到這裡，尹俊吉眉頭幾乎擰到一處。

　　電梯上方的半圓鐘式指示牌顯示電梯已到一樓。電梯門「叮」一聲響，鐵柵門被拉開，尹俊吉走出大堂，步入馬路人潮之中。

　　剛走了幾百米，尹俊吉就察覺到身後有人跟蹤。果然不是他多疑！

　　跟著尹俊吉的，不是別人，正是于升與郭子維。

　　獲悉血月行動後，于升猜測師兄是被人利用，想說服他退出，但張承義蹤跡難尋。

　　與郭子維碰面交流後，于升計劃透過已經查出來的韓國人尹俊吉傳信。尹俊吉與張承義見過面，這人有公職在身，每天的行動路線固定，相對容易接觸。

　　于升連夜寫了一封勸誡短信，考慮到此信需經中間人之手，所以他行文用了暗碼，需對照門內口訣跳字閱讀，在旁人看來，信中只是文法拙劣的門派瑣事。

　　尹俊吉發現自己被人跟蹤之後，迅速轉身進了一條弄

堂。

　　郭子維撓撓頭，面露疑惑：「奇怪啊，他平時不走這條路。」

　　于升心中驟然一抽：「糟了，暴露了，追！」

　　兩人腳下加勁，跟著拐進弄堂。

　　弄堂內，只見十來個大漢在牆邊整理晾曬藥材。人參、龍膽草、黃耆、虎骨攤了半條路。

　　尹俊吉走到弄堂中間，正跟領頭的大漢耳語。

　　領頭的大漢生得高大，方臉塌鼻，一頭亂髮如同獅鬃般垂在肩頭，左臉有一塊青色的胎記，綽號「青面金剛」。他側著頭聽尹俊吉說完，轉而看向巷口兩人，目露凶光，喊了句于升聽不懂的話。

　　霎時間，弄堂內所有人都放下工作，抄起板凳、扁擔，「轟」一聲湧到巷子中央。弄堂本就不寬，十來個大漢一擁而上，把巷子堵了個嚴嚴實實。

　　尹俊吉回頭挑釁似地對于升笑了笑，大步離去。

　　郭子維一看形勢不對，二話不說，掉頭就跑。

　　于升沒被駭人的陣仗嚇退，但眼前厚厚的人牆也令他暗叫不妙。

　　擋在于升面前的是關東幫。

　　關東幫來自中國東北及朝鮮一帶，他們並非黑道，而是江湖「皮門」。

　　「皮」是賣藥人的總稱。民國時，中國藥材市場被「十三幫」壟斷，分別是關東幫、京通衛幫、山東幫、山西幫、西北口幫、古北口幫、陝西幫、懷幫、彰武幫、亳州幫、川幫、寧波幫和江西幫。

　　原本上海藥材市場是寧波幫的地盤，如今全國戰亂，唯上海繁榮，關東幫只得帶貨入滬，跟寧波幫搶飯吃。藥幫平日跋山涉水，千里販藥，承擔著護鏢任務，也不是吃素的。

　　關東幫領頭者青面金剛走南闖北，見過風浪。他所帶的人手都來自延邊，與韓國人語言互通，相互照顧。

　　尹俊吉在韓國人中頗有聲望，方才請青面金剛幫忙堵住于升和郭子維。青面金剛立時應下了，這裡是關東幫大本營，擋住兩個人有何難？

　　青面金剛見于升絲毫沒有退避的意思，彎腰從牆邊撿了塊磚頭。街頭打架，很多人都喜歡撿磚塊當武器，但對內行人來說，磚塊用法是有講究的。

　　青面金剛走到弄堂口，將磚頭一掄，磕在牆角，砸下小半截，攥在手中。碎磚打人，不易斷裂，且碎磚開口鋒利，傷害性強。

　　這個小動作，顯示出青面金剛是街頭「慣打」。

　　街頭打架最怕碰到「慣打」。打架有「一膽二力三功夫」之說，慣打有膽有力，也有一套街頭慣用的陰毒打法，就算武林高手，遇到慣打一不小心也會栽跟頭。

　　青面金剛殺氣騰騰走上前，以低沉暴虐的聲音喝道：「敢往前一步，老子整死你！快滾！」

　　今日打草驚蛇，若跟丟了尹俊吉，想再找他可就難了，于升耽擱不起，也不答話，一個踐步發力，衝向青面金剛，想要擒賊先擒王。

　　青面金剛沒想到真遇上不要命的了，但他反應極快，見于升衝來，掄起碎磚砸向于升天靈蓋。

　　于升左手上架，抓住敵人手腕，往前一拉，青面金剛瞬

間重心前傾，與此同時，于升右手迎面一招「抹眉」，以指尖擦過青面金剛眼睛。

青面金剛受創，閉眼虎吼，于升不放過這個機會，順勢左手扣腕，右手鎖喉，一下子制住了青面金剛。

碎磚落地，青面金剛被于升生擒。這一切發生得太快，眾人還未來得及上前幫忙，首領就被生擒，頓時大驚失色。

于升加了把力，幾乎將青面金剛手臂扭斷，在他耳邊道：「讓他們退開！」

青面金剛咬牙不服軟，脖子一硬：「放屁！給老子打！」

延邊漢子打起架來不要命，老大一發話，眾人立刻圍上來。

于升無意傷人，見青面金剛不肯就範，一把將他向前推出，擋住了正前方衝上來的兩人。

一名大漢從左側衝出，于升眼觀六路，踹中大漢膝彎，踢得他跪倒在地。

緊跟著右側衝來一名矮壯漢子，平舉板凳，凳腳朝前直插過來，想把于升「釘」在牆邊。

于升抬肩揚掌，彷彿在空中抓住了一個鐵環，重心掛在手臂上，猛以「塌勁」下砸劈落。

只聽「咔嚓」一聲，凳腳被劈斷，在空中轉了兩個圈，掉在石板路上，發出清脆的「哐啷」聲。

矮壯漢子被震得一屁股坐倒在地。于升這一招「恨天無把」，穿堅碎木，驚住了巷內眾人。在他的威壓氣勢之下，延邊漢子們紛紛後退。

青面金剛一骨碌從地上爬起，虎著臉喊：「怕啥！他就

一個人，弟兄們一起上，整死他！」

眾人重振士氣，忘卻恐懼，又湧了上來。

街頭亂鬥中，最忌諱被圍打，以一對多時要打閃結合，靈活走位，避免腹背受敵。偏偏此時于升急著衝過巷子追人，打起來有前無後。

于升抬臂護頭，腰腹發力，上身搖晃著前進。每次搖閃都將重心壓到前支撐腿上，再擰腰反向發力，拳打敵人側肋。這種打法是他從基洛夫那裡學到的，能在閃避的同時發起攻擊，適合向前的運動戰。

連續擊倒兩人之後，于升就陷入了敵人的包圍圈，背上被板凳狠狠砸中。被眾人圍著打，免不了挨揍，好在于升練過騰膜，扛得住棍敲磚砸。亂戰中，于升如魚一般搖身穿梭，不斷摔倒圍住他的大漢。路旁的藥材也在眾人的亂鬥中被踢亂撞散了一大片。

青面金剛眼見藥材遭殃，心中焦急，眼睛發赤：「都給我讓開！」

眾人應聲避讓，青面金剛鼓起蠻力，扛起煮藥的大鐵鍋當盾牌，大吼著直衝向于升。

青面金剛雙眼佈滿血絲，與青色胎記形成鮮明對比，模樣說不出的詭異。

于升不避不讓，以「裹、踐、躦」之法，邁出摩擦步，腳下一躦，看準來勢，集六合之力打出虎趾掌，一掌打在鐵鍋上，如重錘砸鐵，發出「咚」的一聲，巨大的聲音震得人耳膜嗡嗡作響。

衝力之下，青面金剛背後的衣裳瞬間繃緊，只覺得自己被撞散了架，雙足離地，身子騰空而起，飛出丈遠才落地。

鐵鍋脫手而出，砸碎了臨街一扇玻璃窗，碎玻璃散落在地上，反射出點點白光。

青面金剛被打飛，原本嚴實的人牆終於出現了一個缺口。于升勢如流星，一個箭步衝過去。正當他準備穿過弄堂時，前面又鑽出四個大漢，擋住了去路。

這些人也是關東幫的。原本他們在屋裡睡覺，被打鬥聲驚醒。他們知道遇到了強敵，都有備而來，手上拿的不是板凳、木棍，而是菜刀和匕首。

援軍的出現，令關東幫被打散的士氣再次重振。

「奶奶的，剁了他！」青面金剛撐起身子大喊，人群又圍了上來。

剛才于升不願傷人，有意留手，現在對方動了刀刃，可就沒有留手的餘地了。這些慣打不會被輕易嚇退，必須下死手重傷一兩人，造成恐慌，才能有機會衝過去。

想到這裡，于升眼神變得凶暴，周身散發出一股凜冽殺意。

正當于升準備大開殺戒時，背後傳來一聲怒喝。

「小刁模子（小混混）！也不看看這是誰家的地盤！」只見郭子維拎著一把砍柴刀，雄糾糾殺過來。

給他底氣的，不是手中刀，而是身後黑壓壓的人群。青幫人馬怒濤般湧入小巷，摩肩接踵，把街面擠了個水洩不通。人多壯膽，五十來人齊聲應和，氣勢洶洶，聲威震天。

關東幫雖然打架勇猛，但說到底也只是外來商幫。強龍壓不住地頭蛇，關東幫自然對本地幫派忌憚三分。

關東幫一群人在弄堂內被于升一個人壓著打，本來就士氣不振，如今見這麼多拿著刀棍的凶神殺過來，青面金剛彷

佛被人扼住了喉嚨，臉色煞白如紙。

青面金剛立刻揮手，讓大家後撤，聚成一團。群戰最怕落單，一旦被分開打，只怕今天都得被拆了骨頭。

原來剛才郭子維一看硬闖無望，一秒不耽擱，果斷回身跑去搬救兵。這附近有青幫的小總會賭場，郭子維振臂一呼，二十多人操傢伙過來助拳。青幫是地頭蛇，路上不斷有人加入進來，連黃包車伕都扔下車，撿了棍子加入其中。等隊伍殺到小巷時，已然有了五十多個人，與關東幫之眾寡形勢登時逆轉。

面對黑壓壓的人群，青面金剛挺胸站定，只見他大拇指與食指做成一個圈，中指、無名指和小指伸直，擺出「三把半香」手勢。

這是洪門暗語。

「三把半香」的「香」分別是一把生死之交仁義香，一把治國安邦忠義香，一把替天行道俠義香，外加半把秦瓊結義香，此手勢一出，等於自報洪門身分。

與青幫直系傳承不同，洪門天南地北派系眾多，哥老會、大刀會、紅槍會都屬於洪門，彼此以手語相認，以免大水沖了龍王廟，一家人不認一家人。

青面金剛不管來者何人，先報洪門名號，江湖人好歹也要給三分薄面。

青面金剛手出「三把半香」，口念「拜碼頭令辭」：「都是梁山一炷香，不共心來也共堂，不共爺來也共娘，龍兄龍弟會合一堂。」

要是二十年前，或許青幫還會給洪門一個面子。可惜，此時的洪門，早已勢弱。

辛亥革命早期，革命勢力薄弱，洪門以反清為己任，成為革命的重要力量。清帝退位，幫會成為革命功臣，洪門上下都等著被加官晉爵，可惜等來的卻是解散幫會的《大總統令》。共和制度跟幫會理念南轅北轍，歷史大潮將洪門拋出革命。反清大業完成之後，眼看仕途無望，洪門失去奮鬥的方向，核心凝聚力不存。

此時青幫是上海第一大幫，郭子維完全不把對方的洪門身分當回事。

他威風凜凜一舉柴刀：「我管你個赤佬哪兒來的，日瞎了狗眼！連青幫的人都敢動！」

郭子維搬出青幫，也是出於江湖經驗，要是對方聽了名號還敢造次，那就是「踩牌頭」了，必遭青幫上下齊心追殺。

青面金剛一聽是青幫，立刻知道今天栽了，但身為關東幫老大，他也有三分傲骨：「紅花綠葉白蓮藕（洪門、青幫、白蓮教），三教原來是一家。久聞青幫大名，都是誤會！這架是我挑的，跟兄弟們無關。你看怎麼辦吧。」

郭子維看向于升：「于大哥，怎麼辦？」

于升盯著巷尾：「我要過去。」

青面金剛跟郭子維同時詫異道：「啊？」

「趕緊讓路，我要過去！」

青面金剛反應過來，讓大漢們閃出一條道來。郭子維還沒來得及邀功，于升就拔腿追著尹俊吉而去。

尹俊吉原以為關東幫能解決掉追蹤者，步履不亂，一時還沒走遠，等發現于升追來，再想逃，為時已晚。

能隻身闖過關東幫把守的弄堂，這人不一般，只怕是殺

手。尹俊吉瞳孔驟縮，慌張後退：「你要幹什麼？」

于升抱拳一拱：「不用怕，我是張承義的師弟，本門拳派有事找他商議，勞您帶一封書信給他。」

尹俊吉心頭兀自怦怦狂跳，既然這人知道自己跟張承義有聯繫，血月行動就可能已經暴露了。但還沒等他出口否認，于升便搶話道：「我們都是江湖人，說的也是江湖事。你們做什麼，我們並不關心。」

尹俊吉看看書信，又看看于升。于升的表情彷彿早已看透了一切，任何的狡辯恐怕都是多餘的。連關東幫都擋他不住，只有按他說的做，才是最明智的脫困之法，尹俊吉頗不情願地點點頭，接過信封。

到辦公室後，尹俊吉拆信檢查，見信中果然是一些江湖瑣事，對響馬夫婦愈加不滿。

「真是荒謬，匪徒終究是匪徒!」

不過這倒也不全是壞事，至少解除了尹俊吉對行動暴露的擔心，血月行動照常進行。

張承義讀信之後，則是另一番心情。于升在信中所說的行動後果，跟韓國人說的完全不同，張承義信任師弟，內心有些動搖。

葉曼晴搶過去一把撕碎了信，展現出堅定決心：「兄弟們死不瞑目，他們都在天上盯著我們呢，事到如今，哪有半途而廢的道理？既然幹了，那就轟轟烈烈幹到底！」

于升終究沒有等到師兄的回信。

宣智民拍拍他的肩：「看來只能用我的辦法了。」

第四十章
隱匿基督徒・暗勁

　　四十八歲的橋本英吉是日本駐華公使館二等參贊。他說話慢條斯理，極富邏輯，做事井井有條。

　　明治維新後，日本國內崇尚「和魂洋才」。橋本遊歷歐洲求學，深受西方影響。他偏愛上海，因為這裡到處可以看到歐洲的影子，不僅有西餐廳，還有巍峨的教堂。

　　聖依納爵主教座堂被稱為「遠東第一大教堂」。這座哥德式教堂高五層，莊嚴宏大，氣勢磅礡。兩側五十七米的鐘樓森然高聳，尖頂直插雲霄，細長的十字架佇立風中。多層拱券大門上方立著耶穌石像，兩旁是四位福音聖使的雕像，背後的玫瑰花窗斑斕絢麗。

　　中式寺廟講究平正對稱，大部分佛像是端坐之姿，傾聽眾生，給人親近之感。

　　西式教堂與之相反，巍峨高聳，垂直向上，彷彿要觸及天國，釘著耶穌的十字架置於高處，須仰頭才能看清全貌，提醒著人類在信仰面前的渺小。

　　橋本走進教堂，厚實的高門在他身後閉攏，將廣場鴿群和嬉鬧聲關在門外，教堂內是另一個聖靈世界。

　　橋本踩著花瓷地面，走在金山石柱撐起的拱形穹頂下，坐進長條椅。

　　陽光從彩窗上照下，色彩繽紛，如同瀑布下水珠濺出的彩虹。

現在並非禮拜時間，周圍為數不多的教徒手持《聖經》聚在一起。

教徒們目光清澈，神態誠懇，在修女的帶領下平緩而虔誠地齊聲唸誦馬太福音：「我差你們去，如同羊進入狼群；所以你們要靈巧像蛇，馴良像鴿子。」

在奧地利管風琴聲中，橋本注視著木雕祭台上的聖像，彷彿在無言祈禱。他凝視著雕塑的眼睛，漸漸沉浸在對靈魂的探究之中。

橋本英吉出生在九州長崎，是「隱匿基督徒」的後代。

在日本，基督教曾是百年的禁忌。十六世紀後半期，豐臣秀吉將基督教與海外殖民者的野心聯繫到一起，宣佈日本為神國，基督教是邪教。幕府推行嚴苛的禁教措施，在九州引發「島原之亂」。

暴亂被鎮壓之後，基督教徒遭到肅清。不僅傳教士和神職人員遭難，普通教眾也被捕受刑。刑法殘忍至極：以沸水澆身、海水灌口鼻、倒吊後割耳放血，直至教徒屈服棄教，若還不從，則處以火刑。

葡萄牙高級教士費雷拉在遭受五小時的倒吊放血後，宣佈棄教，被迫腳踏聖母及耶穌塑像，成為這次迫害運動的標誌性事件。

十七世紀，基督教在日本徹底沉寂，但信仰沒有因此消失，基督教教義在少量農民和漁夫中口耳相傳。直至明治維新後，基督教重新合法化，教徒才恢復身分，史稱「隱匿基督徒」。

橋本隱瞞了先輩身分，以「拉近與歐美人士關係，便於探聽情報」為名，每週到徐匯區的教堂靜坐。

外交官摒棄野蠻廝殺，用談判維護國家利益，是文明世界的產物。但橋本作為日本軍國主義代言者，卻努力地尋求戰爭的藉口。他身上流著「隱匿基督徒」的血，先輩體驗過日本民族的狹隘與殘忍。一邊是日本軍國主義，另一邊是從西方學習的平等博愛思想，內心煎熬，只有身處教堂，他才能得到片刻安寧。

可惜這份安寧注定短暫，今天是明治天皇的誕辰，橋本還得趕去參加慶祝舞會。

明治天皇在日本人心中有特別的位置，他一改以往天皇的傀儡狀態，明確「大日本帝國由萬世一系的天皇統治」，帶領日本進入世界強國之列。11月3日的明治天皇誕辰是日本的重要節日。今晚，日本人俱樂部將舉辦一場夜宴舞會，邀請了各國使節和商會代表參加。

橋本看了眼手錶，起身離開教堂。他神色安然，還不知道今晚面臨著一場大難——他就是血月行動的綁架目標。

張承義與韓國人此前曾謀劃過一次行動，但因為情報有誤，橋本臨時改變出行計劃，行動失敗了。

尹俊吉獲得天皇誕辰舞會的詳細情報後，認為動手條件成熟，決定在當晚展開行動。

另一邊，宣智民也從情報機構獲得了相關消息。見過橋本照片後，林熙認出這就是在一品香替自己解圍的日本人，覺得冥冥中有天意。

宣智民對行動做了分工：于升與宣智民負責阻止血月行動組，林熙偽裝成舞女接近橋本。之前的一面之緣，令她能更加自然地接觸橋本，一旦找到橋本就立刻帶他離開俱樂部，前往安全地點。

　　日本人俱樂部位於虹口文監師路，是一幢新古典主義的四層洋樓，歐式拱形門窗，紅牆白門，十分氣派。俱樂部一樓是桌球場和酒吧，供會員飲酒娛樂；二樓為宴會廳，用來招待貴賓；三樓設有演劇場，安排藝伎歌舞、日本能劇等娛樂表演；四樓是客房，賓客可以在此留宿。

　　俱樂部採用會員制，如無會員邀請無法入館。

　　今晚是一年一度的慶祝盛會，約有三百五十名各路貴客彙集於此。夜幕降臨，文監師路車水馬龍，熱鬧非常。俱樂部門口廣場已被各式轎車停滿，從六缸四門的別克豪華汽車到敞篷的雪鐵龍，應有盡有。此時的廣場像是在辦一場滬上豪車展覽會。

　　二樓宴會廳內，白布長桌上擺滿餐點，玻璃杯中盛著紅色葡萄酒、黃色香檳以及日本清酒。

　　戴著金絲眼鏡的橋本晃著一杯香檳，杯中的冰塊互相撞擊，發出叮噹聲響。他正用英文跟英國外交官史密斯閒談。

　　史密斯有一搭沒一搭地跟橋本聊著，眼睛不時瞄向附近面容姣好的舞女。他噴了來自德國科隆的老配方古龍香水，渾身混合著橙花、迷迭香、薰衣草的味道。

　　這位英國外交官對日本天皇誕辰毫無興趣，參加舞會最大的樂趣就是獵豔異國美人，但出於禮貌，他還是得應付一下東道主。

　　橋本知道史密斯的小心思，只是不願輕易放過套取訊息的機會。

　　日本在國際上的盟友並不多，英國算一個。

　　甲午戰爭後，清廷簽訂《馬關條約》，割讓遼東半島給日本，此舉遭到俄國、法蘭西和德意志帝國的干涉，三國逼

迫日方退還遼東。英國拒絕參與干涉，等於間接支持了日本。日本擊敗俄國後，覬覦中國領土，一定程度損害了英法等國的殖民利益，但英國對此態度卻十分曖昧。

在橋本眼中，英國是商人的國度，殖民地對他們來說就是一椿生意，日本完全可以藉由利益割讓，使兩國達成一致目標。

根據橋本的判斷，英國在第一次世界大戰後經濟還未恢復，在遠東的軍事實力薄弱，國內和平主義氾濫，不願管日本的「閒事」。

隨著民族主義高漲，中國出現反對帝國主義的浪潮，英國方面有意引導中國民眾情緒從「反英」變成「反日」，以減輕自己的壓力。

日本對華戰爭勢在必行，為了減少國際干涉，英國是必須拉攏的夥伴。

在橋本與史密斯閒聊時，血月行動組滲透入了俱樂部。

在尹俊吉的協助下，葉曼晴偽裝成一名在上流商圈遊走的交際花，混進晚宴。

雲母石吊燈下，她身穿黑色長禮裙，露出白皙的背部，手中拿著一杯粉紅的雞尾酒，緩步走在黑白兩色的方地磚上。玻璃高腳杯握柄細長，像是一支盛開的玫瑰，杯中的糖漬櫻桃輕輕搖晃，如同花蕊。她一邊應付著絡繹不絕的搭訕客，一邊尋找橋本。

看到妻子這身打扮，張承義心中不爽，但在這種場合，越美豔，越不會引人懷疑，也越方便做事。張承義由於相貌凶惡，太過惹眼，只能裝作司機，在停車場內接應。

此時，一輛咖啡色福特車駛過W.J.BOONE ROAD（文

車內坐著宣智民、于升和林熙三人。這輛車是宣智民以商會的名義從雲飛汽車公司租來的。于升身穿象牙白的派力司長衫，宣智民則一身黑色中山裝，兩人以商會代表身分參加這次晚宴舞會，林熙扮成了伴舞的長三堂子。

車子停到日本人俱樂部門口。宣智民和于升先後向日本憲兵出示邀請函，林熙眉目楚楚跟在二人身後。她略施粉黛，化了桃花妝，雙頰一層淡淡紅暈，配一身雪白旗袍，肩、腰和胯部以粉色桃花刺繡作點綴，舉手投足風情萬種。

日本憲兵看到林熙，只恨無法與這樣的美女共舞，絲毫未懷疑她的身分。進門時，宣智民無意中擋住了于升，張承義掃過一眼，並未發現師弟的到來。

一場燈火下的暗戰就此拉開。

進入大堂，繞過灰紋大理石柱，宣智民壓低聲音：「分頭行動，一旦確認他們潛入會場，就發暗號。」

日本人俱樂部有四層樓，內有幾百人，分開搜尋效率更高。于升有些擔心林熙安全，輕握了下她的手，目光中滿是關切：「多小心。」

林熙點點頭，反過來握緊于升的手，和他對視一眼：「你也是。」

二樓宴會廳內拉著慶祝天皇誕辰的橫幅，上百人圍著七條鋪了白布的長桌邊吃邊聊。宴會廳前方是紅白相間的舞台。

巨大水晶燈的照耀下，一名歌女站在拼花地板上表演。歌女描眉畫眼，塗著胭脂口紅，燙了時髦的愛司頭，穿著緊緊裹住小腹的海棠紅旗袍，誇張地扭著胯，以吳儂軟語特有

的嗲氣唱著《毛毛雨》，聲音帶著爛熟水蜜桃般的甜糯。

> 毛毛雨，下個不停，微微風，吹個不停。微風細雨
> 柳青青，哎喲喲，柳青青。
> 小親親不要你的金，小親親不要你的銀。奴奴呀只
> 要你的心，哎喲喲，你的心。

這首江南味道的白話情歌，結合小號銅管等西洋樂器，融入爵士節奏，作為中西合璧的海派新樂，開創了中國流行樂先河。

歌聲中，葉曼晴發現了橋本。橋本戴著金絲眼鏡，穿茶色西服，胸袋裡插著裝飾用的藍格子手帕。確定目標後，葉曼晴整了一下衣裙，走上前搭訕。

對於送上門的美女，橋本並不熱情。但史密斯的注意力一下子被葉曼晴吸引住了。在舞會裡談論時事和政治，簡直迂腐至極，他正被橋本纏得有些不耐煩，沒想到突然有位美人主動搭訕，史密斯藍色的眼珠盯著葉曼晴，一寸都捨不得移開。

為了接近橋本，葉曼晴只得耐著性子，向史密斯擠出笑容。

另一側，于升與穿著服務員制服的金秀國、金秀民兩兄弟擦肩而過。

于升與他們在一品香見過，雖然只是一眼，但因為之前的錯認，他對兩兄弟印象十分深刻。

向前走出三步後，于升駐足回看，恰好對方也望向于升。雙方心裡都咯噔一下，從事地下工作的人從不相信巧

合。

確認對手已經潛入，于升走到長桌旁，故意扯了一下白布，一個玻璃杯應聲跌落摔碎。桌邊人多，諸客只當玻璃杯是被誰不小心碰落的。

于升發出信號，轉身跟上兩人。

金秀國和金秀民見被人盯上了，馬上分開行動，一人從樓梯口下到一樓，另一人則向反方向走去。于升略一遲疑，跟著體格更壯的金秀國下了樓。

宣智民聽到摔杯聲，立刻停步，掉頭往門口走。既然對方行動組已潛入會場，那麼必定在門外安排了接應的車輛。宣智民要去找到接應，阻止他們離開。

宣智民對著門口的日本憲兵比畫了一下，裝作回車上拿菸，從俱樂部裡踱步出來。

秋夜的涼風吹在臉頰上，讓人更加警醒。

環顧四周，停車場裡的各色車子不下五十輛。當賓客赴宴時，司機要嘛在車外聚集閒聊，要嘛在車內閉眼小憩。如果是綁匪，既不會離車，也不會打瞌睡，必定在車內觀察。

宣智民在場邊繞了一圈，很快鎖定了一輛祥生車行的綠色汽車。車內一大漢此刻正在車中緊緊盯著俱樂部的側門，他身上有一股難以掩蓋的彪悍之氣，跟普通司機全然不同。宣智民聽于升提起過猛張飛，一看外貌便確定此人是猛張飛無疑。

要阻止他們撤離，最簡單的辦法就是破壞車輛。

宣智民有八卦掌的功底，步伐輕盈無聲，從張承義視線後方的死角偷偷靠近車子。他矮下身子，蹲在車旁，從腰間抽出龍鳳紋雙刃匕首，對準車子後輪，從下往上戳刺，先後

把兩個後輪胎的氣放了。

張承義敏銳察覺有動靜，忙推開車門下車，把宣智民堵了個正著，當他看到被放了氣的車胎時，心頭一寒，眼角露出煞氣。

宣智民朝他一笑，氣定神閒：「前面有兩個日本兵，難道你想在他們眼皮底下跟我打嗎？」

張承義怒容滿面，沉聲問：「你一個中國人，為什麼要幫日本人？」

「幫日本人的是你們吧？他們想打仗，你們就搞綁票，真的是瞌睡時候送枕頭——正是時候。」

「既然日本人想動手，先下手為強，有什麼不對？」

「多說無益，兩個輪胎都廢了，備胎只有一個。人，你們是帶不走了！」

張承義朝地上啐了一口：「也罷，也罷。」

張承義緩步向前拉開後車門，身姿中隱隱透露出一絲殺氣。

宣智民極為敏銳，當即如臨大敵，空胸拔背，收臀裹胯，擺出八卦掌的單換掌防禦式。

張承義沒料到眼前人竟也是個練家子，霎時眼神一變，打量起宣智民來——宣智民起手式毫無破綻。

宣智民的功夫是跟一個護院的支掛子學的。護院最重要的，是警覺。

宣智民拜師後，師父不教功法，只讓他劈柴燒水。宣智民從小沒幹過活兒，但為了表示學拳的誠意，只得硬著頭皮幹起來。可是就在他忙碌時，師父會突然用細鞭抽他，宣智民被打得苦不堪言，不得不處處警醒，被偷襲成功的次數也

逐漸減少。三個月後，宣智民連著三次躲過細鞭後，師父讓他放下柴火，說：「現在，你可以開始練拳了。」

正是練出來的這份警覺，讓宣智民多次化險為夷。

八卦掌萬法起於單換掌，宣智民擅長以單換掌「接引」對手來招，走位化勁，避實擊虛。

在他苦練定位勁之後，對單換掌的用法有了更深的理解，單換掌與源拳的葉裡藏花有相通之處——充分利用身手互動，大大提升閃避和反擊速度。

宣智民雖然聽說猛張飛功夫了得，但他自認為學了源拳功法，手中還有一把利刃，面對徒手的張承義，有信心一戰。

但他對真正的高手，一無所知。

只見張承義身子一個起伏，右肘掀起，小臂前劈，如猛虎撲兔般襲來。宣智民抬臂前迎「接引」來招，想接下此招，再繞到張承義身側出手。

不過兩人一接觸，宣智民就發現，張承義的功力遠超他想像。在兩人搭手的瞬間，張承義用了一個顫勁，宣智民彷彿被人拽住猛晃了一下，觸電般一顫，剎那間心臟像被人拍中，整個人陷入恍惚。

傳說武術高手能把人「定」住。

所謂「定」，就是製造一瞬意識空白。張承義以突然的顫勁令宣智民瞬間失重。人在失重狀態下，會本能地維持平衡，這便是被「定」住。下一瞬，猛張飛的右拳擊中宣智民腹部。

宣智民身體結實，腹肌分明，但張承義將身體彈性與重力勢能完美融合，這一拳彷彿是用竹柄鐵錘全力砸擊，打得

他渾身一散，彎腰弓背，只覺得一口氣上不來，眼前一黑，匕首掉落在地。

張承義順勢一推，將他塞入車廂後座。

在日本憲兵看來，宣智民像是受邀鑽進車內，故對此絲毫沒有懷疑。

張承義只一拳就悄無聲息地解決了戰鬥，是因為他用了暗勁。

以明勁打沙袋，沙袋砰砰作響，但在阻力作用下，力從外向內遞減，只傷表皮，難傷內部。因此在拳擊競技中，裸拳易傷皮肉，帶著拳套反而擊倒率更高。原因就在於，厚厚的拳套更易傳遞震盪，對大腦產生衝擊。

暗勁原理與此類似。

聽勁的訓練不是為了強化爆發力，而是為了感知和利用阻力，借阻力來提升打擊的深入性和滲透性。

張承義打擊宣智民腹部時，目標不在肌肉表層，而是腹腔內的橫膈膜。他以宣智民的脊柱作支點，借由對內臟的彈性擠壓，把阻力變成傳遞震盪的武器，像錘子釘釘一樣，將震盪「釘」進深處。

這一拳攥得硬如堅石，發力點極正，震盪壓得深，力透背心，宣智民只覺得自己被貫穿一般，甚至沒有發出聲音，就暈了過去。

把宣智民拖進後座，張承義從車中鑽出來，心情沉重，轉頭看向日本人俱樂部。

俱樂部內燈火通明，日本津輕三味線歡快的樂聲在夜空中飄揚。

第四十一章
韓國跆跟·柔虎

林熙在宴會大廳中四處尋覓橋本。

天花板上，黑鑄鐵水晶吊燈射出耀眼光芒，不同角度的光源在林熙腳下延展出凌亂的影子，讓人愈加迷茫。

聽到于升的信號，林熙知道血月行動組已潛入了俱樂部，她必須趕在對方之前找到橋本，這是場與時間賽跑的遊戲。慶典宴會雖熱鬧，但兩幫人圍繞橋本暗中交手，充滿未知的緊張。

眼前的情形像極了京劇摺子戲《三岔口》——燈火通明的舞台上，兩名武生裝作在伸手不見五指的黑暗中對打，充滿戲劇張力。

忽然，林熙被人撞了下肩膀，抬頭一看，是英國外交官史密斯。史密斯看到美女，不由眼中一亮，立刻用不熟練的中文道歉。他的白西服被酒染紅，胸前像圍了一條圍嘴般滑稽。

這幅狼狽模樣是拜葉曼晴所賜。剛才史密斯見葉曼晴不願搭理自己，反而不斷貼近橋本，心中不悅，壯膽摸向葉曼晴白皙的後背，故作親暱。

葉曼晴粲然一笑，舉杯向史密斯敬酒。史密斯受寵若驚，誰知即將碰杯時，葉曼晴杯子一傾，酒灑了他半身。史密斯自知理虧，還要保持紳士形象，不好發怒，趕緊離場去換衣服，這才撞到林熙。

林熙順著史密斯來時的方向望去，發現了目標——橋本正跟葉曼晴挽著手攀談。

　　此刻于升和宣智民不在邊上，林熙只能靠自己。葉曼晴曾救自己出火坑，她不願與之為敵，但事到如今，已經沒有退路，林熙深吸一口氣，獨自跟了上去。

　　同一時刻，金秀國到了一樓，穿過桌球室，一轉身，消失了蹤影。于升追過去，看到一旁的雜物間門虛掩。這一切看起來都像是陷阱，但于升藝高人膽大，沒有猶豫，直接推門進去。

　　在于升進門的剎那，一隻手從旁裡伸出，勾住他的脖頸，底下一腳掃向他的腳踝，上下錯力，這是金秀國在用摔法突襲。

　　換作旁人，失了重心必定跌倒，但源拳練好了可自由操控重心，于升腳下一個趔趄，身上一空，直接將重心「掛」在了金秀國身上，金秀國不僅沒能摔倒于升，反而像是抓住于升頂向自己胸口，被撞退數步。

　　偷襲失手，金秀國當即明白——今天遇上了高手。他穩住身形，拍了拍衣襟，眯著眼緊緊盯住于升，擺出架式。

　　金秀國雙手在身前畫圈，類似太極雲手，腳下輕盈跳步，猶如舞蹈，眼中閃著陰慘慘的寒光，如同一條等待出擊的毒蛇。

　　于升見他動作輕靈怪異，沒有貿然出手，仔細尋找他的破綻。

　　血月行動組身負重任，在日本人俱樂部內多糾纏一分鐘，就多一分危險。金秀國不願等待，率先出手，一拳虛晃，于升搖身閃避，但這只是「指上打下」的虛招。金秀國

忽然起腳，這一腳高不過膝，十分隱蔽，一下踩中于升膝彎。命中之後，他的右腳沒有收回，而是藉著踏力往上一撩，踢向于升下巴，勁風迫人眉睫。

于升瞬間後仰，腳尖擦著他的下巴掠過。

金秀國招不使盡，落腿時再一翻胯，捷若騰兔，變招為側踹，于升後仰導致重心來不及調整，被一腳踹中腹部，連退三步。

金秀國踩、踢、踹三腿連環，變招之快，出乎意料。

這種招不空回的原則與中國武術十分相似，于升心中暗忖：「難道這個高麗人也練過中國武術？」

金秀國練的不是中國武術，而是朝鮮半島的古武術──跆跟。跆跟包含大量摔技和腿法，上身以柔和動作迷惑對手，配合起腿時的重心變化，出招隱蔽，打摔結合，有著類似中國武術的特徵。

這種相似並非偶然，跆跟與中國武術頗有淵源。

萬曆年間，豐臣秀吉出兵攻打朝鮮，大明出兵援朝。戚家軍奉命遠征，在戰場不辱威名，武力極猛，令朝鮮軍隊驚嘆。援朝期間，浙兵將領依《紀效新書》體例，協助朝鮮軍隊編寫《武藝圖譜通志》，其中便有「手搏」「跆跟」等武藝。中朝武術在並肩作戰中互通有無，理念上多有借鑑。

金秀國雖然踢中于升，但感覺對方身體堅韌，力透不進，心頭也是一驚。原本他想透過偷襲擊倒對手，現在看來，要徒手擊倒眼前這個男人恐怕不易。

金秀國單腿抬起，抽出綁在小腿側面的匕首。

于升見金秀國拔刀，知道進入生死相搏之際，不等金秀國出手，身子猛地一墜，以「極速步」突進，一抬掌，手起

如鏟，從下往上直撩金秀國面門。這一招以身追手，出手疾如鷹隼。

于升身姿怪異，金秀國慌亂之中一刀揮空，還沒來得及變招，就被于升的左掌打中下頜。

于升招不空回，變掌為爪，回手似鉤，再以「爪撕面」往下一抹，撬傷金秀國的雙目和臉頰。抽回左手的瞬間，他借力身軸右轉，右掌順勢一招「秋風掃落葉」，猛拍金秀國後腦。

鏟頜、抹面、拍後腦，這三招動作行雲流水，刁鑽毒辣，在一瞬間完成。金秀國後腦被猛擊，口鼻嗆血，眼白一翻，如斷線木偶，墜倒在地。

于升用的是源拳中「拐彎抹角」打法。這種打法從兵器打法演化而來，由身法轉換，圍著對手，從不同角度進行立體進攻，一連多擊，專攻對手盲點，令人防不勝防。

為了不引起注意，于升將金秀國拖到了雜物堆後，然後在他身上摸索起來。除了一些零錢，于升找到了一張摺疊的信紙。

紙上畫著幾個方塊，標有箭頭指示。圖畫得十分潦草，于升仔細辨別之後，確認這是行動線路圖。按照圖示，血月行動組的撤退路線應該是在二樓側門。

史密斯離開後，橋本的工作計劃被打亂，臉上掛著怒意。葉曼晴為了消除尷尬，挽住他的手臂，身體故意蹭向他的胳膊：「橋本先生，您知道現在上海哪方面最自由嗎？」

「男女關係？」橋本只把葉曼晴當作是攀龍附鳳的摩登女，怪她影響自己工作，語帶譏諷。他在日本受過培訓，對於貼上來的女人保持著相當高的警惕。外交官掌握著國家機

密，異國情人等同於身邊的定時炸彈。

「是信仰。皇帝沒有了，中國人需要信仰，有人信神，有人信命，有人信槍。我們透過選擇信仰來選擇自己的命運。所以基督教在中國才會發展得這麼快。」

葉曼晴監視橋本已久，知道他每週去教堂，試用宗教話題切入，果真引起了他的興趣。

「哦？沒想到葉小姐對宗教有研究，你是基督教徒？」

「不。我信佛。佛原本是人，頓悟後成佛。但在基督教裡，上帝永遠是上帝，教徒永遠是教徒。除了上帝就沒有神，那麼上帝信仰的是自己嗎？那他豈不是無神論者？」

橋本沒想到一個香豔美女能說出如此思辨之語，誇讚道：「葉小姐的話非常有趣，我還是第一次聽人這麼說。但我理解的基督教是在人間傳播愛，讓人心懷希望。」

「中國幾千年歷史，看了太多的悲劇。如果神真有愛我們，為什麼給我們這麼多苦難？你看，」葉曼晴抓過橋本的手掌，用指尖在他掌上寫了一個「苦」字：「中國字的『苦』就是一張人臉，兩眉為草，眼橫鼻直，張口哭喊。佛教說婆娑世界，苦海無邊。耶穌用神蹟幫人治病，中國人只能靠肉身嘗遍百草，用針灸砭石在身上探究自救之法。」

葉曼晴一邊說一邊挽著日本外交官走，兩人順著大紅絲絨帷幕往角落走去。

「如此說來，日本俗語中也有七難九厄的說法。」

聊起宗教，橋本興致高昂，不知不覺走到角落，忽然間，他臉上表情像被冰凝住，因為涼滑的槍口正頂在他的腰側。

葉曼晴緊貼著橋本，依舊笑靨如花：「橋本先生，我現

在就是在自救，希望你能配合。」

橋本猜到眼前人是反日分子，強作鎮定：「葉小姐，你這不是在自救，是在自殺。戰爭是男人的事情，你這樣的美人在任何時代都會活得很好，沒必要白白送命。」

葉曼晴冷笑一下：「看來你不瞭解中國女人。八百年前，就有中國女人寫出『生當作人傑，死亦為鬼雄』的詞句。生入苦海，死歸淨閒。你怕死，因為你不知道世間已是地獄，而罪魁禍首就是你們！」

一旦找到了使命，人生就有了超脫生死的寄託。為了復仇，葉曼晴粉身碎骨在所不惜。

她手上加了一把力，槍口幾乎嵌入橋本肉中，橋本後頸滲出冷汗，洇濕了白襯衫領子。他不敢輕舉妄動，直覺告訴他，這個女人真的隨時會開槍。

葉曼晴的表情恢復了嬌媚，拉著橋本往側門去。在旁人眼中，這不過是一對忙不擇地的野鴛鴦而已。

側門往來人員少，主要是廚房小工跑腿使用。

葉曼晴推門進入無人的走廊，準備由走廊盡頭的小樓梯去停車場。

沒走出幾步，身後門被推開，熟悉的聲音傳入葉曼晴的耳朵。「站住！」

葉曼晴疑惑地轉過頭，看到林熙手持掌心雷，槍口正對著自己，臉上帶著堅決之色。

這把槍是宣智民出發前交給林熙防身用的。

林熙看到葉曼晴攜橋本走向側門的時候，悄悄拔出藏在大腿內側的掌心雷，想救下橋本。

葉曼晴看著林熙，一臉錯愕：「你，這是幹什麼？」

「姐姐，你要是帶走他，日本人就會跟我們打仗！會死很多人的！」

「哦？這國家哪一天不在打仗？與其自己人打自己人，不如跟日本人拚了！你舉著槍，是想打我，還是想打這個日本人？」

林熙抬起槍口：「不，我不打你，但只要我開槍了，這裡立刻會警戒，你也沒法子帶走他。」

葉曼晴沒想到林熙這麼固執，簡直要被她氣死。

「你知道自己在做什麼嗎？外面都是日本憲兵，你一開槍就會被捕。你猜他們會怎麼對付你？」

林熙畢竟稚嫩，被她這麼一嚇，氣勢弱了三分：「那姐姐快放了他，這樣大家都不會有危險。」

「呵呵呵，我會怕危險嗎？」葉曼晴冷笑著，眼中閃爍光芒，「我雖然是女兒身，但從小就沒怕過事，敢闖、敢鬧、快意恩仇。日本人作惡，那我就比他們更惡，讓他們看看，血債必定要用血來還。」

她的灑脫和堅決令林熙一時猶豫，茫然不知所措。

葉曼晴眼中的光芒收斂，突然幽幽說：「別傷了她。下手輕一點。」

說完，她直接轉頭，向前走去。林熙聽到身後傳來呼吸聲，心知不妙，趕緊回身。黑影一閃，持槍的手被人一把拽偏。

同時，雪亮的匕首指住了她的咽喉。

金秀民繳下林熙的槍，扔到角落，又豎起食指，在唇邊做了一個噤聲的動作。

林熙與他四目相對，金秀明的眼中沒有殺意，只有警

告。葉曼晴帶著橋本疾步下了樓梯。

金秀民見目標已經安全撤離，遵照命令不傷害林熙，緩緩後退，想要離開。

但他剛一轉身，腦袋就在衝力下猛烈一顫。金秀民倒下，林熙看到了于升的臉。

另一邊，以橋本為掩護，葉曼晴順利來到汽車旁，卻沒看見張承義。

車內只有一個陌生男人暈倒在後座。車座上夾著一張字條，上寫「車損，步行到街側」。張承義的字跡龍飛鳳舞，葉曼晴料想是事出緊急。

葉曼晴被林熙堵截時，就預感今晚的行動會出岔子。林熙出現了，于升必然也來了。至於車上的陌生男子，想必也是他們的同夥。她很憤怒，無法理解為何這些人都胳膊肘往外拐，給日本人當走狗！

葉曼晴滿面怒容，押著橋本向前走。她的情緒影響了橋本，橋本心中越發恐懼，擔心這個女人手中的槍走火，儘管不遠處就有日本憲兵，但他也不敢冒險呼救。

兩人走到大馬路旁，橋本滿頭大汗，模樣十分狼狽。一輛黃包車從樹影下跑了出來，拉車人正是張承義。失去汽車後，張承義用最短的時間找到了替代品。

葉曼晴押著橋本上了黃包車。橋本剛剛坐穩，就被葉曼晴狠狠一擊擊中太陽穴，腦袋一偏，暈倒在座椅上。這一砸，是防止橋本有逃脫之念，避免節外生枝，同時也算是對她剛才犧牲色相的補償。

張承義一步不停，拉著黃包車跑進夜幕。

宣智民和林熙雖然都未能擋住血月行動組，但拖延了他

們的步伐。于升追出大門時，剛好看到張承義拉車離開，還沒跑出視線之外。于升施展全力，直追上去。

正當源拳師兄弟追逐之時，停車場上，一輛汽車也發動起來，車內傳出手槍上膛的聲響。

路邊的尖頂路燈快速往後退去，葉曼晴眉頭緊蹙。

張承義全力奔跑，但他拖著車，車上還載著兩個人，速度自然不如于升。當跑到文監師路、漢璧禮路和密勒路交叉口的三角地菜場時，葉曼晴見于升越來越近，杏目圓睜，一咬牙，對張承義說：「你先帶日本人走，我去攔他。」

葉曼晴一躍跳下車，張承義拉著橋本鑽入附近的弄堂。葉曼晴持槍守住路口。

葉曼晴雖曾被于升偷襲制服，但若是正面對決，她對手中的槍有絕對的自信。這把柯爾特M1911手槍口徑0.45英寸，比一般手槍粗大，故被稱為「大眼擼子」。大眼擼子火力極猛，原本適合高大的悍匪，但在葉曼晴的手中，卻沒有一絲違和感。

葉曼晴身材高挑，英姿颯爽，持槍戰鬥不讓鬚眉。

月涼如水，枯樹枝丫在道路上投下暗影。三角地菜場早已關門，巨大的三層樓混凝土建築空無一人，在夜空下像是一艘擱淺的巨輪。

葉曼晴一身黑裙，月色下神色凜然，毫無舞會中的媚態。

秋風吹起她的長髮，槍口靜靜低垂，銀白色的槍身反射著月光，猶似劍客手中的利刃。

葉曼晴等待著決鬥的時刻。

但她等來的人，卻毫無戰鬥的意思。

于升見葉曼晴守在路中央，放慢步伐走上前。他臉上毫無懼意，每一步都踏實篤定。

葉曼晴抬起槍口：「不許動！」

于升繼續往前一步，葉曼晴扣動扳機，伴隨著一聲槍響，子彈射在于升的腳趾前一公分處，碎石煙塵濺起，如花朵綻放的殘影。

于升步子不停，葉曼晴槍口緩緩上抬，瞄準了他的眉心。「我說了，不許動！」

于升盯著葉曼晴，凜然無畏，步履穩健。「叭」，又一聲槍響。

子彈擦著于升臉頰飛過，他面頰霎時多了一道血痕。

于升依舊不停步，徑直走到葉曼晴跟前，迎上去，用眉心頂住了槍口。

葉曼晴被于升的這個行為擾亂了方寸。若于升發起進攻，她定會果斷擊殺。可是她無法朝著一個毫無戰意的同胞扣動扳機。

葉曼晴眉頭一皺，怒喝：「夠了！你們都瘋了嗎？血債若不血償，公道安在？全天下都在自欺欺人，說什麼怕引起戰爭？戰爭早就開始了！在日本人進入中國的時候就開始了！而你們，卻想要救一個日本人？！」

「嫂子，我不是要救日本人，而是要救千千萬萬的中國人。今晚殺了一個橋本，就能算復仇了嗎？」

葉曼晴一言不發，牙關緊咬，雙目凝視著于升的眼睛。

于升目光澄清如水，眼中毫無恐懼，為蒼生求太平的使命感，令他生出一股浩然之氣。

葉曼晴直視著這雙琥珀色的眼眸久久無言。她不怕殺

人，但她不想殺同胞。況且，于升的話並非沒有道理。她猶豫再三，終究無法扣下扳機，眼中的復仇火焰逐漸熄滅。

她緩緩垂下持槍的右手。

下一秒，葉曼晴揮起左掌，給了于升一記耳光。

于升不躲不避，挨了一巴掌，輕輕說了句：「謝謝。」

言畢，他繞開葉曼晴，走進前方的弄堂。

秋風蕭瑟，寒意襲人。

葉曼晴穿著露背裙，突然感到一陣悲涼，她雙臂抱肩，一滴眼淚淌過淚痣，從臉頰滾落。

月色蒼白，孤星寥寥。

秋風中有落葉飄落。枯葉退盡了綠色，取而代之的是從橘黃到深紅的漸變色，如鐵鏽，似殘陽。

葉曼晴看著飄零的落葉，不禁流露出羨慕之情。

植物的死亡是如此色彩斑斕，可是人類的死亡卻醜陋無比。

深夜中的弄堂冷冷清清，槍聲格外刺耳，張承義聽到第一聲槍響時，就停住了步子。比起這次行動，他更關心葉曼晴的安危。面對自己的師弟，葉曼晴能否扛得住，他心中也沒底。

第二聲槍響後，張承義心頭被恐懼縈繞。如果第一槍沒成功的話，持槍者的勝算就大大降低，兩聲槍響，意味著葉曼晴凶多吉少。張承義緊張地凝視弄堂口。

當于升出現在視線中，張承義心中一塌，幾乎失去所有勇氣。復仇也好，戰爭也罷，在這一刻都沒有了意義，他痛苦地閉上眼睛。

「嫂子沒事，她放我過來的。」于升一句話喚醒了張承

義。

張承義眼中光芒一閃，隨即又黯淡下來：「我們真的選錯路了嗎？」

「路沒有錯，時間錯了。中國大戰不休，如風中殘燭，現在跟日本開戰，受苦的，還是百姓。」

「就算你說的有理，我做的也符合道義。在沒有黑白的世界，對錯誰又說得清？你我都是武人，就用功夫來說服對方吧。」張承義挽起袖子，走上前。

于升後退一步：「我不願跟師兄打。」

張承義不依不饒：「為什麼？」

于升略微低頭：「師兄是我的引路人，也是我敬重的哥哥，若交手一戰，不仁不義。」

張承義正色道：「武術純淨，勝負分明。源拳打破了門派的規矩，弟子能質疑老師，師兄弟自然也能交手。我們只不過是武道路上的同行者，接受勝負是第一課，師父教的，你都忘了嗎？」

「不敢忘。」

「看得出來，你很強，身帶龍鳳意，我五年前才達到這種狀態。不過，我後來發現，自己練錯了。」

于升詫異道：「錯了？哪裡錯了？」

張承義語氣篤定：「龍鳳意是剛勁獸意，而真正的柔勁獸意——是虎。」

「虎虎生風最剛猛，怎會是柔勁？」

「牛馬肌肉最為結實，卻是獵物。虎柔若無骨，卻是天生的捕食者。柔不是動作，是身體的狀態。柔到徹底，才有極致的鬆緊變化，平時用不到的力量才能用出來。軟鞭子能

抽進皮肉，但同樣粗細的木棍，能抽出多大力量？世人在柔中找柔，剛中找剛，是南轅北轍。柔之極便是剛之極。柔運剛發，剛柔一體，這才是中國武術的最大秘密。」

于升聽了，只覺得含義高深，一時無法理解。武術不能靠言語說明，只能由感受來傳達。此刻他心中滋生戰意，想體驗柔虎之功，擺出架式：「朝聞道，夕死可矣。今日，于升斗膽向師兄討教，還請指點！」

張承義微微一笑，大喝一聲：「來戰吧！」

「得罪！」

于升突然左手似摘星，在空中一劃，身手互動，凌空勁借力飛躍。

見于升身法疾如飛矢，張承義收胯俯身，如猛虎蓄勢。

于升搶在師兄迎擊之前，右手虎趾掌快如掣電，率先打中張承義胸口。但這一擊，卻像打中了一面浮在水面的厚鼓，悶響之後勁力無法透入。

張承義身上的衣衫被震出漣漪般的波紋，但他身姿穩如磐石，胸背大筋抻拉彈放，忽地抖身而出，雙臂前撐撲擊，一招「虎撲」勁整渾元。

若是張承義發力猛擊，于升能以葉裡藏花定位閃化，但他此刻始終無法抓住張承義的發力點。

一瞬間，于升只覺得張承義身形膨脹數倍，自己被其「勢」整體籠罩。這一擊如吞日月，又似八面洪濤。一支箭射來好擋，一杯水潑來難避。

張承義似巨浪撲石，沾身縱力。于升被一股巨大的力量連根捲起，心頭一悸，腳下騰空，耳畔風聲呼呼倒流，與張承義的距離一下子拉遠。

于升被打得飛身出去，後背撞到路邊竹貨鋪的木門之上。只聽「轟隆」一聲，店門倒塌，于升摔進鋪子中。竹籃、籠屜、竹椅、簸箕等雜物紛紛落下，激起灰塵。

　　這一手，果真「打人如掛畫」。

　　張承義有所留手，只用了長勁拋投，將于升重心掀拔後推飛，未傷及于升內臟。

　　于升從地上的碎屑雜物中爬起，彈彈身上的灰塵，由竹貨鋪中邁步走出，面帶欽佩。

　　張承義曾是他心中的偶像，雖有比武之約，但他沒想過二人會在這樣的情況下交手。順逆之間，一切似乎都是命運的安排。世間對錯或許很難分得清，但武道卻可以清楚地分出高下。

　　如今一切言語都失去意義，既然武者已經出手，那就沒有半途而廢之理。

　　「虎之柔，我已有切身體會。多謝師兄指教。但今日我若不死，就必須把日本人帶走，師兄不必再留手。」

　　張承義看得真切，于升站姿挺拔如青松，臉上帶著捨命的決心。

　　「好！那就讓我們打個痛快！」

　　突然，弄堂口一陣槍聲驟響。

　　兩人同時停下動作，驚覺大事不好。就在他們想要趕往弄堂口時，身後也傳來一聲槍響。

第四十二章
救世主・無字碑

　　張承義中彈的瞬間，于升眼前的景像似乎都變成了慢動作。從張承義肩頭飛出的血珠甩出一條弧線，落在磚牆上。子彈貫穿身體，其強大衝力令張承義失衡倒地。但他立刻就地一滾，躲到一棵梧桐樹後，對于升大聲喊了句：「救那個日本人！」

　　于升心中慶幸，看來師兄沒受致命傷。他顧不上子彈，飛撲向黃包車，將橋本拖下，以黃包車為掩體躲避子彈。

　　弄堂內，兩個身穿夜行衣的槍手舉槍不斷逼近。他們一個戴著紅色般若面具，另一個戴著白色般若面具，一紅一白，在暗夜的弄堂中如同幽靈。

　　另一頭，葉曼晴所防守的弄堂口槍聲不停，戰鬥十分激烈膠著。槍聲不斷在午夜的街頭迴蕩，附近街區亮著的燈一盞盞熄滅，似乎唯恐被捲入是非，都想藉著夜色遁入黑暗。

　　張承義右肩被子彈打穿，半邊身子染滿血跡。作為行動接應人員，他未帶武器，而對方前後夾擊，顯然是要殺人滅口。

　　「師弟！」張承義朝于升一聲喊，然後用眼神示意他帶橋本躲進竹貨鋪中。于升一點頭。

　　作為掩護，張承義左手拎著從民居門前摸到的柴爐子，猛地向殺手擲去。

　　兩個殺手反應敏捷地躲開了柴爐子，但爐中的灰燼揚起

一片煙幕，令他們一時無法瞄準。

借這個機會，于升抱著橋本躲入竹貨鋪。張承義一個魚躍翻滾也鑽入鋪內。

殺手忙朝著鋪子開槍，但只擊落一個竹籃，店鋪裡面一片黑暗。

此時，弄堂口傳來最後一聲槍響，夜晚隨即恢復安靜。看來，那裡的戰鬥已經分出勝負。

兩個殺手以手勢溝通，白面具殺手持槍接近竹貨鋪，紅面具殺手在他身後六米的位置舉槍支援。

白面具殺手輕手輕腳來到竹貨鋪前，探頭往裡面看去。

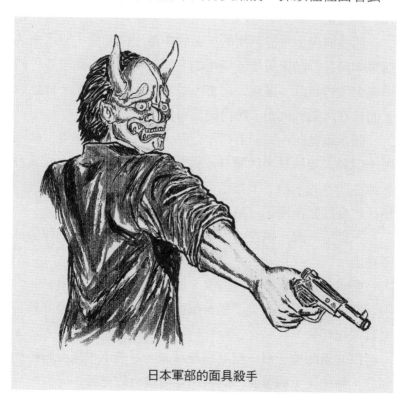

日本軍部的面具殺手

突然黑暗中傳出「嗖嗖」兩聲，一束一西兩根竹竿交叉刺出，一根竹竿準確打中他持槍的手腕，另一根戳入面具眼孔，直扎入殺手的眼眶，用力一攪，面具崩裂，血水自白面具殺手眼眶噴湧而出。

「啊哇！」伴隨著哀絕的慘叫，白面具殺手倒地後不斷扭動身體，痛苦抽搐。

兩根竹竿如毒蛇吐信般瞬間縮回，源拳師兄弟依舊隱藏在黑暗中。

這次偷襲來得太快，紅面具殺手根本沒有機會開槍，但他確定了兩名敵人分別隱藏在兩側，一把槍無法同時擊殺兩人，情況果然棘手。

他後退幾步，從斜挎的黑布袋中掏出汽油瓶。原本汽油瓶是準備在行動後破壞現場用的，但現在顧不了那麼多，他準備火燒竹貨鋪，逼兩人出來。殺手拉出捻子點燃，紅色般若面具在跳動的火光下顯得詭異可怕。

張承義見此，知道若再不行動，定會被逼入絕境。他深吸一口氣，如狼般半伏著身，猛然飛身一縱，撲向白面具殺手掉在門外的手槍。不知是不是受肩傷的影響，張承義撿到槍後起身的動作慢了一拍，紅面具殺手搶先抬起槍口。

「砰」一聲，槍響傳入耳中。「噹啷」，銅製的彈殼掉落在地。

張承義緊閉眼睛，但很快，他發現自己並未受傷。

紅面具殺手身子晃了晃，重重倒下。他的眉心連同般若面具一起炸裂。

汽油瓶的捻子被一雙高跟鞋踩滅。月色下，葉曼晴持槍而立。她的臉上濺著血，眼中閃爍著復仇的光芒。

張承義見妻子安然無恙，心中狂喜，趴在地上咧著嘴傻笑。葉曼晴走上前，槍口對準還在抽搐的白面具殺手，毫不猶豫扣動扳機。

　　「第五個，痛快。」她瞥了店內被驚呆的于升一眼，抬槍指了指橋本：「我今天殺夠了，這人，就送給你了。」

　　于升激動得一時說不出話來，朝葉曼晴恭敬地施了一個抱拳禮。

　　張承義吃力地站起身來，葉曼晴瞥到他身上的血，急忙過去，撕下長裙一角，一邊給他止血包紮，一邊皺眉埋怨：「怎麼這麼不小心？」

　　「沒事，皮外傷。」張承義揮了揮手，故作輕鬆：「我們得趕緊撤，保不準還有追兵。」

　　于升上前一步，神情懇切：「師兄、嫂子，我有一事相告。」

　　凌晨四點，街面靜謐，風林居內燈暖如橘。

　　橋本睜眼醒來，看到床邊坐著一位清秀女孩。他曾在一品香飯店見過這個姑娘，在俱樂部中，她還曾拔槍試圖救自己。

　　「你是誰？我在哪兒？」

　　「橋本先生，我叫林熙，這裡是會樂里。放心，您已安全。」

　　見林熙說得誠懇，橋本略微放鬆，問：「是你救了我？我怎麼到的這裡？」

　　林熙給橋本遞了一杯溫水：「橋本先生受驚了。將您帶出俱樂部的人回心轉意，把您送來了這裡。」

　　一聽這話，橋本再次警惕了起來。

「葉小姐？不可能！她這樣的暴徒，怎麼可能突然轉念？」

「我們不想因為誤會而引發戰火。」

「呵呵，誤會？膽敢綁架外交官，你們也知道害怕？」橋本的聲音提高了幾度，想從氣勢上壓住林熙。

林熙迎著橋本的目光，眼含堅定：「是的，我害怕。日本人在東北跟俄國打仗，毀掉中國的村莊，在濟南殺死婦孺。我害怕，害怕再聽到這樣的事情。」

橋本臉上肌肉抽搐，咬著牙說：「戰爭是文明的催化劑，要進步就會有犧牲，弱肉強食，這是文明演化的必經之路！」

「我們是人，不是動物。橋本先生在教堂禱告時，可曾聽到那些冤魂的哭訴？」

林熙這句話一出口，橋本氣勢弱了三分，沉默不語。

被江戶川直樹折磨時的絕望，林熙一直難以忘記：「上帝弘揚愛和希望，但戰爭裡只有屈辱和絕望。一旦打仗，弱者被踐踏凌辱，世界化為地獄，每個人都成為惡鬼。戰爭不僅消滅人，也消滅人性。難道這就是文明的代價？」

橋本從先輩經歷中認識到了日本民族的殘忍，這番話刺中了他，他一時無從反駁。

「橋本先生，別讓悲劇再發生了。上帝也不會願意看到這一切。」林熙說得真誠。

在信仰面前，橋本選擇了放棄詭辯，他長嘆一口氣，許久才喃喃道：「我懂了。天一亮我就回俱樂部，只當喝了一晚花酒，這一切都是個夢吧。」

林熙如釋重負，「謝謝橋本先生。」

「我應該謝謝你，你很美，也很勇敢，好像天使。我阻止不了戰爭，只能撲滅一些小火星。既然救不了世人，就先救自己的靈魂。」

「若人人都能自強自救，那這個世界根本就不需要什麼救世主。」

橋本突然目光一閃：「葉小姐也說過這樣的話呢。」

林熙燕語溫存：「中國儒、釋、道三家都不外求。孔子講君子自強不息，佛說立地成佛，道家提倡坐忘守一。幾千年來，中國人都是自己救自己。」

橋本若有所思，嘆了口氣：「我一直以為中國人不懂團結，看來是誤解、低估了中國文化的韌性。中日之間不是一戰定勝負，而是兩種文化的博弈。日本崇尚和魂洋才，但只學了西方的技術，文化上卻走了另一條路。一旦開戰，不僅是中國的災難，恐怕也是日本民族的沒頸泥潭。」

天色微明，林熙送橋本下樓。

兩名地下黨在風林居門口等候，弄堂口已經備好汽車。林熙陪橋本一同上車，汽車開到日本人俱樂部門前。

一夜寒風，梧桐落葉鋪在路面，滿地金黃。

橋本下車，在日本憲兵羨慕的目光中，隻身回到俱樂部。在進門之前，他回望林熙，林熙也正看著他。橋本的目光很複雜，他感激林熙救自己於槍口險境，又感慨立場不同的兩人今後不會再見，彼此命運的軌跡在此分離。

林熙揮手再見，橋本點點頭，轉身上四樓歇息。日本憲兵只當外交官有一夜浪漫豔遇，萬萬想不到這一晚背後的凶險。

黃浦江邊，晨霧還未完全散去，朝霞染紅江面，水天朦

朧一片。

于升跟宣智民在碼頭一起送別張承義和葉曼晴。

于升在參加行動之初，就用兩根金條安排好了兄嫂的脫身之路。在宣智民的協助下，他們將乘船離開上海，半路再換輪船去香港，住所和新身分都已安排妥當。香港現在由英國人管轄，張承義和葉曼晴不用再擔心國民政府的追捕。

等船時，葉曼晴拿針線給張承義縫合傷口。

張承義看著于升，一臉嚴肅：「一旦打仗，我們就會回來。」

「多謝師兄和嫂子手下留情，若不是你們明曉大義，恐怕戰爭已經打響了。」

葉曼晴翻了個白眼：「什麼手下留情，老娘今天殺過癮了，不在乎少一個。下次你再礙手礙腳，別怪我不客氣。」

張承義對于升呵呵一笑：「她啊，就是刀子嘴，豆……哎喲！」

葉曼晴手下用力一按，打斷了張承義的話。

波浪聲中，小船靠岸。

宣智民跟船民交談幾句後，催促道：「此地不宜久留，快上船吧。」

張承義看向他的眼神有些不好意思。那一拳，讓宣智民暈了一個多小時，內衫都被冷汗濕透。宣智民跟于升接觸以來，並未覺得武人有多麼可怕，遇到張承義後，才真正認識到高手的恐怖。寶劍收在鞘中，人人有親近之意；一旦出鞘，人被劍刃所傷，就有了敬畏之心。

張承義轉過頭，對于升伸出拳頭：「武術能不能救中國我不知道，但一定能救中國人，尚武精神不可丟，你要把源

拳功夫傳出去。」

于升與他碰拳：「師兄教誨，我記下了。南山可移，弘武之心絕無動搖。」

緩緩流動的晨霧中，輕舟漸行漸遠。

一場險些引發中日大戰的風波就此落幕。

日高鳥鳴花香濃，風林居的日子恢復平靜。

于升不忘對師兄的承諾，給師父寫了一封長信。在信中，他將來滬後的幾場打鬥、與河南武林恩怨的了結以及與張承義重逢之事一一詳細匯報，只省略了橋本英吉事件，謊稱與師兄見面切磋，並在信末提出開武館傳拳的想法，諮詢恩師意見。

半個月後，郵遞員騎著自行車來到風林居門口，從鼓鼓囊囊的郵包中取出馬道貴的回信。

于升拆信細讀，師父教誨之心躍然紙上。

吾徒：

見信如晤。

天涼露重，為師信步院後樹林，見滿目蕭瑟，想如今山河變遷，家國多難，只恨一身武藝，無以回報蒼生。

見信所述，你跟洋人打擂，我支持。跟這些洋匪不用講規矩。暹羅拳和拳擊都屬競技，技法經大量實戰精煉。中國武術源於戰場，偏好一兩手毒辣絕招，技法不成體系，須蕩滌腐朽，把技術從套路中解放出來，進行專項訓練，才能適應打擂。

日本有寢技，其實中國也有。六扇門捉拿盜賊，靠的就是「公門捕捉術」。昔年我曾遇一位王姓老者，他

傳承了「滿架葡萄」功夫。此功將筋脈視作葡萄藤，將關節視作葡萄。指壓經絡，銼筋封脈，手法分輕手、重手，活手、死手，打法分站立擒拿、地躺擒拿，擒穿衣的叫「抓有毛的」，擒光膀子的叫「捉泥鰍」，功法精妙。可惜世事動盪，王老早已不知所終，這門功法想來可能已失傳。

你未曾練過兵器，能在與玉面閻羅的決鬥中活下來，實在是萬幸。兵器是手臂衍生，不練發勁，要練控制，太極推手便是兵器練法。古人練劍是從推手練起，推手不頂不丟，模擬兵器戰。推手在交叉變化中找空間、角度、時機，練習聽勁。徒手練完要練劃桿子，用木棍練習進門、開門、封門、黏纏、擦掛，把聽勁延伸到器械上。俞大猷《劍經》說的就是此理，可惜當今是槍炮時代，兵器少了傳承，世人只知其一不知其二，太極推手甚至淪為摔跤。

你師兄的武術境界已遠超於你，接不住他一招，是因為你只做到了剛中帶柔，他卻能剛柔互換。剛與柔互為一體，這才是韌。譬如樹根與枝葉，柔是根，根扎得越深，枝葉才能越繁茂，剛勁越猛烈。莫著急，武術不是學到的，是練到的，練功是水到渠成。

自古，中國文化和武學一脈相承，核心是兩個字：「整」與「返」。書畫構圖講整體佈局，如老秤求平，收放呼應；詩歌講究平仄音韻工整，結構對仗，唱和相隨。脊椎發力的「龍鳳意」仍舊只是局部，只有出手對稱渾元才是「整」。

「整」要從「返」中求，「返」就是「逆」，去掉

多餘，回歸本質。乾隆的釉彩瓷瓶胡亂堆砌，一副市井氣。宋瓷多為單色，元氣飽滿，質樸中顯大美。練拳也是一樣，要殺佛滅祖。神佛是由人所變，只有摒棄多餘的、附加的東西，才能會心循道，成就真正的人。「返璞」才能「歸真」。傳統是活的，活的才會生生不息。活的東西不是枝枝葉葉堆砌出來的，是種子生長出來的，我們要找的是種，要留的是根。

技術誕生在文字之前，野獸透過感受學捕獵，這是本能，也是天道。武術無法言傳，只能身教。史書由刀筆吏所作，二十四史，不過二十四本家譜。千百年來，太多歷史湮滅在光陰中，太多秘密不能說出口。歷史不是一本書，而是泰山上的無字碑。當武脈斷絕時，人們只能看到這個碑空空如也。

回首看，中國多少絕技消失在歷史的洪流中，保守必會消亡。祖先留下的寶貴技藝，我們窮盡一生苦學，如掌汲水，十不及一。延續武脈，讀懂無字碑，是當世武人之責。無字碑上有無法被史書記錄的歷史記憶，也有傳承千年的中華武藝。

如今亂世渴求棟樑之材，武術貴為國術，絕無私藏之理。你要開館，我支持，但暫不可用源拳之名。一來你武藝未成熟，擔不起源門名號。二來源拳理念頗多顛覆之處，須閉門苦修。城市乃繁華之地，少有子弟能耐得住寂寞、耗得起時間。你可從內外三合教起，體用結合，以求速成，學以致用。

源拳，也是「元」拳。「元」是起點也是終點，往前是順，往回是逆，逆順之中生出太極陰陽，浮世人生。

下筆千言，最後送你一首詩：

結緣習源拳，修武如鑿井。一日見泉源，三生用不盡。

師：馬道貴

庚午年十月初一

讀罷來信，于升久久無言，待林熙為他添茶時才回過神，放下信感嘆：「學一門武藝，懂一世生活。此生入武門，是我修來的福德。」

林熙看向于升，不由心中暗念：「此生與君相逢，便是我修來的福德。」

于升獲得了師父的允許，決定先在滬開班弘武，總結經驗，明年開春後賣掉風林居，再去南方開館傳拳。他擊敗日本人，名聲在外，拜師者眾多。

顧嘉棠聽到消息，知道久等的機會來了，主動拿出十六鋪的一處倉庫，命門生打掃整理，擺上茶桌、太師椅、石鎖和刀槍棍棒，收拾得頗有武館的樣子。于升不想相欠，提出支付租金，但顧嘉棠說什麼也不肯收，最後商量讓于升挑選三個青幫門生跟隨他學武，算作場地費。

于升授拳有「三不教」，身上戾氣過重之人不教，品行不端之人不教，不能每天完成三小時訓練的人不教。最終選擇首批學生二十人，郭子維也在學生名單中。每日傍晚于升授拳兩小時，回去後，學生按功課加練一小時。

馬道貴的教法是先不教招法，從搖膀、單拳、抽扯、通背等基本功入手，重視拳勁開發，故于升能舉一反三，「長」出自己的東西。

練拳不能被招式侷限，要得「意」而忘「形」。拳勁是「意」，招法是「形」。拳勁是水，招是波浪。水遇阻而生浪，隨勢成形。根據對手的不同，招式瞬息萬變，刻意設計出的花哨套路在實戰時往往難以奏效。

　　源拳求的是「君子拳」。「君子不器」，武術打勢不打招，君子不該被某種套路禁錮。求勁不求招，雖然境界高，但難度也大，是掛簾子弟子的教法，不便於大批量教學。

　　于升按照師父指示，採用速成教法，直接教招法，將身體結構與功法要點融入其中。這種教法的好處是容易體用，有個固定招法，如同在地上畫一個圈，不易出偏差。真遇到天才，也便於其舉一反三。當年尚雲祥半步崩拳打天下，便是將一招練到了極致。

　　自夜襲之後，林熙跟于升一刻不離，每天同進同出，于升授課時，她便在一旁靜坐溫柔相陪。郭子維認識林熙，一見面便帶頭喊起「師母」，大家也一起跟著喊。林熙臉上泛紅，她一直以來都被人輕賤，如今終於獲得眾人尊重，內心歡喜。

　　于升有林熙相伴，心中安穩，教拳更投入。顧嘉棠與武林高手合作開武館的消息不久就傳遍上海。有傳言說，他正透過武館培養功夫高手，組建自己的「武攻隊」，武攻隊每個人都有以一當十之功。江湖人不由對他多一分敬畏，從此，顧嘉棠穩坐「四大金剛」之首。

　　進入12月，天氣寒涼，楓葉如丹，銀杏葉金黃。

　　拳場內，學生個個滿面紅光，額頭一層薄汗，打起拳來虎虎生風，砰砰作響，如同戰鼓。

　　在黃浦江邊，武術點燃起一團熱火。

第四十三章
琴音・風吟

民國十九年冬，天寒甚於往年。上海飄下雪花，如漫天棉絮。

十里洋場像披上白色狐毛披肩的貴婦。霓虹燈映在雪上，清冷的雪景變得熱烈，反射出奇異的光芒。

上海空氣冰冷潮濕，街面依舊熱鬧，洋溢著節日的氣氛──聖誕節即將到來。

滬上外僑帶來了西式生活，也帶來了西洋節日。隨著聖誕節的臨近，先施、永安、新新三家大型百貨公司先後打出「聖誕優惠」的廣告牌，招攬生意。

在百貨商場的屋頂花園，大型聖誕樹閃爍著綵燈，吸引了大批好奇的中國百姓仰望。沿街的商鋪掛起「大減價」的布旗，抓住時機進行促銷。

上海的商業氣息在節日中尤為濃郁，絲毫不受寒風影響。

冬日天色暗得早，于升和林熙從十六鋪教拳回來時，天已經黑了大半。

雪花紛紛揚揚飄落，林熙看到落雪，心生歡愉，蹦蹦跳跳，腳下發出咯吱咯吱的踩雪脆音。

林熙伸出手，接住一片晶瑩的雪花，白雪映照下，她的雙眸更顯黑亮。

「慢點兒，路上滑，當心摔。」于升跟在後面，脖子上

圍著林熙親手織的羊毛圍巾，手捧用報紙包著的糖炒栗子。色澤油潤的栗子冒著熱氣，香氣誘人。

「上海這樣的雪景不常見，我開心嘛。」林熙呼出的熱氣在空氣中凝成白霧。嘴上雖這麼說，但聽了于升的話，她放慢了步子，雙手背在身後，一邊走一邊踢著路上的積雪，揚起雪沫。

于升也學著林熙的樣子接了一片雪花：「這雪像梨花，小瓣色白，只是無味。」

「梨花不好，分離，不吉利。」

「那你說是什麼？」

「雪花像碎玉，不僅色澤瑩亮，冰雪消融時還會發出玉碎聲。」

「嗯，聽你的，碎玉。」

于升一手捏開栗子殼，剝出金黃色的栗子肉，遞給林熙。

林熙吃了栗子，站在路邊踮起腳尖，問于升：「看我，你猜一句話，給你一點提示——映雪。」

于升想了一瞬，脫口回答：「你在裝高人。賞花宜對佳人，醉月宜對韻人，映雪宜對高人。佳人、韻人、高人都是妳。」

「啊？真沒勁，這麼快就猜到了。這就叫心有靈犀吧。」

「不僅心有靈犀，我身邊也有林熙。」于升又逗她。

「我不僅現在陪于升，餘生也要陪于升。」林熙挽住于升的手臂，一臉幸福，頭斜靠在他肩上。

兩人走到會樂里的巷口，見一個女子挎著竹籃在路邊叫

賣香粉胭脂和蓮花霜。

女子二十出頭，相貌平平，身材矮小，頭上落著雪花。

林熙贖身之後平日不怎麼化妝，但見女子手指凍得通紅，在寒風中尤為可憐，就上前挑了一盒孔鳳春的鵝蛋粉。

于升付了錢，還抓了一把栗子放進她的竹籃之中，關照一句：「熱的，可以暖暖手。」

女子不可置信地看著于升，欲語還休。于升淺笑了一下，轉身跟林熙一同離去。

女子站在雪中，看著他們遠去的身影，眼神複雜。

翌日，雪映晴天，地上一片銀白。屋頂的積雪融化，雪水順著屋簷滴落，又凍成一條條透明的冰棱。路面已被附近的商賈清掃過，殘雪堆在路邊，像一個個孤島。

天冷路滑，怕林熙受寒，于升隻身前往十六鋪教拳。自從結婚，兩人日夜相守，耳鬢廝磨，幾乎片刻不離，此刻林熙頗為不捨。

于升出門前，她從背後一把抱住他的腰，頓了一下，幽幽地說：「早點回來。」

于升按住她的手腕，林熙臉一紅：「我今天煮羊湯，你回來晚了，湯會涼。」

于升轉過身：「有妳在等我，我又怎麼捨得晚歸？」

林熙害羞地低下頭。

她自幼命運多舛，今日的幸福對她來說缺乏真實感。她經常半夜醒來，下意識看一下于升還在不在身邊，只怕一切都是夢。

梧桐樹枯枝的影子清冷地打在石牆上。

樹枝上兩隻麻雀緊緊靠在一起取暖，好像風中搖搖欲墜

的兩顆果子。

于升走到路口時，又見昨日賣胭脂粉的女子，但她並非一個人。一個身穿黑色襖褲、頭戴毛呢帽的年輕男子正在對她動手動腳。

會樂里本是煙花地，常有尋歡客收斂不住色心。于升走上前，喝了一聲：「住手！」

男子回頭看到于升，臉色一變，眼中湧現出一股殺氣，陰狠地反問：「關你什麼事，是你家老婆嗎？」

于升走到近前，擋住女子說：「快走。」女子卻沒動身，看向黑衣男子。

黑衣男子目露凶光，手忽然如鞭子般抽出。

于升反應敏捷，向後仰閃，胸前長衫被一道弧光割破，黑衣男子手裡不知何時多了一把短刃。

看這人身手，恐怕不是偶然路過的好色徒。

于升來滬後跟幫派走得太近，還得罪過日本人，對此早有心理準備。

于升將賣粉女子擋在身後，對男子冷冷地說：「既然是衝著我來的，不要連累他人。」

男子雙目如狼視鷹顧，帶著同歸於盡之意，再次持刀衝上來。

于升怕誤傷女子，向前迎去，起手一招「金蛇纏絲」，以小臂擰旋磕開男子持刀的手腕，順勢扣住其脈門，手指一使勁。伴隨著男子短促的慘叫，短刃落在地上，陷入白雪之中。

「誰派你來的？」

「你殺了俺師父，俺要報仇！」

　　陳天正未取于升性命，但鄭金智其他弟子不願善罷甘休，仍有復仇之心。

　　于升念及陳天正曾手下留情，手上一鬆，放開男子：「若要報仇，練好功夫再來找我，我等你！」

　　男子摀著手腕，怒目而視，絲毫沒有罷休之意。他吸了口氣，起手做個拳勢，再次撲上來。他功夫粗糙，但貴在一個「勇」字。

　　于升一招葉裡藏花避開，右臂用了鞭勁揮擊而出，一記響亮的耳光抽得男子摔倒在地，毛呢帽子被甩飛老遠。于升不想重傷他，只想令男子知難而退。

　　男子的左臉立刻浮腫起來，顯出一個紅掌印。他不顧難堪，在雪地上連滾帶爬，撿起此前掉落的短刀，也不管什麼戰術招法，持刀直挺挺地衝了上來。

　　于升頗感無奈，向前一迎，側身避開短刀的同時，一招虎趾掌擊中男子胸肋。

　　電光石火之際，于升忽覺身後隱隱傳來一絲殺氣，隨即如遭電擊。

　　男子被打得雙腳騰空，摔落在雪堆上，仰面朝天。

　　于升後背滲出冷汗，回頭一看，賣粉女子手中多了一根沾血的細長鐵針。

　　鐵針長約一尺，中間粗，兩頭尖。

　　這是暗器——峨眉刺。

　　血順著峨眉刺滴下，落在白色雪地上，如同朵朵紅梅。

　　剛才，女子瞅準于升進攻的時機，在背後使一招「喜鵲穿枝」，峨眉刺扎入于升後腰，刺得極深，女子拔出時還帶一個挑腕動作，令傷處開裂，流血不止。

這一擊，她恐怕已練了上萬次，才能做得如此乾脆俐落。

怪不得男子一次次撲上來，他賭命相拚，就是為女子創造這一瞬的空隙。

女子面對于升，眼中含著一絲慌亂。

于升曾善待於她，她心中一時猶豫，錯過了兩次出手機會，眼見最後一次機會，再也不能錯失，本能地使出已練熟的殺招。

于升這才發現，女子眉眼與鄭金智有七分相似，想必是鄭金智的後人，看來這一切都是局。

女子不是專業殺手，行刺後有些手足無措，看到男子被打飛到街邊雪堆中，急忙跑到男子身邊。

于升手下留情，男子艱難撐起身來，看來並無大礙。

于升從沒有在一場戰鬥中半途而廢，此刻，他雖還未倒下，但不知為何卻失了鬥心，臉色發白，低聲說道：「你們走吧。」

兩人神色複雜，相互攙扶著跑開，跌跌撞撞消失在街角。

于升看著他們遠去的身影，耳邊又響起了女相士那句預言：「真正的危險，就在背後。」

一語成讖。

于升身體發麻，變得越來越沉重。他轉身向風林居走去。

血不斷滲出，氣力順著傷口外洩，寒風彷彿無形的利刃，一刀刀割向魂魄。

以前走在這條路上，只覺輕快，如今，這條熟悉的道路

如同沼澤，越往前走，陷得越深，「淤泥」似乎已漫過腳踝。

這種疲憊感，于升以前也曾有過，當進行一萬次搖膀訓練時，身體也曾想要背叛，但最終意志揮舞皮鞭，驅使肉體邁過極點。

曾經被視作百萬雄兵的身軀，如今頹勢已顯，戰鼓聲正在減弱，一如他的心跳。

驀然，于升體內升起了一絲力量，很微弱，如同風中火苗。這是點燃靈魂的最後薪火。

他珍惜這股火苗，每一步都邁得小心翼翼，似乎怕打翻什麼。腳下的「淤泥」似乎已經吞沒膝蓋，百萬兵士全都沒入泥潭。

當于升再也無法邁步時，終於回到了風林居門前。

白雪覆蓋的風林居幽靜美麗。

若是敲門，林熙會出來吧？她見我這樣，會害怕嗎？于升燃燒剩餘的力量，抬起手剛想敲門，院內忽然傳來深山月的聲音。若是敲門，必會打斷琴音。

不值得。

于升輕笑，在門邊靠牆坐下，靜靜聽著琴聲，抬頭看向天邊的浮雲。

古琴聲清靈悠揚，如閒雲出岫。琴聲帶著于升的靈魂飛昇，踏著群山，飛向天際，在雲端俯瞰世間蒼生。

夕陽西沉，天空呈現出柔美的紅，如美人醉酒後臉上的紅暈。劍客在琴音中離世，這或許是命運最好的安排。

曲終人聚散，剪不斷牽絆。

有人說，人死前會看到自己這一生。

于升恍惚中回到月下桂花樹旁，他在那裡第一次見到一襲白衣的林熙。她的容顏美得令人心醉，這種美令于升此生無怨無悔。

　　在風林居的日夜，于升感受到安寧與幸福，這種感覺彷彿正在將他包裹。

　　琴聲似乎消失了。

　　四馬路上，行人匆匆，不知弄堂中發生的悲歡離合。道邊樹枝頂著積雪在風中搖擺，聽不到人間琴音。

　　生活中的一切終會被吹散，不變的是那一片無盡的天空和萬古的風吟。

尾聲

餘　生

民國二十年（1931年）新年，風林居的招牌被摘下，青幫「十姐妹」之一的黑牡丹以長三堂子身分入住此宅。

林熙與于升一同消失。

有傳言說，于升因為打死日本人而被毒害，身邊的女子也被滅口。也有人說，他們自知得罪日本人，逃離上海，南下避禍。

幫會對此事保持沉默。

1931年

1月9日，黃楚九病故後，大世界遊樂場落入黃金榮的囊中，後改稱「榮記大世界」。

6月8日至10日，杜家祠堂落成。

章太炎撰寫祠堂碑文；軍政要人紛紛送來牌匾；「四大名旦」梅蘭芳、程硯秋、尚小雲、荀慧生齊聚在祠堂演出，成為曲藝界頭等大事。為了六千人的儀仗隊能在上海馬路遊行，法電公司大力配合，法租界和華界電車停駛兩個小時。這場「古今天下第一酒宴」，讓人見識了什麼叫作「杜先生的面子」。

6月14日，王亞樵於盧山發動刺殺蔣介石行動，震驚天下，行動失敗。

7月23日，王亞樵派遣刺殺小組在上海北火車站槍擊國

民黨財政部部長宋子文，行動失敗。

9月18日，九一八事變爆發，日本關東軍占領東北三省，抗日戰爭打響。

1932年

1月28日，以黑龍會浪人和日本居留民團的暴亂為導火索的淞滬抗戰打響。上海華界淪為中日戰區。王亞樵成立「鐵血鋤奸團」，專殺漢奸和日本軍官。

4月29日，王亞樵派遣韓國志士尹奉吉在虹口公園炸死日軍侵華最高司令長官白川義則，從此王亞樵被日本人稱為「人間魔鬼」。

1933年

2月，山海關失守，熱河及察哈爾守軍潰敗，日軍長驅直入。張學良守土無能，失地有罪，於3月逃至上海，受到杜月笙庇護。

王亞樵下江湖暗殺令，給張學良三個選擇：一，滾回東北，和日本人決一死戰；二，自殺謝罪；三，捐出家產給關外義勇軍。三選一，否則必殺之。

此時王亞樵遭蔣介石和日本人追殺，杜月笙深知他無力展開與青幫的全面戰爭，強硬回覆：「若是罪人，自有國法制裁，少帥在上海是杜某座上賓，若有不測，杜某必調動青幫上下全力一戰。」此後，杜月笙又退一步，稱：「少帥來上海是為戒煙，事成後必離開上海。」王亞樵權衡再三，給了杜月笙一個面子，放寬了張學良離開上海的期限。

第二番交手，杜月笙占了上風，江湖名聲更響。

1935年

11月1日，國民黨四屆六中全會召開，王亞樵派人刺殺汪精衛，致汪精衛重傷。

1936年

10月20日，王亞樵為接濟被捕斧頭幫成員的妻子的生活，被戴笠領導的特務小組誘入陷阱，遭石灰撒眼後，被刺身亡，死後慘遭剝臉皮。斧頭幫正式退出歷史舞台。

根據王亞樵遺留的線索，他已透過內部人員牽線跟共產黨取得聯絡，準備去往延安，可惜晚了一步。

1937年

7月7日，盧溝橋事變，抗日戰爭全面打響。杜月笙擔任上海市各界抗敵後援會主席團成員，兼任籌募委員會主任委員。

8月14日，日機轟炸南京，中央國術館南遷。國術館在戰亂中無法重振，國術從此沒落。

11月26日，杜月笙拒絕了日本人的拉攏，遷居香港。

1940年

杜月笙在國民黨支持下組織人民行動委員會，成為中國幫會總龍頭。

1945年

8月15日，日本裕仁天皇透過廣播發表《終戰詔書》，

宣佈日本無條件投降。

9月13日，黑龍會被定義為極端右翼組織，強制解散。

1949年

10月1日，中華人民共和國成立。江湖幫派失去生存土壤，青幫成為歷史。

1951年

5月20日《文匯報》發《黃金榮自白書》，黃金榮認罪，在榮記大世界遊樂場大門口掃地。

8月16日，杜月笙於香港病逝，終年63歲。

1981年

12月17日，一名於姓港商在妻子的陪伴下重返上海外灘。

夕陽下，老人目含琥珀光，泰而不驕，威而不猛。妻子一襲白衣，氣質優雅，儀態翩翩，手戴一隻羊脂玉鐲。

正可謂：

> 萬里乾坤，江湖浮沉，一曲琴聲慰風塵。
>
> 浮生若夢，月下相逢，亂世無語怨東風。
>
> 日月星辰，家國武門，降龍搏虎舞青鋒。
>
> 碑無字文，血仍未冷，逆天改命定死生。
>
> 月映林溪，日暖餘生。

借勢：武術之秘

窺月篇

第一課

最速曲線原理──
「天地勁」與重力啟動

　　中國武術脫胎於中國文化，「天人合一」的思維催生出「天地勁」的概念。所謂「天地勁」，用現代語言來說，就是地心引力。世間萬物的運動無時無刻不受地心引力的影響，格鬥也不能例外。

　　根據幾何學原理，兩點之間直線最短，因此在人們的直覺中，直線是最高效的運動線路，但事實並非如此。

　　在重力影響下，兩點間最高效的運動線路不是直線，而是一條下墜曲線。實驗證明，藉助重力加速度，物體下降時，向下的弧線能比直線路徑更快到達目標點，名為「最速曲線」。（圖1）

　　元拳將「重力啟動」作為整個拳法的基本原則。重力啟動具備兩大特點：

　　第一，借「勢」助力加速；

　　第二，直接作用於整體結構，避免局部發力。

　　要想以小勝大，不能比肌肉力量，而必須借「勢」。雄鷹撲兔、高峰墜石，透過對這些自然現象的觀察，古人發現藉助重力能突破本力侷限。

　　在引力作用下，每個人在站立靜止狀態時都「含」一股「勢」，只要破壞穩定支撐，就能釋放出一股「下墜」的力量，由此產生「勢」。

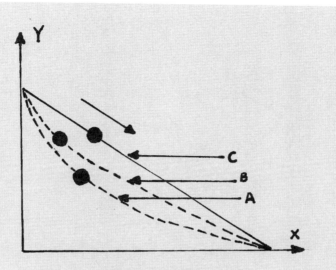

圖1　最速曲線模型

從Y軸同一起點到X軸同一終點，預設A、B、C三條路
徑，用球體進行速度實驗，最終A曲線路徑最快到達終點，
為最速曲線。

　　在現代田徑賽場上，短跑運動員在競技中演化出蹲踞式
起跑，身體大幅前傾，利用重力來提升跑步速度。在小說開
篇，朱科祿利用失重換步的「極速步」技巧，與蹲踞式起跑
有異曲同工之效。（圖2）

　　除了借「勢」之外，重力還能發揮整體結構的優勢。

　　根據肌肉的屈伸原理，需要先往相反方向蓄勢，然後再
發力啟動，這樣不僅慢一拍，而且過度依賴局部力量，難以
發揮整體力。重力啟動解決了這個難題。

　　主動抽離支撐後，原有的結構被破壞，身體可以利用這
個瞬間重新構建一個更高效的功能性結構，當重力落到地

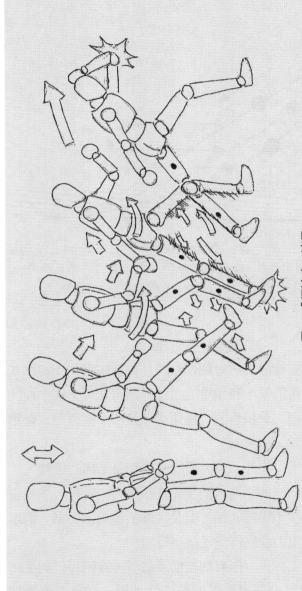

圖2　「極速步」演示

借勢……武術之秘

人體從靜止直立狀態啟動，先邁出左腿，整個身體隨之前傾，欲與地面形成三角支撐，左腳就在即將落在身體前方的瞬間，突然抽回，如同打滑般挫到身後蹬地，同時右腳騰空向前邁出。在失重瞬間換步，藉助下墜的引力，讓身體如箭般斜射而出。

482

面，依靠結構回彈，再形成整體爆發。

　　以奧林匹克運動項目挺舉為例，運動員不是直接把槓鈴提起來，而是兩次利用「起落—重構—支撐」變化身體結構，最終完成動作。

　　在進行高翻動作時，運動員會先做下墜盪髖動作，藉助重力下落和身體撐彈將槓鈴抬起。

　　上挺時，屈髖蹬地，在舉起槓鈴的瞬間分步坐胯，再次以下墜的方式重構身體結構，最大限度運用下肢與上肢的支撐力實現槓鈴過頭。

　　馬勝利老師曾以開傘來比喻重力啟動的過程。由重力（失重）產生位移，啟動結構變形，再由結構的定型定位，發揮筋膜彈性勢能。

　　在整個過程中，重力啟動彈力，彈力牽動重力，實現重力勢能與彈力勢能的相互轉化。

　　在重力與彈力的互動機制裡，重力的作用只是一部分，下一課我們詳細介紹彈力勢能的工作原理，認識人體張拉整體結構以及筋膜訓練的意義。

第二課
張拉整體結構——
為何武術強調筋膜訓練

早期做運動分析時，很多人為了方便理解，將人體模型簡化成火柴人模型。

近年來隨著運動科學的發展，人們發現人體不是機械槓桿結構，而是由筋膜覆蓋的張拉整體結構。（圖3）

筋膜不是大家通常理解的韌帶，而是整體膠原纖維結締組織，分為深筋膜和淺筋膜，包裹肌肉、血管、神經、內臟器官，從表面到深層纏繞著整個身體結構，劃分功能間隔，再關聯成一個有序的自平衡系統。

我們可以將筋膜理解成一個彈力袋，將血、肉、骨緊緊包裹，形成牽一髮而動全身的張力傳遞網絡。

在武術中，筋膜主要有兩方面作用：

第一，透過張力協同聯動各部分力量；

第二，發揮彈性勢能釋放能量。

筋膜在人體內形成了一個錯綜複雜的連接網絡，除了儲存和傳遞力量之外，還包含許多感覺受體，這些感覺受體為中樞神經系統提供實時訊息，包括移動時身體的姿勢和位置等，以調節力學平衡，保證肌體協調，具有「功能聯動」的作用。

「Hyperarch」筋膜訓練專家謝狆曾指導中國首位UFC冠軍張偉麗訓練，他如此解釋筋膜訓練的作用：

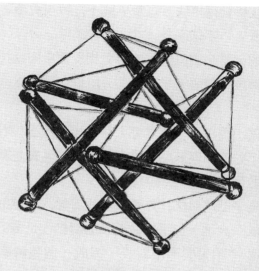

圖3　張拉整體結構

將黑柱視作人體的骨骼，拉線當成聯繫骨骼的筋膜。筋膜與骨骼共同形成張拉整體結構，由筋膜來傳遞張力。

「提升使用身體效率就是筋膜的功效。在做下蹲的時候，很多人是大腿肌肉驅動，感覺不到臀部的肌肉。好的運動員可以驅動臀部力量，這就是筋膜訓練的作用。」

謝狪（運動步法和筋膜調節教練）在下肢的筋膜訓練動作中要求張偉麗踮起腳尖，腳踝一圈繃緊，肌腱突出。傳統武術裡有「三點金落地」的說法，講究「腳趾抓地足心空」，藉由梢節結構的抻拉幫助下肢筋膜連接。

張偉麗（綜合格鬥運動員，綽號「小胖」）在測試中一拳打出563磅，拳頭分量超過了很多男拳手。她將這種能力歸功於筋膜訓練：「武術講究練『根』，有了『根』，動作才是整體的，我現在一直在做腳部的筋膜穩定訓練，透過筋

膜訓練，我移動得更快，打拳更重，打得也更準。」

古語云，「寧練筋長一寸，不練肉厚三分」。肌肉的收縮是局部的，當一側肌肉收縮時，相反側肌肉就拉伸，但經由對筋的擰絞，用張力聯動各部分肌群，就可以產生更好的運動效果。

在「望山篇」中，我借鄭金智傳授陳天正核心秘訣的段落，表述了整體力與筋的關係。那段對話其實是我初見馬勝利老師時聆聽的教誨。

當時馬老師將肌肉比作蘋果，說普通人喜歡把蘋果練得很大，堆成一大堆，但這樣做蘋果的聯動性是弱的，動起來就散了，要把蘋果裝進塑料袋，擰成一個整體砸出去才有力，塑料袋就是筋膜。（圖4）

圖4　筋膜的聯動作用
　堆成一堆的蘋果是沒有實質性聯繫的，一動就散了。裝在塑料袋中的蘋果彼此間建立了聯繫，構成了一個更大的整體。這就是筋膜的聯動作用。

除了聯動作用，筋膜還蘊含著強大的彈性勢能。在過去的理念中，力量分絕對力量、耐力力量和速度力量。隨著競技體育的發展，這種劃分方法漸漸失去對高水準訓練的指導意義，於是美國研究機構提出新的力量素質三分法，分別是核心力量、控制力量以及反應力量。

核心力量是指人體由腰部—骨盆—髖關節部分發揮的力量。控制力量是身體在非平衡狀況下的力量素質。

反應力量是利用肌肉和筋膜受外力後被動拉長產生的彈性勢能，經過儲存、釋放而產生的力量，這便是我們說的彈性勢能。在IHP（Institute of human performance）運動表現的理念中，甚至將功能性拉伸直接等同於功能性力量。

跟舉起重物需要的穩定緩慢發力不同，打鬥需要的是冷、脆、炸。施行重力啟動，經由結構轉化，釋放筋膜彈性勢能，就能打出穿透性的力量。

射箭不是把箭往前杵，而是往後拉弓製造彈力，透過結構轉換產生穿透勁。只有將重力與彈性勢能相互轉化，充分發揮人體張拉整體結構的作用，才能擺脫局部肌肉發力的限制，發揮出真正的整力。

要實現重力勢能與彈性勢能的轉化，必須藉助結構的定型定位。下一課，我們具體談談結構。

結構增勁——
以弱勝強的能量放大器

在「望山篇」中，我透過對于升練武時突破「心智關」的描寫，以弓箭做比喻，提出了結構增勁的概念。

如果說重力是拉弓的手、筋膜是弓弦，那麼結構就是弓臂。箭要射得遠，不能光靠腕力，關鍵是弓要好。

武術的核心不在發力，而在於精準控制，打造穩定結構，形聚則力整。練拳有「身備五張弓」之說，「造」出屬於自己的弓，才能聚形成勢。（圖5）

體育競技以成績為導向，先透過選材篩選出天生的強者，再劃分級別以保證公平競爭，屬於強中選強。但現實中的比武不分級別，所以必須假設對手比自己高大。我們前面已經說過，要以小搏大，必須借「勢」。結構是能量放大器，要利用結構來進行重力勢能與彈力勢能的相互轉化。功夫比的不是力量的積累，而是轉化的質量。

對於武術攻防結構的具體運用，我在「望山篇」的戰鬥部分進行了描述，還會在後面的課程中針對特定勁力進行具體解析，現在先談一談對結構的三個總體要求。

第一，穩定

對於結構來說，不是越用力越好，沒有穩定性的力量是無用的蠻力，破壞穩定的力量是害群之馬。結構的穩定來自精準用力。

圖5 結構增勁

結構必須滿足穩定、飽滿和動態三個指標。

　　就如同一個殺敵的方陣，一旦有人衝得太猛就會破壞陣型，出現缺口，導致整體的潰敗，因此要形不破體、力不出尖。只有結構精準才能高效地進行轉化，所以必須死摳動作細節，因此武術是纖毫之功。

　　第二，飽滿

　　穩定只是基礎，結構的緊致與飽滿才是能量轉化質量的決定因素。一個鋼球和一個塑料球，在外形上可能看起來都一樣，但質量完全不同，一碰就能分出高下。

　　只有將每一個點上的力量做足了，整條線才紮實；每條線定型定位了，整個面才能穩，力量才能飽滿均衡。

第三，動態

我們經常能聽到「力從地起」「落地生根」的說法，似乎存在「打不散、推不動」的完美樁法結構。

但真實的競技已經證明，沒有馬步是掀不翻的。所有的對抗運動都強調快速移動，拳擊冠軍腳下如同裝了彈簧，觸地即變向，不給對手提供穩定的打擊目標，同時進行多角度攻擊，讓對手防不勝防。

頂級摔跤選手也非常擅長閃轉騰挪，在與對手的互動中找平衡，甚至會將自己的重量主動掛在對手身上，以防止被摔倒。

真實的對抗環境是瞬息萬變的，必須在高速對抗運動中藉由局部的定型定位來構建整體結構。要做到這一點，就涉及一個新的概念──定位。

第四課
閉鏈運動——
道家無根樹的秘密

　　第一課我們介紹了最速曲線的概念，展現了重力如何影響運動。相比球體，人類的多柔體結構受重力影響的情況更複雜，也產生出更多的運動方式。

　　艾達・洛爾福（Ida Rolf）博士在《平衡的力量——Rolfing視角下的健康》中提出利用重力改善健康的想法。他將人體分為多個節段，將重力比作黏合劑，在正確的姿勢下，重力能幫助各節段處於一種平衡省力的狀態，而錯誤的姿勢會導致關節和結締組織產生更多壓力，出現失衡。

　　節段的概念在武術中同樣存在。練武第一步要「辨識自身」，人體可粗略地分為十一個節段：大小臂、大小腿共計八節段，軀幹下部（腰部到骨盆），軀幹上部（腰部到肩部），以及頭部。每個節段都包含了一個獨立的小重心。（圖6）

　　人在運動時，先啟動一個或者幾個小重心，隨即牽動整個多柔體結構。

　　這就像是十一個溜溜球組成一個整體，每個溜溜球都被彈力繩拴住，互相牽扯影響。除了常規的提膝邁步之外，手臂、軀幹的運動同樣可以牽引整體重心，髖部和肢體的圓周運動慣性也能拖動身體進行位移。十一個小重心藉由互動牽引，打造出自由的移動方式。

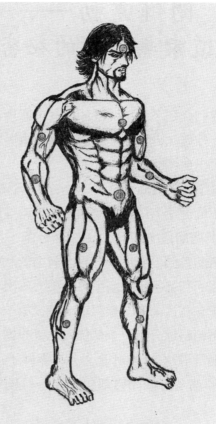

圖6 人體十一個節段

　　人體的十一個節段為：大小臂、大小腿、軀幹下部、軀
幹上部、頭部。每個節段的小重心用圓點表示。繼續細分的
話，也可以將手掌和腳掌單獨作為一個小重心，共計十五
個，但因為手掌、腳掌的重量太小，對運動的影響有限，故
歸入小臂和小腿部分。

小重心定位引領的運動模式在現代運動科學中稱為閉鏈運動。人體日常大部分的運動屬於開鏈運動，即軀幹動作幅度小，肢體動作幅度大，屬於一種耗能較小的經濟運動。

　　但閉鏈運動則相反，梢節運動較少，主要由軀幹圍繞梢節做運動。閉鏈運動對關節及其周圍組織的本體感受器刺激遠比開鏈運動大，因為梢節「鎖定」後，必須由主體代償，耗能自然更大。

　　這種反常規的運動模式在當代常見於表演類的街舞中，Body Control（身體控制）和Isolation（分離）都是由關節鎖定、主體代償、小重心牽引完成的一系列動作奇觀，讓人大開眼界。

　　張三丰在道家名篇中提出的「無根樹」概念就是對閉鏈運動原理的一種活用。樹是落地生根，人是無根樹，每個小重心都是「活根」。小重心率先啟動，就是「拔根」，將之掛在某個定位點上，就是「掛空」，以此與其他重心互動，引領全身運動。

　　在動態結構中，可以透過內在的牽引和勁力調整，盡量將身體的大重心趨近於肢體小重心的打擊點，形成整體疊加質量的效果，增加打擊力度。

　　「望山篇」中于升的「凌空勁」便是無根樹的活用，他虛空「鐵環借力」的撲擊、「藤條後拽」的重拳（原型是心意拳「拉錨斷繩」勁法）都是閉鏈運動機能的展現。（圖7）

　　武術對於閉鏈運動的熟悉和掌握很可能源於脫槍為拳的演化歷史。

　　長槍大桿這類重武器在使用過程中必須充分調動核心力

圖7 無根樹之「鐵環借力」撲擊

先拋出右前臂的小重心，透過開鏈運動，拖拽身體大重心前撲。身體主動

圍繞定位點做轉身開合運動（類似圍繞鬥軸的關門軌跡）。在這個過程中，隨身而出，藉

以右前臂小重心為定位點，以右前臂小重心為定位點，雙腿只是失衡，

助撲擊的勢頭打出出左手重拳，雙腳落地完成支撐。

量。槍是纏腰鎖，由前手端著槍定位，擰動腰身帶動後手扎出，屬於典型的閉鏈運動。

至今還有很多門派喜歡用大桿來訓練「拔勁」，其實就是練習身法定位開合的能力。

在綜合格鬥擂台上，UFC 首個雙冠王康納‧麥格雷戈（Conor McGregor）藉助同樣的原理帶來了一場移動革命。康納認為「精準戰勝力量，時機戰勝速度」，擊倒對手依靠的是精準的打擊位置和時機，這一切都建立在高效移動的基礎上，於是聘請了「Movement（動態）文化」創始人伊杜‧波特爾（Ido Portal）幫助自己提高移動水平。

伊杜練過巴西戰舞，還學習過中國形意拳，他結合多年經驗，開創了一套全新的運動體系——動態文化。伊杜的訓練思路之一就是「定位」，透過限制某些關節的運動幅度，強迫不常用的關節「代償」，強化薄弱點。

比如在面對進攻的長棍時，伊杜要求訓練者膝蓋不能彎，同時不能移動腳，只許靠脊椎的運動來躲避。限制條件越多，代償難度越大，開發出的機能就越多。

伊杜以他獨特的訓練方法幫助康納移動得更快、更流暢、更精準，並在UFC八角鐵籠中證明這一切真的有效。

從張三丰的無根樹到現代擂台上的動態文化，這場關於移動的革命一直在繼續。對於運動原理的認識和身體機能的開發不該受門派和時代限制，真正的拳理永不過時。

第五課

功能性訓練——上萬次打熱筋骨到底科不科學

現代健身特別愛講一個詞——科學。

舉啞鈴時強調目標肌肉孤立用力是科學；每組動做作8~12次，注重肌肉的深度刺激是科學；每天訓練不同的肌肉群，保證充分的休息時間也是科學。

如果用這樣的眼光看待武術訓練，會發現武術訓練的一切都很「不科學」。

元拳一日訓練上萬次是常態，而且沒有休息日，要求日日不斷之功。無獨有偶，與中國武術一脈相承的空手道同樣要求數千次出拳，鍛千日之技，煉萬日之術。這樣的訓練到底科不科學？

從健美增肌的角度來看，保證孤立動作，限制單組次數，達到刺激的深度，輔以高蛋白飲食和充分的休息，肌肉才能增加，反之肌肉就會被損耗，因此武術訓練從增肌角度來說確實「不科學」。武術家的體型跟阿諾‧史瓦辛格（Arnold Schwarzenegger）的體型也確實存在很大區別。

在工業革命之前，人們的肉體承擔著枯燥繁重的工作，難以保證充分的休息和營養。今天我們去看泰山上的挑夫，會發現他們大多沒有碩大的胸肌和巨大的臂圍，但筋骨結實，呈現筋努骨突的形態。

在高強度、重負荷和長期性的勞作中，肌肉不可避免地

被損耗，但筋骨會逐漸變得粗壯，這在武術中叫作「打熬筋骨」。

打熬筋骨是武術訓練的目標，相比肌肉，筋骨能承受更大強度的訓練。當然，練武不是為了做挑夫，而是為了增加訓練刺激強度，因此武者開發出了輔助訓練的工具。

除了之前提到的大槍（大桿）之外，還有一個重要的訓練工具——石鎖。相比啞鈴和槓鈴，石鎖不僅在用力方向上更自由，而且石鎖訓練是向外拉動結締組織和筋膜，而不是向內壓縮肌肉。

石鎖訓練中包含了對重力、慣性勢能和人體結構彈性使用的訓練，完全符合張拉整體結構的特徵。

石鎖按練法分為力鎖和花鎖。

大的力鎖超過50公斤，以抓舉、擺舉、正擲和反擲的練法強化握力、腕力、臂力及腰腿力量。

花鎖一般是20公斤以下，動作包含拋和接兩部分，接不僅是用手抓，還有用拳面頂、肘接、肩接甚至頭頂，練巧勁和身體各部位的硬度。

如今運動健身領域也在反思健美訓練的侷限性，並出現了功能化的趨勢。

全美摔跤冠軍麥特・福瑞（Matt Furey）率先推廣無負重、高次數的徒手實用體能訓練。之後綜合體能（CrossFit）訓練迅速崛起，它不追求肌肉過分發展，反對孤立的肌肉訓練，強調高次數、整體性訓練，兼顧力量、耐力、柔韌性、靈活性和爆發力。CrossFit訓練中除了會用到傳統的啞鈴和槓鈴之外，與石鎖原理類似的壺鈴、棒鈴也成為時尚訓練道具。（圖8）

圖8　石鎖和壺鈴

從構造和訓練原理來說，古老的石鎖和現代的壺鈴有著頗多共同之處。

　　CrossFit訓練引領功能性訓練時尚風潮，或許也可以看成是對武術本源的返璞歸真。

第六課

$F=ma$ ── 憑這個公式就能打出完美必殺嗎

　　格鬥本質上是人體對物理學的運用。根據牛頓第二運動定律F=ma，打擊力來自質量與加速度。質量不僅與體重有關，也跟重心分佈相關。

　　要產生加速度，除了肌肉力量，還可以利用結構張力和重力勢能。因此要打出重拳，過度強調肌肉用力是不符合物理法則的，必須思考系統優化。

　　人體總質量是恆定的，但用於打擊的肢體質量是不同的。用巴掌扇人跟整條腿砸上來的掃踢，打擊力度明顯不同。如果能在打擊的瞬間將整個人的重量都作用於對方身上，那麼打擊的效果會更強。

　　在武術中有「散著做，整著落」的說法，就是強調結構整合，利用閉鏈運動的梢節定位形成整體質量衝擊。

　　元拳有「打勢不打力」的要求，「勢」等同於加速度。重力勢能是利用地心引力加速，彈性勢能是藉助筋膜彈性和結構牽扯加速，兩者的目的都是提升加速度。但僅僅快是不夠的，還要動作節奏清晰、足夠冷脆。

　　人體作為多柔體結構，有十一個節段，運動過程中身體各節段的加速度並不一致。肩關節的加速度不等於肘關節的加速度，肘關節打開的加速度不等於拳面接觸點的最終加速度。

我們有時可以看到肌肉男衝得很猛，但只能將沙袋打得飛起，卻無法擊倒對手。拳擊高手打沙袋，沙袋看似沒有大幅擺動，但每一下似乎都帶著炸力，要將沙袋穿透。兩種打擊效果的差異就是拳頭接觸點的加速度不同導致的。

如果只是整個人衝勢快，出拳動作卻笨拙，會導致出拳加速度不夠，缺乏穿透力。只有動作節奏清晰，才能節節加速。

如果局部肌肉緊張，動作就粘。與粘相對的是冷脆。李小龍的動作就是典型的節奏清晰的冷脆。冷脆的本質，就是拳面到達接觸點時加速度達到最高。

有了加速度和質量是不是就能一擊必殺呢？還不行，必須讓力產生的震盪充分滲透進目標。多柔體結構十分複雜，容易出現形變，導致力量傳遞出現損耗。

舉個例子，同樣的加速度，用1公斤的橡皮球和1公斤的鐵錘打人，造成的傷害效果完全不一樣。因為橡皮球在衝撞過程中會出現巨大的形變，導致力量損耗，而鐵錘的結構更

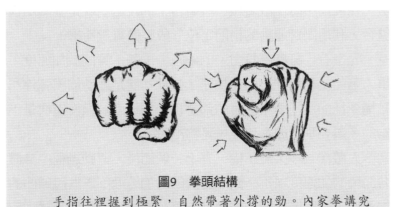

圖9　拳頭結構

手指往裡握到極緊，自然帶著外撐的勁。內家拳講究「屈中有伸，伸中有屈」，陰陽兩面用力均衡。

緊密，不會出現形變，在撞擊時能讓力量完全滲透。武術中說的「棉花槍頭」就是形容拳頭不夠硬實，卸了力。

要讓拳頭變成鐵錘，必須握得足夠緊實，在打擊時減少形變。原理雖然聽起來簡單，但要真正握緊拳頭並不容易。握拳時手指要往裡收到極致，形成四面均衡的外撐結構，這才是飽滿的、平衡的。（圖9）

若拳頭結構不穩固，不僅無法有效傳遞殺傷力，還可能因為拳面受力不均衡而導致指關節受傷。在現實格鬥中，裸拳打擊極易受傷，職業拳擊手藉由纏綁帶固定拳頭關節外加拳套來解決這個問題。

同樣的原理，在泰拳中，利用膝法進行攻擊時，也要求將腿部充分摺疊，形成一個緊致的結構，結構越緊，出現形

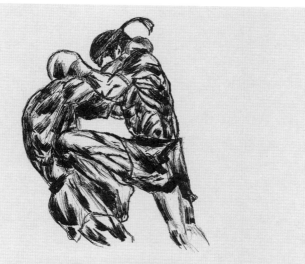

圖10　泰式膝擊
在箍頸膝撞時，泰拳手要將大小腿充分摺疊，讓膝部打擊點達到極度緊致的程度，這樣的膝擊才最有穿透力。

變卸力的概率就越低，殺傷力就越強。（圖10）

　　在一些自衛術教學教程中，提倡進攻者手中握個東西，即便不是尖銳物，也更有利於拳頭形成整體結構，增加對打擊點的滲透能力。人類的五指長短不同，就是為了抓握物體，抓握更容易讓拳頭結構變得緊致。

　　在戰鬥中，小臂、脛骨、腳跟都可以作為武器，這些部位無法握緊或者摺疊，但同樣需要形成緊致的結構。

　　那麼，肢體的結構硬度該如何來增強呢？接下來我們談談內家拳如何透過筋骨力做到「骨峰成棱」。

第七課
筋骨力與騰膜——運用結構打造最強矛與盾

很多逸聞都提到武術高手的小臂有著驚人的硬度。「望山篇」中有一個情節，于升以小臂呈現骨力，一招「砍」斷尋釁武者高聞山的尺骨。

所謂骨力，就是令肢體變得堅硬如鐵，彷彿直接用骨頭打在目標上，故有「骨峰成棱」之說。

以強大的握力製造緊致的拳頭結構比較容易理解，小臂和脛骨等無法握緊的部位如何變得更加緊致？答案是——絞緊。要理解這一點，需要先談筋骨力。

在筋膜訓練和打熬筋骨兩節課中，我簡單提到了筋的訓練。肌肉訓練的核心是透過收縮進行刺激，筋骨訓練的本質是擰轉抻拉。

筋必須依附於骨骼、關節運動才能充分發揮功效。如同擰絞毛巾一樣，讓關節一節一節擰轉，令筋膜交叉擰裹，極限抻拉，這便是筋骨力的訓練原理，武術中稱為「攢骨節」。

太極拳古譜中有「骨節要對，不對則無力」的說法，這裡的「對」，也可以理解成擰對的意思。

要完成擰絞，力的方向不能是單向的，毛巾要擰乾，一定是兩頭同時用力，比如拳與肩，胯與腳掌，甚至整條脊椎，節節反襯，如同渾身擰緊發條一般。只有從關節中

「逼」出來的力，才是整體力。

　　理解了筋骨擰絞原理後，我們再看小臂骨力的由來。

　　小臂大體可以分為三層——皮、肉、骨，都被筋膜包裹纏繞。在放鬆狀態下，皮、肉、骨的結構並不緊密，如同三層鋪疊在一起的毛巾。

　　要形成更緊致的結構，就要將三層毛巾擰動起來，一起絞緊，充分發揮筋膜的張力，以骨頭為核心，形成一個交叉裹緊的棍狀整體。

　　所謂骨力，就是透過關節和筋膜的交叉擰裹形成一個更緊致的結構，這也是老一輩拳師常說的「挑起筋打人」。（圖11）

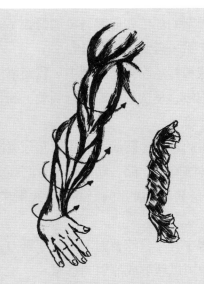

圖11　筋骨力

　　這是金剛力士手臂的擰絞動作，運用擰毛巾般的絞緊，關節和筋膜交叉擰裹形成一個更緊致的結構。

有的人為了練習「硬功」，提升骨頭的硬度，透過不斷打擊硬物提升自己的痛閾值，並產生骨質增生。這種自殘行為屬於緣木求魚，骨質增生不能令結構更緊致，反而可能影響正常的運動機能。

　　泰拳運動員以脛骨掃踢聞名於世，他們的腿被公認為「鐵腿」，但其腿部並不是畸形的，肢體的硬度同樣是從結構訓練中獲得的。

　　有些泰拳流派特別強調踢擊時腳尖勾起（也有強調腳踝緊繃的），就是由梢節的極致抻拉將小腿撐成整體結構，使其更堅實。中外拳術在原理上是共通的。

　　緊致的結構可以成為堅硬的「矛」，同時張拉整體結構也能成為堅固的「盾」。武術中談及的筋和膜有不同的練法和功能。之前我們已經講過了筋的作用，現在來說一說膜的抗打功效。

　　在「望山篇」中，馬道貴以一塊布作為道具給于升講解騰膜抗打的原理。

　　收縮肌肉就如同團緊布，局部收縮產生的防禦能力非常有限，防禦面積也小，而將布如同鼓皮一般撐開拉緊，就能產生更大的抗打能力。這個布就是膜。

　　《易筋經》裡「膜論」章節對於騰膜的描述原文如下：「煉至筋起之後，必宜備加功力，務使周身之膜皆能騰起，與筋齊堅，著於皮，固於內，始為子母各當。」

　　這段話是對騰膜抗打效果非常精準的描述。在熟練掌握絞筋的能力之後，騰膜也就水到渠成，因為它們的原理是一樣的。（圖12）

　　這裡還有個有趣的細節，武術中稱排打的硬功夫為「鐵

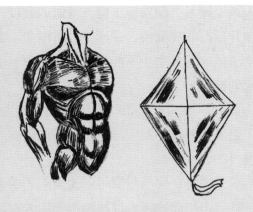

圖12　騰膜

收縮肌肉產生的防禦能力有限。由筋的撐絞，讓膜如同風箏般撐開繃緊，產生更大的抗打能力，這就是騰膜的原理。

布衫」，很可能也是意識到抗打是從表層張力中獲得的，而非骨頭和肌肉有多硬。

透過對筋膜的訓練，我們可以令身體結構武器化，接下來要討論的就是武術最關鍵的部分——如何打出整體力？

第八課
對稱產生集中——
看來回勁如何翻天覆地

　　有人將打拳的動力鏈理解為多米諾骨牌效應（Domino effect 也稱多米諾效應或骨牌效應），認為力量的傳遞如一個個被推倒的多米諾骨牌，膝催胯、胯催肩、肩催肘、肘催拳，一節節加力，疊加出能量最大值。

　　但這種依賴局部肌肉發力，從根節（肩、胯）到梢節（拳、腿）的開鏈運動，本質是靠慣性打人，我們稱之為「一順勁」。

　　人體是複雜的多柔體結構，有兩百多塊骨頭以及數量眾多的肌肉，彼此支撐制衡，1+1+1的簡化邏輯顯然不適用於此。物理學告訴我們，力的作用是相互的，因此，單向的一順勁是低效的，就像把口袋裡的蘋果一個接一個地拋出去，沒有穩定的支撐，一碰到阻力，打擊效果就會打折扣。只有對稱用力才能形成整體爆發——對稱產生集中。

　　武術中有「力不出尖」的說法。

　　打個比方，力不出尖就像一拳打在薄冰上，不能讓冰碎裂，以此為定點，將力往後返，上肢部分從拳面返到背，再返到腳底，下肢藉助地面反作用力，從腳趾返到臀部，回到拳頭。透過梢節（拳、腿）到根節（肩、胯）的閉鏈運動，將整個人「合」成一體，完成整體擊打。

　　元拳有「勢往前，力往後」的要領，「望山篇」中用

「炮打城牆」做比喻。譬如手是炮管，腿是基座，力是砲彈，定位點是城牆。

頂著城牆開火（勢往前），砲彈撞上城牆（定位點），被彈回基座（力往後），基座牢牢地固定於地上，再次將砲彈回撞加速，最終以整體勢能撞穿城牆。

在這個過程中，勁力在體內一來一往，因此被老輩稱為「來回勁」。又因勁力互動互為，如一浪催一浪噴湧不竭，故又名「翻浪勁」。（圖13）

武術講究「守中用中」。「中」不是不偏不倚，而是動

圖13　來回勁

　來回勁的動作線路演示，不是一順勁，而是由定位和節節反襯，「返」過來在體內完成循環整合。

態對稱形成整力。

太極拳有「關門楗，兩頭勁」的說法，手承接阻力，傳遞到腳，力滿了就是掤勁，再作用到手上，同樣完成一個來回。大成拳師王薌齋先生提出對爭和渾元力——「三勁成體，六力錯綜」；形意拳師劉殿琛在《形意拳術抉微》中說要「六方用力」；八極拳講究「十字勁」。

各家拳說法各異，但原理共通，都是借由對稱產生集中，形成超越一順勁的打擊效果。

現代搏擊同樣用到了對稱原理。職業教練在餵靶的時候，會在拳手的拳峰接觸靶之前有一個往前壓的動作，把拳手的勁「擠」回他身上，這其實也是一種「返」的訓練。這種前壓打靶訓練能培養出拳手的身體反應，讓他在打擊目標時自然而然產生身體內撐，在碰撞中形成整體力。

解釋了整體勁之後，結合之前的知識點，下一課我們來談談神秘的暗勁。

將阻力變為滲透的武器
——隔山打牛的暗勁

所謂暗勁，就是讓衝擊震盪充分滲透目標。「暗」是形容這個滲透的過程並不如外部動作那麼明顯。在拳擊比賽中，人們發現了KO（Knock Out，擊倒）的本質——衝擊產生震盪，令顱內腦組織產生位移，猛烈撞擊顱壁，產生暈厥。以裸拳打擊目標時，因為缺乏緩衝，力量集中在指關節的某點上，容易造成皮膚表面開裂，也容易因為拳頭結構的變形或者對方頭部的偏轉導致震盪無法深入。而拳擊手纏上繃帶固定拳頭，戴上厚厚的拳擊手套進行的打擊屬於整個面的擠壓，減少了受擊瞬間目標頭部位移的幅度，更容易將勁「悶」進去，反而比裸拳更容易打出KO。（圖14）

由此可見，要想讓打擊產生的震盪更加深入，打擊接觸點必須穩定不偏移，並且打擊者能持續施壓，讓勁力「鑽」進去。這不容易做到，因為力的作用是相互的，用力越大，反彈力量也越大，力量的精準度就越差。

俄羅斯武術「西斯特瑪」（Система）有個「錘子敲釘」的理論，強調打擊力量要恰好，不能過度用力，否則會失去精準度，就像錘子頭敲打釘子帽一樣，打歪一點，釘子就歪了，力量無法進去。

元拳透過對阻力的感知和利用來增強震盪的滲透性。武術的聽勁訓練就是一種感知阻力的練習。元拳的打擊不著眼

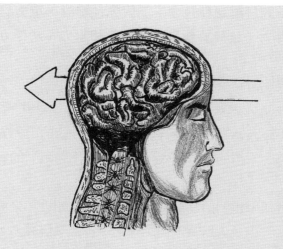

圖14　KO 的本質

　　由震盪完成對大腦的破壞，就是KO 的秘密。克服阻力，傳遞震盪，讓打擊力量充分滲透內臟和大腦，這就是暗勁的秘密。

於擊中表面，而是以目標內部的重心點為支撐，對中間介質進行持續擠壓，不讓力反彈回來。在「望山篇」中，張承義以暗勁一拳打暈宣智民，就是將他的脊柱作為支點，借由對肌肉和內臟的擠壓，使震盪「鑽」入橫膈膜。戴拳擊手套更容易將對手打出腦震盪，也是因為多了一層擠壓的介質，讓力作用的時間更長，讓震盪更容易滲透。

　　元拳打擊的過程，類似於用竹片長柄錘砸石拆牆。竹片長柄錘的柄由四片很長的竹片構成，柔軟且充滿彈性，能將彈性勢能與重力勢能充分結合。因為長柄是柔性的，所以在接觸打擊點的瞬間，錘頭的衝擊力很難被反彈回來，而是持續往裡面鑽，將勢能徹底釋放。

元拳的打擊過程包含了筋膜彈性勢能、重力勢能的轉化、對骨力（接觸點結構武器化）和阻力（反彈力）的處理。

古代武術訓練中很少用到沙袋，而是用固定的木樁、木板（空手道在木板上纏麻繩製造打擊靶）作為打擊訓練目標。這不是因為製作沙袋有難度，而是沙袋的阻力太小，一打就偏移，木樁的阻力更大，更能訓練出對阻力的感受和突破能力。

現代搏擊也開始注重滲透力訓練，比如近年來流行起鐵錘砸輪胎。很多人以為這個訓練是練背部肌群發力，實際上這個動作跟拳擊發力姿勢差別很大，訓練的功能遷移性不強，而且輪胎充滿彈力，容易借彈力將錘子掄起，反而減少了肌肉做功，如果是只為了練背，選擇更經濟且沒有彈力的沙坑不是更合理嗎？

事實上，選擇輪胎作為砸擊的目標，就是要借輪胎的阻力來訓練提高打擊的滲透力。在錘子砸上輪胎的一瞬間，要拚命握緊錘柄，盡量不讓錘頭反彈，將打擊力全部壓進去，這樣練出來的拳頭才更具穿透力。

利用震盪滲透增強殺傷力也被運用到軍警格鬥中。在寫實特工電影《諜影重重》中，主角傑森・伯恩（Jason Bourne）用厚厚的書本作為中介，壓在敵人的頭部進行擊打。這種「隔山打牛」的方式可以遮擋敵人視線，但更主要的是用書本擠壓敵人頭部，使其無法偏移卸力，同時將書本作為介質傳遞震盪，對敵人腦部造成傷害。

力的作用是相互的，利用介質、克服阻力，讓震盪更加深入，才能更高效地打擊目標，這就是暗勁的本質。

第十課
非對稱作戰意識——
武術與搏擊思維的差別

　　武術的起手式很少護頭，這在現代搏擊擂台上是大忌，因此有人認為武術招法不科學。真是這樣嗎？要分析這一點，得先從武術招法的由來說起。

　　現代職業搏擊以拳擊為代表，強調以拳峰為接觸面的點式擊打，打法招數清晰，觀賞性高，攻擊點集中在面部，殺傷力強。

　　因為人的反應速度有限，所以雙臂舉起護住頭面部位，等於預先豎起兩塊盾牌，是一種高效的防禦策略。為了更激烈、更好看，在裁判和規則的限制下，拳擊手只有正面互毆一個選擇，不存在太多不確定性。

　　但武術與現代競技體育不同，它是由戰場上的兵器用法演變而來。用冷兵器作戰時，點式打法遠不如線式或面式打擊效率高，所謂「槍挑一條線，棍掃一大片」。在冷兵器高速劈砍的情況下，護頭是無效的。

　　人體太過脆弱，無論是四肢還是手指，只要被武器擊中，就會造成不可逆的傷害。因此，兵器相交講究「不使有間，間不容髮」，必須「粘」著打。

　　武術中講「刀背藏身」，人藏刀後，以刀尖上下左右一尺半徑為「刀圈」，用來「粘化」對手的攻勢，用摩擦力封住敵方兵刃，以線控點、挫點成線、控打合一。

　　當轉化成徒手技擊之後，武術保留了以線、面打擊為主的風格，將肢體當成刀斧來用，多見劈、砸、撩、鑔、劃等動作，講究「起打」和「落打」，一劈到地，一挑到天，攻擊點也不侷限於面部。因此武術動作中大多數防禦不是由抬手護頭達成，而是用身法閃避。（圖15）

　　元拳的防禦打法名為「拐彎抹角」「拖泥帶水」。

　　「拐彎抹角」是由換步擰身，忽上忽下、忽前忽後，圍繞對手進行立體攻擊。在瞬息萬變的真實戰鬥中，很難判斷對手的實力以及他是否攜帶武器，正面衝突會帶來不可預知的風險，因此強調非正面對敵——看不見的敵人是永遠無法被消滅的。

圖15　拳擊vs武術

　　護頭在拳擊規則下是最高效的防禦戰術，但在沒有規則，甚至可能使用武器的武術爭鬥中，透過身法避讓攻擊比護頭防禦更加合理。

配合這種戰術使用的就是「拖泥帶水」打法。顧名思義，「拖泥帶水」就是利用摩擦力，如同用刀削麵一樣「切割」對手的攻擊手法。

在實戰中，要突破對手的防禦，除了正面用竹片長柄錘拆牆的打法，更實用的打法是以切線突破正面防禦，如同用小錘子敲掉牆角一塊，或者用小銼刀銼斷椅子一腳，破壞對手的防禦結構，令其露出破綻，再行重擊。

在面對這種非正面的線、面進攻時，護頭反而變成了一種低效的防禦模式。

近年來，戰爭領域越來越強調非對稱作戰，即利用訊息、位置等差異帶來的優勢去打擊敵人，避實擊虛，高效聚集戰鬥力。

比如在槍戰中使用低姿移動射擊、盡量在敵人背後或者側面發起攻擊、打完之後立刻轉移等看似狠瑣陰毒的戰術，避免正面對抗產生的風險。

武術誕生於戰場，「拖泥帶水」「拐彎抹角」正是非對稱作戰思路下的產物，雖然不好看，也不符合所謂的騎士精神，但卻能最大限度增加生存的概率，這是戰爭的藝術，也是生存的智慧。

將軍肚、板肋虬筋——金剛力士佛像蘊含的科學原理

中國古代猛將有兩個最顯著的特徵：第一是將軍肚，第二是板肋虬筋。

在雕塑和繪畫資料中，古代武將大都「腰闊十圍」，俗稱「將軍肚」。將軍肚不等於啤酒肚，將軍肚的形態不是下墜的，而是類似內含球體的外漲形態。

這種體格形態常見於當代蒙古摔跤手，是力士的象徵，有句戲言叫作「錫林郭勒不相信腹肌」。

將軍肚的本質是利用腹內壓做核心穩定支撐。很多人把六塊腹肌當成核心強大的標誌。但研究發現，腹肌像桅杆上的拉力線一樣可以固定脊柱，肌肉收縮越緊張，對脊柱造成的壓力越大。而腹內壓類似汽車中的安全氣囊，能給予脊柱更全面、更穩定的支撐。

武術中的氣沉丹田就是一種腹內壓穩定訓練。無論騎馬還是揮動大刀，都需要極強的身體穩定性，而將軍肚正是這種力量的展現。（圖16）

除了將軍肚之外，板肋虬筋也是力士的專屬，古文描寫項羽、李元霸時都用了這樣的形容，甚至有人說霍元甲也是板肋。

正常情況下，人的肋骨並不是板狀的，而是一條條環狀凸起，難道這些力士真的是天生異相嗎？並非如此。

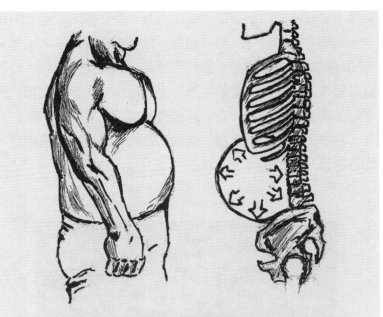

圖16　腹內壓

　　腹內壓類似汽車中的安全氣囊，能給予脊柱更全面、更穩定的支撐。

　　這是筋膜訓練產生的生理現象，筋膜增厚，筋滿骨縫，肋骨凹陷處就不明顯了，摸上去像是一整塊外面包裹著橡膠的板狀物，這就是板肋的由來。

　　虬筋是筋骨力訓練的產物。西方肌肉訓練是靠收縮，而筋骨力訓練是靠絞緊，兩者導致的身體形態不同。

　　在正常情況下，武者手臂肌肉並不明顯，但一挑起筋，身上就會出現很多凹陷的筋槽，《拳經》上稱之為「筋努骨突」。「功夫之王」李小龍的身體就屬於典型的虬筋。

　　初唐時期製作雕像時極其考究，大多參照真人，佛堂上的金剛力士很可能是按當時的武士的形態做的。金剛力士的

動作不是收縮二頭肌展現肌肉，而是一個明顯的絞筋骨的動作。金剛力士的斜方肌極其發達，呈「燕頷虎頸」狀，渾身有明顯的虯筋，特別是手臂筋努骨突，筋槽十分清晰。儘管肌肉發達，但金剛力士的腹部不是六塊腹肌，而是凸起的將軍肚，與武術訓練的形態不謀而合。

在歷史遺跡中，我們也能看到武術在千百年發展中留下的不可磨滅的印記。（圖17）

圖17　莫高窟第206窟力士像，初唐

第十二課
無招勝有招 —— 李小龍修的是「君子拳」

在金庸的小說中，武術的最高境界是無招勝有招。截拳道創始人李小龍提倡「以無法為有法，以無限為有限」。這種有無之辯似乎更像是哲學之辯。在實際的武術訓練中，如何做到「以無勝有」呢？

答案是「得意忘形」。「意」是本質原理，「形」是招式套路。武術的本質是追求對原理的掌握，也就是我們常說的「功」，武林中素有「練拳不練功，到老一場空」的說法。

在冷兵器時代，傳統武術的招式能在不確定的環境下儘可能地規避風險，以最小的代價贏得勝利。但斗轉星移，武術已經從廝殺搏命走向了競技舞台。在體育場上，招數的有效性取決於競技規則。拳擊沒有三十六路左右直拳的套路，只有簡單的直、擺、勾動作，但在拳擊規則下，這就是最直接有效的招式，UFC 冠軍康納上了拳擊台也可能被這些招式KO。而在綜合格鬥規則下，整體的作戰思路就變了，不僅要懂得出拳，還要學會摔跤和地面技。IBF世界重量級拳王「熄燈號」詹姆斯・托尼（James Toney）走進八角籠後根本來不及發揮重拳威力就被摔倒，在地面被輕易絞殺降服。規則變了，招數就要跟著變，否則就是刻舟求劍。

招法多變，但理不變。千百年來，人體結構沒有改變，

物理法則也是客觀的，所以最核心的武術原理是共通的。

　　武術如同一個金字塔，不同門派的功夫練到頂尖後就會交匯。武術名家孫祿堂進入國術館之初曾推崇「三拳合一」，想將形意拳、太極拳和八卦掌合為一家，只因「三派之姿式雖不同，其理則一」。掌握原理，遠比用剪刀加糨糊的方式拼湊招法有效。從王薌齋到李小龍，他們不約而同都提倡去套路、去招式，只有去掉套路枷鎖，才能在競技舞台上最大限度地發揮功力。

　　武術練的是理、是方法，正確的原理和方法產生「拳勁」。拳勁是水，招法是波浪。波浪是水遇阻而生，隨勢成形的。對手不同，招法也該瞬息萬變。孔子云「君子不器」，君子不該被某種套路禁錮，練武要練「君子拳」。

　　李小龍那句著名的「Be water my friend」，便是對「君子拳」最好的註解。（圖18）

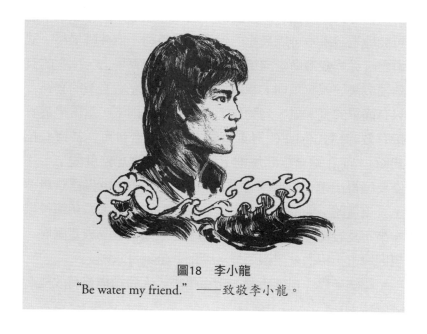

圖18　李小龍
"Be water my friend." ——致敬李小龍。

結語

　　這十二課原本不在我的計畫之中，當初只想透過一個有趣的故事呈現我所瞭解的武術，但在出版過程中，編輯提議用更直接的方式剖析武術背後的秘密，於是就有了「窺月篇」。

　　「窺月篇」的名字來源於李小龍的名言：「反應要快，就好像直覺一樣把手指向月亮，反應慢了，就只能看到手指，不能看到月亮的光華了。」月亮象徵真理，抬起的手指是通向真理的方法。對我來說，武術的秘密就是明月，我希望能一窺其光華。

　　李小龍將「功夫」一詞在西方發揚光大，他的理念極具革命性，打破了傳統武術套路和招法的桎梏，開創了一個「以無法為有法，以無限為有限」的截拳道新時代，因此他被西方評為「MMA（綜合格鬥）之父」。受他影響，我對傳統武術的最初印象是，它是腐朽的、過時的。

　　後來我深度參與職業搏擊行業，跟運動員接觸多了，慢慢改變了想法。

　　很多散打運動員都是武校出身，散打脫胎於傳統武術，武校裡一些老師的教學方法就源自傳統武術。儘管很多人質疑傳統武術的價值，但在散打領域卻很少有冠軍級運動員出來質疑其實用性。

　　這些現象令我對傳統武術有些改觀，但我還是沒有動力去深入瞭解它。而那時日本K-1、美國UFC如日中天，搏擊

技術反覆運算很快，各種新穎的訓練理念讓我目不暇給，所以無暇思考傳統武術。

我致力於研究搏擊訓練知識，在《健與美》雜誌上開設專欄，透過翻譯國外文章、採訪職業拳手和教練，介紹格鬥訓練體系，我將專欄取名為「功夫健身」，如今這個專欄已經連續刊載了十四年。

2008年，我遇到了我的教練王潮。那時他剛從上海體育學院（簡稱「上體」）畢業，在上體時他曾因為傷病產生了嚴重的厭訓情緒，後來跟隨馬勝利老師練習元拳，不僅傷勢恢復，身體機能也變得非常強。

我跟很多中國職業拳手切磋過，但從沒有挨過王潮那麼重的掃腿。他的身體狀態就像是「橡膠包鐵坨」，令我感到驚奇。除了技術和身體機能，王潮所談及的訓練理念也讓我備感新奇。

交流幾年後，我正式開始練習元拳。這十餘年的訓練讓我重新認識了傳統武術。

競技體育的成長週期為五到十年，透過選材減少基礎培訓時間，一般要求運動員在十八到二十八歲出成績，因為這段時間人的體能處於巔峰狀態。即便如此，在承受了超高負荷的訓練之後，部分頂級運動員也會帶著一身傷病退役。

對於大部分普通人來說，身體訓練是一輩子的事，如何在漫長人生中進行更合理的訓練？

武術小說中常有白鬍飄飄的老者展現出碾壓年輕人的實力，在現實生活中，很多東方武道家確實能在老年階段保持超越青年的強大身體機能，他們是怎麼做到的？

我試圖在傳統武術訓練中尋找答案。

隨著訓練科學的發展，現代運動生理學對人體運動能力的理解早已超越了單一的肌肉維度，筋膜訓練、結構增勁、重力勢能、彈性勢能的價值都在實踐中被證明。用科學解讀武術，勢必會成為一條武術發展的新路。

武術是技巧，是藝術，也是科學。十二課只是一個嘗試，希望能用科學慢慢揭開武術的神秘面紗。

　　武術從誕生之日發展到今天，早已不是一門技術那麼簡單，它融合了宗教、玄學、武俠幻想等諸多元素，因此在談及武術的時候，一千個人有一千個看法。在與好友劉鶴交流時，劉鶴提出了兩個令我印象深刻的理念——武術的「祛昧」與「祛魅」。

　　武術在誕生之初是戰場技能，偏重實用。

　　戚繼光在兵書中記錄的都是實用技術，沒有什麼氣功、內丹、水上漂之類的神奇功夫。

　　到了清代中晚期，百姓練拳結社，形成勢力。武術在與宗教合流的過程中，融入了大量的迷信、玄學甚至雜要類的東西。這段歷史與半殖民地化的過程重合，愚昧變相混入武術之中。

　　而今天，我們研究武術時首先要做的就是「祛昧」，只有把愚昧的東西祛除，才能認識純粹的武術。

　　除了「祛昧」，正確認識武術還要「祛魅」，這個「魅」是指中國武俠文化的影響。

　　二十世紀八十年代是金庸和古龍風行的時代，武俠文化重塑了中國人對武術的認識，彼時的武俠充滿浪漫詩意的想像，可惜跟真實情況相差十萬八千里。

　　美好要建立在真實的基礎上，當我們談論真正的武術的時候，不能把幻想與現實混為一談。前幾年流行武術打假，但打假之外，我們還要示真，呈現武術的真實形態。

寫這本書的目的，就是想要示真。一開始，我只是想用一個故事來解讀武術背後的規律，表達我理解的武人精神。書中的戰鬥招式都基於真實的拳理，沒接觸過武術的人理解起來可能頗有些難度，所以在編輯的建議和支持下，我把對於武術搏擊訓練的認識整理成了十二課，希望能構建一個系統框架，幫助大家理解。

　　有別於過去對拳經古籍逐字逐句的詮釋，我改換了一種新寫法，將現代科學理論、國外訓練體系與古老的拳理進行交叉印證。符合科學的武術原理，不僅在古老武術的傳承中被當成核心秘密，在現代運動中也同樣被視若珍寶。

　　武術中的筋膜訓練對奧運會田徑運動員同樣起著巨大作用。「亞洲飛人」蘇炳添在奧運會百米賽場大放光彩，他的外籍教練蘭迪‧亨廷頓（Randy Huntington）特別提到了筋膜訓練的作用。

　　在短跑過程中，腳部接觸地面的時間非常短，因此肌肉主動用力的模式是低效的，而利用筋膜的彈性進行被動拉伸的運動方式更加高效，還能循環往復，這與元拳中相反相成的核心理唸完全一致。

　　透過對原理的剖析，打破現代與傳統的界限，是我這十二課希望達到的第一個目標。

　　時代在發展，我們對武術的研究也應該與時俱進，脫離具體而繁瑣的招法，深入到核心原理層面。功力不是想像出來的，是充分運用規律的結果。因為不同時代的環境風險、競技規則不同，招法有可能被時代所淘汰，但基於原理訓練出的機能永不過時。

　　道家老子口中的「道」雖無形，但並非不存在。道是無

時無刻、無處不有的陰陽互動產生的關係。功夫也存在於關係中，掌握了這些關係，就把握住了原理，能將之無縫接入任何招式，這便是新時代的武道。

若忽視拳理，將先輩傳下的招法視作不可動搖的所謂真傳，無異於刻舟求劍、畫地為牢。揭秘拳理的過程，就是為了打破招法的桎梏。

儘管我理解的拳理是透過習練元拳獲得的，但在與其他流派的交流過程中，我發現大家追求的核心拳理並無區別，只是名稱不同而已。

舉個例子，元拳強調「來回勁」，認為要克服前方的阻力，必須向後尋找整體支撐，這種模式我一度認為是元拳所特有的，直到我遇到一名兼練大成拳和搏氣心法的武者，他告訴我，大成拳要領中的「二爭力」除了大家普遍認為的身體兩個局部的對爭之外，還有更深一層的要領，那就是一個點的運動方向與反方向的力形成對爭，用搏氣心法表述就是「一點上分陰陽」，即動作的去勢和周身用力方向正好相反。這與元拳中「勢往前、力往後」的拳訣不謀而合。可見透過對拳理的追尋，也能拆掉門派之間的藩籬。

十二課只是我個人對武術的一些淺思，難免有不足之處。為了避免文字表達的侷限性，在編輯的建議下，我嘗試手繪插圖，希望能更加科學直觀地呈現這些拳理，錯誤之處，還請大家斧正。

有句話馬勝利老師常掛在嘴邊：「我們練的是原理拳，師父是在幫你解拳迷。」

「解迷」是我練習武術時最大的感受，練拳十年中可以說是移步換景，每一步都有全新的認知。拳術是人為的，不

是固有的，需要在探索中與時俱進。

　　練習武術是一段回溯歷史的旅程，只有回首才能正視先輩的智慧，解開心中的疑問；也是一段面向未來的道路，只有前進我們才能開拓創新，用科學的原理揭開武術的秘密。中國武術要發展，需要更多的人一起來「解拳迷」。

　　不忘初心，方得始終，與諸位共勉。

沈　誠

2022年春

借勢：武術之秘

著　　者｜沈　誠

繪　　者｜沈　誠

責任編輯｜白世敬

發 行 人｜蔡森明

出 版 者｜大展出版社有限公司

社　　址｜臺北市北投區（石牌）致遠一路 2 段 12 巷 1 號

電　　話｜（02）28236031，28236033，28233123

傳　　真｜（02）28272069

郵政劃撥｜01669551

網　　址｜www.dah-jaan.com.tw

E - m a i l｜service@dah-jaan.com.tw

登 記 證｜局版臺業字第 2171 號

承 印 者｜傳興印刷有限公司

裝　　訂｜佳昇興業有限公司

排 版 者｜菩薩蠻數位文化有限公司

授 權 者｜北京科學技術出版社

初版 1 刷｜2024 年 2 月

定　　價｜530 元

國家圖書館出版品預行編目（CIP）資料

借勢：武術之秘／沈誠著. -- 初版. -- 臺北市：
大展出版社有限公司，2024.02
　　面；　　公分 —（武學釋典：62）
ISBN 978-986-346-445-7（平裝）

1.CST: 武術

528.97　　　　　　　　　　　　112022821